数字经济时代职业本科食品企业管理创新教材
校企合作工学结合实践项目化创新教材

食品企业管理

（第2版）

刘厚钧　张晓丽　苏会侠　主编

李雁函　聂艳芳　许红娜　王丽莎　栗亚琼　杨华伟　副主编

电子工业出版社
Publishing House of Electronics Industry
北京·BEIJING

未经许可，不得以任何方式复制或抄袭本书之部分或全部内容。
版权所有，侵权必究。

图书在版编目（CIP）数据

食品企业管理 / 刘厚钧，张晓丽，苏会侠主编. —2 版. —北京：电子工业出版社，2024.6
ISBN 978-7-121-47257-2

Ⅰ．①食… Ⅱ．①刘… ②张… ③苏… Ⅲ．①食品企业－企业管理－高等学校－教材 Ⅳ．①F407.826

中国国家版本馆 CIP 数据核字（2024）第 034957 号

责任编辑：杨洪军
印　　刷：三河市良远印务有限公司
装　　订：三河市良远印务有限公司
出版发行：电子工业出版社
　　　　　北京市海淀区万寿路 173 信箱　邮编 100036
开　　本：787×1092　1/16　印张：16　字数：537.6 千字
版　　次：2018 年 8 月第 1 版
　　　　　2024 年 6 月第 2 版
印　　次：2024 年 8 月第 2 次印刷
定　　价：59.00 元

凡所购买电子工业出版社图书有缺损问题，请向购买书店调换。若书店售缺，请与本社发行部联系，联系及邮购电话：(010) 88254888，88258888。
质量投诉请发邮件至 zlts@phei.com.cn，盗版侵权举报请发邮件至 dbqq@phei.com.cn。
本书咨询联系方式：(010) 88254199，sjb@phei.com.cn。

前言

数字经济时代，随着数字化技术、新质生产力的发展，众多食品企业已经认识到，数字经济带来的既是机遇又是挑战。食品企业应该顺应数字化转型、智能化升级的潮流，不断变革旧的管理理念与管理方式，才能使食品企业在数字经济的大潮中不断前进。企业管理理论已成为指导食品企业管理创新的有效武器。因此，围绕食品企业的现状开展理论联系实际的教学和研究显得越来越重要。学习食品企业管理，培养政治立场坚定、管理素养高、管理实践能力强的具有成长力的食品企业管理专业人才，对于迅速提高食品企业的管理水平具有十分重要的意义。

按照"职业本科的教材不仅要体现专业理论知识的完整性、系统性和先进性，还应与职业岗位、工作过程的技术应用紧密相结合"的原则，《食品企业管理》第2版对职业本科课程建设和教材建设进行了积极有益的探讨，从课程整体设计上进行全面改革创新，创新的内容和创建的特色如下。

1. 课程定位与培养目标的创新

"食品企业管理"是食品企业生存和发展的管理之道、效率之道、效益之道，具有极强的职业性、技能性和实践性。食品企业管理课程的培养目标是"把需要职业发展的学生培养成能够胜任食品企业管理岗位工作需要的政治立场坚定、管理素养高、管理实践能力强的具有成长力的创新型中基层管理者"。为了实现培养目标，把以传统的普通高等教育企业管理学知识为导向的学科型课程模式，转变为职业本科教育与职业岗位、工作过程相结合，以应用为导向的技能型课程模式。把体现知识导向的学科型课程"食品企业管理学"更名为"食品企业管理"，把传统的作为基础课的"食品企业管理学"定位为专业核心技能课，突出工学结合，进而确定"食品企业管理"课程整体设计的内容，包括课程定位、课程培养目标、课程培养规格、课程培养内容、课堂形式、培养模式与培养特色、学生学习角色定位、课程考核评价标准等，从根本上改变重知识、轻能力，重书本、轻技能，重课堂讲授、轻实践教学的弊端，突出职业本科职业性、开放性和实践性的特点，培养出有用之才，为实现学生职业发展的梦想打下良好基础。

2. 培养内容的创新

为了实现培养目标，培养内容从三个方面创新：

（1）贯彻落实"立德树人、为党育人、为国育才"的方针，将社会主义核心价值观引领与管理知识、管理技能融为一体，科学构建培养内容体系，突出德技并修。既包括中基层管理者应掌握的企业管理理论、方法和应具备的企业管理能力，又包括中基层管理者应具备的政治思想和职业素养，包括党的二十大精神、习近平新时代中国特色社会主义思想、社会责任感、使命感、社会主义核心价值观、职业道德、职业精神、职业行为、职业作风、职业心态、团队合作精神、奉献精神、自信心等，从而达到教书育人、思政引导、传播主流价值观的教育目标。

（2）吸纳了数字经济时代食品企业管理的新理论、新方法和实践成果，将数字经济时代食品企业管理创新贯穿整个管理过程。

（3）科学地、系统地把食品企业管理的内容设计为三个模块：第1模块食品企业基础管理，第2模块食品企业专项管理，第3模块食品企业管理创新。

3. 培养模式的创新

从2004年开始，实施"制订××食品企业管理方案"校企合作工学结合团队实践项目化教学改革，经过多年的不断改革创新，形成"调、学、思、践"立体化培养模式，突出了学生主体线、教师主导线、管理者素养培育线三线融合的教学方法，强化职业教育的特色。

"制订××食品企业管理方案"校企合作工学结合团队实践项目化培养特色的优点：克服了管理课程过分倚重案例分析等"纸上谈兵"，实训不"实"的弊端，改变了传统的由教师依据每章内容主观设计实训内容和方式的做法，突出工学结合的实战性；改变了课后主观设计实训内容和方式，采取课前按照管理岗位工作内容和工作任务整体设计实训内容和方式，与学习内容同步进行；改变了传统实训方式"空对空"（虚）缺乏针对性、实践性的做法。学生针对客观存在的、活生生的管理上存在问题的食品企业进行诊断、解决，变"虚"为"实"；采用团队化运作、项目管理的方式，培养学生的团队意识。设立"企业实践场景课堂、理论学习场景课堂、线上拓展场景课堂和实践成果展示场景课堂"。因此，培养模式突出了实战性，体现了职业性、实践性、技能性，使学生在真实的食品企业管理环境中体验实践食品企业管理活动，有利于学生学习力、分析力、解决力、控制力、创新力的培养和管理者职业素养的培育。

4. 编写方法的创新

（1）以食品工程职业大学在校生张磊通过职业生涯的规划，希望在企业努力工作2~4年后，晋升基层、中层管理者，渴望学习食品企业管理理论和方法为例，引导同学们与张磊一起学习食品企业管理课程。为了实现课程培养目标，依据课程立体化培养模式，设计了课前准备事项，包括：学习"食品企业管理"课程整体设计，组建"制订××食品企业管理方案"校企合作工学结合团队实践项目化实践团队和食品企业调研。每个模块以张磊同学为学习的引导者，设计了"学习情境导入"。

（2）教学资源的多元化。设计了"管理者素养""中国式管理""思政教育""自我测试""二维码链接"等栏目。

（3）双汇集团综合事业部营销副总经理杨华伟参与了课程开发和教材的编写。

本书主编是刘厚钧、张晓丽、苏会侠，副主编是李雁函、聂艳芳、许红娜、王丽莎、栗亚琼、杨华伟。刘厚钧负责对职业本科教材建设的创新性探讨，进行了课程整体设计、教材的定位与创新、编写大纲，以及德技并修，把思政教育、管理职业素养融合在整个培养过程，并创立了"制订××食品企业管理方案"校企合作工学结合团队实践项目化培养特色，对书稿进行修改和审核。张晓丽参与了教材内容的设计，双汇集团综合事业部营销副总经理杨华伟对教材提出了修改意见。苏会侠编写项目1、10；李雁函编写项目2、3；张晓丽编写项目4、12；杨华伟编写项目5；王丽莎编写项目6；栗亚琼编写项目7；许红娜编写项目8、9；聂艳芳编写项目11。

本教材不仅适用于职业本科、高职高专学生，也可用作个人自学和食品企业培训教材。

职业本科教材的开发建设是一个新问题，而且食品企业宏观环境也在不断地发展变化，由于编写人员的水平有限，书中难免存在不足之处，敬请广大专家学者、食品企业管理者、教师、学生和其他读者提出改进意见，在此表示感谢。

刘厚钧

2024年1月18日

目录

第1模块 食品企业基础管理

项目1 认知食品企业管理 7
    任务1 食品企业管理概述 8
    任务2 食品企业管理的原理与方法 14
    任务3 食品企业的生命周期管理 22

项目2 食品企业计划管理、流程管理与组织管理 27
    任务1 食品企业计划管理 28
    任务2 食品企业流程管理 32
    任务3 食品企业组织管理 37

项目3 食品企业战略管理与文化管理 53
    任务1 食品企业战略管理 54
    任务2 食品企业文化管理 62

第2模块 食品企业专项管理

项目4 食品企业经营管理 73
    任务1 认知食品企业经营管理 74
    任务2 食品企业经营计划与管理决策 78

项目5 食品企业营销管理 88
    任务1 认知食品企业营销管理 89
    任务2 食品企业营销诊断 95
    任务3 传统营销策略与新媒体营销策略 99
    任务4 食品企业数字化营销模式 104

项目6 食品企业生产管理 109
    任务1 认知食品企业生产管理 110
    任务2 食品企业生产过程管理

任务3　食品企业卫生管理 118
　　　任务4　食品企业技术管理与设备管理 123

项目7　食品企业质量管理 131
　　　任务1　认知食品企业质量管理 132
　　　任务2　食品企业质量认证 137
　　　任务3　食品企业现场质量管理 142
　　　任务4　食品企业安全管理 147

项目8　食品企业供应链管理 151
　　　任务1　认知食品企业供应链管理 152
　　　任务2　食品企业采购管理 156
　　　任务3　食品企业运输管理 160
　　　任务4　食品企业仓储管理 165

项目9　食品企业人力资源管理 171
　　　任务1　认知食品企业人力资源管理 172
　　　任务2　食品企业人力资源的招聘与培训 176
　　　任务3　食品企业人力资源的绩效考评与薪酬管理 179
　　　任务4　食品企业人力资源的激励 184

项目10　食品企业财务管理 189
　　　任务1　认知食品企业财务管理 190
　　　任务2　食品企业筹资管理 193
　　　任务3　食品企业投资管理 196
　　　任务4　食品企业成本费用与利润管理 198
　　　任务5　食品企业财务分析 202

项目11　食品企业信息化管理 209
　　　任务1　认知食品企业信息化管理 210
　　　任务2　食品企业信息化管理的程序和方法 212

第3模块　食品企业管理创新

项目12　食品企业管理创新 223
　　　任务1　认知食品企业管理创新 224
　　　任务2　食品企业管理创新的过程与方法 230
　　　任务3　食品企业管理的数字化转型 234

附录　"制订××食品企业管理方案"校企合作工学结合团队实践项目化
　　　培养特色 241

参考文献 247

课前准备

入学情境导入

张磊是一名食品工程职业大学的学生,入学后认真进行了职业生涯规划,计划毕业后在食品企业扎实工作两年,晋升基层管理者,四年后晋升中层管理者。为此,张磊在认真学习专业基础知识和专业技能的同时,也学习企业管理知识。他常常思考:"什么是食品企业管理?""食品企业管理的理论和方法是什么?""怎样管理团队?""食品企业如何向数字化转型?"为了解决这些问题,实现职业生涯规划目标,张磊选择学习食品企业管理课程。

为了实现课程培养目标,学习前需要做好以下准备事项。

1. 学习"食品企业管理"课程整体设计

为了提升学生对食品企业管理的认识,实现食品企业管理的培养目标,本课程首先解决"为什么学""学什么""如何学"的问题,使学生处于明确的、清晰的学习状态,便于积极、主动地配合教师完成学习任务,同时有利于学生的自我培养,实现课程的培养目标。

(1)课程定位(解决"为什么学"的问题)。食品企业管理是食品企业通过科学管理,使企业人力、物力、财力和信息等资源得到优化配置,以最小的投入获得最大的产出,实现成本低、费用省、效率高、效益好的最佳目标。所以,食品企业管理是食品企业生存和发展的管理之道、效率之道、效益之道。因此,食品类专业的学生要具有运用管理之道为食品企业提高生产效率和创造经济效益的能力。食品企业管理是一门建立在经济科学、行为科学、管理科学和现代科学技术基础之上的应用科学,是职业本科(高职高专)与食品相关专业的一门必修课程。

(2)课程培养目标(解决"为什么学"的问题)。把需要职业发展的学生培养成能够胜任食品企业管理岗位工作需要的政治立场坚定、管理素养高、管理实践能力强的创新型中基层管理者。

(3)课程培养规格(解决"为什么学"的问题)。为了实现课程培养目标,贯彻落实"立德树人、为党育人、为国育才"的方针,将社会主义核心价值观引领与管理素养、管理知识、管理技能融为一体,科学构建培养内容体系,突出德技并修。既包括中基层管理者应掌握的企业管理理论、方法和应具备的企业管理能力,又包括中基层管理者应具备的政治思想和职业素养,包括党的二十大精神、习近平新时代中国特色社会主义思想、社会主义核心价值观、职业道德、职业精神、职业心态、团队合作精神、自信心等。

1)管理素养培育规格。

①培育社会主义核心价值观。

②培育职业道德、职业精神、职业心态。
③培育团队合作精神。
④培育以身作则的基本素养。
2）管理知识培养规格。
①熟悉食品企业管理的基本理论和基本方法。
②掌握食品企业的基础管理、专项管理和创新管理的理论与方法。
3）管理能力培养规格。
①培养发现、辨别食品企业管理问题的能力。
②培养分析食品企业管理问题、解决食品企业管理问题的能力。
③培养团队组织能力、控制能力。
④培养管理创新的能力。
⑤培养撰写、宣讲、答辩食品企业管理方案的能力。

（4）课程培养内容（解决"学什么"的问题）。依据食品企业管理课程培养目标和培养规格，食品企业管理课程内容包括3个模块、12个项目。（见目录）

（5）四场景课堂（解决"如何学"的问题）。依据课程培养目标、培养内容、培养模式，设立4个场景课堂。

① 企业实践场景课堂
选择1~2个中小型食品企业作为工学结合实践的基地，学习课程之前，到食品企业进行全方位调研，熟悉企业经营管理现状与问题，边学习、边思考、边分析，对照食品企业管理问题提出解决方案

② 理论学习场景课堂
实施两条线教学，一条线系统学习食品企业管理的理论和方法，另一条线培育管理者的职业素养、团队合作精神

③ 线上拓展场景课堂
引导学生线上进行食品企业管理的拓展型学习，补充线下学习的不足

④ 实践成果展示场景课堂
每个实践项目方案完成后，团队展示实践项目方案，运用宣讲、讨论、答辩、教师点评方式，达到相互学习、交流、提高的目的。期末展示评价考核团队工学结合"制订食品企业管理方案"

（6）立体化培养模式（解决"如何学"的问题）。

调：食品企业调研

思：思考分析食品企业管理存在的问题

学：学习食品企业管理的理论和方法

践：制订企业食品管理问题的解决方案

创建"制订××食品企业管理方案"校企合作工学结合团队实践项目化培养特色。

(7) 学习角色定位 (解决 "如何学" 的问题)。

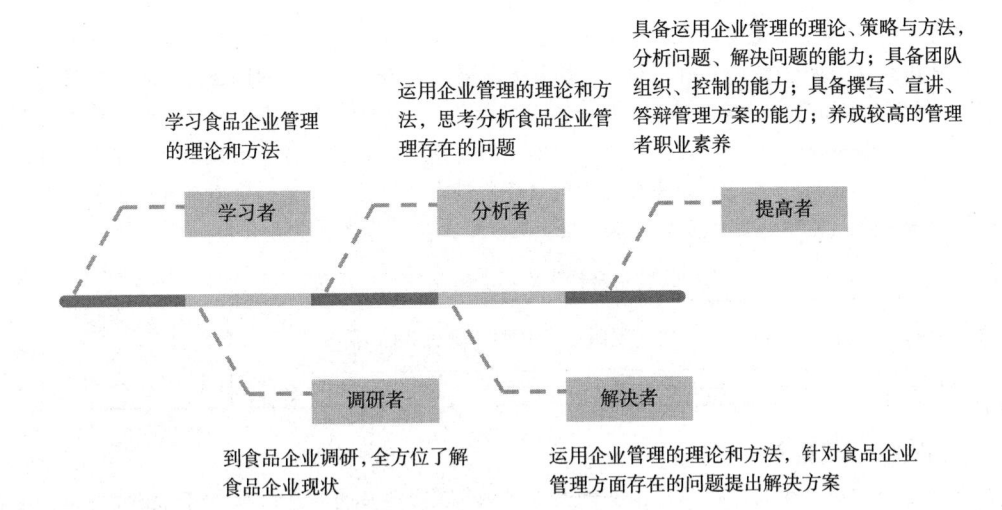

学习者：学习食品企业管理的理论和方法

分析者：运用企业管理的理论和方法，思考分析食品企业管理存在的问题

提高者：具备运用企业管理的理论、策略与方法，分析问题、解决问题的能力；具备团队组织、控制的能力；具备撰写、宣讲、答辩管理方案的能力；养成较高的管理者职业素养

调研者：到食品企业调研，全方位了解食品企业现状

解决者：运用企业管理的理论和方法，针对食品企业管理方面存在的问题提出解决方案

(8) 课程考核 (解决 "如何学" 的问题)。
食品企业管理理论试卷考核：分值50分。
食品企业管理方案考核：分值30分。
项目检测考核：分值20分。

(9) 课程课时安排 (解决 "如何学" 的问题)。总课时72学时 (按18周计)，具体分配如下：

项　目	教学内容	教学时数
课前准备	学习前准备事项	4
项目1	认知食品企业管理	4
项目2	食品企业计划管理、流程管理与组织管理	8
项目3	食品企业战略管理与文化管理	4
项目4	食品企业经营管理	4
项目5	食品企业营销管理	6
项目6	食品企业生产管理	6
项目7	食品企业质量管理	6
项目8	食品企业供应链管理	4
项目9	食品企业人力资源管理	4
项目10	食品企业财务管理	4
项目11	食品企业信息化管理	4
项目12	食品企业管理创新	4
项目考核	食品企业管理方案宣讲、答辩、评价	10
合计		72

2. 组建 "制订××食品企业管理方案" 校企合作工学结合实践项目团队

在教师指导、学生自愿选择的基础上，学生按4~6人进行分组，组成 "制订××食品企业管理方案" 校企合作工学结合实践项目团队，每个团队按照实践项目任务进行目标管理，有分工又有合作，防止有人没事干的现象出现。每个团队民主选举队长，由队长组织队员进行企业识别系统设计，确立团队理念。根据团队理念，设计队名、队旗、队歌及团队管理制度，并将设计的队旗张贴在教室的墙上。每次上课时，每个团队由队长带领队员展示团队形象，朗诵队名、团队理念，合唱队歌，激励大家增强团队意识，培养团队意识与合作的能力。

张磊与5个同学合作组建团队，大家选举张磊为队长，张磊组织队员进行讨论，团队命名为飞翔队，设计团队理念是"我是飞翔之鹰，我是希望之鹰，我要搏击长空翱翔蓝天，我要飞得更高更高"。设计群鹰飞翔的图案作为队旗，队歌为《超越梦想》。制定了5项团队管理制度，对5个队员进行编号，按照校企合作工学结合13个实践项目进行分工，张磊负责3个实践项目，其余队员每人负责2个实践项目。在全员讨论的基础上，制订每个实践项目管理方案，由项目负责人执笔撰写方案，进行方案宣讲、答辩。张磊负责整体企业管理方案的汇总修改、宣讲答辩。

飞翔队校企合作工学结合实践项目分配表

项目1	项目2	项目3	项目4	项目5	项目6	项目7	项目8	项目9	项目10	项目11	项目12	项目13
队长	1号	2号	3号	4号	5号	队长	1号	2号	3号	4号	5号	队长

3. 食品企业调查研究

选择1~2个中小型食品企业作为校企合作工学结合实践项目的对象，每个团队制订食品企业管理现状调研计划，带着问题到食品企业进行参观、访问、座谈，全方位了解和熟悉食品企业概况，为运用食品企业管理理论和方法解决食品企业管理问题打下基础。

调研内容：

（1）了解食品企业基本概况。

（2）了解食品企业管理现状，包括战略、组织、流程、文化、经营、营销、供应链、生产、技术、质量、安全、人力资源等。

（3）了解食品企业管理发展的瓶颈。

（4）分析食品企业管理存在的问题。

张磊同学带领飞翔队选择了一个中型食品企业作为校企合作工学结合实践项目的对象，经过与企业领导沟通，获取食品企业相关资料，确定到企业调研的时间。经过学习企业相关资料，结合食品企业管理培养目标，制订了食品企业调研计划。经过两天的实地调研，基本了解了企业概况、企业管理发展的瓶颈和企业管理存在的问题。

第1模块

食品企业基础管理

学习情境导入

张磊同学在课前认真学习了"食品企业管理"课程整体设计，组建了校企合作工学结合实践项目团队"飞翔队"，带领团队按照食品企业调研计划完成调研任务后，就要进入"食品企业管理"课程的学习。张磊同学学习积极性很高，他勤于思考，敢于提问。这时，他提出了第一个问题：学习食品企业管理，首先学习什么呢？如何学习呢？

教师指导

张磊同学学习食品企业管理要遵循"循序渐进"的原则，首先学习食品企业基础管理，包括计划管理、流程管理、组织管理、战略管理和文化管理。其中，计划管理、流程管理、组织管理是解决企业生存的管理，战略管理和文化管理是解决企业成长的管理，以保障企业可持续发展。这五项管理之间是递进关系。

在学习中，要明确学习角色定位，即调研者、学习者、分析者、解决者、提高者，这也是学习食品企业管理的思路、步骤和方法。完成每个项目的学习任务后，每个团队经过全员分析讨论，针对校企合作工学结合食品企业管理存在的问题，提出建设性的解决方案，进行宣讲交流答辩。同时，认真进行管理者职业素养的学习与培育，提高团队合作的能力。

思维导图

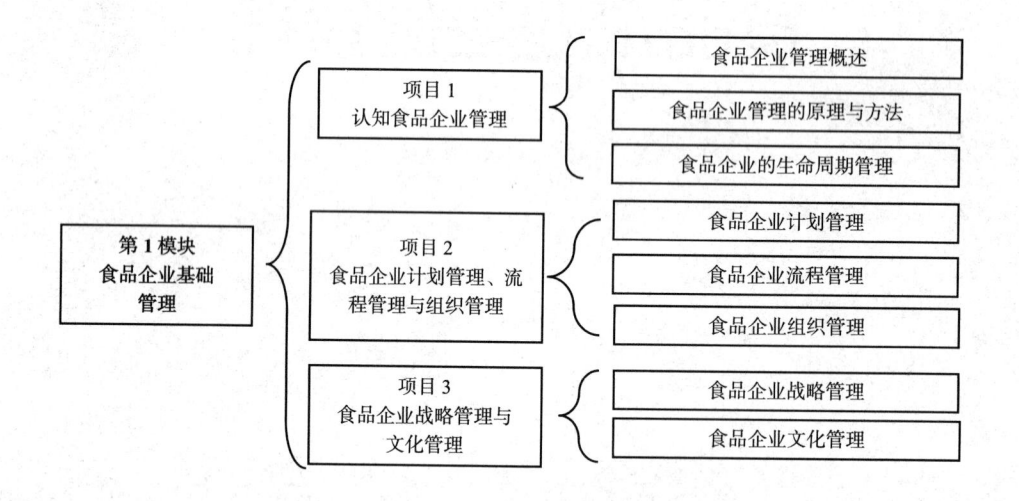

```
第1模块         项目1              食品企业管理概述
食品企业基础    认知食品企业管理    食品企业管理的原理与方法
管理                               食品企业的生命周期管理

                项目2              食品企业计划管理
                食品企业计划管理、  食品企业流程管理
                流程管理与组织管理  食品企业组织管理

                项目3              食品企业战略管理
                食品企业战略管理与  食品企业文化管理
                文化管理
```

项目1

认知食品企业管理

项目培养规格

管理素养培育规格

强化管理者的社会主义核心价值观意识，培育管理者的社会主义核心价值观。

管理知识培养规格

掌握食品企业管理的概念、职能和内容；明确食品企业管理的阶段及其内容；掌握食品企业管理的原理和方法；熟悉食品企业的生命周期管理。

管理能力培养规格

培养运用食品企业管理原理和管理方法的能力。

思维导图

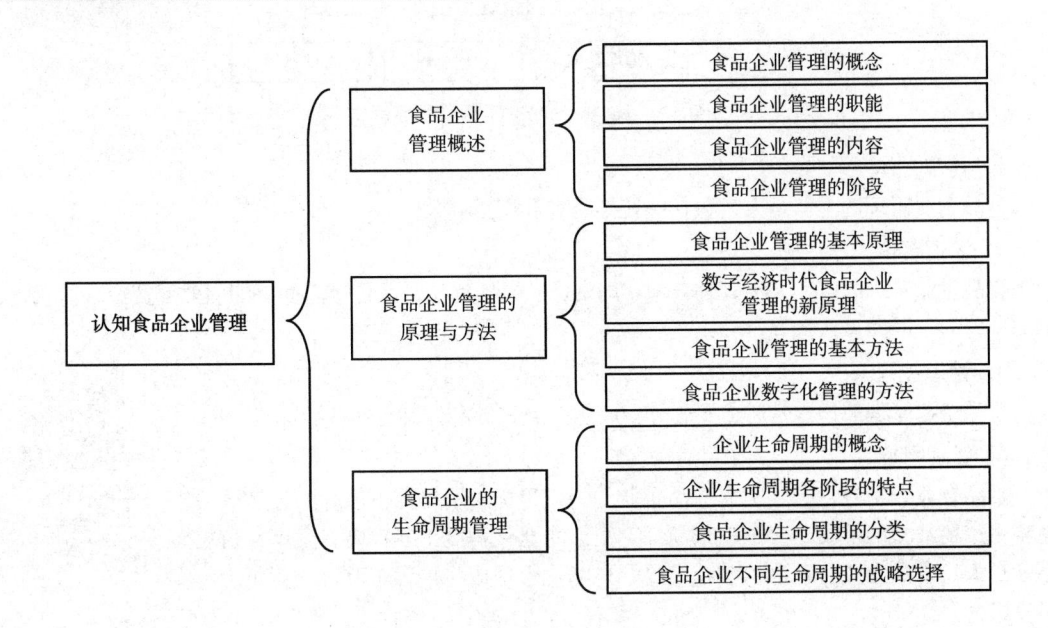

认知食品企业管理
- 食品企业管理概述
  - 食品企业管理的概念
  - 食品企业管理的职能
  - 食品企业管理的内容
  - 食品企业管理的阶段
- 食品企业管理的原理与方法
  - 食品企业管理的基本原理
  - 数字经济时代食品企业管理的新原理
  - 食品企业管理的基本方法
  - 食品企业数字化管理的方法
- 食品企业的生命周期管理
  - 企业生命周期的概念
  - 企业生命周期各阶段的特点
  - 食品企业生命周期的分类
  - 食品企业不同生命周期的战略选择

项目导入案例

三全集团的管理，阔步迈向"三个全是第一"

　　三全集团从中国第一颗速冻汤圆和第一个速冻粽子起步，成长为全国最大的速冻食品企业、中国速冻食品行业首家A股上市企业。三全集团市场占有率常年保持在30%左右，连续多年位居行业第一。三全食品自2019年以来推出了内部机制改革、优化产品结构、提高渠道质量等一系列措施，继续优化内部管理，不断提高运营效率，实现企业业绩的可持续增长，持续提高产品竞争力。2020年10月23日，三全集团旗下的河南首家7-ELEVEN国贸店在郑州正式开业。截至目前，三全集团在郑州的7-ELEVEN便利店已达到25家。

　　三全集团带动了中国速冻食品行业的兴起、发展和壮大，形成了市场总量超过200万吨的速冻食品市场，带动了20多个行业的发展。目前，河南成为中国速冻食品基地，占据全国速冻食品60%以上的市场份额。如今，企业正朝着安全、质量、美味"三个全是第一"的目标大步走来。

资料来源：中原网，2022-04-24。

➤ **辩证性思考：**
结合案例，谈谈食品企业管理的重要性。

任务1　食品企业管理概述

1.1.1　食品企业管理的概念

　　食品企业管理，就是由食品企业的管理人员或管理机构对食品企业的经营活动过程进行计划、组织、领导和控制，以提高经济效益，实现以营利为目的的活动的总称。食品企业管理是一个完整的系统，其构成要素如图1-1所示。

```
            食品企业管理系统构成要素
        ┌──────┬──────┬──────┬──────┐
      管理主体  管理客体  管理过程  管理目标
```

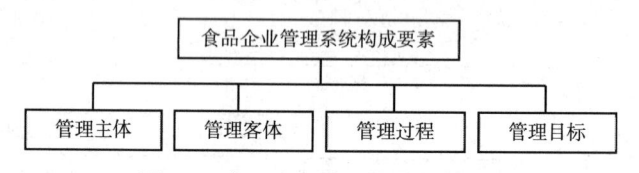

图1-1　食品企业管理系统构成要素

1. 管理主体

食品企业管理的主体是人，包括企业经营者和职工。

2. 管理客体

食品企业管理的客体又称管理对象，即资源，包括食品企业可使用的一切内外部资源，如人力、物力、财力、时间、信息等。

3. 管理过程

食品企业管理的过程是通过实施计划、组织、领导和控制等一些职能进行的。

4. 管理目标

食品企业管理的目标是实现食品企业的经营目标，取得尽可能好的经济效益。随着生产精细化的发展，分工越来越细，生产专业化程度不断提高，生产经营规模不断扩大，食品企业管理也越来越重要，科学化管理成为培育企业核心竞争力、实

二维码链接1-1
食品企业数字化管理

现食品企业可持续发展的重要途径。

1.1.2 食品企业管理的职能

食品企业管理的职能是管理过程中各项行为内容的概括，是人们对管理工作应有的一般过程和基本内容所做的理论概括。现代食品企业管理的职能包括计划、组织、领导、控制和创新五项，如图1-2所示。

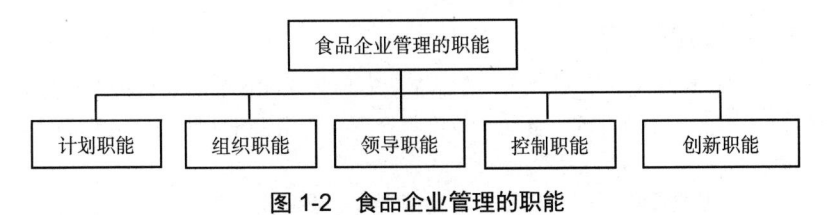

图 1-2 食品企业管理的职能

1．计划职能

计划职能是指对管理活动进行规划和安排，或者对未来的管理活动进行探索，制订方案。它包括：调查研究并预测外部环境，分析研究内部条件，决策管理目标和计划任务，编制管理计划和行动方案，实施计划管理。

> **思政教育**
>
> **踔厉奋发、勇毅前行**
>
> 党的二十大报告指出，要"加快建设制造强国、质量强国、航天强国、交通强国、网络强国、数字中国"。中国空间站书写着中国航天人自信自强、守正创新的新篇章，鼓舞着新时代为中国梦而前行的每一个人。新时代大学生应发扬党的二十大精神，踔厉奋发、勇毅前行，怀抱梦想又脚踏实地，敢想敢为又善作善成，敢于设定目标，稳步向目标推进。
>
> 资料来源：中国经济网，2023-03-02。

2．组织职能

组织职能是指对实现组织目标的各种要素和人们在社会经济活动中的相互关系进行组合、配置的活动。它使组织的各种要素、各环节形成有机联系和有序运营的整体。它包括：建立组织机构，划分职责和职权，形成信息的沟通渠道，合理配置各种要素。

3．领导职能

领导职能是指处于管理职位的个人在组织内外向其他人施加影响。它包括：推动他人工作，实现组织目标；提供便利条件，促使下属活动；组织信息交流，改善人际关系；建立激励机制，干涉行为变量；规范领导行为，控制他人活动。

4．控制职能

人们在执行计划的过程中，由于受到各种因素的干扰，常常会使实践活动偏离原来的计划。为了保证目标及为此而制订的计划得以实现，就需要控制职能。控制职能是指为保证管理目标的实现，对企业活动过程进行检查、监督和调节。它包括：监督检查计划的执行情况；纠正计划执行的偏差；调节各种要素和环节之间的关系；实施有效控制，反馈信息；等等。

5．创新职能

创新职能是指为求得新局面，对管理活动主体和客体确立新目标、制定新措施、创造新财富的活动。它包括：树立创新意识，改变思维方式；确立创新目标，分析创新条件；研究创新策略，健全创新机制；评价创新成果，总结创新经验。

一般来说，每项管理工作都是从计划开始的，并经过组织、领导、控制，直到结束。各职能之间同时相互交叉渗透，控制的结果可能又促进形成新的计划，开始又一轮新的管理循环。如此循环不息，把工作不断推向前进。创新在这一管理循环之中处于轴心地位，成为推动管理的原动力。

自我测试：如何理解食品企业管理的各项职能？

1.1.3 食品企业管理的内容

食品企业管理包括食品企业基础管理、食品企业专项管理和食品企业管理创新三大模块内容。

模块1包括食品企业计划管理、食品企业流程管理、食品企业组织管理、食品企业战略管理、食品企业文化管理。

模块2包括食品企业经营管理、食品企业营销管理、食品企业生产管理、食品企业质量管理、食品企业供应链管理、食品企业人力资源管理、食品企业财务管理、食品企业信息化管理。

模块3包括食品企业管理创新。

1.1.4 食品企业管理的阶段

按照食品企业由小到大、由弱到强的发展历程来看，其管理水平和所处的阶段可以大致划分为六个阶段，如图1-3所示。在每一阶段企业都会有不同的关注焦点，也会产生相应的短板。这种短板的突破很大程度上取决于两点：一是企业经营者自身修为的突破，二是企业在管理实务上的突破。

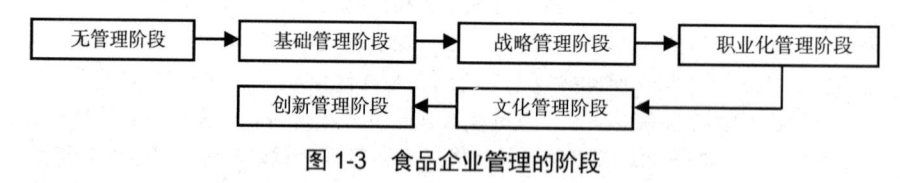

无管理阶段 → 基础管理阶段 → 战略管理阶段 → 职业化管理阶段
创新管理阶段 ← 文化管理阶段

图1-3 食品企业管理的阶段

1. 无管理阶段

在无管理阶段，企业的焦点完全在经营上。例如，研发了市场对路的产品，却面临销售的问题；或者有好的产品或创意，却打不开市场。

创业期的企业大多处于这个阶段。面对市场机会的招手，企业经营者一方面要赚取足够的利润来积累资本，另一方面要面对其他同业的竞争。拥有优秀销售人员和销售手段的企业能够脱颖而出，赚取第一桶金。但经营企业，经营一个商业性组织，需要把整个价值的创造流程固化下来并健康持续地运作下去。销售只能解决交易问题，而解决不了市场问题，企业需要系统化的营销解决思路。营销不是销售，不是自身利润的最大化，而是客户导向，"将欲取之，必固与之"说的就是这个道理。客户是企业的衣食父母，只有照顾好客户，客户才会给企业更好的养育。只有为客户多想多做，给客户想要的价值，企业的价值创造才能固化下来并持续运作。当经营者具有善恶感，诚信做事，承担一个企业公民的基本义务时，企业才能在这个阶段中生存下来。

无管理阶段的企业，虽可以依靠诚信、系统的营销思路解决生存问题，但要发展，就必须建立基础管理。

诚信对待客户，对于企业经营者来说，是获得生存的保障。创业不易，守业更难，难就难在建立规范化的管理。对于国内诸多没有学历、没有大企业工作经验的小企业老板来说，规范化的基础管理是他们必须迈过去的一道坎。当企业瞄准基础管理这个问题时，也就有机会进入下一阶段。

中国式管理

A企业的无管理阶段

A企业是一家典型的无管理阶段企业，有着十多年的历史，在某市从事零售业务。企业的核心团队主要是老板家族人员。企业基本上没有什么管理制度，家族成员各负其责，依靠人盯人来管理。企业创业以来一直都比较稳定，老板的"一站式解决"创意适应了市场的需求，十多年来的专注经营积攒了一批稳定的客户，从老板家乡的中专、技校招聘来并培养的年轻人组成了忠诚的销售团队。然而，企业的老板却对自己的现状十分不满，他说：企业做了十几年，开始只有一个小型销售店，现在只不过是一个中型的超市外加一个小型的销售店，发展太慢了。

此时的A企业已经危机四伏，年轻的销售团队对企业多年的缓慢成长表示了不满，骨干人员更由于经营环境不好造成的收入降低而产生了离开企业的念头；家族成员长期占据各个核心岗位，使得家族成员养成了傲慢和无纪律的习惯，并形成了家族与非家族员工间的对立和冲突；老板想法多，管理上随意性大，员工无所适从，企业高层和基层在想法和思路上差异较大，企业的向心力低下；企业没有一套标准化、流程化、制度化的操作规程，使得经营细节上的问题众多，客户不满，并且流失严重。

资料来源：搜狐网，2019-05-20。

国内众多的小型企业基本上都处于无管理阶段。企业经营者具备敏锐的竞争意识，有胆量而且勤劳，勇于拼搏，被生活所逼进入了创业大军，依靠对客户的诚信、家族的同心协力、使企业生存下来并获得稳定发展。但正是由于没有制度性的管理，更确切地说是没有建立系统的基础管理，企业难以持续成长。

2. 基础管理阶段

在基础管理阶段，计划管理、流程管理、组织管理、战略管理、文化管理是企业经营者关注的焦点。企业经营者如果不能建立完备的基础管理体系，企业不仅会忙于救火，还会造成队伍的不稳定，并可能使企业的成长停滞。当企业的成长陷入停滞时，如果企业经营者畏惧变革，缩手缩脚，企业将真正面临危机；只有企业经营者认识到，唯有建立系统的基础管理体系，企业才能突破基础管理瓶颈，进入新一轮的增长。

中国式管理

B企业的基础管理阶段

B企业是一家典型的基础管理阶段企业。该企业有着十多年的历史，从事连锁经营，目前在南方某市有五十几家店铺。老板夫妇有丰富的人脉，老板任董事长，负责外部关系处理；老板娘任总经理，负责内部的经营；企业核心管理团队基本上都是职业化的精英员工，均在知名企业有过多年的经验；B企业近年来聘请过多家咨询公司做辅导，建立了清晰的组织架构、岗位规范，有系统的计划管理、办公规范、操作流程、操作标准、行政奖惩，有完善的绩效管理体系和人才培养规划，有专业的财务管理。但企业整体上仍是微利，几家店更是长期亏损。

诊断后得出的结论是，该行业发展环境恶劣，整体处于微利经营，行业巨头近年来在加大兼并和扩张，中型企业生存越来越难；B企业现有的商业模式并不具备竞争优势，必须建立新型的商业模式，并进行战略上的规划。B企业经过战略规划，进行了商业模式的重构、管理体系的再造，逐步摆脱了原有的红海竞争。企业老板说，企业现有的管理体系、思路更加清晰，发展定位更加明确，在格局上相互协同，更具有前瞻性。

资料来源：搜狐网，2019-05-20。

事实上，对于国内众多中型企业来说，要想和行业领先企业在方方面面竞争是不现实的。要想在恶劣环境中生存下去，必须进行专业化经营，集中力量，走出一条具有创新意义的特色经营之路。首先需要从产业上谋势，找准着力点，进行资源的优化和重组；其次需要在优质的市场和客户资源上谋求产品和服务的系统创新；最后需要对管理体系进行变革和重构，以服务好商业模式的创新。

基础管理体系，就是企业日常管理的标准化、规范化、流程化、制度化、体系化。如果说管理活动的基础部分像人的身体，那么战略就是指明人行动的思想。身体强壮，处于健康状态，才可能走得远、走得久，实现目标。

3. 战略管理阶段

当企业的基础管理体系建立起来后，企业通过成长，将具有一定的规模，成为行业里不可忽视的一分子，这时要面临对企业发展方向的选择。行业里的风吹草动，都会对企业的经营产生影响，企业的战略管理被提上了日程。

经过前两个阶段的积累，企业有了自身的竞争优势，有了一群可以依赖的人才，专业化的经营也初具规模，管理也上了轨道，此时企业面临着总结过去、系统梳理、继往开来的战略转型。

中国式管理

C企业的战略管理阶段

C企业经过十几年的发展，年销售额超过5亿元，员工将近1000人，并形成了上千客户、多个生产基地的规模。企业通过了ISO 90001：2000质量管理体系认证，产品也获得了省著名商标，下游需求旺盛，产品供不应求。然而，企业老板却很不满意，一方面企业的内部运作总是不顺畅，另一方面企业自身的增长也比较平缓，甚至陷入了停滞。

诊断后发现，C企业在市场上缺少规划，只要客户愿意销售就给予代理或经销权，导致营销资源在很多小客户身上浪费掉，而各家大客户的占比并不高，客户的分散导致订单数量过多，而订单的规模却不大；在产品线上缺少规划，没有主推产品，高价值产品基本上没有要求推介，销售部门主要是在销售价值低但销量大的产品，导致企业的盈利水平并不高；采购方面也没有进行战略采购；人力资源上缺乏规划，导致新工厂建成后，所需的核心人员却没有着落；旺季时，企业在财务方面存在较大的资金缺口，还有较大比例的应收账款。C企业比较典型地代表了国内诸多规模较大企业的现状。C企业经过咨询后，进行了科学的战略规划，进行了品牌与营销的提升、组织与人力资源的变革，建立了战略执行的管理体系，进入了战略管理阶段。

资料来源：搜狐网，2019-05-20。

在战略管理阶段，当企业进行战略转型及核心竞争力构建时，必须深入思考企业的战略导向问题。

一般来说，按照企业价值创造的擅长点不同，主要分为五种价值导向：产品领先型、成本领先型、客户亲密型、资源整合型、系统能力型。

（1）产品领先型企业，高度重视研发、技术，追求产品极佳的性能，对技术要求高的行业领先企业多采用这种价值导向。

（2）成本领先型企业，非常重视成本管控，认为成本优势是自己的核心竞争力，在市场技术同质化或差异不大的行业领先企业多采用这种价值导向。

（3）客户亲密型企业，非常重视品牌和营销，认为赢得客户的好感和忠诚是企业能够持续成功的关键。企业不仅重视成本，更重视营销与品牌的建设。在品牌众多的日常消费品企业，领先的多为客户亲密型企业。

（4）资源整合型企业，非常重视产业链的打造，认为产业链的一体化是能否形成竞争优势的关键。企业依托资本，进行行业稀缺资源的占有，并打造产业链。在资源性行业领先的企业多为资源整合型。

（5）系统能力型企业，在产品技术、成本管理、品牌营销、资源整合这四个方面都表现优异，构建了综合的系统竞争能力。

当企业处于战略管理阶段时，企业经营者必须思考这些问题：什么是企业的核心竞争力？企业究竟在中期内要以何种价值导向形成自己的竞争优势？

4. 职业化管理阶段

明确了未来的战略方向，经过探索和坚持，通过组织重组、业务流程再造、人才培养、绩效管理系统加强、激励机制特别是分配机制的完善，整个组织思想观念转变后，企业再慢慢地走向职业化与专业化的经营。

在职业化阶段，企业家的财富越来越多，由于企业前景被看好，越来越多的人才加入，职业化的团队越来越成熟。亲情不再是有效维系企业家和人才的关键，利益的分配成了关键问题。企业家唯有建立命运相依、利益共存的分配机制，才能使决定企业战略转型成败的人才为企业所用。在企业家凭借自己的胸怀为职业化团队打造一个稳固的平台——从硬件（资金、资源）到软件（管理、机制），并且这个平台真正建立起来后，企业将拥有自主新陈代谢的能力，并走向企业管理的成熟阶段。

所谓企业的职业化，一是指企业经营者不再是企业所有者，而是由所有者委托职业化团队来经营；二是指企业将按照市场价值规律来运作，由职业化的员工进行专业化的操作。在职业化阶段，企业最需要做的就是内部机制的完善和管理体系的升级。管理体系的升级主要包括：法人治理结构的完善，强有力的监督制衡机制，成熟化的职业经理人队伍，能够被企业员工共同接受的企业文化，完善的制度管理体系。

> **中国式管理**
>
> **D企业的职业化管理阶段**
>
> D企业是一家食品企业。企业董事长经过十多年的艰苦创业，把企业做到了十个亿左右的规模，建立了以客户亲密度为导向、战略清晰、较为完善的管理制度后，却因一次车祸去世，导致企业老板娘成了新董事长。新董事长对企业不熟悉，只好完全委托职业经理人经营。
>
> D企业的高层设置本来只有集团总裁、集团总经理两个职位，新董事长到位后，就从外部空降了一位副总裁，并把原有的高层设置改为总裁、经营副总裁、管理副总裁，实现了一个三角形的搭配。新的管理副总裁，为了突出自己的作用，先后从外部招聘了一大批理念先进、有著名企业管理背景的人才。新的人才就位后，带来了先进的思想、先进的管理，然而却和企业原有的经营管理人才出现了理念上的冲突。
>
> 新的人才重视思想创新，喜欢大投入，喜欢搞文化运动，讲究结果导向，手段较为强势；而原有人才作风很务实、保守，喜欢精耕细作，比较稳健，比较人性化。由于文化的差异，该企业陷入了新旧人才的冲突和斗争中。经过一年多的斗争，企业原有人才大量流

失，企业经营陷入了困局。

　　D企业的案例，在职业化管理阶段比较普遍。企业在这个阶段引进外部人才不可避免，但与原有企业文化能够融合的人才才是企业需要的人才。另外，企业自身职业经理人队伍的成熟与否也很关键，D企业职业经理人队伍间的大规模斗争也是形成困局的重要因素。在这个阶段，不要再像战略管理阶段那样继续搞轰轰烈烈的文化运动，而要以任职资格、科学流程、对事负责制、模板化等推行职业化的管理。

资料来源：搜狐网，2019-05-20。

5. 文化管理阶段

企业迈过职业化管理阶段后就进入了相对成熟的阶段。在行业的方方面面，企业都充满竞争力。企业规模庞大，实力雄厚，依靠战略、制度、人才、机制等方面的建设，在竞争中的领先地位较为稳固。然而，在这一阶段，企业文化建设却成了最大的课题。

文化管理阶段的企业往往是社会关注的焦点，企业家更处于众星捧月的位置。在这个阶段，对于企业家来说，名利双全。然而，企业家稍有不慎，就会对社会政治造成影响。这种影响往往会给企业带来极大的风险。所以，这个阶段的企业领导人必须突破戒盈关，永远保持不圆满的境界。

人们常说：小企业看老板，中企业看管理，大企业看文化。文化是企业的经营哲学，是企业家使命、愿景、价值观经历岁月磨砺后的浓缩，是企业的智慧结晶，是企业核心竞争力的基因。放眼国内，真正达到依靠文化来管理的企业凤毛麟角。

6. 创新管理阶段

变革和创新是组织永葆活力的源泉，即使世界上最优秀的企业也一样需要修炼。这种企业不仅会在某个国家取得成功，更会在全球取得成功。企业家的事业不再是某个企业的事业，而是人类的事业、社会大众的事业。企业也因为其取得成功，跨越多个国家和区域，而能够保持不会被各国政治所影响，做到真正的不败，或者说有保障的基业长青。

企业经营者大多会关注"做大、做强、做久"，以上六个阶段就是企业成长的方向。在阶段1和阶段2，企业的核心任务是做大，成为规模企业；在阶段3和阶段4，企业的核心任务是做强，成为效益企业；在阶段5和阶段6，企业的核心任务是做久，成为基业长青企业。

管理者素养

具备社会主义核心价值观

　　核心价值观，承载着一个民族、一个国家的精神追求，体现着一个社会评判是非曲直的价值标准。核心价值观，其实就是一种德，既是个人的德，也是一种大德，就是国家的德、社会的德。国无德不兴，人无德不立。如果一个民族、一个国家没有共同的核心价值观，莫衷一是，行无依归，那么这个民族、这个国家就无法前进。

资料来源：新华网，2014-05-04。

任务2　食品企业管理的原理与方法

1.2.1　食品企业管理的基本原理

食品企业管理的基本原理如图1-4所示。

```
                    食品企业管理的基本原理
        ┌──────────┬──────────┬──────────┬──────────┐
      系统原理    人本原理    效益原理   80/20原理   新木桶原理
```

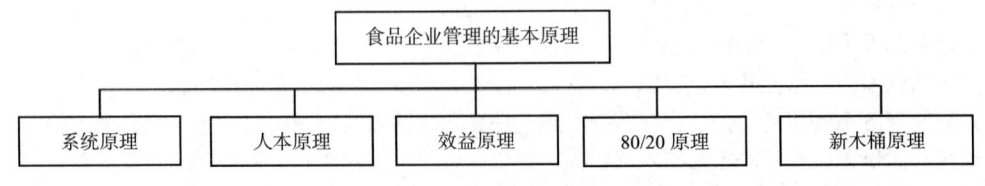

图1-4　食品企业管理的基本原理

1. 系统原理

系统原理认为，管理是一个系统，其各要素不是孤立的，要实现管理目标必须对食品企业经营管理活动及其要素进行系统分析，综合治理。

（1）整体性观点。整体性观点是系统论最基本的观点，认为系统的各要素按一定的逻辑要求为实现系统目标构成一个整体，这就要求在管理活动中将系统要素之间的相互关系及要素与系统之间的关系以整体为主进行协调，局部服从整体，使整体效果达到最优，也就是要求局部利益服从整体利益，系统要素功能服从系统整体功能。

（2）开放性观点。开放性观点又称有序性观点。按与环境的关系，系统可分为与外部环境无任何形式交换的封闭系统和与外部环境有交换的开放系统。任何一个有机系统都是耗散结构系统，系统外界不断交换物质、能量和信息，才能维持其生命。从理论上讲，管理过程实际上应该是一个增强有序化、消除不确定性和降低混乱度的过程。这就要求管理者必须意识到对外开放是系统的生命，只有不断与外界进行人、财、物、信息等要素的交流，才能维持系统的生命，进而实现可持续发展。

（3）动态性观点。系统总是处于动态之中，稳定状态是相对的。这就要求管理者在坚持原则的基础上留有余地，掌握动态性观点，研究系统的动态规律，有助于预见系统的发展趋势，树立超前观念，减少偏差，掌握主动，使系统向期望的目标顺利发展。

（4）综合性观点。综合性是指任何系统都是由其内部诸要素按一定方式构成的综合体，系统产生和形成于综合，并由此使自己具有整体性质和功能。

系统的综合性观点要求，一方面将系统的各部分、各方面和各种因素联系起来，考察其中的共同性和规律性；另一方面任何复杂的系统又都是可分解的。因此，要求管理者既要学会把许多普普通通的东西综合为新的构思、新的产品，创造出新的系统，又要善于把复杂的系统分解为最简单的单元加以解决。

> **思政教育**
>
> **必须坚持系统观念**
>
> 万事万物都是相互联系、相互依存的。只有用普遍联系的、全面系统的、发展变化的观点观察事物，才能把握事物发展规律。我国是一个发展中大国，仍处于社会主义初级阶段，正在经历广泛而深刻的社会变革，推进改革发展、调整利益关系往往牵一发而动全身。我们要善于通过历史看现实、透过现象看本质，把握好全局和局部、当前和长远、宏观和微观、主要矛盾和次要矛盾、特殊和一般的关系，不断提高战略思维、历史思维、辩证思维、系统思维、创新思维、法治思维、底线思维能力，为前瞻性思考、全局性谋划、整体性推进党和国家各项事业提供科学思想方法。
>
> 资料来源：新华网，2022-10-25。

2. 人本原理

现代管理思想把人的因素放在第一位，重视处理人与人的关系，强调人的自觉性和自我实现精神，主张以人的积极性、主动性、创造性为管理核心和动力。为了实现管理目标，一切管理工作必须以提高人的素质，调动人的积极性、主动性和创造性，做好人的工作为根本，这就是管理的"人本原理"。

（1）能级原理。在食品企业管理中，机构、人员、制度等都有一个能量问题，能量大，作用就大。能级原理的主要含义是，在管理系统中建立一套合理的能级，即根据各个单位和个人的能量大小来安排其职位和任务，使才能与职位相称。这样一种结构，才能充分发挥不同能级的能量，才能保证结构的稳定性和有效性。

正确应用能级原理必须注意以下两点：科学、合理地确定组织的能级结构；按层次需要选人用人，使各种人才处于相应的能级，做到使能者有其位、有其岗、有其资、有其利，实现能力优化组合。

（2）动力原理。管理必须有强大的动力，并且正确地运用动力，才能使管理活动持续有效地进行下去，这就是动力原理。食品企业管理中有三种基本动力：物质动力、精神动力、信息动力。物质动力包括对个人的物质鼓励，还包括企业的经济效益、社会效益；精神动力主要指信仰、价值观、精神鼓励和思想工作等；信息动力主要指有利于企业发展的信息。

动力原理要求管理者在管理工作中，必须正确认识和掌握管理的动力源，运用有效的管理动力机制，激发、引导、制约和管制管理对象，使其行为有助于整体目标的实现。在现实管理中正确运用动力原理，必须树立以人为中心的管理理念，正确认识和综合运用三种动力，保证管理活动得到足够的动力源；正确处理个人动力与集体动力、当前动力与长远动力的关系；建立有效的动力机制，使各种动力的作用方向与企业目标尽可能一致。

3. 效益原理

效益原理是指现代管理的基本目标在于获得最佳管理效益，即创造更多的经济效益，实现更好的社会效益。这就要求各项管理活动都始终围绕系统的整体优化目标，通过不断提高效率，使投入的人力、财力、物力、信息、时间等资源得以充分、合理、有效的利用，从而获得最佳管理效益。效益原理要求食品企业管理必须遵循以下原则：

（1）效用最大化原则。效用是经济学中的一个概念，是指某一商品给消费者带来的满足程度。在市场经济中，消费者追求的消费目标是效用最大化，食品企业只有实现消费者的消费目标才可能保证自己盈利，换句话说，满足消费者的需要是食品企业获利的前提条件。而消费效用因时、因地、因人而异，这就要求食品企业必须适时开发、生产符合消费者需要的产品，最大限度地满足消费者的需要。

（2）效益最优原则。效益最优原则是指在一定的技术条件下，食品企业根据其目标、外部环境和内部条件，对三者综合平衡而制定的效益标准。效益最优原则要求管理者不仅要追求效益，而且要综合分析，追求最优效益。同时，效益最优是一个相对的、动态的概念，短期最优不一定是长期最优，局部最优不一定是整体最优。效益最优原则要求食品企业必须从全局角度考虑企业的长远发展。

效益是管理的根本目的，管理是对效益的不断追求。要实现最佳管理效益，应注意以下几点：要重视经济效益；要有正确的管理战略；要努力提高管理系统的效率；管理应追求长期、稳定的高效益；要确立管理活动的效益观。

总之，现代管理要求在全面提高经济效益和社会效益的基础上，实现系统的最佳管理效益，这正是管理效益原理的实质和核心。

4. 80/20 原理

80/20 原理，又称二八法则、二八黄金分割定律，是由意大利经济学家帕累托于 1897 年提出来的，是指在特定群体中，重要的因子通常只占少数，不重要的因子却占多数；或者说，80%的价值来自 20%的因子，20%的价值来自 80%的因子。80/20 原理要求管理者在管理活动中只要在影响管理对象的诸要素中找出那些关键的少数，并进行重点管理，就能取得事半功倍的效果。将 80/20 原理运用在食品企业管理中，着重在于引导管理者把主要精力集中于重点问题的管理，对重点要素给予特别的关注，以提高管理功效。

5. 新木桶原理

新木桶原理是在原来的木桶原理基础上诞生的，木桶原理是指木桶装多少水取决于短板的长度。新木桶原理则是从多方面考虑木桶到底能装多少水。例如，木桶是不是有缝隙，木桶底部有没有洞等，若有缝隙，则木桶中的水将逐渐从木桶中流出。又如，将木桶倾斜后，木板倾斜面越长就能装下更多的水。这就告诉人们需要全面去看，不要被短板所局限。一般来说，一个木桶可以装下多少水是看自己对自己能力的认识，当然最短的木板确实对盛水量有着决定性的作用，这可以说是你暂时的能力。木板之间的结合也可以影响你的盛水量。只有思维更加全面，才能将自己的能力发挥到最大。

> **中国式管理**
>
> 2020 年净利暴增超两倍，财富是这样"滚"出来的！
>
> 面对疫情冲击，三全食品成为为数不多虽受疫情影响业绩却正增长的企业，可谓"因祸得福"。日前，三全食品发布 2020 年度业绩预告，预计实现归属于上市企业股东的净利润为 7.26 亿~7.92 亿元，比 2019 年同期增长 230%~260%；扣除非经常性损益后的净利润预计为 5.30 亿~5.96 亿元。三全食品业绩增长是有预期的。早在 2020 年年底的万商大会上，三全食品创始人陈泽民便透露"今年（2020 年）三全的净利润超过去五年的总和"。
>
> 前几年，速冻食品的增长趋于平缓。凯度消费者指数数据显示，2019 年整体速冻食品全年销额增长 3%。2020 年，突如其来的疫情促使速冻食品"逆风翻盘"，需求量快速增长。疫情期间，食品市场普遍供货紧张的情况下，从 1 月 23 日武汉封城到 4 月 8 日武汉解封，三全食品累计向湖北发送食品 59.26 万件，合计 5475 吨。
>
> 从 1990 年发明第一颗速冻汤圆，1995 年发明第一个速冻粽子，到现在拥有 400 多种产品。三全今天的成功，离不开一颗滚动的汤圆，也离不开一路"摸爬滚打"过来的陈泽民！在食品人的认知里，"三全食品创始人"是陈泽民最显眼的标签，但远远代表不了其动荡坎坷、波澜壮阔的一生。在豫商群体中，陈泽民身上纯粹的企业家精神，几乎无人出其右。
>
> 资料来源：搜狐网，2021-08-01。

1.2.2 数字经济时代食品企业管理的新原理[①]

数字经济时代食品企业管理的新原理如图 1-5 所示。

数字经济时代食品企业管理的新原理

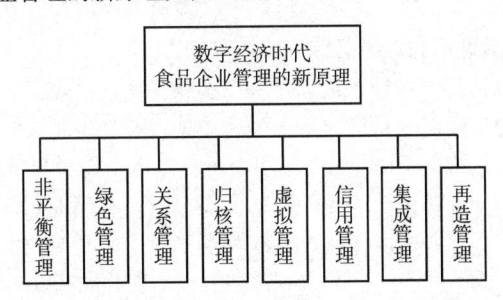

非平衡管理　绿色管理　关系管理　归核管理　虚拟管理　信用管理　集成管理　再造管理

图 1-5　数字经济时代食品企业管理的新原理

1. 非平衡管理——推进企业制度与技术持续创新

进入新世纪，企业要不断追求有序的非平衡结构，而不是一成不变或无章可循。近年来，美国

---
① 资料来源：上海财经大学商学院高层管理教育中心。

福特、杜邦等一批传统企业提出打破平衡管理新思维，改革企业机制，建立了企业联系经营实绩的任用、奖励和股权激励机制，以非平衡管理实现持续的制度创新与技术创新，使得福特、杜邦雄居世界500强企业的前列。

因此，食品企业在经营管理过程中应该打破平衡，实现创新发展。

2. 绿色管理——加速开发全球绿色消费市场

随着人们环保意识的不断增强，人们对绿色消费的要求越来越高。同时，发达国家在不断加大"绿色壁垒"的力度，从环保方面制止或限制某些产品进口，甚至对已进入的国外产品提出诉讼，使得外国企业在外贸出口中处于被动地位。绿色管理已成为未来经营管理理念的重要内容。

企业绿色管理包含了绿色经营思想、绿色产品开发、绿色生产过程、绿色技术保证体系等内容。食品企业要通过构建绿色管理体系，强化绿色消费与市场竞争理念，提高绿色科技水平，改善绿色经营，从而使企业环境保护符合政府法规要求，物质资源利用与效率达到最优，形成绿色市场开拓与创新能力。

3. 关系管理——从CI战略转向CS战略

21世纪，企业的核心与决定因素已转变成客户，命运掌握在客户手中，市场是企业利润的最终决定者，企业营销、生产协作、技术联盟、内部员工等诸方面关系管理已上升为现代企业管理的核心。

企业关系管理是指获得、建立和维系企业在市场经营中诸方关系的行为，是巩固和发展企业与消费者、供应商、合作伙伴、金融与政府部门以及企业内部员工关系的活动。发达国家企业已纷纷从CI（企业识别）战略转向了CS（客户满意）战略，以全面协调企业关系。企业关系管理的内涵突出了市场需求为企业最高目标，客户是企业经营的主要驱动力，企业管理组织的中心位置是协调各方面的内外关系。现代企业家应从强化企业关系管理与协调中，适应日趋成熟的市场，培养更多的忠诚客户，营造企业员工满意的工作环境。

4. 归核管理——着力提升核心智力资本与核心竞争力

英国学者布鲁金认为，"智力资本"是企业得以运行的所有无形资产的总称，是市场资本、知识产权资本、人才资本和基础结构资产的概括。其核心智力资本则是指企业核心员工和核心客户，这是企业核心竞争力的源头，起着主导和支配作用。

企业归核管理，就是把核心市场、核心客户、核心产品和核心人才放到企业管理的核心位置，突出培育核心竞争力。在企业经营管理中，决策创新和服务时要突出一切围绕客户进行；突出核心科技创新与人才开发，通过股份激励、任用激励和各种有效手段，培育企业核心人才，提高核心科技创新能力，开发核心产品，占据核心市场，从而不断增强企业核心竞争力。

5. 虚拟管理——运用管理与虚拟经营转变传统商务方式

企业网络经营只是虚拟经营的一种形式，是不以实物化生产的经营方式，是依靠品牌、商标、信誉、技术、网络等现代知识经济为特征的新的经营模式。其特点主要有，利用他人生产法，将制造产品的负担转移给更专业化的企业，自己则集中力量专门负责技术与市场攻关；利用他人销售法，通过代理销售与特许经营，不断扩大企业与品牌的市场空间；利用他人开发法，将企业的未来和前瞻性技术委托给专门的科技部门研制，保持企业在市场竞争中的高新技术制高点地位；等等。通过虚拟经营管理，企业建立广泛的生产、技术、经营联盟，实现共同开发市场，分享市场利益。

6. 信用管理——大力拓展信用消费经济

在欧美等发达国家，信用制度建立已有150多年，目前个人信用消费已占全社会消费总量的10%以上。如果我国信用消费达到发达国家水平（占消费总量的10%），将拉动国民经济增长四个百分点。开发信用消费经济成为新世纪经济增长的重要源泉之一，引起了有关方面的高度重视。

目前，我国一些企业存在信用管理危机的问题，故意拖欠银行、个人和业务单位的资金，导致许多企业之间长期形成三角债。近年来，还屡屡出现企业造假、行骗、拒不执行法院判决等问题。对此，一方面，要建立社会信用管理体系，完善国家信用管理制度，建立严密的个人信用制度，健全风险防范制度；另一方面，要加强企业信用管理，树立良好的企业信用，认真解决企业信用与法律信用危机问题。未来经济是信用经济，我们必须高度重视企业信用管理，以此加快信用消费经济发展。

7. 集成管理——广泛集结生态经营伙伴

世界著名经济战略伙伴研究专家詹姆斯·穆尔，在他的《竞争的消亡》一书中认为，企业竞争管理不是要击败竞争对手，而是要集成经营，联合广泛的共同力量创造新的优势，分享市场。企业集成管理就是强调整合聚变，突出协同与创新，不断聚合出新的市场竞争能力，以主动适应知识经济与科技日新月异的要求。

未来企业要树立创新思维，意识到市场经营是一个集成多方竞争优势，联合多方力量，建立包括消费者、供应商和制造商在内的"生态系统"，这是企业取胜的根本。因此，企业要创新集成管理，建立强有力的集成管理系统，促进企业知识经济的飞跃发展。

8. 再造管理——全面变革与重塑企业流程新机制

企业再造管理的核心是满足消费需求，全面按订单流进行制造，以此建立企业信息流、资金流、技术流、物流的运行机制，把企业内部与市场连接成一个全新的流程，达到企业效率、质量与个性化需求的整合目标。

企业流程再造的经营管理理念，能够促进企业在迈向新世纪中得到长足发展。例如，海尔提出的企业流程再造突出了从物流到市场流的全面变革与重塑，推出了企业"市场链、定制产品、日清日高、国际化经营"等一系列流程再造新举措，实现了企业新跨越。因此食品企业必须树立企业流程再造的经营理念。

自我测试：数字经济时代食品企业管理的新原理有哪些？

1.2.3 食品企业管理的基本方法

管理方法是指在管理活动中，为提高管理功效和实现管理目标而采取的各种有关管理的方式、办法、手段和措施的总和。管理原理必须通过管理方法才能在管理实践中发挥作用。管理方法是管理原理的自然延伸和具体化、实际化，是管理原理指导管理活动的必要中介和桥梁，是实现管理目标的途径和手段。食品企业管理的基本方法一般可分为法律方法、行政方法、经济方法、教育方法和数学方法，如图1-6所示。

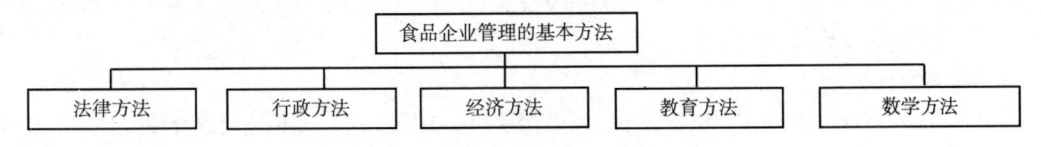

图1-6 食品企业管理的基本方法

1. 法律方法

法律方法是指运用法律规范以及类似法律规范性质的各种行为规则来管理食品企业的一种方法。法律方法的主要形式有：国家的法律、法规；食品企业内部的规章制度；司法和仲裁；等等。

法律方法的实质是实现全体人民的意志，并维护他们的根本利益，代表他们对社会经济、政治、文化活动实行强制性的、统一的管理。法律方法既要反映广大人民的利益，又要反映事物的客观规律，调动各个企业、单位和群众的积极性与创造性。

法律方法具有严肃性、规范性、强制性的特点。严肃性是指法律和法规的制定必须严格按照法律程序和规定进行，司法工作必须通过严格的执法活动来维护法律的尊严。规范性是规定该做什么、不该做什么，同时又将这种指引作为评价人们行为的标准。强制性是指法律、法规一经制定就要强制执行，任何企业、单位和个人都必须毫无例外地遵守，否则将受到严惩。

法律方法适用于处理共性的一般问题，便于集权与统一领导，权利与义务分明，同时还能自动调节。但法律方法缺少灵活性和弹性，不便处理特殊问题和及时处理管理体制中出现的新问题。

2. 行政方法

行政方法是指依靠食品企业各级行政管理机构的法定权力，通过命令、指示、规定、条例以及具有强制性的计划等行政手段来管理食品企业的方法。

行政方法的实质是通过行政组织中的职务和职位进行管理。它特别强调职责、职权、职位，而并非个人的能力或特权。下级服从上级是对上级所拥有的管理权限的服从。

行政方法具有权威性、强制性、垂直性、具体性、无偿性等特点。食品企业所有成员对上级所采用的行政手段，都必须服从和执行。行政方法是管理企业必不可少的方法，是执行管理职能的一种重要手段。

行政方法有利于集中统一管理，保证组织内各部门的协调一致；有利于及时、灵活、有效地处理特殊问题或紧迫问题，避免出现"一刀切"的僵化管理现象；有利于与法律、经济等方法之间形成互补作用，结合使用，提高整体管理功效，从而维护组织系统的稳定。但由于它强调领导者的权威性，易导致搞"人治"。并且，由于过分强调集中统一，易导致权力过于集中，不便于管理分权，容易使一些领导者过分迷信行政方法的力量，从而助长某些领导者的独断专行。

3. 经济方法

经济方法是指根据客观经济规律的要求，正确运用价格、税收、信贷、利润、工资、资金、罚款以及经济合同等经济手段来管理食品企业的方法。

经济方法的实质是围绕着物质利益，运用各种经济手段正确处理好国家、集体和劳动者个人三者之间的经济关系，最大限度地调动各方面的积极性、主动性、创造性和责任感。

经济方法具有利益性、普遍性、灵活性和平等性的特点。利益性是指经济方法是通过利益机制引导被管理者去追求某种利益。普遍性是指经济方法被整个社会所广泛采用，特别是在经济管理领域，它是最为重要的管理方法。灵活性是指经济方法针对不同的管理对象，可以采用不同的经济手段，对同一管理对象，在不同情况下，可以采用不同方式进行管理。平等性是指经济方法承认被管理的组织或个人在获取自己的经济利益上是平等的。

经济方法易于被管理对象所接受，能够充分调动各级机构和人员的积极性，但也容易产生讨价还价的现象，易诱发拜金主义思想。因此，既要注意将经济方法与教育方法等其他方法结合起来运用，也要注意经济方法的不断完善。

4. 教育方法

教育方法是指通过学习、讨论、讲授、示范等手段，对职工进行思想政治教育和文化科学技术知识教育，提高食品企业全体成员的素质，使其自觉地为实现组织的目标而努力工作的一种管理方法。

教育方法的主要内容有人生观和道德教育、爱国主义和集体主义教育、民主和参与管理教育、法治和规章制度教育、科学文化教育、组织文化教育等。

教育方法有利于提高组织成员的综合素质；有利于组织成员更好地理解组织目标和各项管理措施，从根本上调动员工的积极性和创造性，以高效率实现组织目标。但要注意在进行政治思想教育时，反对空洞说教和形式主义，反对采用粗暴、强制压服的方法，反对用简单的惩罚手段来解决问题，反对言行不一致；在进行知识技能教育时，不要完全采用讲授式教育。教育方法是法律约束、行政命令、经济奖惩所不能替代的。

5. 数学方法

数学方法是指对食品企业生产经营活动，用科学的理论及数学模型或系统模型来寻求优化方案的定量分析方法。数学方法能使食品企业管理进一步定量化、合理化、精密化。

食品企业管理常用的数学模型主要有盈亏平衡点模型、线性规划模型、存储模型、网络模型、排队模型、模拟模型等。

数学方法在食品企业管理中具有非常重要的作用。但由于人的因素难以用数学模型来描述，以及食品企业生产经营活动的复杂多变，数学方法也有它的局限性。只有各种方法综合运用，相互补充，才能更好地发挥每一种方法的作用。

二维码链接1-2 常用的六个企业管理方法

1.2.4 食品企业数字化管理的方法

1. 设备智能化升级，必要环节自动化改造

设备智能化是数字化建设的基础，首先对必要设备、环节进行自动化升级改造，减少人工干预，提高产品生产的稳定性和规范性，减少生产损耗，降低人工成本。

2. 数据采集和生产监控，构建车间全面感知能力

安装数据采集和识别设备，实现对生产设备和关键控制节点的实时监测预警。各种生产、加工和物流数据，通过条码读写器及射频识别等设备进行采集和识别。同时，通过视频监控规范员工操作，实现车间状态的全面感知。

3. 完善信息系统建设，搭建质量可追溯体系

将采集数据根据业务需求进行汇总分析，形成可视化看板并生成分析报告。根据企业需求搭建业务体系，如针对质量管控需求建设质量可追溯体系，以系统、全面的数据链实现全过程可视化的追溯体系。

4. 数据分析驱动生产，生产管理精益化

利用上述数字化技术和工具实现精益分析和管理，利用数据形成洞察，确定大数据的可用性。结合销售侧数据，对淡旺季产能建设、资源效率进行分析并指导实际生产。同时，通过大数据分析、机器学习，驱动数字化诊断，客观、实时、全面地发现企业生产问题。

5. 业务集成平台，打造柔性化生产线及供应链

构建一体化的智能运营平台，实现业务有效集成与优化整合，提升信息共享水平，实现标准化、精细化运营管理，助推企业的快速转型。建立供应链协同的计划管理体系，打造自感知、自适应的柔性化生产线和供应链，打通产供销需求传递，组织均衡生产，减少库存。

管理者素养

如何践行社会主义核心价值观

在创造物质财富，即建设富强、民主、文明、和谐的国家方面，发挥表率作用。在践行公平、诚信，维护社会主义市场经济秩序方面，发挥表率作用。在建设生态文明，解决环境保护，人民群众特别关心的利益问题方面，发挥表率作用。在履行社会责任、提供爱心服务方面，发挥表率作用。建设一支高素质的人才队伍，培育爱国、敬业、诚信、友善的企业员工。

资料来源：央广网，2014-02-11。

任务 3　食品企业的生命周期管理

1.3.1　企业生命周期的概念

企业生命周期理论是由美国最有影响力的管理学家之一——伊查克·爱迪思（Ichak Adizes）创立的。伊查克·爱迪思是美国当代著名的管理学思想家、教育家、组织健康学的创始人，加州大学洛杉矶分校终身教授，斯坦福大学、特拉维夫大学和位于耶路撒冷的希伯莱大学的客座教授。他在企业和政府部门有超过 30 年的诊疗经验，开发出了爱迪思法，并创立了爱迪思学院，受政府特许在组织健康领域授予硕士和博士学位。美国主流媒体评价爱迪思为 20 世纪 90 年代"唯一一名处于管理尖端领域的人"。

伊查克·爱迪思曾用 20 多年的时间研究企业如何发展、老化和衰亡。他写了《企业生命周期》一书，把企业生命周期划分为四个阶段，如图 1-7 所示。

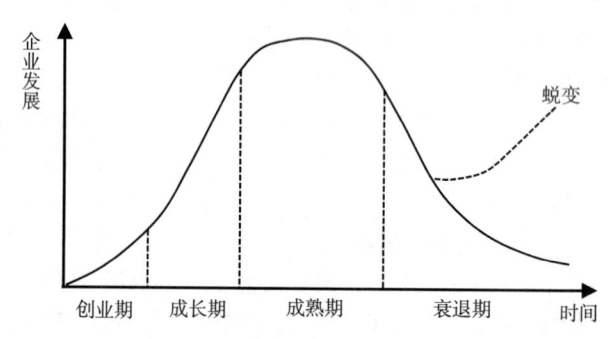

图 1-7　企业生命周期

企业生命周期是企业的发展与成长的动态轨迹，包括创业期、成长期、成熟期和衰退期。企业生命周期理论的研究目的就在于，试图为处于不同生命周期阶段的企业找到能够与其特点相适应、不断促其发展延续的特定组织结构形式，使得企业可以从内部管理方面找到一个相对较优的模式来保持企业的发展能力，在每个生命周期阶段内充分发挥特色优势，进而延长企业的生命周期，帮助企业实现自身的可持续发展。

创业期是指企业创立的阶段，企业在创业期的主要目标是摸索、创建一个可行的、有竞争能力的产品—市场战略，并生存下来。在这个阶段，组织系统不完善，没有明确的职责分工，决策基本上由创业者独立决定，企业资本实力弱，盈利水平很低。因此，企业应努力寻找市场空隙，并集中资源于所选择的少数几个产品与市场上。这时的企业形象尚未树立。

成长期是企业从创立初期到持续稳定发展的阶段，企业在此阶段处于快速增长时期，企业的竞争力和生存能力也迅速提升。企业管理者应当制定一套有效的发展策略，以满足企业抢占市场机会、实现企业快速发展的需求。

成熟期是企业在成长期基础上持续稳定发展，企业管理者需要不断创新，加强管理，以持续提升企业的竞争力和能力，同时要重视市场、行业的变化，并迅速做出调整，使企业、行业长期发展，紧密结合。

衰退期是企业在增长后进入放缓发展的阶段，企业的生产与运营的效率和利润率都会降低，企业管理者需要做出有效的调整，以拉动企业的发展，或者改变企业发展方向，调节企业发展规律，使企业恢复正常发展。

二维码链接 1-3
企业管理者应具备的六大素质

1.3.2 企业生命周期各阶段的特点

企业在不同的生命周期阶段呈现出不同的特点，企业生命周期的四个阶段不仅反映了企业的经营状况，也反映了企业的经营策略及控制管理方式的有效性。

企业生命周期各阶段的特点如表 1-1 所示。

表 1-1 企业生命周期各阶段的特点

阶 段	特 点
创业期	企业未得到社会认可，实力较弱，各种规章尚未健全，文化尚未形成
成长期	企业发展迅速，机构相对完善，制度不断健全，文化逐渐形成
成熟期	企业规模、销量达到最高水平，制度完善并能充分发挥作用，企业进入黄金阶段
衰退期	竞争下获利能力下降，资金紧张，体现企业活动的行为减少甚至消失

企业管理者应当及时关注企业生命周期以及行业变化，研究企业所处阶段，分析该阶段所需发展的能力，采取相应的管理措施，从而保证企业的不断发展。

自我测试：企业生命周期包括哪几个阶段？

1.3.3 食品企业生命周期的分类

1. 产品/行业生命周期

产品/行业生命周期是一种非常有用的方法，能够帮助企业根据行业是否处于成长、成熟、衰退或其他状态来制定适当的战略。

这种方法假定，企业在生命周期的每个阶段（创业、成长、成熟、衰退）中的竞争状况是不同的。

由于假定事情必然会遵循一种既定的生命周期模式，因此这种方法可能导致可预测的而不是有创意的、革新的战略。

2. 需求生命周期

生命周期概念更有建设性的应用是需求生命周期理论。这个理论假定，客户（个人、私有或公有企业）有某种特定的需求（娱乐、教育、运输、社交、交流信息等）并希望能够得到满足。在不同阶段会有不同的产品来满足这些需求。

技术在不断发展，人口的统计特征随着时间而演变，政治环境则在不同的利益群体之间变化，消费者偏好也会改变。与其为了保卫特定的产品而战，不如为了确保继续满足客户需求而战。

> **思政教育**
>
> **全面推进乡村振兴**
>
> 全面建设社会主义现代化国家，最艰巨、最繁重的任务仍然在农村。坚持农业农村优先发展，坚持城乡融合发展，畅通城乡要素流动。加快建设农业强国，扎实推动乡村产业、人才、文化、生态、组织振兴。树立大食物观，发展设施农业，构建多元化食物供给体系。发展乡村特色产业，拓宽农民增收致富渠道。巩固拓展脱贫攻坚成果，增强脱贫地区和脱贫群众内生发展动力。
>
> 资料来源：新华网，2022-10-25。

1.3.4 食品企业不同生命周期的战略选择

针对不同的周期应采取不同的战略，从而使食品企业的总体战略更具前瞻性、目标性和可操作性。依照企业偏离战略起点的程度，可将食品企业的总体战略划分为如下三种：发展型、稳定型和紧缩型。

1. 发展型战略

发展型战略，又称进攻型战略，使企业在战略基础水平上向更高一级的目标发展。宜选择在企业生命周期变化阶段的上升期和高峰期实施该战略，时间为 6 年。

2. 稳定型战略

稳定型战略，又称防御型战略，使企业在战略期内所期望达到的经营状况基本保持在战略起点的范围和水平。宜选择在企业生命周期变化阶段的平稳期实施该战略，时间为 3 年。

3. 紧缩型战略

紧缩型战略，又称退却型战略，是指企业从战略基础水平往后收缩和撤退，且偏离战略起点较大的战略。宜选择在企业生命周期变化阶段的低潮期实施该战略，时间为 3 年。

在以上三种战略中，企业最不希望采用紧缩型战略，因为这与企业的愿望背道而驰。企业即使在时机不成熟的条件下，宁愿采用发展型战略而非紧缩型战略。企业生命周期理论是从战略角度考虑的，有时战略上的退却比进攻更有成效。企业要生存并获得发展，必须把这两种战略摆在同等重要的位置上。

中国式管理

美味与思念，传统也可变

2020 年是特殊的一年，疫情给社会带来了巨大的压力。处于食品这一民生行业的思念集团，积极践行社会责任和企业价值，同时也面临新的挑战。例如，数字经济以及所带来的新形势、新市场、新趋势。说到"思念"，感到的是温暖与熟悉。思念尽管早已成为业界巨头，它仍勇于创新、勇于学习、勇于改变，思念正用自己的方式去拥抱新技术和新零售。思念不但努力拥抱新零售，不断尝试用科技改变供应链，而且运用了各种手段加强品牌的全场景认知。仅在线上渠道的拓展上都让人眼花缭乱，目不暇接。思念从宏观到细节，从线上到线下，多维度定义全新品牌形象，让未来一代又一代的年轻人认可并热爱思念。

资料来源：北大光华 MBA 公众号。

企业生命周期曲线是非常理想的，实际上，很多企业在发展过程中由于种种原因与正常曲线分离而掉下来，如巨人、三株、秦池。它们是在一个战略转折点上出了问题。一个企业的走向转为下降或上升，出现较大变化的这个转折点非常重要。在生命周期曲线上这样的点非常多，特别是在两个阶段交替的时刻。每个阶段临界状态的转化叫战略转折，战略转折点也叫危机点，包括危险和机会。如果能战胜这一点，突破这个极限，企业就能继续发展，否则就会走下坡路。因此，企业的战略管理必须不断构筑新的平台。一句话，只有生命周期阶段的突破者，才能化"蛹"为"蝶"。只有这样不断的蜕变，才能实现正增长的持续。

英特尔前总裁葛洛夫先生有一句话："一个企业发展到一定规模后，就会面临一个战略转折点。"也就是说，要改变自己的管理方式、管理制度、组织机构，否则就难以驾驭和掌控企业，更不用说永续经营。2003 年，一个日本人说，全世界企业都存在"一千万元障碍"，很多企业在收入不到一千万元时做得很好，一旦超过一千万元很快就完了。为什么？因为一千万元以下可以人盯人，靠个人，靠全家人去管理，超过一千万元人盯人就难了。超越这个阶段就不能用人去管了，而要用制度。企业在不同阶段、不同规模下必须有不同的管理。这是爱迪思先生强调的企业生命周期的一条基本规律。

中小企业经营者极容易走入一个误区，认为只要做大做强，企业就能生存发展，在这种经营思想指导下，采取发展型战略进行盲目扩张。在企业生命周期的高峰期会取得一定成果，但一旦进入低谷期就恰得其反，后果不堪设想。而低谷期是周期循环力量衰竭的产物，是必然的发展趋势。企业战略只有选择最佳时机，才能取得成功。周期战略的应用目的正在于此。

管理者素养

培育和弘扬社会主义核心价值观必须立足中华优秀传统文化

要切实把社会主义核心价值观贯穿于社会生活的方方面面。要通过教育引导、舆论宣传、文化熏陶、实践养成、制度保障等，使社会主义核心价值观内化为人们的精神追求，外化为人们的自觉行动。

要发挥政策导向作用，使经济、政治、文化、社会等方方面面政策都有利于社会主义核心价值观的培育。要用法律来推动核心价值观建设。各种社会管理要承担起倡导社会主义核心价值观的责任，注重在日常管理中体现价值导向，使符合核心价值观的行为得到鼓励、违背核心价值观的行为受到制约。

资料来源：中国共产党新闻网，2014-06-09。

项目导入案例

巴比馒头升级管理体系，业务快速扩张

中国烹饪协会发布的《中国早餐市场分析》显示，全国连锁早餐企业有2000家左右，不过网点大多在100个以内，超过200个网点的仅有140家左右，仅占7%，像巴比馒头这样拥有2300家门店的连锁早餐企业屈指可数。

巴比馒头是如何管控2300家门店的？依托协同运营中台业务定制化能力，巴比馒头优化了流程管理与业务模块，定制了专属巴比馒头的"移动巡店"管理流程：督导巡店提出整改计划后，门店按计划进行整改，整改后由专人检查执行结果，最终依据问题普遍性制定新的标准，若有未解决或新出现的问题，则转入下一个PDCA循环。有了致远互联协同运营中台的支撑保障，巴比馒头的整体运营效率得到了极大的提升。未来，巴比馒头也希望基于协同运营中台，对供应商、加盟门店等做到进一步精细化管理。致远互联也为巴比馒头做出了长远规划，如建立高效供应链能力、财务与HR服务能力、全渠道客户营销能力、实施业务洞察能力以及组织计划和商品管理等，帮助巴比馒头实现经销商订出货的全流程电子化管理，进而帮助巴比馒头彻底打通企业业务人员与成百上千经销商之间的业务往来、沟通协作与信息共享。

资料来源：致远互联官网，2017-12-06。

➲ **辩证性思考：**

结合案例，谈谈食品企业进行数字化管理的重要性。

项目检测

管理知识培养规格检测

1．简述食品企业管理的概念及职能。
2．简述食品企业管理的内容。

3．简述食品企业管理的基本原理和方法。
4．简述食品企业生命周期。

管理能力培养规格与管理者素养培育规格检测
实践项目1　制订××食品企业管理现状分析方案

　　项目实践目的：通过对××食品企业管理现状的调查研究，每个团队组织全员进行分析，总结食品企业管理的特色，查找食品企业管理存在的问题，明确食品企业目前急需解决的问题。制订××食品企业管理现状分析方案，为以后边学习、边分析、边解决食品企业管理问题打好基础。

　　项目检测考核：由班级学习委员组织分团队对××食品企业管理现状分析方案进行宣讲、讨论、答辩，指导教师进行评价。由各团队队长和指导教师负责评判打分，考核成绩分为优秀、良好、及格。

　　飞翔队由张磊组织全员对食品企业管理现状进行分析，总结食品企业管理特色，查找食品企业管理存在的问题，明确食品企业目前急需解决的问题。张磊负责制订××食品企业管理现状分析方案，并进行宣讲答辩。经过讨论、答辩，指导教师提出两点修改意见，综合评判该方案为优秀。

项目2

食品企业计划管理、流程管理与组织管理

项目培养规格

管理素养培育规格

强化基层管理者的角色意识认知，培育管理者的职业道德。

管理知识培养规格

理解食品企业计划与计划管理、流程与流程管理、组织与组织管理的概念；熟悉食品企业计划管理的作用、实施原则与实施保障；熟悉食品企业流程管理的范围及体系、面临的主要问题；熟悉食品企业组织结构的设计、类型及发展趋势；掌握食品企业流程建设的步骤及数字化时代食品企业组织管理的转型措施。

管理能力培养规格

具备食品企业计划管理、流程管理与组织管理的能力。

思维导图

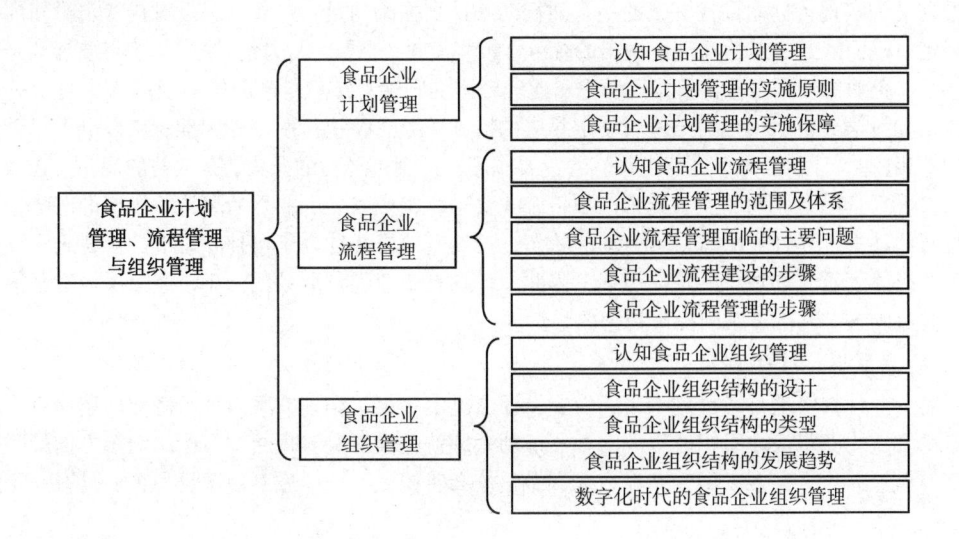

食品企业计划管理、流程管理与组织管理
- 食品企业计划管理
  - 认知食品企业计划管理
  - 食品企业计划管理的实施原则
  - 食品企业计划管理的实施保障
- 食品企业流程管理
  - 认知食品企业流程管理
  - 食品企业流程管理的范围及体系
  - 食品企业流程管理面临的主要问题
  - 食品企业流程建设的步骤
  - 食品企业流程管理的步骤
- 食品企业组织管理
  - 认知食品企业组织管理
  - 食品企业组织结构的设计
  - 食品企业组织结构的类型
  - 食品企业组织结构的发展趋势
  - 数字化时代的食品企业组织管理

> **项目导入案例**

> 做好食品生产计划，轻松解决车间生产管理混乱
>
> 在食品企业工厂内，常见的一些生产现象：
> (1) 前后工序的半成品或材料不衔接，我要的不来，我不要的却拼命送过来；
> (2) 工厂内，各生产部门，半成品堆积像仓库，生产不能像行云流水一样顺畅地流下去；
> (3) 生产计划表，徒具形式，你做你的计划，我做我的产品，生产计划达标率低，生产计划不具威望；
> (4) 生产计划表更动频繁，不是追加，就是取消；
> (5) 紧急订单很多，生产计划无法执行，所谓牵一发动全身；
> (6) 生产紊乱，品质失控，品质失控导致返工重做，又搅乱原生产计划；
> (7) 材料、零件或成品积压过多，造成企业资金调度困难；
> (8) 无休止地加班，日日加班，人变成了生产机器；
> (9) 交货经常延迟，影响企业信誉。
>
> 产生以上乱象的原因之一就是生产工作缺乏必要的制度支撑，没有一定的标准来规范产品销售、销售计划与生产计划、生产计划与物料计划、生产计划与生产派工工作。而往深层次来讲，问题出在生产运作过程本身，生产管理部门偏离了指挥中心、运作枢纽的工作职能，而变成了生产部门的附属单位，这是出现以上乱象的根源。因此建立既科学又适合食品企业实际的生产管理制度，规范工作职责及具体工作流程就成了解决以上乱象的关键。
>
> 资料来源：微信公众号"食品论坛"，2022-08-31。

➡ **辨证性思考：**

结合案例，谈谈食品企业为什么需要计划管理。

任务 1　食品企业计划管理

2.1.1　认知食品企业计划管理

1. 计划的概念

计划是为实现目标而寻找资源的一系列行动。计划强调的是，经营管理者对在特定时间内要完成的特定目标而展开的经营活动所做出的统筹性策划安排。"计"是战略，是对影响将要展开经营活动的环境、企业内外因素及自身发展历史对比等因素的归纳总结和科学分析。"划"是战术，是依据归纳总结和科学分析所得出的结论，制定相应的措施、办法及执行原则和标准。从以上可以看出，二者相辅相成，"计划"对于经营工作有着重要作用，计划是经营的龙头，是效益的源头。在数字化经济条件下，食品企业间的竞争异常激烈，企业要生存，要发展，要保持可持续发展的态势，任何一项经营活动都不允许处于盲目、盲动的状态，其经营效果必须处于可控状态下。换言之，计划是企业经营决策者意志和理念的具体体现。因此，计划是企业经营活动的基础，经营决策者必须不断地夯实和巩固这个基础，不断提高计划的科学性。

2. 食品企业计划管理的概念

食品企业计划管理是指预测未来、设立目标、决定决策、选择方案以期经济地使用现有资源，把握未来发展，获得最大组织成效的活动。计划管理就是要解决实现组织目标的六个方面的问题：为什么要做？做什么？谁去做？在什么地方做？什么时候做？怎样做？由于食品企业是在一定的条

件下运行的，企业资源也是有限的，因此，食品企业计划管理实际上是在内外部条件的约束下，确定食品企业在一定时期内要达到的目标并制定实现目标的措施。它可被看成一种管理方式和手段，是围绕行动方案的制订而展开的。简而言之，食品企业计划管理就是将食品企业各项经营活动纳入统一计划进行管理。

3. 食品企业计划管理的作用

食品企业计划管理直接影响到食品企业的经济效益，关系到食品企业的生死存亡。具体地说，计划管理有以下作用：

（1）计划管理为食品企业经营管理提供了明确的目标。计划管理以计划的形式为食品企业经营管理活动提供了明确的目标。这一目标既是食品企业其他管理活动的依据，也是管理者衡量经营管理效果的标准，管理者要以计划目标为依据进行指挥和控制，出现问题也是对照计划目标进行检查和调整。食品企业安排生产经营任务，实际上是对目标的分解和落实，可以说，食品企业的一切经营管理活动都是围绕企业目标的实现而展开的。

（2）加强计划管理可减少风险损失。食品企业加强计划管理，主要是为了减少失误，提高经济效益。加强计划管理，可以通过事先的科学预测和对企业内外部条件的全面分析，制订具有科学依据和可行性的行动方案，从而避免较大的经营风险。而且，在执行计划的过程中，企业还可以通过经营的检查和调整，及时防止不良后果的发生。面对复杂多变的环境，企业通常要制订多方案的计划，以适应不同的环境变化。

（3）加强计划管理可以充分利用资源，提高经济效益。计划管理通过对各种资源在数量上的综合平衡和空间、时间上的合理安排，使资源得到充分利用，减少了浪费，降低了流通成本，特别是对资金的有效利用，对食品企业的正常经营和提高经济效益至关重要。

（4）加强计划管理可使各部门之间更好地协调配合，体现综合效应。食品企业综合效应是食品企业内部各部门之间协调配合的成效。食品企业计划管理可充分挖掘及合理利用食品企业的一切人力、物力、财力等资源，从而取得最佳的经营管理效果。

自我测试：计划管理在食品企业发展中有什么作用？

4. 食品企业计划管理的内容

食品企业计划管理的内容包括：根据有关指令和信息组织有关人员编制各种计划；协助和督促执行单位落实计划任务，组织实施，保证计划的完成；利用各种生产统计信息和其他方法检查计划执行情况，并对计划完成情况进行考核，据此评定生产经营成果；在计划执行过程中条件发生变化时，及时对原计划进行调整，使计划仍具有指导和组织生产经营活动的作用。食品企业通过对计划的制订、执行、检查、调整的全过程，合理地利用人力、物力和财力等资源，有效地协调企业内外各方面的生产经营活动，提高企业效益。

二维码链接 2-1
食品企业计划管理存在的问题及解决办法

2.1.2 食品企业计划管理的实施原则

食品企业计划管理具有七大原则，如图 2-1 所示。

1. 战略导向原则

食品企业计划编制的源头一定是企业战略，由企业战略分解出子战略目标，继而分解出具体的工作目标。例如，由企业战略分解出财务战略目标，再分解出年度财务预算目标，再将年度目标分解到各季度乃至各月份，形成具体可衡量的月度工作计划。需要强调的是，企业战略的分解不只是财务指标，还包括各种管理指标，如企业文化塑造、品牌影响力提升、内训体系建立等。

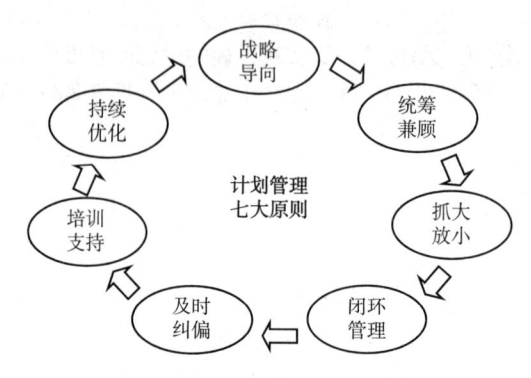

图 2-1　计划管理七大原则

2．统筹兼顾原则

计划编制必须充分考虑企业的所有资源状况，各部门要形成"一盘棋"，不考虑食品企业现实经营环境的计划不具有可执行性。例如，食品企业销售额计划提升100%，要保证这个目标的实现，需要投建新的厂房，扩充销售团队，但企业当前自有资金有限，融资预期也不理想，而且随着用工成本的增加，企业所能承受的薪酬标准将带来新员工招聘难度的提升等，这些都是需要统筹兼顾的。甚至，企业还需要密切关注上下游企业经营势态的变化。因此，计划编制必须坚持统筹兼顾原则。

3．抓大放小原则

尽管在编制计划的时候要统筹考虑，但在具体执行时不应事无巨细地列入计划范畴。将细枝末节的工作列入考核，一方面将影响核心目标的实现，另一方面会大大增加计划考核的工作难度和体量，使得管理成本大幅度增加。比较妥当的办法是，根据工作计划的重要程度进行ABC分类管理，重点考核A类工作，辅助考核B类工作，对C类工作予以关注即可，不列入考核内容。此种分类的益处是迫使员工实现A类工作，A类工作才是支持年度目标实现的核心内容。

4．闭环管理原则

PDCA管理法即计划（Plan）、执行（Do）、检查（Check）、处理（Act），其精髓是闭环管理。没有考核和结果处理的计划管理必会流于形式，不去检查的工作永远不会被执行，不去处理的结果永远没有人去在乎。因此，计划管理的核心就在于闭环管理，形成定期的考核、讲评、落实奖惩机制是确保计划执行力的首要原则。

5．及时纠偏原则

既为计划，便具有不确定性，执行中不可避免地会出现偏差甚至错误的计划。因此，要依靠定期的考核和评价来及时纠正计划执行偏差，其中包括计划不当、执行不力、客观因素影响以及人员流动等。该项工作对计划考评人员的管理水平具有较高的要求，应指派能力足够的人员具体负责。

6．培训支持原则

在实际操作中，为促进计划的达成，仅仅依靠奖惩机制是不够的。而通过培训的形式提升员工履职能力，从而提升计划达成率对很多中小食品企业来说是非常有效的途径。

7．持续优化原则

受限于食品企业有限的信息支持以及计划管理水平，在计划管理过程中会出现计划指标、考核指标甚至评价体系不合理、不适用的情况。对此，应及时发现、分析和改进，通过在这个过程中不断优化各类指标和考评体系，逐步形成最贴近食品企业自身的计划管理体系，并通过标准化的形式加以固化，最终形成食品企业不可复制的管理优势。

2.1.3 食品企业计划管理的实施保障

食品企业计划管理具有五大保障，如图 2-2 所示。

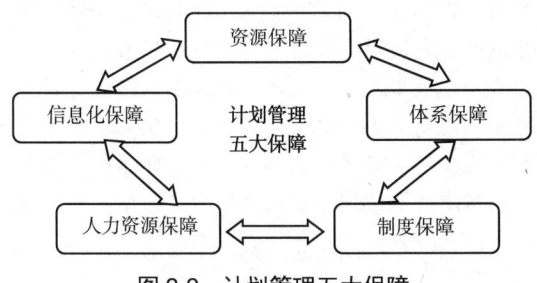

图 2-2 计划管理五大保障

1．资源保障

所有的计划都是在可控资源的基础上建立的，目标达成所需的重要资源必须给予保障，缺斤短两所带来的后果就是绩效的"缩水"甚至搁浅。因此，统筹计划和高效调配资源，发挥资源价值最大化优势是保障计划目标实现的首要前提。

2．体系保障

为避免"虎头蛇尾"和"铜头铁尾豆腐腰"的情景出现，必须设立专门的计划管理岗位负责过程管理，并在管理层建立计划决策机构，如有必要，还需在业务部门设立计划管理岗，建立三级管理体系，为过程管理保驾护航。

3．制度保障

计划的考评与闭环管理涉及所有员工的切身利益，其间不可避免地出现矛盾和冲突，企业务必在制度上对计划管理部门及考评人员的权益予以保障，或者独立管理，以确保考评人员在监督与考评过程中的客观公正。同时，对计划管理部门自身的考评应由总经理或管理委员会执行。

4．人力资源保障

计划管理的过程既是战略目标实现的过程，也是企业考察和调配人才、优化团队的过程，会不可避免地出现员工流失。食品企业只有做好充分的储备和准备，才能"去芜存菁"，适时优化团队，实现组织效能的持续提升。

5．信息化保障

商业智能的快速发展和广泛应用已经渗入食品企业的管理领域，众多智能高效的办公自动化应用开始出现在管理人员的办公电脑和移动终端上。食品企业借助信息化的优势，能够快速构建数据中心，满足计划管理实时数据采集与分析的需要，能够大幅度降低计划管理的难度并提升计划管理的实效性。

计划管理实际上就是依"计"而"划"。从企业的战略目标到具体实施方案的制订，到最终结果的量化评估，整个过程强调统筹性、系统性和可控性。通过计划管理可逐步强化食品企业的执行能力，从而推动食品企业全面、持续的发展。尽管计划管理如此重要，但未必在每个食品企业都是如此。食品企业在不同的发展阶段，其管理重心也会不同，但在同等条件下，高效的计划管理确实能让食品企业在同行中脱颖而出。不能忽视的是，没有哪一种模式放之四海皆准。即便是同一个食品企业，在不同的发展阶段和不同的经营环境下，也无法使用一成不变的模式。总之，食品企业要抓住计划管理的核心，规避常见的缺失，务实规划属于自身的计划管理体系才是根本。只有适合自己的，才是最好的。

中国式管理

双汇集团：创新升级满足消费新需求

随着连锁销售体系的不断膨胀，如果没有先进完善的电子信息处理技术和计算机软件系统实现对物流、资金流和信息流的高效控制与管理，经营的危机是显而易见的。双汇集团从国外引进了先进的人才、技术及管理思想，成立了双汇软件公司，并在很短的时间内先后开发出了具有先进水平的商业连锁配送管理系统、供应链管理系统、企业资源计划管理系统、客户关系管理系统、商业资源计划管理系统、集团分销管理系统等系列软件，进行了集团信息化改造，为集团业务管理水平的提高带来了重大突破，为双汇集团在全国的大规模扩张提供了强有力的支持。

资料来源：双汇软件官网。

管理者素养

对环境变化的敏感度和分析能力

正所谓"这个时代唯一不变的是变化"，企业内外部环境总是在持续变化之中。这实际上是管理者制订计划时的基本前提之一。因此，管理者在制订计划时需要尽可能地容纳可预见的变化。另外，在计划执行过程中要根据情况变化进行必要调整。如果要达到上述要求，一方面需要管理者对部门、企业乃至行业的外部环境有深度的把握，并掌握其规律，做出预测；另一方面需要管理者有较高的敏锐度，能够尽早发现各种变化，为计划调整赢得机会和时间。

资料来源：微信公众号"嘉绩科技"，2020-09-23。

任务2　食品企业流程管理

2.2.1　认知食品企业流程管理

1. 流程的概念

流程是指一个或一系列连续有规律的行动，这些行动以确定的方式发生或执行，导致特定结果的实现。在食品企业里，我们可以将流程理解为：什么部门做了什么事，产生了什么结果，传递了什么信息给谁。简单地说，流程就是一组能够为客户创造价值的相互关联的活动进程（跨越部门的业务行程）。

二维码链接2-2
流程的分类

2. 食品企业流程管理的概念

流程管理是对流程进行科学管理，对流程进行描述、设计、运营和持续改进其绩效，以更好地达到流程的目的。食品企业流程管理主要是通过食品企业内部改革，改变企业职能管理机构重叠、中间层次多、流程不闭环等，使每个流程可从头至尾由一个职能机构管理，做到机构不重叠、业务不重复，达到缩短流程周期、节约运作资本的作用。

简单的流程管理包括界定流程的开始和结束点、流程的输出结果、流程的活动次序和内容、流程的执行人。完整的流程管理包括：明确流程的客户和关键需求、流程的输出物和质量标准、流程的过程顺序、活动内容、执行人、工具、关键绩效指标、知识管理、流程的输入物和质量标准，以及流程的团队管理、知识管理、运作机制、绩效管理和持续改进机制。

流程管理的本质，是使流程透明化、优化、规范化、固化最佳实践经验，促进跨部门流程团队的合作，提高效率，控制风险。流程管理的精细度、透明度、可靠性、成本效益、弹性、速度和效率都很重要，创新和灵活性必须与效率和可靠性共存。

2.2.2 食品企业流程管理的范围及体系

1. 食品企业流程管理的范围

食品企业流程管理的范围包括三个层面：最小的范围是流程生命周期管理，是流程管理核心的技术性工作；中间的范围是运营管理体系集成，是流程管理的延伸应用；最大的范围是流程型组织建设，是一个企业持续进化的长期目标和结果。食品企业流程管理要从小处着手，逐步扩展，形成体系，持续完善，如图 2-3 所示。

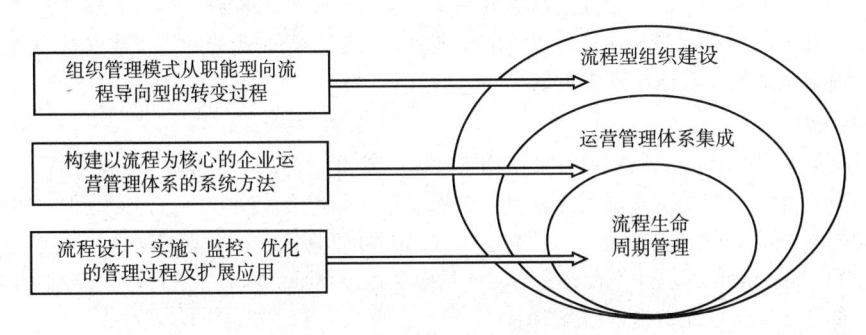

图 2-3　食品企业流程管理范围

2. 食品企业流程管理体系

食品企业流程管理体系包括定义和标准、流程框架和流程图、组织和分工、策略和机制、方法和工具、文化等内容，如图 2-4 所示。

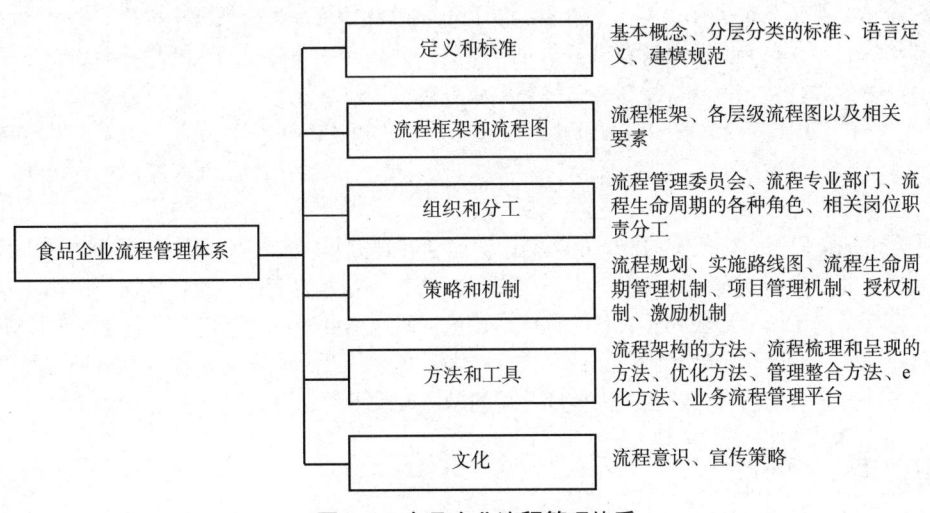

食品企业流程管理体系	内容
定义和标准	基本概念、分层分类的标准、语言定义、建模规范
流程框架和流程图	流程框架、各层级流程图以及相关要素
组织和分工	流程管理委员会、流程专业部门、流程生命周期的各种角色、相关岗位职责分工
策略和机制	流程规划、实施路线图、流程生命周期管理机制、项目管理机制、授权机制、激励机制
方法和工具	流程架构的方法、流程梳理和呈现的方法、优化方法、管理整合方法、e化方法、业务流程管理平台
文化	流程意识、宣传策略

图 2-4　食品企业流程管理体系

2.2.3 食品企业流程管理面临的主要问题

食品企业流程管理面临的主要问题，如图 2-5 所示。

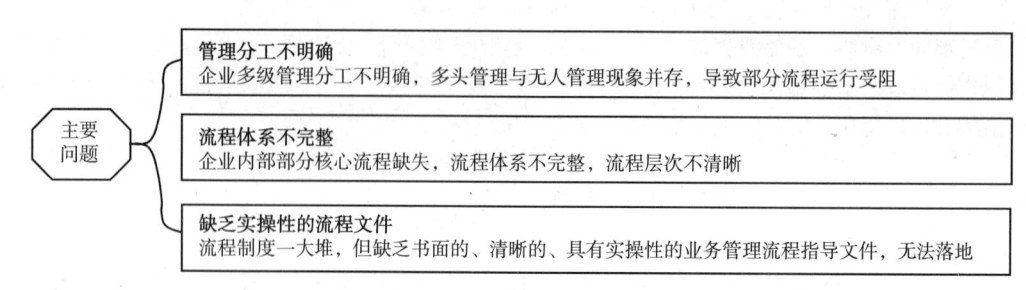

```
┌──────┐  ┌─ 管理分工不明确 ────────────────────────────────────────┐
│      │──│ 企业多级管理分工不明确,多头管理与无人管理现象并存,导致部分流程运行受阻 │
│ 主要 │  └────────────────────────────────────────────────┘
│ 问题 │  ┌─ 流程体系不完整 ────────────────────────────────────┐
│      │──│ 企业内部部分核心流程缺失,流程体系不完整,流程层次不清晰     │
│      │  └────────────────────────────────────────────────┘
│      │  ┌─ 缺乏实操性的流程文件 ────────────────────────────────┐
│      │──│ 流程制度一大堆,但缺乏书面的、清晰的、具有实操性的业务管理流程指导文件,无法落地 │
└──────┘  └────────────────────────────────────────────────┘
```

图2-5　食品企业流程管理面临的主要问题

2.2.4　食品企业流程建设的步骤

随着食品企业规模的壮大,企业需要流程制度来支撑企业向前发展。但由于食品企业流程制定的过程粗放,流程往往难以落地执行,更难为企业创造价值。食品企业的流程建设要避免走入多和少的极端。流程的适用、落地比完美更重要。

1. 流程分析

（1）从问题和效率出发。制定流程文件力求简明、扼要、有用。很多企业的流程冗长,涉及七八个部门,看似完美,实则掩盖了责任,没有做到以客户和市场为中心。这样的流程对组织效益的提高是无益的。另外,很多企业为了验厂需要,导入ISO管理体系,根据组织结构图规范了每个岗位的工作流程,非常详尽,但并不符合企业实际情况,难以落地。因此,流程建设要思考两个问题：一是解决什么问题；二是能否提升组织效率。

> **思政教育**
>
> **弘扬社会主义核心价值观**
>
> 在5000多年文明发展中孕育的中华优秀传统文化,在党和人民伟大斗争中孕育的革命文化和社会主义先进文化,积淀着中华民族最深层的精神追求,代表着中华民族独特的精神标识。我们要弘扬社会主义核心价值观,弘扬以爱国主义为核心的民族精神和以改革创新为核心的时代精神,不断增强全党全国各族人民的精神力量。
>
> ——2016年7月1日,习近平总书记在庆祝中国共产党成立95周年大会上的讲话
>
> 资料来源：人民网,2018-10-03。

（2）全价值链思考。价值链的概念最早是由美国学者迈克尔·波特在1985年提出来的,其主要思想就是将企业的生产、营销、财务、人力资源等环节有机地整合起来,做好计划、协调、监督和控制等各个环节的工作,形成相互关联的整体,真正按照价值链的特征制定实施企业的业务流程。

流程建设要进行全价值链思考,目的是实现企业价值最大化。企业通过业务重组和流程再造,整合企业各项优势价值活动,从更大的范围发现问题、改进不足,不断提升企业价值。

> **中国式管理**
>
> **食品饮料行业"全价值链生态圈"来了**
>
> 近年来,饮料行业呈现出品类快速迭代、线上渠道增长迅猛、数字化营销成主流的新趋势。同时,中国正在积极推进数字产业化、产业数字化,引导数字经济和实体经济深度融合。尤其是浙江,数字经济综合应用以工业领域为突破口,以"产业大脑"为支撑,以数据供应链为纽带,以"未来工厂"等一系列建设为引领,努力打造全球数字变革高地。

> 宏胜集团设立之初以饮料制造为主业，作为快消行业的资深供应商，对于上下游产业链的响应速度有极高要求。在考虑到行业需求和未来趋势后，宏胜集团开始打造业务板块完整的一站式全产业链，下设子公司业务完整覆盖从食源配料到包装，从产品研发、生产再到营销、物流的商业闭环全过程，大大提高了产业链上下游协同效率。
>
> "宏胜超链智造"将打造集"智能制造、工业互联网、绿色制造"于一体的现代智能化制造业新形态，是宏胜集团在新的发展机遇前推出的一张闪亮的数智新名片，而杭州基地的动工则是宏胜集团打出这张名片的第一步。该项目可实现以数字化手段打通制造业链路，实现人—物—场互联互通，驱动从市场、研发、供应、制造、物流到服务的循环创新，也是宏胜集团打造食品饮料行业"全价值链生态圈"的关键一步。宏胜集团不断冲击新的价值高峰。未来"宏胜超链智造"还将拓展郑州基地、成都基地。建成后，宏胜集团将实现产品研发、采购供应、生产制造、仓储物流的全局协同，提升企业生命力与价值创造力。
>
> 资料来源：《杭州日报》，2021-11-22。

（3）细化、优化、简化。企业流程建设大多经历四个阶段：从无到有、从有到乱、从乱到繁、从繁到简。流程要不断细化、优化和简化。首先，刚开始实施管理变革的企业，会新增很多流程文件，这是从无到有、做加法的过程；其次，全面执行流程后，需要综合分析哪些流程可以优化；最后，通过全价值链的分析，取消那些冗余的、不创造价值的流程。

2. 确定流程主导人

（1）每个流程都要有明确的主导部门和主导人。前面一再强调流程连接的是岗位而不是部门，这里的主导部门和主导人就是流程的责任主体。明确主导部门和主导人的重要意义就在于明确责任主体。当需要修订流程文件的时候，可以快速地找到相关责任人。

（2）主导人必须是流程规定的行动主体或利益相关主体。

（3）主导部门、主导人为推动和落实流程的责任主体。当流程没有得到有效执行而产生问题时，主导部门或主导人就是流程的责任主体，哪怕也涉及其他部门人员的相关责任，主导部门、主导人也要承担监督不力的责任。

3. 流程制定前的调研

有的管理者在制定流程时喜欢"闭门造车"，在办公室苦思冥想；有的管理者则习惯"百度"。如此制定的流程并不能解决实际问题，反而增加了企业的管理成本。制定流程前一定要进行详细的调研。

（1）要深入现场找到问题点。流程是针对问题而设计的，因此管理者要到现场去调研，主动发现流程的失控点。例如，对于品控流程，不到车间现场就无法发现品质问题出在"人、机、料、法、环"的哪个环节，品控就无从下手。抑或制定出来的品控流程因未抓到核心问题点而无法解决问题。只有深入现场，找到失控点，通过流程协调好利益相关方，才能发现、分析、解决和预防问题。

（2）要有明确具体的改善方向。在制定流程时一定要明确具体的改善方向，不能掉入"大而全，泛而不专"的流程设计陷阱中。不能为了规范而规范，为了标准化而标准化。

（3）明确初步的改善动作。到问题发生的现场去调研，只有这样才能了解问题、分析问题，明确初步的改善动作，从而解决问题。

4. 流程的研讨确认

流程文件执行得好坏与否，80%在于制定阶段，20%在于执行阶段。很多管理者制定流程文件只花了20%的精力，很草率地就把某个文件做出来，却花费80%的精力去抓执行，殊不知如果前面的这些基础动作没有做到位，流程的执行就会大

二维码链接2-3
如何进行流程的研讨确认

打折扣。在这些基础动作中，流程的研讨确认是很容易被忽略的一个环节。

5. 流程文件的确认及会签

流程文件制定出来以后，一定要发送给相关责任主体，并请他们签字确认，这是流程落地的关键。流程文件的会签主要有两个作用：第一，让员工充分知情；第二，明确相关责任。当流程文件研讨完成以后，要以一个正式的方式跟相关责任主体一一确认研讨内容。如有异议，需要在现场进一步研讨，最终请相关责任主体就最终确认的流程文件进行会签。流程文件会签的过程就是让相关责任主体做到充分知情的过程，也是明确责任的过程。

6. 流程的改善执行

（1）频繁检查，在执行阶段权威性大于合理性。在流程文件的研讨阶段，合理性大于权威性，目的是让大家充分发言，集思广益；但在执行阶段，则要强调权威性大于合理性。规则是保障一个组织正常运行的基石。随意践踏规则，长此以往，制度将形同虚设，员工的行为、组织的运行必然会产生不可逆转的偏差。

（2）先僵化，再优化，后固化。我们在进行流程革新的过程中有时也需要做到先僵化，即不折不扣地执行流程文件。很多时候，企业的纠错成本远远大过试错成本。在落地的实践中不断去修订和优化流程，最后系统地固化流程。

（3）执行过程避免越级管理。向上只能越级投诉而不能越级汇报，向下只能越级检查而不能越级指挥。一名员工可以直接找经理、找老板投诉异常或解决不了的问题，但不能越级汇报具体工作；一名领导可以越级检查但不要越级指挥。

老板视察车间碰到员工犯了错，不要直接质问员工或直接处理，而是先确定这个车间由谁负责，找到主管，然后找到班组长，发挥班组长的管理职能就可以了。这是规范的处理办法，按流程走，当然，紧急情况除外。

7. 优化改善

（1）不断优化。流程文件不是一成不变的，要不断优化、不断改善。

（2）过程严谨。流程优化和流程制定一样需要经历研讨、调研、会签等环节。

（3）固定频率。要明确企业流程文件的修订周期，例如，每隔一年或半年修订一次。要避免两个极端：一是从不修订，二是天天修订。从不修订会导致流程规定与实际操作脱节或过度僵化；天天修订会使流程缺乏权威性，会使员工对企业形成"朝令夕改"的印象。

在食品企业管理中，若管理者抱着精细化管理的态度和落地执行的决心，通过流程建设定能为企业创造价值，真正实现流程管事。任正非曾说，流程管理或者说流程建设不仅仅是把那些管理者或公司的代表们解放出来，更是把华为内部的所有人都解放出来。在这个过程中所有人都能够精准找到职业定位，能够在海量和看似低价值、简单重复枯燥的工作中更好地体现自身价值。

自我测试：食品企业应该如何进行流程建设？

2.2.5 食品企业流程管理的步骤

（1）收集信息。只有充分认识企业已有流程，了解企业现状，发现存在的问题，才能为今后的工作打下基础。

（2）识别、描述和设计。识别企业已有流程，描述问题并设计新的流程，提高企业的效率。

（3）关键流程的选择。需要设计多个流程，并从中选择一个关键流程，让企业执行这个关键流程。

（4）选择需要改进的流程。在选择企业流程的过程中，需要找出有问题的流程。

（5）确定改进的关键点。找到流程中的问题后，对这些流程问题进行诊断。

> **管理者素养**
>
> **管理者一定要具备流程思维**
>
> 　　什么是流程思维？概括来说，在看待一个事物或业务，策划一个项目时，要从流程的角度去思考。例如，要完成一件事或者一个任务，目标是什么，要达成这些目标要做哪些事，先后顺序是什么，需要投入什么资源，这个过程要不要被监督和管理，事后做哪些分析和检讨，如何在下一次进行改进。这是一种从整体到局部的细化过程，要看到整个生命周期。
>
> 　　越复杂的事越需要流程思维。流程思维，从正向来看，是如何策划和完成一件事，从逆向来看，也能帮助管理者从根本上去解决问题。管理者在核心岗位充当要职，最大的任务就是带领下属去完成复杂而重要的任务。管理者往往不直接参与到任务中，那么如何去管理任务的偏差呢？一个任务或者项目的核心在于管理者的策划，这是所有行动的框架，也就是完成整个任务或项目的流程。这是管理者应该重点关注和牢牢掌控的。
>
> 　　同时，管理者还有一个核心任务——构建能力。能力如何构建？即总结和提炼能力，让其可以快速地复制和适时地迭代。能力如何体现？很多时候体现在经验中，而流程便是固化经验的途径。
>
> 资料来源：微信公众号"MSTS 细说流程"，2023-05-11。

任务3　食品企业组织管理

2.3.1　认知食品企业组织管理

　　食品企业的组织管理活动，首先通过计划活动，明确企业所要达到的目标，在此基础上对包括人、财、物和信息在内的各种资源在一定的空间和时间范围内进行有效配置，尤其要明确各自的权力和责任，建立一种既分工又协作的集体活动结构，不断对组织结构做出调整和变革。这些就是食品企业组织职能所要完成的任务。

1. 食品企业组织的概念

　　食品企业组织，是指在企业里由两个或两个以上的个人为了实现共同目标组合而成的有机整体。食品企业组织具有明确的目标和精心设计的结构，是构成要素彼此协调的活动系统，是同外部环境保持密切联系的社会实体。

> 二维码链接 2-4
> 食品企业组织的要素与职能

2. 食品企业组织管理的概念

　　食品企业组织管理是对企业管理中建立健全管理机构，合理配备人员，制定各项规章制度等工作的总称。具体是指，为了有效地配置企业内部的有限资源，为了实现一定的共同目标而按照一定的规则和程序构成的一种责权结构安排和人事安排，其目的在于确保以最高的效率实现组织目标。

2.3.2　食品企业组织结构的设计

　　食品企业组织结构设计的任务是设计清晰的组织结构，规划和设计组织中各部门的职能和职权，确定组织中职能职权、参谋职权、直线职权的活动范围并编制职务说明书。

1. 组织结构设计的原则

　　在长期的食品企业管理实践活动中，人们逐渐认识到由人构成的组织群体要高效而有序地工作，就必须遵守一定的原则，组织结构设计也符合这样的规律。因此，在食品企业组织结构设计过程中要注重以下原则，以便为组织的生存和发展奠定良好的基础。

（1）目标统一原则。组织结构的设计和组织形式的选择必须有利于组织目标与任务的实现。组织目标层层分解，部门目标层层设置，直到每个部门和每个人都了解自己在组织总目标实现中的具体目标和应完成的具体任务。

（2）统一指挥原则。统一指挥原则是组织中每个下属只能接受一个上级的指挥，并向这个上级负责。统一指挥原则可避免组织中更高级别的主管或其他部门的主管越级指挥或越权发布命令的现象的产生，有利于组织的政令统一、高效率地贯彻执行各项决策，避免多头领导所造成的混乱。但是，在实际管理活动中，这一原则有时过于刻板，使组织缺乏必要的灵活性，造成同层次的不同部门之间的横向沟通困难。因此，在组织结构设计和沟通方式设计时应采取适当的措施予以弥补。

（3）管理幅度原则。管理幅度是指一个管理者直接指挥的下属数目。管理幅度原则是要求一个管理者要有一个适当的管理幅度。管理幅度过大，不利于监督和指挥；管理幅度过小，会造成管理成本上升，甚至浪费资源。一个组织的各级管理者究竟选择多大的管理幅度合适，应视实际情况而定。

（4）责权一致原则。责权一致原则是指在赋予每一个职务责任的同时，必须赋予这个职务自主完成任务所需的权力，权力的大小需要和责任相对应。没人愿意承担没有职权对应的职责，如果职权太小，职责承担者的积极性、主动性就会受到束缚，甚至无法承担相应的责任；相反，只有职权而无任何责任，或责任程度远远小于职权，将导致滥用权力，产生官僚主义等。在实际组织设计时应尽量避免这两种现象的产生。

（5）精干高效原则。精干高效是指在能够保证组织活动正常开展的前提下，尽可能减少管理层次，简化部门机构，并配置少而精的主管人员。坚持这个原则的优点包括：第一，组织精干，反应敏捷，协调工作量小，工作效率高；第二，节省人员的费用开支和组织的管理费用。

（6）分工协作原则。由于组织规模的扩大，管理问题日益复杂化，因此需要将有专业知识和技能的人员纳入管理系统中。分工协作原则是指在组织设计时，按不同专业和性质进行合理的分工，并规定各个部门之间或部门内部的协调关系和配合方法，这是提高组织效率的有效手段。

（7）以人为本原则。设计组织结构前，要综合考虑食品企业现有的人力资源状况以及食品企业未来几年对人力资源的素质和数量等方面的需求，要以人为本进行设计。

（8）适应创新原则。组织结构设计应综合考虑组织的内外部环境、组织的理念与价值观、组织当前和未来的发展战略、组织使用的技术等，以适应组织的现实状况。并且，随着组织的成长和发展需要，组织结构应有一定的拓展空间。

2. 职务分析与职务设计

（1）职务分析。职务分析是对每种工作做出明确界定，确定完成这种工作需要的行为，收集所有与这种工作相关的信息并进行评价的系统工程。要使组织中的每个职务存在并有意义，必须满足以下两个特征。

1）明确职位要求。职位要求主要包括如下问题：该职位要做些什么，要求哪些技能和知识背景，该职位的任务是否可以通过其他方式实现，等等。为了获得这些问题的答案，组织必须通过观察、调查、系统分析等手段对职位进行详细的分析。职位要求应当既满足组织目标的要求，也满足个人的需要。

2）明确候选人应当具备的条件或资质。职位的人选必须具备一定的资格。要成为一个有效的管理者，必须具备各种必要的管理技能，包括技术技能、人际技能、概念技能等。各种技能的相对重要性因职位在组织中的层次不同而有所差异。除了这些技能，还有一些个性特征也十分重要。这些特征包括从事管理工作的欲望、与人沟通的能力、正直忠诚的品质以及过去从事管理工作的资历等。

（2）职务设计。职务设计是指将若干工作任务组合起来构成一个完整的职位。职务因任务组合的方式不同而不同，而这些不同的组合就形成了多种职务设计方案。

1）职务专业化。职务设计基本上是按职务专业化的模式进行的，管理者力求将组织中的工作设计得简单易做。职务专业化有利于提高人员工作的熟练程度，有利于缩短因工作变换而损失的时间，有利于使用专用设备和减少人员培训的要求，有利于扩大劳动者的来源和降低劳动成本，等等。但如果职务设计得过于狭窄，就不可避免地带来负面影响，如枯燥、单调、乏味，造成员工生理、心理上的伤害，导致员工的厌烦和不满，工作之间的协调成本上升，进而影响总体的工作效率和工作质量。

2）职务扩大化。避免职务专业化缺陷的一种方法是职务扩大化，它主张通过把若干狭窄的活动合并为一项工作的方式来扩大工作的广度和深度。职务扩大化所增加的任务往往与员工以前担任的工作内容类似，因此它只是工作内容水平方向的延展。因此，不需要员工具备新的技能，导致员工在工作之后也会产生枯燥的感觉。

3）职务轮换。与职务扩大化相似的做法是，让员工定期地从一项工作更换到另一项工作中。其缺点是，增加培训成本，导致生产效率下降；大量的工作人员被安置在他们经验有限的岗位上，导致日常决策与业务处理问题增加；非自愿地对员工进行职务轮换，可能使那些聪明而富有进取心的员工的积极性受挫，他们喜欢在其所从事的专业中寻找更大的、更具体的责任。

4）职务丰富化。职务丰富化是指从纵向上充实和丰富工作内容，即增加员工对工作的自主性和责任心，使其体验工作的内在意义、挑战性和成就感。

职务丰富化的途径：一是实行任务合并，即让员工从头到尾完成一项完整的工作。二是建立客户关系，即让员工有和客户接触的机会，出现问题也由其负责。三是让员工规划和控制自己的工作，而不是由别人控制，员工可以自己安排时间进度，可以自己处理遇到的问题，并且自己决定上下班时间。四是建立畅通的反馈渠道，使员工能够迅速评价和改进工作绩效。

5）工作团队。当职务设计是围绕群体而不是个人时，就形成了工作团队。工作团队有多种类型，自主管理工作团队是其中最具代表性的一种。这种团队享有相当大的自主权，除了安排工作进度、决定工作方法，还可以自主挑选成员，自主考评工作绩效并决定对于团队成员的奖惩。

3. 食品企业组织结构设计的程序

食品企业组织结构设计是一个动态的工作过程，它包括众多工作内容，既有职位、职权的确定与部门的分工，又有组织内部各机构运行规则的制定和各部门联系方式的规定，还包括对人员的配备和培训。总体来看，要做好组织结构设计，必须经过以下八个步骤。

（1）确定组织结构设计的基本依据。确定组织结构设计的基本依据包括：企业一级的管理跨度是宽一些还是窄一些，部门分工形式是采用职能制还是事业部制，是集权还是分权，等等。

（2）进行职能分析和职能设计。对食品企业而言，这一步骤的内容包括：确定为了实现食品企业的战略目标而设置的各项经营职能和管理职能，并明确其中的关键职能，不仅要确定企业总的管理职能及其结构，而且要分解各项具体的管理业务和工作；为了提高管理效率，需要进行管理和业务流程的优化，合并相应的职能。

（3）设计组织结构的框架。设计承担这些管理职能和业务的各管理层次、部门、岗位及其权力和责任，这项工作是组织设计的主体工作。框架设计可以有两种方法。

1）自下而上的设计方法。先确定组织运行所需的各个岗位和职务，然后按一定的要求（职能专业化或客户、地区专门化）将某些岗位和职务组合成多个相对独立的部门，最后根据部门的数量和设计幅度的要求，划分出各个管理层次。

2）自上而下的设计方法。先确定管理层次，然后划分部门，最后分解成各个岗位和职务。其设计思路与前一种设计方法相反。

由于岗位、部门、层次三者相互联系、相互制约，因此在实践中，这两种设计方法一般结合使用，相互修正。

（4）设计联系方式。设计上下管理层次之间、左右管理部门之间的协调方式和控制手段，其目的是把分解的各个部门联合起来，共同为实现组织的整体功能和战略目标服务。

（5）设计管理规范。确定各项管理业务的管理工作程序、管理工作应达到的要求（管理工作的标准）和管理人员应采用的管理方法等。它形成了各层次、各部门和各位组织成员的行为规范，有利于实现组织的合法化和规范化，起到巩固和稳定组织的作用。

（6）人员配备和训练管理。明确各岗位、职务任职人员的资质要求和数量，如担任某一职务的管理人员应具备的思想素质、身体素质、业务素质、业务技能和相关管理经验等，主要目的是保证管理人员从事管理工作的胜任力。

（7）设计各类运行制度。制定各管理部门和管理人员的绩效评价和考核制度、管理人员的激励制度等，以保证整个组织的有序运行，提高效率。

（8）反馈和修正。组织设计是一个动态的过程，因此要对组织实际运行中所反映出来的问题进行及时反馈，并对组织结构不适应的地方进行修正，从而使组织不断完善，不断符合新的环境变化和组织任务的要求。

2.3.3 食品企业组织结构的类型

组织结构是表明组织各部分的排列顺序、空间位置、聚散状态、联系方式以及各要素之间相互关系的一种模式，是整个管理系统的"框架"。它是全体成员为实现组织目标，在管理工作中分工协作，在职务范围、责任、权利方面所形成的结构体系。目前，常见的食品企业组织结构类型有以下几种。

1. 职能制组织结构

职能制组织结构是按职能来组织部门分工的，即从食品企业高层到基层，均把具有相同职能的管理业务及其人员组合在一起，设置相应的管理部门和管理职务。例如，把所有与销售有关的业务工作和人员都集中起来，成立销售部门，由分管市场营销的副经理领导全部销售工作。研究开发、生产制造、工程技术等部门同样如此，如图2-6所示。

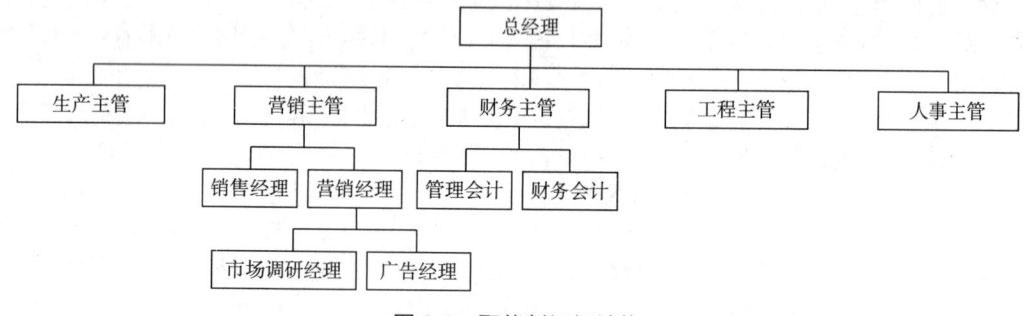

图2-6 职能制组织结构

（1）职能制组织结构的特点。

1）各级管理机构和人员实行高度的专业化分工，各自履行一定的管理职能。因此，每个职能部门所开展的业务活动将为整个组织服务。

2）实行直线—参谋制。整个管理系统划分为两大类机构和人员。

① 直线指挥机构和人员，对其直属下级有发号施令的权力。

② 参谋机构和人员，其职责是为同级直线指挥人员出谋划策，对下级单位不能发号施令，而是起业务上的指导、监督和服务的作用。

3）食品企业管理权力高度集中。由于各个职能部门和人员都只负责某个方面的职能工作，只有最高领导层才能纵观食品企业全局，因此食品企业生产经营的决策权必然集中于最高领导层（主要是经理）身上。

（2）职能制组织结构的优点。

1）由于按职能划分部门，其职责容易明确规定。

2）每个管理人员都固定地归属于一个职能结构，专门从事某项职能工作，在此基础上建立的部门之间的联系能够长期不变，这就使整个组织系统有较高的稳定性。

3）各部门和各类人员实行专业化分工，有利于管理人员注重并熟练掌握本职工作的技能，有利于强化专业管理，提高工作效率。

4）管理权力高度集中，便于最高领导层对整个食品企业实施严格的控制。

（3）职能制组织结构的缺点。

1）横向协调性差。高度的专业化分工使各职能单位自成体系，往往不重视工作中的横向信息沟通，加上狭窄的隧道视野和注重局部利益的本位主义思想，可能引起组织中的各种矛盾和不协调现象，对食品企业生产经营和管理效率造成不利的影响。

2）食品企业领导负担重。在职能制结构下，部门之间的横向协调只有食品企业高层领导才能解决，加之经营决策权又集中在他们手中，企业高层领导的工作负担就十分重，容易陷入行政事务之中，无暇深入研究和妥善解决生产经营的重大问题。

3）适应性差。通常按职能分工的组织弹性不足，人们主要关心自己狭窄的专业工作，妨碍相互间的信息沟通，高层决策在执行中也往往被狭窄的部门观点和利益所曲解，或者受阻于部门隔阂而难以贯彻。这样，整个组织系统就不能对外部环境的变化及时做出反应，适应性差，对环境的变化反应比较迟钝。

4）职能工作不利于培养综合管理人才。由于各部门的主管人员属于专业职能人员，工作本身限制着他们扩展自己的知识、技能和经验，而且养成了注重部门工作与目标的思维方式的行为习惯，使得他们难以胜任也不适合担任对食品企业全面负责的高层领导工作。

5）员工接受多个部门的指令，造成多头领导，员工无所适从。

（4）职能制组织结构的适用范围。职能制组织结构主要适用于中小型、产品品种比较单一、生产技术发展变化较慢、外部环境比较稳定的食品企业。具备以上特性的食品企业，其经营管理相对简单，部门较少，横向协调的难度小，对适应性的要求较低，因此职能制组织结构的缺点不突出，而优点却能得到较为充分的发挥。当食品企业规模、内部条件的复杂程度和外部环境的不确定性超出了职能制组织结构所允许的限度时，固然不应再采用这种组织结构形式，但在组织的某些局部，仍可部分运用这种按职能划分部门的方法。例如，在分权程度很高的大型食品企业中，组织的高层往往设有财务、人事等职能部门，这既有利于保持重大经营决策所需的必要的集权，也便于让这些部门为整个组织服务。此外，在组织的作业管理层，也可根据具体情况，不同程度地运用设置职能部门或人员的做法，借以保证生产效率的稳定和提高。

2. 事业部制组织结构

事业部制组织结构是指按照食品企业所经营的事业，包括按产品、按地区、按客户（市场）等来划分部门，设立若干事业部。事业部是在食品企业宏观领导下，拥有完全的经营自主权，实行独立经营、独立核算的部门，既是受企业控制的利润中心，具有利润生产和经营管理的职能，也是产品的责任单位或市场的责任单位，对产品设计、生产制造及销售活动负有统一领导的职能，如图2-7所示。

（1）事业部制组织结构的主要特点。

1）专业化生产经营管理部门。按食品企业的产出将业务活动组合起来，成立专业化的生产经营管理部门，即事业部。如果产品品种较多，每种产品都能形成各自市场的大食品企业，可按产品设置若干事业部，凡与该产品有关的设计、生产、技术、销售、服务等业务活动，均组织在这个产品事业部中，由该事业部总管；在销售地区广、工厂分散的情况下，食品企业可按地区划分事业部。这样，每个事业部都有自己的产品或服务的生产经营全过程，为食品企业贡献出一份利润。

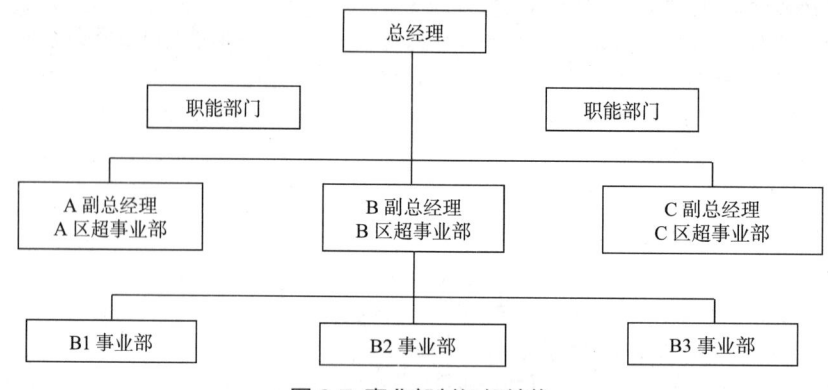

图 2-7 事业部制组织结构

2）集中政策，分散经营。在纵向关系上，按照"集中政策、分散经营"的原则，处理企业高层领导与事业部之间的关系。实行事业部制，企业最高领导层要摆脱日常的行政事务，集中力量研究和制定食品企业发展的各种经营战略和经营方针，而最大限度地把管理权限下放到各事业部，使它们能够依据食品企业的经营目标、政策和制度，完全自主经营，充分发挥各自的积极性和主动性。

3）利润中心，实行独立核算。在横向关系上，各事业部均为利润中心，实行独立核算。这就是说，实行事业部制，则意味着把市场机制引入食品企业内部，各事业部之间的经济往来将遵循等价交换原则，结成商品货币关系。

4）直线职能制组织结构设计。在事业部内部，仍然按照直线职能制组织结构进行组织设计。从食品企业高层组织来说，为了实现集中控制下的分权，提高整个食品企业管理工作的经济性，要根据具体情况设置一些职能部门，如资金统筹、公共关系等。从事业部来说，为了经营自己的事业，也要建立管理机构。事业部内部一般采用直线职能制组织结构。

（2）事业部制组织结构的优点。

1）每个事业部都有自己的产品和市场，能够规划其未来发展，也能灵活、自主地适应市场出现的新情况，并能迅速做出反应，所以，这种组织结构既有高度的稳定性，又有良好的适应性。

2）有利于最高领导层摆脱日常行政事务和直接管理具体经营工作的繁杂事务，而成为坚强有力的决策机构，又能使各事业部发挥经营管理的积极性和创造性，从而提高食品企业的整体效益。

3）事业部经理虽然只是负责领导一个比所属企业小得多的单位，但是，由于事业部自成系统，独立经营，相当于一个完整的食品企业，所以，它能经受企业高层管理者面临的各种考验。显然，这有利于培养全面管理人才，为食品企业的未来发展储备干部。

4）按产品划分事业部，便于组织专业化生产，形成经济规模，采用专用设备，并能使个人的技术和专业知识在生产和销售领域得到最大限度的发挥，因此有利于提高劳动生产率和食品企业经济效益。

5）事业部作为利润中心，既便于建立衡量事业部及其经理工作效率的标准，各事业部之间可以有比较、有竞争；也便于进行严格的考核，易于评价每种产品对企业总利润的贡献大小，用以指导食品企业发展的战略决策。

（3）事业部制组织结构的缺点。

1）由于各事业部利益的独立性，容易滋长本位主义。

2）部门重复建设，如各事业部均有人力资源部，一定程度上增加了费用开支，造成资源浪费。

3）企业总部将权力下放后，容易发生失控，所以对企业总部的管理工作要求较高。

（4）事业部制组织结构的适用范围：事业部制结构主要适用于产业多元化、品种多样化、各有独立的市场，而且市场环境变化较快的大型食品企业。

3. 扁平化组织结构

扁平化组织结构可以理解为平行结构，是通过减少行政管理层次，裁减冗余人员，从而建立一种紧凑、干练的组织结构，如图 2-8 所示。

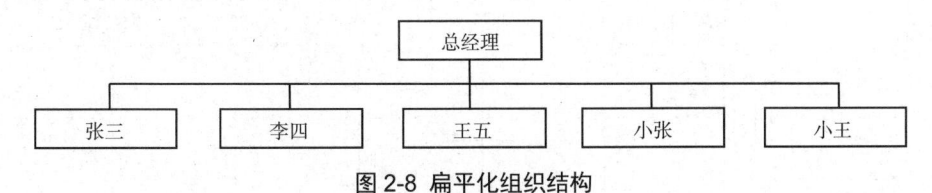

图 2-8 扁平化组织结构

（1）扁平化组织结构的优点。扁平化组织结构可以加快信息传递速度，使决策更快更有效率，同时由于扁平化，人员减少，使企业成本更低，同样由于扁平化，企业的分权得到了贯彻实施，每个中层管理者有更大的自主权可以进行更好的决策。它的优点概括起来主要包括：管理成本很低，反应速度很快，运营成本很低，责任相对明确。

（2）扁平化组织结构的缺点。无法做到规模化，风险比较大，对老板的要求比较高，靠人情和感觉来做管理。

此类型结构适用于小微企业或初创企业，也适用于大型企业里的创客组织，但在发展的时候要及时进行结构调整。例如，海尔的创客平台，现在海尔的很多管理者的名片上已经不印职务了，其内部员工分为在线员工和在编员工。在编员工是有职务的，在线员工是没有职务的，只是在海尔系统里面都属于一个创客组织。

4. 矩阵制组织结构

（1）矩阵制组织结构的特点。矩阵制组织结构是为了改进职能制组织结构横向联系差、缺乏弹性的缺点而形成的一种组织形式。在一个机构的职能制组织结构下，为某种特定任务专门成立项目小组，此项目小组与原组织配合，在类型上有行列交叉之式，即矩阵制组织结构。在项目小组中，一名管理人员既同原职能部门保持组织与业务上的联系，又参加项目小组的工作。职能部门是固定的组织，项目小组是临时性组织，完成任务以后就自动解散，其成员回原部门工作。例如，组成一个专门的产品（项目）小组去从事新产品开发工作，在研究、设计、试验、制造各个不同阶段，由有关部门派人参加，力图做到条块结合，以协调有关部门的活动，保证任务的完成。这种组织结构是固定的，人员却是变动的，需要谁，谁就来，任务完成后就可以离开。项目小组和负责人也是临时组织和委任的，如图 2-9 所示。

（2）矩阵制组织结构的优点。

1）加强了横向联系，专业设备和人员得到了充分利用，各部门人员不定期的组合有利于信息交流，增加互相学习的机会，提高专业管理水平。

2）具有较大的机动性，针对特定任务进行人员配置有利于发挥个体优势，集众家之长，提高项目完成的质量，提高劳动生产率。

3）将食品企业的横向与纵向关系相结合，有利于协作生产，促进各种专业人员互相帮助、互相激发，从而相得益彰。

（3）矩阵制组织结构的缺点。

1）人员双重管理的先天缺陷。项目负责人的责任大于权力。由于项目小组成员来自各个职能部门，任务完成后，仍要回原职能部门，因此容易产生临时观念，对工作有一定影响。所以，项目负责人较难管理他们,没有足够的激励手段与惩治手段,而且成员位置不固定,有时责任心不够强。

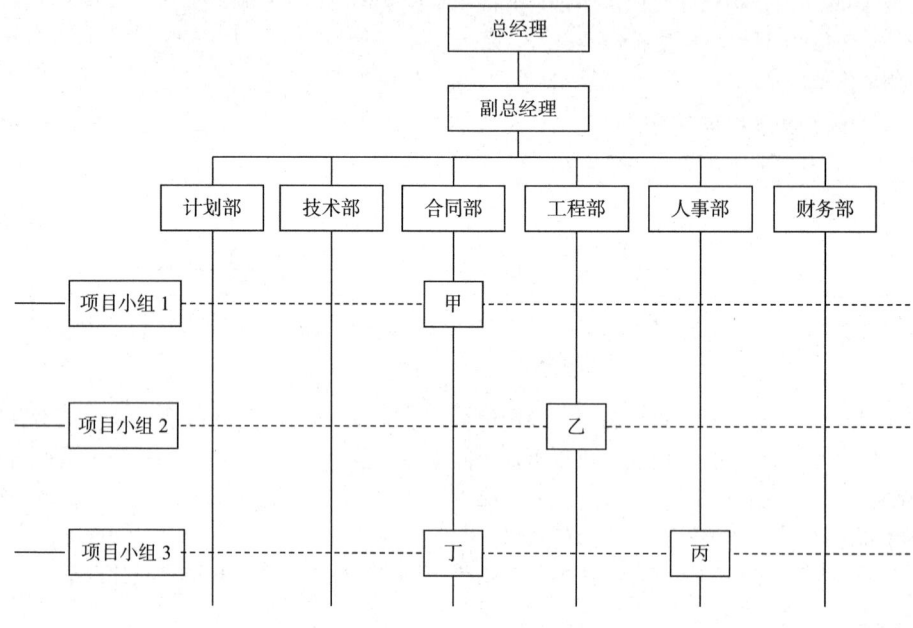

图 2-9 矩阵制组织结构

2)对项目负责人要求高。由于项目一般涉及较多的专业,而项目负责人对项目的成败具有举足轻重的作用,因此要求项目负责人具有较高的协调能力和丰富的经验,但是优秀的项目负责人比较难找到。

(4)矩阵制组织结构的适用范围。这种组织结构非常适用于横向协作和攻关项目。例如,食品企业可用来完成涉及面广的、临时性的、复杂的重大工程项目或管理改革任务,特别是以开发与实验为主的单位。

5. 蜂窝状组织结构

蜂窝状组织结构是事业部制与矩阵制组织结构的有机组合,多用于多种产品、跨地区经营的组织。例如,图 2-10 就是由三个蜂窝状组织组成的,每个蜂窝状组织都有一个负责人,它们之间相互独立而又相互协作,一个一个的蜂窝组成了一个庞大的平台。

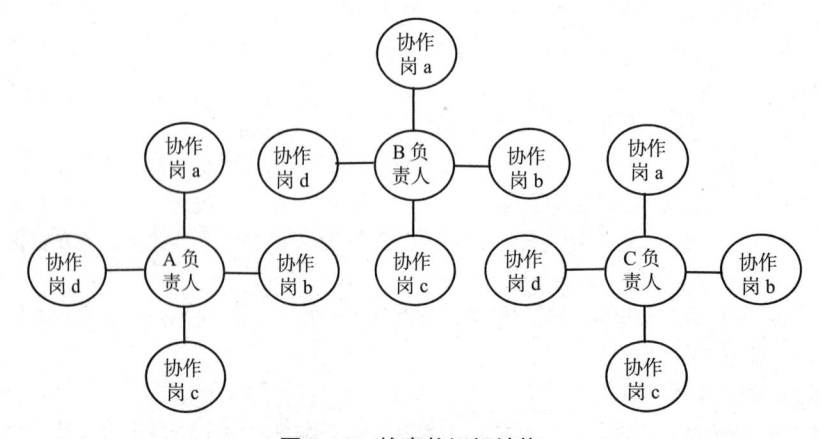

图 2-10 蜂窝状组织结构

(1) 蜂窝状组织结构的优势。适应市场的能力强，蜂窝状组织可以随时拆解，随时把一个蜂窝里的人员进行调配，如从 A 蜂窝调配到 B 蜂窝；能够快速创新；可以形成赛马机制；可以进行结果导向的考核。大多数互联网企业属于这种结构，互联网企业将其称为产品经理负责制，一个"产品经理"就是一个蜂窝状组织。

(2) 蜂窝状组织结构的劣势。无法统一进行活动；不容易集中管理；协同能力不高；品牌能力较弱。这种组织结构的企业一般不具备极强的品牌性。

此类型组织结构适用于流程单一、创造性要求高或对人的主动性依赖性高的企业，需要在整体的价值链管理上下功夫。

6. 网络型组织结构

(1) 网络型组织结构的特点。网络型食品企业是虚拟企业的一种。网络型组织是由多个独立的个人、部门和企业为了共同的任务而组成的联合体，它的运行不靠传统的层级控制，而是在定义成员角色和各自任务的基础上通过密集的多边联系、互利和交互式的合作来完成共同追求的目标，如图 2-11 所示。

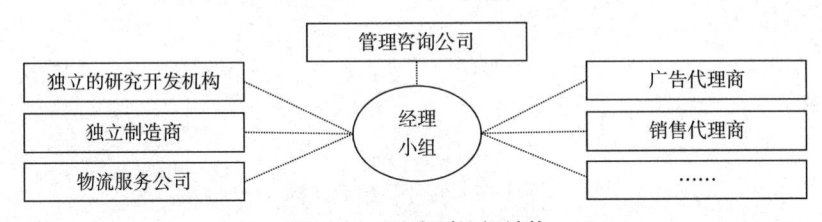

图 2-11　网络型组织结构

在网络型组织结构中，企业各部门都是网络上的一个节点，每个部门都可以直接与其他部门进行信息和知识的交流与共享。各部门是平行对等的关系，而不是以往通过等级制度渗透的组织形式。密集的多边联系和充分的合作是网络型组织结构最主要的特点，而这正是其与传统组织结构的最大区别，这种组织结构在形式上具有网络型特点，即联系的平等性、多重性和多样性。

食品企业在网络化变革的过程中，必须通过大力推广信息技术的使用，使许多管理部门和管理人员让位于信息系统，取消中间管理层，从而使企业组织结构扁平化，企业管理水平不断提高。采用网络型组织结构的企业所做的是，通过企业内联网和互联网创设物理和契约的"关系"网络，与独立的制造商、销售代理商及其他机构达成长期协作协议，使它们按照契约要求执行相应的生产经营功能。由于网络型食品企业的大部分活动都是外包、外协的，因此，企业的管理机构是一个精干的经理班子，负责监管企业内部开展的活动，同时协调和控制与外部协作机构之间的关系。研究认为，网络型组织结构利用现代信息技术手段，比较适应发展型企业，是当前最新型的组织结构。

(2) 网络型组织结构的优点。

1) 组织结构简单、精练。组织中的大多数活动都实现了外包，降低了管理成本。这些活动更多地靠电子商务来协调处理，使组织结构扁平化，效率也更高。

2) 网络的国际化，实现了食品企业世界范围内的供应链与销售环节的网络型组织结构的整合。

3) 简化了机构和管理层次，实现了食品企业充分授权式的管理。组织结构具有更大的灵活性和柔性，以项目为中心的合作可以更好地结合市场需求来整合各项资源，而且容易操作，网络中的各个价值链部分也可以随时根据市场需求的变动情况增加、调整或撤并。

(3) 网络型组织结构的缺点。

1) 依靠合约控制，控制力弱。网络型组织结构之间主要依靠合约控制，其中的每一个组织单元都自主管理。如果不能正确规划和分清权责，容易发生管理混乱的局面。在网络型组织结构内部，各个节点相对独立。如果某些节点发生问题，这种网络型组织的扩散会非常快，而且不容易受到管理层的控制。网络的虚拟性进一步加剧了经营风险。

2）质量保障困难。网络型组织结构的管理活动缺乏传统组织所具有的紧密控制力，其供应的商品质量也难以预料。

3）创新容易泄密。网络型组织结构所取得的设计上的创新很容易被窃取，因为创新的产品如果交由其他组织去领导生产，那么对创新加以严密的防卫是不可能的，至少也是很困难的。

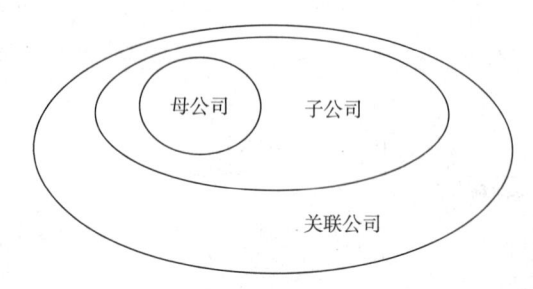

7. 控股型组织结构

（1）控股型组织结构的特点。控股型组织结构是在非相关领域开展多种经营的食品企业常用的一种组织结构形式。集团控股型组织结构是通过企业之间控股、参股，形成包括母公司、子公司和关联公司在内的企业集团。各个分部具有独立的法人资格，是公司分权的一种组织形式，如图2-12所示。

图2-12 控股型组织结构

根据所持股份的比例大小，各分部在公司中的地位划分如下（其中，对企业单位持有股权的大公司成为母公司）：

1）持股比例大于50%的为绝对控股。
2）持股比例不足50%但对食品企业经营决策发生实质性影响的为相对控股。
3）持股比例很低且对另一食品企业的生产经营没有实质性影响的为一般参股。

（2）控股型组织结构的优点。控股公司作为食品企业的一种组织形式，既具有公司制的特征，又与其他公司形式有所区别。其优点如下。

1）以资产为纽带把食品企业密切联系起来。控股公司是国外通常采用的一种产权经营组织，主要通过控股的形式，以股权关系为基础从事公司的产权管理和经营，或者以参股、控股或相互持股等形式推动公司的商品经营。实际上，这些控股公司形成了以资产关系为纽带的食品企业集团。

控股公司是一种十分便捷、有效的食品企业组织形式，是组建食品企业集团的方式。控股公司依据所有权凭证——股份，不仅享有其他公司的股息，还按其拥有的多数股的比例对其他公司的决策施加影响，行使股东权利。

2）被控股公司具有法人资格。控股公司的另一个重要特点是母公司与被控股子公司之间在法律上、形式上法人人格彼此独立，并以资本的结合为基础采用董事兼任制。这是控股公司与事业部制的重大区别。事业部制虽然是大公司所采取的高度分权的体制，但每个事业部一般无法人人格。而控股公司中都为独立法人，形成公司内的公司，每个子公司都是利润管理的彻底分权化的单位，具有独立的经营管理机构，并独自负有利润责任，拥有独立筹资能力。

3）控股公司又是一个整体。尽管控股公司的母公司与子公司均为独立的法人实体，可以各自独立承担民事责任，享有民事权利，但事实上，由于母公司掌握了子公司的控股权，子公司的重大决策基本上由控制子公司董事会的母公司决定，所以子公司的行为势必体现母公司的意志，子公司的行为要受母公司的规范。这样事实上控股公司必然形成一个整体利益。因此，世界各国的大型控股公司都在不同程度上制定了统一的发展战略，以整体优势参与经济竞争。

4）具有相当的融资能力。控股公司的母公司必须具有相当的筹资融资能力和控制内部资金能力，这样才能形成统一集中的财力和信贷，有能力调整内部结构，支持重点产品和重点食品企业的发展，并通过资金的再投入与滚动运作，加速公司发展。

（3）控股型组织结构的缺点。

1）公司规模庞大，成员结构庞杂。

2）公司股权分散，每个股东只占公司总资本的极小部分。股东虽对公司拥有部分所有权，但这对绝大多数小股东而言却无关紧要，而且股东的变动性很大。

3）公司股权分散，人数很多，但只要掌握一定比例以上的股份，就能控制公司的命脉。因此，公司董事会很容易对公司进行操纵和利用，损害众多小股东的利益。

（4）控股型组织结构的适用范围。控股型组织结构适用于需要较大资金的投资项目，而本组织资金又不足的情况，或者为了引入战略投资者的需要。控股公司不同于一般的公司，它是一个公司集合体，是一般公司发展到相当规模的结果。因为一家公司要对其他公司形成控股关系，必须拥有相当的实力，控股公司组建后，也就必然形成比单个公司更为强大的经济实体，所以国际上著名的大公司基本上都是控股公司，国内优秀的一些公司也正向控股经营方向发展。

思政教育

开展以职业道德为重点的"四德"教育

要深入开展中国特色社会主义理想信念教育，培育和践行社会主义核心价值观，弘扬中华优秀传统文化，开展以职业道德为重点的"四德"教育，深化"中国梦·劳动美"教育实践活动。

——2015年4月28日，习近平总书记在庆祝"五一"国际劳动节暨表彰全国劳动模范和先进工作者大会上发表重要讲话

"四德工程"即社会公德（爱德）、职业道德（诚德）、家庭美德（孝德）、个人品德（仁德）。社会公德、职业道德、家庭美德、个人品德这四个道德是一个有机的统一体，其外延由大到小，内涵由浅到深，共同构成一个完善的道德体系。个人的修养特别是个人品德的修养是树立四德意识、规范言行举止、建设和谐家庭、模范地做好工作、维护社会和谐的基础。

资料来源：微信公众号"党建网微平台"，2016-12-12。

2.3.4 食品企业组织结构的发展趋势

近十几年来，食品企业的组织结构越来越呈现出进化速度加快的趋势。特点如下。

1. 扁平化

组织结构的扁平化，就是通过减少管理层次、裁减冗余人员建立一种紧凑的扁平组织结构，使食品企业组织变得灵活、敏捷，提高组织效率和效能。从金字塔式的等级制结构，越来越向扁平式结构演进。

2. 网络化

随着信息技术的飞跃发展，信息的传递不必再遵循自上而下或自下而上的等级阶层，就可实现部门与部门、人与人之间直接的信息交流。企业内部的这种无差别、无层次的复杂的信息交流方式，极大地刺激了企业中信息的载体和运用主体——组织的网络化发展。

相对于官僚制组织而言，网络组织最本质的特征在于，强调通过全方位的交流与合作实现创新和双赢。全方位的交流与合作既包括企业之间超越市场交易关系的密切合作，也包括企业内部各部门之间、员工之间广泛的交流与合作关系，而且这些交流与合作是以信息技术为支撑的，并将随着信息技术的发展而不断得到强化。但是，网络关系不能完全取代组织中的权威原则的作用，否则组织就会出现混乱，所以网络组织中的层级结构始终是需要保持的，只不过在组织结构网络化的条件下，采取的是层级更少的扁平化结构。

二维码链接 2-5
食品企业设计网络型组织结构的价值

3. 无边界化

无边界化是指企业各部门间的界限模糊化，目的在于使各种边界更易于渗透，打破部门之间的沟通障碍，有利于信息的传送。

在具体的模式上，比较有代表性的无边界模式是团队组织。团队指的是职工打破原有的部门边界，绕开中间各管理层，组合起来直接面对客户和对企业总体目标负责的以群体和协作优势赢得竞争优势的企业组织形式。这种组织成为组织结构创新的典型模式。团队一般可以分为两类：一类是"专案团队"，成员主要来自企业各单位的专业人员，其使命是为解决某一特定问题，在问题解决后即宣告解散；另一类是"工作团队"，可以进一步把它分为高效团队和自我管理团队，工作团队一般是长期性的，常从事于日常性的企业业务工作。

因此，无边界思想是一种非常具有新意的企业组织结构创新思想。组织作为一个整体的功能得以提高，已经远远超过各个组成部分的功能。

4. 多元化

企业不再被认为只有一种合适的组织结构，企业内部不同部门、不同地域的组织结构不再是统一的模式，而是根据具体环境及组织目标来构建不同的组织结构。管理者要学会利用每一种组织工具，了解并且有能力根据某项任务的业绩要求，选择合适的组织工具，从一种组织转向另一种组织。

5. 虚拟化

组织结构的虚拟化是指用技术把人、资金、知识或构想网络在一个无形（超出实物形态的统一的办公大厦、固定资产和固定人员等）的组织内，以实现一定的组织目标的过程。

虚拟化的企业组织不具有常规企业所具有的各种部门或组织结构，而是通过网络技术把所需要的知识、信息、人才等要素联系在一起，组成一个动态的资源利用综合体。虚拟组织的典型应用是创造虚拟化的办公空间和虚拟化的研究机构。前者是指同一企业的员工可以置身于不同的地点，但通过信息和网络技术连接起来，如同在同一办公大厦内，同步共享和交流信息和知识；后者是指企业借助于通信网络技术，建立一个与世界各地的属于或不属于本企业的研究开发人员、专家或其他协作人员联系在一起的，跨越时空的合作联盟，实现一定的目标。

2.3.5 数字化时代的食品企业组织管理

组织管理是食品企业适应新发展环境、强化自身核心竞争力的有效措施。但在新时代，随着环境变化速度不断加快，食品企业组织管理受到的冲击也越来越大。尤其近年来，在互联网环境迅速发展的背景下，食品企业已经全面进入数字化时代，想要健康发展，就要从多个方面入手进行升级转型。组织管理作为其中重要内容，也要充分做到与时俱进。只有做好组织管理工作，才能够为食品企业正常运营、快速适应复杂环境提供支撑。

1. 食品企业组织管理的基本原则

（1）人性化原则。以人为本，尊重每个人的本性，维护好人际关系，开展人性化管理工作。加强食品企业内部文化建设，通过文化潜移默化地影响员工思想，领导员工按照企业要求开展各项工作。加大员工培训教育力度，使员工的个人目标和企业长远发展目标相一致，为二者协调发展助力。

（2）等级管理原则。所谓等级管理，就是一级管一级、一级负责一级，通过逐级管理、汇报等方式，构成纵向检查结构。

（3）部门经理负责原则。企业包括诸多部门，每个部门的经理需要对本部门负责。部门经理应将相关工作明确分配给本部门员工，并领导员工按时完成工作，同时做好员工协调、监督工作，尽可能为本部门员工创造良好的工作条件和充足的工作资源。部门员工需要服从部门经理指挥，部门经理需要对本部门完成的相关工作负责。

（4）权责一体原则。不同职位行使的权力不尽相同，领导人可以在规定职位基础上领导员工完成相关工作，在此过程中，可以行使监督、指挥、命令等权力。责任则是在接受职务和职位基础上必须履行的义务。在企业经营发展过程中，所有工作都要遵循权责一体原则。

（5）互不干涉原则。不同级别的管理人员在工作安排时，要逐级下达任务，避免越级安排工作。不同部门专注完成责任范围的工作，既不影响其他部门，也不受其他部门干扰。

2. 食品企业组织管理的转型目标

（1）使组织结构更合理。现阶段，部分食品企业在经营发展过程中存在组织结构过于繁杂、部门设置不够科学等问题，无法充分发挥组织管理的作用和价值，很难适应数字化时代发展要求，给企业升级转型造成不利影响。对此，需要不断优化组织结构，精简企业重复职能部门，为企业升级转型奠定基础。

（2）使人员配置更科学。如果食品企业存在人员配置不科学的情况，就会严重阻碍组织管理工作的有序落实。因此，食品企业需要坚持以人为本，对人员进行合理配置，确保人力资源不被浪费，全面提高组织管理水平。

（3）使规章制度更完善。健全完善的规章制度是促进食品企业组织管理向规范化、标准化趋势发展的重要基础。企业在组织管理转型过程中，根据实际情况对规章制度进行优化，这也是实现转型的主要目标。只有确保规章制度完善，才能使相关工作有条不紊地进行，从而充分发挥组织管理的作用和功能。

中国式管理

周黑鸭不断提升组织力，巩固企业核心竞争力

2022年是复杂多变的一年，面对国际形势的变化和疫情的干扰，企业受到不少冲击。

为了应对外部压力，周黑鸭从组织治理、组织能力、组织活力三个维度出发，不断完善组织体系，持续激发组织动力，并进一步巩固企业核心竞争力。

在组织管理方面，进一步完善集团化战略管控、财务管控模式，持续推进年度战略复盘和经营规划。同时，开展集团级项目组织建设，推动各部门职责下沉，从操作型管控向经营管控转型，显著提高组织效率和组织治理水平。

在组织能力方面，以任职体系建设、专业能力建设、管理能力建设为核心，优化提升组织能力。通过"训、练、战"形式，从领导力提升、腰部力量建设、腿部力量建设入手，针对管理层和基层员工的不同需求，以多种创新的培训形式，不断夯实各层级队伍能力，提高组织管理效率。此外，升级打造企业文化体系，"同心同德""同'周'共济"，践行长期主义的企业精神，为企业可持续高质量发展提供动力和保障。

在组织活力方面，持续实施激励计划，不断提升员工积极性。此外，持续推进绩效体系、激励体系、荣誉体系的建设，以组织绩效、团队绩效、个人绩效、项目绩效为核心，不断深入推进绩效理念落地，提升管理效能。同时，优化多层级PK赛马机制、事项激励

方案等激励制度，实现激励体系多维化、丰富化，不断激励员工内驱力。

资料来源：城市财经网，2023-04-25。

3. 食品企业组织管理的转型措施

（1）进一步优化组织结构，更好地展开食品企业管理。首先，构建信息化组织管理平台，为更好地执行食品企业决策提供便利。在此基础上，还要结合食品企业实际情况及数字化时代管理要求，对信息化组织管理系统进行优化设计，通过梳理组织管理流程，切实解决管理隐患。其次，对组织结构进行赋能。在保证组织结构完善、精简的情况下，需要对其进行赋能，也就是引入先进技术，为相关部门增加新能力和新影响，从而达到优化组织结构的目标。

（2）完善食品企业人员的配置，提升人力资源管理效率。首先，食品企业要将内部重叠的岗位进行有机统一，并设立专管人员，针对新增岗位也要配备专业人员，要保证人员能力和岗位要求相匹配，以此发挥部门最大化职能。其次，食品企业要始终遵循以人为本的原则，深入贯彻落实人本管理理念，尽可能满足员工职业诉求，通过培训、激励等方式，调动员工的潜能和工作积极性，创造良好的企业文化氛围，使其更加主动地投入组织管理活动中。最后，在保证人员匹配合理的情况下，食品企业还要重视发挥协同效应。因为食品企业员工不仅是企业某一部门的工作者，也是提高整体管理水平的主要动力，只有各部门相互协调、相互配合，才能发挥联动作用。

（3）构建适宜的规章制度，指导员工更好工作。首先，食品企业组织管理制度必须得到管理层的认可和支持，如果缺乏管理层的支持，那么制度将很难落实。其次，确保员工在工作过程中尽力配合相关部门落实制度，并及时反馈制度中的不足之处。最后，规章制度要与企业文化相融合。企业文化属于软性管理，要求员工在潜移默化中提高思想认识，而规章制度则是硬性要求，能够在长期发展中规范员工行为，软硬结合有利于确保组织管理工作深入员工内心，从而为相关工作顺利开展奠定基础。

（4）明确数字化时代组织管理方向。在数字化技术和互联网技术广泛普及的背景下，食品企业组织管理最关心的问题主要体现在两个方面：一方面是个人和目标之间的关系，另一方面是个人和企业之间的关系。只有协调好这两个方面的关系，才能为员工和企业发展奠定基础。通常，组织会要求个人绝对服从目标和组织，这也是提高组织工作效率和业绩的主要方式。所以在食品企业过去的发展过程中，企业时常忽略员工个体。但在数字化时代背景下，组织管理也产生了特殊变化。这意味着，一个企业即便内部组织管理再突出，但当外界环境发生变化时，也不能保证企业很好地适应外界变化。这一形势下，组织绩效也逐渐从内部转向外部，使得外部成为组织管理的关键所在，所以新时代，明确时代化组织管理方向至关重要，组织需要保持自身与外界环境的距离。现阶段，企业与个人之间已经形成了共生关系，企业可以充分吸纳较强的个体。所以管理人员在组织管理过程中，要进行共生管理方面的设计，接受个体不断强大。

思政教育

三只松鼠转型升级初显成效，践行"大食物观"构筑品质标杆

习近平总书记在党的二十大报告中指出："树立大食物观，发展设施农业，构建多元化食物供给体系。""大食物观"是"向耕地草原森林海洋、向植物动物微生物要热量、要蛋白，全方位多途径开发食物资源"的一种观念，是推动农业供给侧结构性改革的重要内容。"大食物观"从更好满足人民美好生活需要出发，掌握人民群众食物结构变化趋势，其出发点和落脚点是让老百姓从吃得饱到吃得好，再到吃得健康。

作为坚果龙头企业，三只松鼠主动融入国家战略，将"让坚果和健康食品普及大众"

写入企业使命，致力于将坚果由健康的休闲零食消费转向人们日常营养的健康膳食消费，持续强化科技研发与品牌力打造，推动居民饮食结构从"吃得饱"向"吃得好"及"吃得健康"转变，让坚果和健康食品普及大众，更好践行"大食物观"。

据了解，三只松鼠设立了独立的质量部门，全面开展从体系建设、供应商生产、分装过程、产品检验、物流仓储、渠道销售、质量客诉处理等链路全过程的质量管理工作，包括：实施供应商分级分类管理，持续优化生产过程流程控制；探索监管职能变革，打造双循环质量监管体系；健全人员能力建设体系，强化质量文化建设；打造创新型数字化品质保障系统，实现质量管理智能化。

资料来源：投资者网，2022-10-27。

管理者素养

基层管理者的角色

1. "队长"的角色

基层管理者是企业中的"小头目"，即"队长"，不但要指挥队友共同进攻，更要身先士卒地冲锋陷阵。"队长"一般都具有非常强的组织能力，由技术高或德高望重的队员担任。基层管理者又好像大树上的节点，将树根部的养分分解、传递给小枝杈，因此基层管理者的作用又可以概括为"分解、传递"。

2. 承上启下的作用

承上，对于企业的规章制度、决策以及目标任务，基层管理者是最具体的传达和落实者。启下，就是按照决策、目标要求带领其他员工具体地执行。因此，一个企业执行能力的关键在于，基层管理者如何领会高层的决策，并且按照本组织的特色给基层员工讲解清楚，带头认真地执行。

3. 具备的能力

过硬的业务能力，亲和力，尊重的心、关心的心、体恤的心，团队建设能力，领导力，与上司相处的能力，工作技巧。

资料来源：微信公众号"洲际铸造"，2023-01-19。

项目案例分析

洽洽食品调整组织结构，为实现百亿元销售目标铺路

2021年，在深交所"互动易"平台上，洽洽食品披露了投资者关系活动记录表，其中提到，该公司在2021年5月对组织结构进行了调整。

洽洽食品将事业部调整为品类中心，包括国葵品类中心、坚果品类中心、休闲品类中心等。将事业部权力下放至每个品类BU（业务单元），品类BU负责人是产品全渠道、全损益的负责人。销售司令部调整为销售铁军，分为国葵销售铁军、坚果销售铁军等。同时，海外业务独立，成立海外事业部。调整使品类BU和销售BU间能更好地发挥协同效应。

这并非洽洽食品首次调整组织结构。

2014年，洽洽食品将组织结构划分为产品事业部和销售事业部，产品事业部又划分为国葵、炒货、坚果和烘焙事业部，并将原来的产品总量绩效评估模式变更为新的分品类、分事业部、按产品线绩效评估的模式；2015年，在事业部结构的基础上，洽洽食品成立了

BU，进一步划小经营单元；2017年，在销售事业部的基础上成立了销售分公司、销售BU、办事处，实现了扁平化管理，以期更快速地响应市场需求，并一直沿用至此次调整前。

洽洽食品称，希望通过此次组织结构的调整，使业务部门聚焦"增长"，明确责任主体，提升组织效率，加强部门间协同；同时也使业务部门组织进一步打开，拉开赛道，激发业务BU潜能，提升组织活力；对组织中涌现出的优秀人才，多提供平台和机会；加强中后台专业职能对业务前台的赋能。

简而言之，洽洽食品将其传统的事业部门拆分成更聚焦具体品类的子业务部门，并希望通过下放权力增加子部门的灵活机动性，同时提升效率。

组织结构调整的背后，是洽洽食品在渠道进一步渗透、做大坚果单品等规划方面的野心。洽洽食品的规划是"未来2~3年销售收入突破100亿元，未来3~5年实现100万个终端"。

资料来源：洽洽食品，2021-07-05。

❍ **辩证性思考：**
1. 结合本案例，谈谈洽洽食品组织结构变化的历程。
2. 你从洽洽食品组织机构改革的实践中得到了什么启示？

项目检测

管理知识培养规格检测
1. 简述食品企业计划管理的概念和实施原则。
2. 简述食品企业流程建设的步骤。
3. 食品企业组织结构的类型有哪些？
4. 如何设计食品企业组织结构？
5. 简述数字化时代食品企业组织管理的转型措施。

管理能力培养规格与管理者素养培育规格检测

实践项目2　制订××食品企业计划（流程、组织）方案

项目实践目的： 运用食品企业计划（流程、组织）管理的理论和方法，通过对××食品企业计划（流程、组织）管理现状的分析，培养学生运用食品企业计划（流程、组织）管理理论和方法对食品企业计划（流程、组织）管理现状进行分析和解决计划（流程、组织）管理问题的能力。同时培养学生的团队合作精神、语言表达能力、应变能力、应用写作能力，以及学生管理者素养的培育。

项目检测考核： 通过对食品企业计划（流程、组织）管理现状的分析，每个团队撰写食品企业计划（流程、组织）管理方案，在"××食品企业计划（流程、组织）管理方案研讨会"上进行宣讲、讨论、答辩，指导教师进行评价。由各团队队长和指导教师负责评判打分，考核成绩分为优秀、良好、及格。

飞翔队由1号队员负责本实践项目的讨论、汇总、撰写方案、宣讲和答辩。经过讨论、答辩，指导教师提出三点修改意见，综合评判该方案为良好。

项目3

食品企业战略管理与文化管理

项目培养规格

管理素养培育规格
强化中层管理者的角色意识,培育管理者的职业责任。

管理知识培养规格
理解食品企业战略、食品企业战略管理、食品企业文化的概念;熟悉食品企业文化的功能、构成和食品企业文化管理的内容;熟悉食品企业文化管理的目的、食品企业文化管理与文化建设的区别;掌握食品企业战略管理的过程和转型时代食品企业文化管理的措施。

管理能力培养规格
具备食品企业战略管理、文化管理的能力。

思维导图

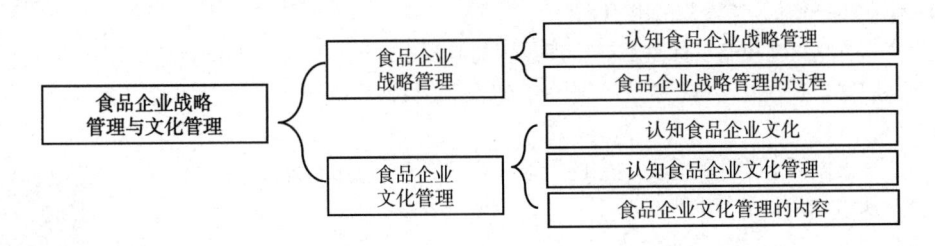

食品企业战略管理与文化管理
- 食品企业战略管理
  - 认知食品企业战略管理
  - 食品企业战略管理的过程
- 食品企业文化管理
  - 认知食品企业文化
  - 认知食品企业文化管理
  - 食品企业文化管理的内容

项目导入案例

卫龙持续推进"放心战略"引领行业健康发展

一根"放心辣条"是如何诞生的?2022年8月22日,央视网《超级工厂》栏目组走进卫龙辣条生产基地,探访卫龙放心工厂,了解卫龙优质产品背后的"放心战略"。从卫龙董事长刘卫平先生将传统小吃牛筋面升级,创造出第一根辣条起,卫龙已成为辣条品类代名词。原料、生产、研发、工艺、渠道、销量"六大领先"优势造就卫龙品牌难以逾越的护

> 城河。对产业健康化变革的深刻认知，坚定了卫龙推动"放心战略"的决心，持续带领行业健康化、高端化升级。
>
> 　　作为辣条行业领导者，卫龙的目的不仅仅是宣传卫龙品牌，更期望通过一系列动作，为整个辣条行业正名，希望以放心为起点，引领整个行业规范化、健康化发展。央视网《超级工厂》探卫龙放心工厂，体现了卫龙食品坚持用技术抢占竞争高地，为消费者的健康护航，也为行业赢得了更广阔的发展空间。
>
> 资料来源：中国食品安全报，2022-08-25。

➡ 辨证性思考：

分析本案例，说明企业战略的重要性。

任务 1　食品企业战略管理

3.1.1　认知食品企业战略管理

1. 食品企业战略的概念

食品企业战略是企业高层领导的理想和谋略，是食品企业为了在未来较长时间内的可持续性发展和突变性扩张，针对不确定性的未来环境，有效开发企业资源，对企业全局性的战略目标、经营方针、管理策略所进行的超前性的运筹谋划。

2. 食品企业战略管理的概念

食品企业战略管理是企业对于全局性的发展方向做出决策，并通过组织、领导和控制等职能，保证发展方向得到有力贯彻的一系列管理工作。企业战略能够充分地将企业经营的基本思想展现出来，能够正确地指导企业销售、生产等诸多方面的业务活动及业务计划。

二维码链接 3-1
食品企业战略管理的原则

3.1.2　食品企业战略管理的过程

食品企业战略管理的过程包括六个步骤：确立企业使命、愿景与战略目标，企业内外部环境分析，企业战略制定，战略评价与战略选择，战略实施，战略控制与变革。

1. 确立企业使命、愿景与战略目标

企业使命、愿景与战略目标是战略管理过程的起点。这个步骤需要明确企业应该从事什么行业、客户是谁、向客户提供什么样的产品和服务，以及制定对应的战略目标。此步骤决定企业发展前景的空间大小。

例如，一家做低卡零食的企业，它的行业、客户、产品、战略目标为：
- 企业从事的是食品行业；
- 客户主要是 20~35 岁追求时尚的年轻人；
- 企业向客户提供低热低脂零食；
- 企业的战略目标是 5 年内在国内的市场占有率提高 20%，利润率提高 15%。

二维码链接 3-2
企业使命、愿景与战略目标

2. 企业内外部环境分析

企业环境包括外部环境与内部环境两部分。企业外部环境是对企业外部的政治环境、社会环境、技术环境、经济环境等的总称。企业内部环境是指企业内部的物质、文化环境的总和，包括企业资源、企业能力、企业文化等因素，也称企业内部条件，即企业内部的一种共享价值体系，包括企业的指导思想、经营理念和工作作风。为了使制定出的战略符合事实和逻辑，具有可行性，企业在制

定战略前，需要详细分析企业内外部环境。下面主要介绍外部环境分析。

外部环境分析包括宏观环境分析、行业生命周期分析、行业竞争结构分析。

（1）宏观环境分析。PESTEL 分析模型，又称大环境分析模型，是分析宏观环境的有效工具，不仅能够分析外部环境，而且能够识别一切对组织有冲击作用的力量。它是调查组织外部影响因素的方法，其每一个字母都代表一个因素：政治因素（Political）、经济因素（Economic）、社会文化因素（Sociocultural）、技术因素（Technological）、环境因素（Environmental）和法律因素（Legal），如图 3-1 所示。

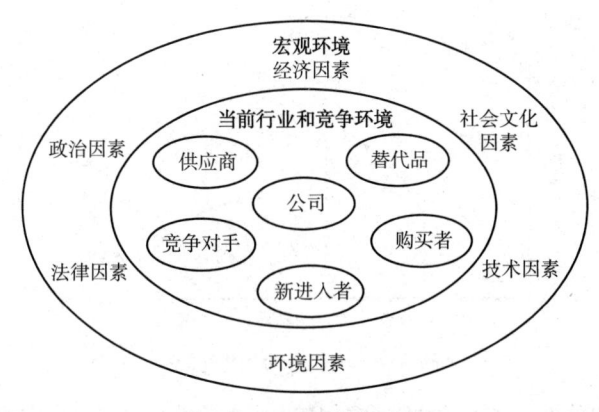

图 3-1 PESTEL 分析模型

1）政治因素，是指对组织经营活动具有实际与潜在影响的政治力量和有关的政策、法律及法规等因素。

2）经济因素，是指组织外部的经济结构、产业布局、资源状况、经济发展水平及未来的经济走势等。

3）社会文化因素，是指组织所在社会中成员的历史发展、文化传统、价值观念、教育水平及风俗习惯等因素。

4）技术因素，不仅包括那些引起革命性变化的发明，还包括与企业生产有关的新技术、新工艺、新材料的出现和发展趋势以及应用前景。

5）环境因素，是指一个组织的活动、产品或服务中与环境发生相互作用的因素。

6）法律因素，是指组织外部的法律、法规、司法状况和公民法律意识所组成的综合系统。

在分析一个企业集团所处的背景时，通常是通过这六个因素分析企业集团所面临的状况的。

思政教育

社会主义核心价值观的重要性

核心价值观是文化软实力的灵魂、文化软实力建设的重点。这是决定文化性质和方向的最深层次要素。一个国家的文化软实力，从根本上说，取决于其核心价值观的生命力、凝聚力、感召力。培育和弘扬核心价值观，有效整合社会意识，是社会系统得以正常运转、社会秩序得以有效维护的重要途径，也是国家治理体系和治理能力的重要方面。历史和现实都表明，构建具有强大感召力的核心价值观，关系社会和谐稳定，关系国家长治久安。

——2014 年 2 月 24 日，习近平总书记在主持中共中央政治局第十三次集体学习时发表讲话

资料来源：微信公众号"党建网微平台"，2016-12-12。

（2）行业生命周期分析。行业生命周期是每个行业都要经历的一个由成长到衰退的演变过程，是指从行业出现到完全退出社会经济活动所经历的时间。一般分为初创、成长、成熟和衰退四个阶段。任何一个行业都有一个生命周期。好比人类，从出生到死亡，就是一个生命周期。一个行业能不能长期发展，与它所处的行业的性质有关。例如，淘宝创立之初正是中国网购的空白时代，其才能在电商风口上快速成长起来。而现在，中国的网购人数、网购额已经饱和，京东、拼多多、抖音、快手等平台都在与淘宝抢占市场。所以，淘宝的发展规律与电商产业的生命周期息息相关。如图3-2所示。

二维码链接3-3
行业处于不同阶段的经营战略思维

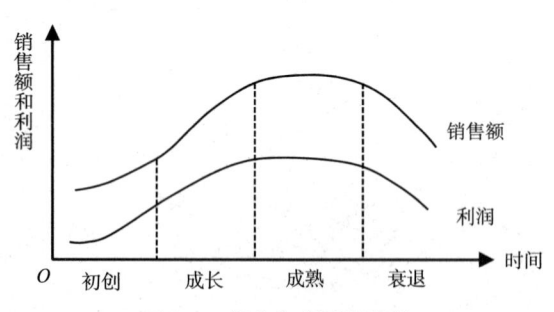

图3-2　行业生命周期曲线

（3）行业竞争结构分析。波特五力分析模型是企业制定竞争战略时经常使用的战略分析工具，是迈克尔·波特（Michael Porter）于20世纪80年代初提出的一个管理理论。他认为，每个行业中都存在着五种力量：供应商的讨价还价能力、购买者的讨价还价能力、新进入的威胁、替代品的威胁、行业内现有竞争者的竞争。这五种力量共同决定行业竞争的强度以及行业利润率，如图3-3所示。

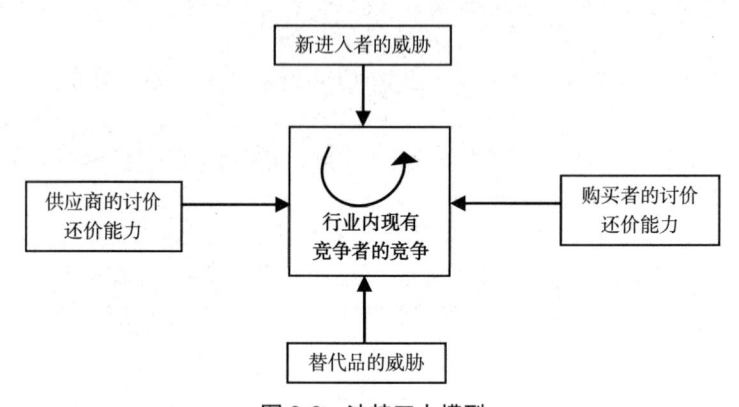

图3-3　波特五力模型

1）供应商的讨价还价能力。供应商主要通过提高投入要素价格与降低单位价值质量的能力，影响行业中现有企业的盈利能力与产品竞争力。供应商的强弱主要取决于它们所提供给购买者的是什么投入要素。当供应商所提供的投入要素的价值构成了购买者产品总成本的较大比例、对购买者产品生产过程非常重要，或者严重影响购买者产品的质量时，供应商对于购买者的讨价还价能力就会大大增强。

2）购买者的讨价还价能力。购买者主要通过压价与要求提供较高的产品或服务质量的能力，影响行业中现有企业的盈利能力。一般来说，满足如下条件的购买者可能具有较强的讨价还价能力：
①购买者的总数较少，而每个购买者的购买量较大，占了供应商销售量的很大比例。
②供应商行业由大量相对来说规模较小的企业组成。

③购买者所购买的基本上是一种标准化产品，同时向多个供应商购买产品在经济上也完全可行。

④购买者有能力实现后向一体化，而供应商不可能前向一体化。

3) 新进入者的威胁。新进入者在给行业带来新生产能力、新资源的同时，希望在已被现有企业瓜分完毕的市场中赢得一席之地，这就有可能与现有企业发生原材料与市场份额的竞争，最终导致行业中现有企业盈利水平降低，严重的话，还有可能危及这些企业的生存。新进入者威胁的严重程度取决于两方面的因素，即进入新领域的障碍大小与预期现有企业对于新进入者的反应情况。

4) 替代品的威胁。两个处于不同行业中的企业，可能由于所生产的产品互为替代品，导致在它们之间产生相互竞争行为。这种源于替代品的竞争会以各种形式影响行业中现有企业的竞争战略。

5) 行业内现有竞争者的竞争。大部分行业中的企业相互之间的利益都是紧密联系在一起的。作为企业整体战略一部分的各企业竞争战略，其目标都在于使自己的企业获得相对于竞争者的优势，所以，在实施中必然会产生冲突与对抗现象。这些冲突与对抗就构成了现有企业之间的竞争。现有企业之间的竞争常常表现在价格、广告、产品介绍、售后服务等方面，其竞争强度与许多因素有关。

3. 食品企业战略制定

食品企业战略制定是指企业为实现其战略愿景，在分析环境的基础上，考虑其优劣势，发现机会与威胁，制定战略规划。成功的组织战略是在对组织外部环境和内部条件变化进行科学预测和客观分析的基础上，由组织领导和员工经过深思熟虑、反复比较各类方案后制定出来的。

（1）建立战略规划组织。制定组织战略是一项非常复杂的系统工程。要做好它，必须有相应的组织和人员的保证。通常情况下，组织应建立一个专门的规划组织。这个组织的最高负责人一般由组织的最高领导人担任。下设的战略规划工作班子，一般由有关方面的领导和各方面的专家组成。这个班子应设在组织的最高参谋部门，并赋予它平衡各部门的权力。大量事实已证明，建立一个正式的专门的战略规划工作班子，可以大大提高战略规划制定工作的科学性和连续性。

（2）制定战略的科学程序，如图3-4所示。

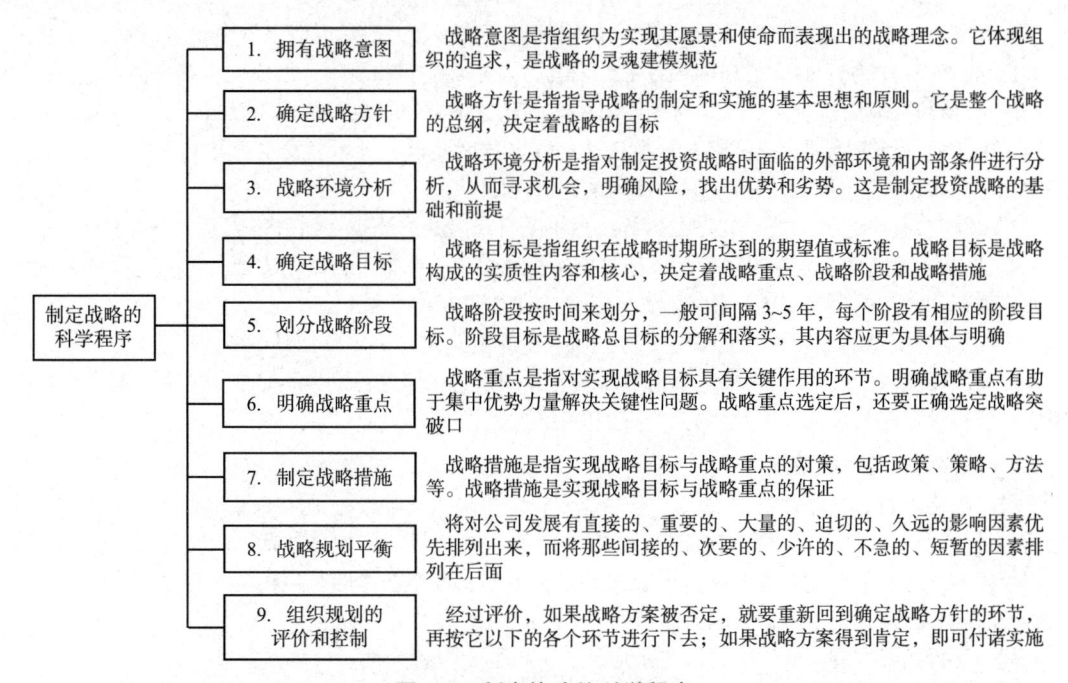

制定战略的科学程序		
	1. 拥有战略意图	战略意图是指组织为实现其愿景和使命而表现出的战略理念。它体现组织的追求，是战略的灵魂建模规范
	2. 确定战略方针	战略方针是指指导战略的制定和实施的基本思想和原则。它是整个战略的总纲，决定着战略的目标
	3. 战略环境分析	战略环境分析是指对制定投资战略时面临的外部环境和内部条件进行分析，从而寻求机会，明确风险，找出优势和劣势。这是制定投资战略的基础和前提
	4. 确定战略目标	战略目标是指组织在战略时期所达到的期望值或标准。战略目标是战略构成的实质性内容和核心，决定着战略重点、战略阶段和战略措施
	5. 划分战略阶段	战略阶段按时间来划分，一般可间隔3~5年，每个阶段有相应的阶段目标。阶段目标是战略总目标的分解和落实，其内容应更为具体与明确
	6. 明确战略重点	战略重点是指对实现战略目标具有关键作用的环节。明确战略重点有助于集中优势力量解决关键性问题。战略重点选定后，还要正确选定战略突破口
	7. 制定战略措施	战略措施是指实现战略目标与战略重点的对策，包括政策、策略、方法等。战略措施是实现战略目标与战略重点的保证
	8. 战略规划平衡	将对公司发展有直接的、重要的、大量的、迫切的、久远的影响因素优先排列出来，而将那些间接的、次要的、少许的、不急的、短暂的因素排列在后面
	9. 组织规划的评价和控制	经过评价，如果战略方案被否定，就要重新回到确定战略方针的环节，再按它以下的各个环节进行下去；如果战略方案得到肯定，即可付诸实施

图3-4 制定战略的科学程序

（3）制定战略必须集思广益。战略是一种整体性的谋划。战略规划工作是一种创造性的劳动，它要求人们必须广泛地收集各种新观念、新方案，并对各种不同的乃至相互冲突的见解和方案加以比较论证，这样才能保证战略选择的正确性。因此，要制定出好的战略规划，就必须集思广益，鼓励百家争鸣，鼓励各方面的人员广泛参与战略规划的制定工作。也就是说，制定战略一定要走群众路线，要坚持领导、专家和群众三结合的方针。

> **中国式管理**
>
> **中国为什么能制定出好决策？秘诀就是"集思广益"**
>
> "集思广益"一词来源于诸葛亮对他下属所说的一段话："夫参署者，集众思广忠益也。若远小嫌，难相违覆，旷阙损矣。违覆而得中，犹弃弊蹻而获珠玉。"也就是说，大家共同议事，如果做不到开诚布公、反复讨论，就没有办法去伪存真。这段话可以说是道尽了集思广益的精髓。集思广益型决策是指通过一定的程序和机制的安排，集中不同方面的意见，不断优化政策文本的决策过程。我国五年计划（规划）的决策过程便可称为集思广益型决策模式。
>
> 　　屈群策：在编制政策文本前期动员各方建言献策。
> 　　集众思：起草组综合各方意见，收集有关信息，起草阶段性政策文本。
> 　　广征询：阶段性政策文本形成后，向各方征求意见并修改，形成政策草案。
> 　　合议决：在不同决策层面，通过正式会议集体商讨决定，形成正式政策文件。
> 　　告四方：将已经形成的政策文件向各方传达和贯彻。
>
> 中国五年计划（规划）的制订是一个不断从民主到集中再到民主再到集中的过程，凝结了全党全国全社会的意志与智慧，最后上升为法律，成为全国人民一致奋斗的纲领和目标。
>
> 资料来源：腾讯网，2021-10-06。

（4）要对已制定的战略进行综合评价。确定战略评价标准一般考虑以下六个要素：

1）战略内部的统一性。战略内部各部分内容必须相互配套和衔接，形成一个统一体。

2）战略与环境的适应性。战略与环境的关系好比数学上的函数关系，环境相当于自变量，战略相当于因变量，这意味要提高战略对环境的适应性。这就要求一旦环境发生明显的变化，就应对战略做相应的调整，以便继续保持战略与环境的适应性。

3）战略执行中的风险性。战略在执行过程中是有风险的，注重评估战略风险大小很有必要。

4）战略的时间性。战略的实现是一种长期运行的结果，在整个战略期内要尽量避免剧烈和频繁的战略改革和大量的人事变动，朝令夕改的战略会带来严重的后果。

5）战略与资源的配套性。战略的实现必须有资源做保证，包括人、财、物、信息等资源。

6）战略的客观可行性。战略是对未来发展前景的设想，但这种设想不是空中楼阁，而是立足于现实，以科学预测为依据，因此具有可行性和可操作性。

4．战略评价与战略选择

（1）战略评价。战略评价，是为了考察企业战略的内在基础，将预期结果与实际结果进行比较之后，最后评价采取的战略用以保证行动与计划一致。战略评价的内容包括：战略是否与企业的内外部环境相一致；从利用资源的角度分析战略是否恰当；战略涉及的风险程度是否可以接受；战略实施的时间和进度是否恰当；战略是否可行。

战略评价的标准有一致性、和谐与适应性、可行性、可接受性、优势性。

（2）战略选择。战略选择的框架包括发展方向、发展目标、发展领域和发展能力的选择四个方面。

1）愿景的选择，即发展方向的选择。愿景是指企业的未来要成为一家什么样的企业。愿景为企业提供了发展方向。愿景是企业对未来发展的最重要选择，企业在战略选择中首先思考的是"企业的愿景是什么"。选择好了愿景，就是选择了企业整体的发展方向。

2）战略目标的选择，即发展目标的选择。战略目标是企业为实现其愿景在一定时期内对主要成果期望达成的目标值。战略目标对企业发展速度与发展质量提出了要求。战略目标通常有两个最核心的选择：

①发展速度选择。企业的发展速度应该保持多少？是发展、维持，还是收缩？如果选择发展，是高速发展、中速发展，还是低速发展？这些通常是战略目标选择需要重点思考的课题。

②发展质量选择。企业在发展过程中，发展质量应该保持什么样的水平？是速度优先，还是质量优先？这些通常也是战略目标选择需要重点思考的课题。

3）业务战略的选择，即发展领域的选择。业务战略是企业在未来业务发展方面的重大选择、规划及策略。业务战略为企业提供了发展点。业务战略选择包括产业战略、区域战略、客户战略和产品战略四大业务战略的选择。

4）职能战略的选择，即发展能力的选择。职能战略是指企业为实现愿景、战略目标、业务战略，在企业职能方面的重大选择、规划及策略。职能战略为企业提供了发展能力。职能战略首先要根据愿景、战略目标、业务战略，考虑整体上的核心发展能力，为实现核心发展能力，又进一步考虑市场营销战略、技术研发战略、生产制造战略、人力资源战略和财务投资战略。

（3）战略评价与战略选择的方法。

1）BCG分析。BCG分析法，又称波士顿矩阵（BCG Matrix）、销售增长率-市场增长率矩阵、波士顿咨询集团法、四象限分析法、产品系列结构管理法等，是一种规划企业产品组合的方法。

BCG分析法由美国著名的管理学家、波士顿咨询公司创始人布鲁斯·亨德森于1970年创作。

BCG分析法认为一般情况下决定产品结构的基本因素有市场引力与企业实力两个。市场引力包括整个市场的销售增长率、竞争对手强弱及利润高低等。其中，最主要的是反映市场引力的综合指标——销售增长率，这是决定企业产品结构是否合理的外在因素。企业实力包括市场占有率、技术、设备、资金利用能力等。其中，市场占有率是决定企业产品结构的内在因素，直接显示企业竞争实力。

销售增长率与市场占有率既相互影响，又互为条件：销售增长率高，市场占有率高，可以显示产品发展的良好前景，企业也具备相应的适应能力，实力较强；如果仅有高销量增长率，而没有相应的高市场占有率，则说明企业尚无足够实力，则该种产品也无法顺利发展。相反，市场占有率高，而销售增长率低的产品也预示了该产品的市场前景不佳。通过销售增长率与市场占有率两个因素的相互作用，出现了四种不同性质的产品类型，形成了不同的产品发展前景，如图3-5所示。

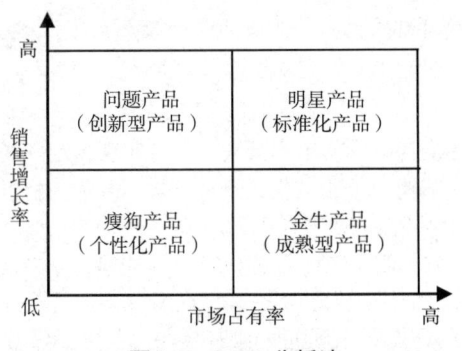

图3-5 BCG分析法

①明星产品。销售增长率和市场占有率"双高"的产品群，是企业最有发展前景、获利最高的产品。这类产品可能成为企业的现金流产品，需要加大投资以支持其迅速发展。

②问题产品。销售增长率高、市场占有率低的产品群。前者说明市场机会大,前景好,后者则说明在市场营销上存在问题。其财务特点是利润率较低,所需资金不足,负债比率高。例如,在产品生命周期中处于引进期、因种种原因未能开拓市场局面的新产品即属此类问题的产品。这类产品是企业的新生力量,但前途充满变数。

③瘦狗产品。也称衰退类产品,销售增长率和市场占有率"双低"的产品群。这类产品的市场饱和度高,竞争激烈,利润很低。其财务特点是利润率低,企业处于保本或亏损状态,负债比率高,无法为企业带来收益。

④金牛产品。又称厚利产品,是指处于销售增长率低、市场占有率高象限内的产品群。这类产品已进入成熟期,其财务特点是销售量大,产品利润率高、负债比率低,而且由于增长率低,也无须增大投资。可为企业提供资金,并支持其他产品,尤其成为明星产品投资的后盾。

2)SWOT 分析法。SWOT 分析法,是指基于内外部竞争环境和竞争条件下的态势分析,将与研究对象密切相关的各种主要内部优势、劣势和外部的机会与威胁等,通过调查列举出来,并依照矩阵形式排列,然后用系统分析的思想,把各种因素相互匹配起来加以分析,从中得出一系列相应的结论,而结论通常带有一定的决策性,如图 3-6 所示。运用这种方法,可以对研究对象所处的情景进行全面、系统、准确的研究,从而根据研究结果制定相应的发展战略、计划和对策等。

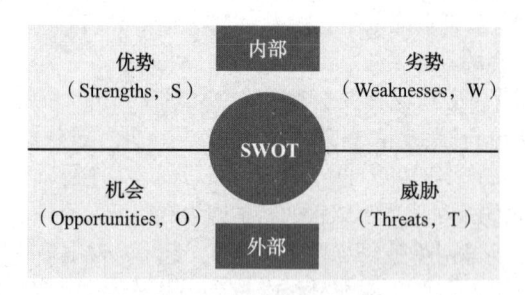

图 3-6 SWOT 分析法

S 代表优势,是企业的内部因素,具体包括:有利的竞争态势,充足的财政来源,良好的企业形象,技术力量,规模经济,产品质量,市场份额,成本优势,广告攻势,等等。

W 代表劣势,也是企业的内部因素,具体包括:设备老化,管理混乱,缺少关键技术,研究开发落后,资金短缺,经营不善,产品积压,竞争力差,等等。

O 代表机会,是企业的外部因素,具体包括:新产品,新市场,新需求,外国市场壁垒解除,竞争对手失误,等等。

T 代表威胁,也是企业的外部因素,具体包括:新的竞争对手,替代产品增多、市场紧缩,行业政策变化,经济衰退,客户偏好改变,突发事件,等等。

5. 食品企业战略实施

战略实施,就是把战略转换为具体的组织行动,保障实现预定好的企业目标。在战略实施的过程中,要不断调整企业的组织结构、企业文化、管理方式、激励措施、资源配置等,以适应企业战略的发展。

战略实施包括五个步骤:目标拆解,责任锁定,行动计划,业绩跟踪,结果考核。这五个步骤是逐步递进的,不能随意跳跃。

(1)目标拆解。把战略计划目标按照时间、责任人层层分解。例如,一个 10 年的战略计划,按照时间分成 1 年、3 年、5 年、7 年、10 年;按照责任人分成董事长责任人、CEO 责任人、总经理责任人、中层责任人等。

(2)责任锁定。目标拆解后,每个责任人都需要完成各自的任务目标。责任人的战略目标有明确的时间线、资源线、管理层级线等。责任人分工明确，指标清晰。

（3）行动计划。把战略目标拆解成详细的行动指导方案。例如，按照目标拆解之后的1年、3年、5年、7年、10年计划目标，再把它们细化到可以指导行动的目标。行动计划包括时间、人员、资金、业绩、指标等。

（4）业绩跟踪。需要衡量每个行动计划的业绩是否达标。如果不达标，需要改善计划。业绩考核是衡量企业战略的手段之一。业绩跟踪是掌握战略进度的强大工具。

（5）结果考核。要对每个业绩结果进行考核。企业想要良性发展，想要壮大起来，要靠结果说话。评价管理层和基层员工，只有一个评价标准，就是结果考核。

6. 食品企业战略控制与变革

（1）食品企业战略控制。战略控制主要是指食品企业在实施战略的过程中，检查企业为达到目标所进行的各项活动的进展情况，评价实施企业战略后的企业绩效，把它与既定的战略目标与绩效标准相比较，发现战略差距，分析产生差距的原因，及时纠正差距，使企业战略的实施更好地与企业当前所处的内外环境、企业目标协调一致，使企业战略得以实现。

1）战略控制过程。战略控制的一个重要目标就是使企业实际的效益尽量符合战略计划。为了达到这一点，战略控制过程包括五个步骤。

①确定目标。确定食品企业的战略总目标以及具体的阶段目标，将目标拆解开来，分配到各位责任人的头上，做好协调。

②制定效益标准。企业可以根据预期的目标或计划制定应当实现的效益标准。在这之前，企业需要评价已定的计划，找出企业需要努力的方向，明确实现目标所需完成的工作任务。

③衡量实际效益。衡量实际效益主要是判断和衡量实现企业效益的实际条件。管理人员需要收集和处理数据，进行具体的职能控制，并且监测环境变化时所产生的信号。此外，为了更好地衡量实际效益，企业还要制定具体的衡量方法和衡量范围，保证衡量的有效性。

④评价实际效益。将实际效益与效益标准相比较，确定两者之间的差距，并分析出形成差距的原因。

⑤纠正措施和权变计划。考虑采取纠正措施或实施权变计划。在生产经营活动中，一旦企业判断出外部环境的机会或威胁可能造成的结果，就必须采取相应的纠正或补救措施。当然，当实际效益与效益标准出现很大的差距时，企业也应及时采取纠正措施。

2）战略控制分类。从控制时间来看，食品企业的战略控制可以分为如下三类。

①事前控制。在战略实施之前，要设计好正确有效的战略计划。该计划要得到企业高层领导人的批准后才能执行。其中，有关重大的经营活动必须通过企业领导人的批准同意才能开始实施，所批准的内容也就成为考核经营活动绩效的控制标准。这种控制多用于重大问题的控制，如任命重要人员、重大合同的签订、购置重大设备等。

②事后控制。这种控制发生在企业的经营活动之后，把战略活动的结果与控制标准相比较。这种控制的重点是，要明确战略控制的过程和标准，把日常的控制工作交由职能部门人员去做，即在战略计划部分实施之后，将实施结果与原计划标准相比较，由企业职能部门及各事业部定期将战略实施结果向高层领导者汇报，由领导者决定是否有必要采取纠正措施。

③随时控制。即过程控制，企业高层领导者要控制企业战略实施中的关键性的过程或全过程，随时采取控制措施，纠正实施中产生的偏差，引导企业沿着战略的方向经营。这种控制主要是对关键性的战略措施进行随时控制。

（2）食品企业战略变革。战略变革是指用现行的计划和概念将企业转换成新的状况的渐进和不断变化的过程。传统观念认为，战略变革是一种不经常性的、有时是一次性的、大规模的变革。然而，最近几年，使企业的战略成熟化往往被认为是一种连续变化的过程，一个战略变革往往带来其他变革的需要。显然，企业生命周期中基本的战略变革相对来说是不经常出现的，而渐进性的变化（可能是战略性的）是较为频繁的过程。因此，在很多情况下，渐进性的变化会导致战略变革。

1）战略变革的类型。按企业变革的性质，可分为战略方向转型（如产业转移）和经营模式转型（如商业模式创新）；按企业变革的态势，可分为扩张发展型和收缩撤退型。

2）战略变革的过程。战略变革的过程包括三个阶段：变革前的准备、变革的实施和跟踪与改进。

3）战略变革的注意事项。战略变革是企业发展壮大的必要过程。在变革的过程中，需要注意几个问题：

①要得到企业高层领导者的全面支持。推动战略变革的人必须是企业高层领导者，而且会对变革提供全方位的支持。

②战略变革的核心理念要足够稳定。变革的目标、变革的理念必须足够统一和坚决，不能朝令夕改，否则不仅会让战略摇摆，而且会打击企业上下的信心。

③要建立足够的紧迫感。战略变革的目标时间要明确，变革动员要迅速，战略执行要快速响应。如果战略变革执行起来，拖拖拉拉，无论多高明的战略变革，最后都会失败。

④战略决策要具有可操作性。战略决策不能建立在幻想、随意预测上，而要建立在科学、理性、详细的基础上。

⑤战略变革要以结果为导向。战略变革不能沦为只能激动人心的口号，不能建立在空洞的执行上。一切的战略变革都要以结果为导向。

自我测试：如何进行食品企业战略管理？

> **管理者素养**
>
> **中层管理者的角色认知**
>
> （1）战略执行官。在企业高层领导者制定企业发展战略、关键策略和企业目标后，中层管理者的角色首先就是战略执行官，要具有战略观、大局观。评价标准是拿结果说话。决策前是100%的沟通，决策后是100%的执行。
>
> （2）部门指挥官。企业之所以能够做大做强，不是中层管理者自己干出来的，而是他们带领团队干出来的。组建团队要当领导，不要当"老大"。指挥下属工作需要：订计划，定结果；给方法，给资源；上一线，去督战。
>
> （3）业务检查官。一个好的中层管理者需要投入50%以上的时间用于工作检查。要抓住检查的关键点：工作标准，检查的过程节点和时间节点，纠正问题，检查评价，检查结果，改进措施。
>
> （4）团队教练员。卓越的中层管理者是一个好的教练员。教练员的职责：做教材，订方案，做训练，做辅导，做考核。
>
> 资料来源：微信公众号"小竹物业学习站"，2022-11-11。

任务2　食品企业文化管理

3.2.1　认知食品企业文化

1. 食品企业文化的概念

食品企业文化，是以企业哲学为主导，以企业价值观为核心，以企业精神为灵魂，以企业道德为准则，以企业环境为保证，以企业形象为重点，以企业创新为动力的系统理念，是在一定的历史条件下,现代企业及其员工在长期的生产经营过程和变革实践中逐步形成的,具有现代企业个性的共同思想、价值观念、经营理念、群体意识、行动方式、行为规范的总和。

2. 食品企业文化的功能

（1）导向功能。食品企业文化反映了食品企业员工的共同价值观、共同追求和共同利益,规定着组织和个体所追求的目标,具有导向功能。良好的食品企业文化一方面直接引导员工的性格、心理和行为；另一方面用价值观来引导员工,通过一系列有益的活动,使员工潜移默化地接受食品企业的价值观,把员工的思想、观念和行动引导到企业所确定的目标上来,同心协力,为实现企业目标而共同奋斗。

（2）凝聚功能。食品企业文化得到认同后,就会形成一种黏合作用,从各个方面、各个层次把员工凝聚起来,以种种微妙的方式来沟通员工的思想感情,融合员工的理想、信念、作风、情操,培养和激发员工的群体意识,使员工通过自己的切身感受,产生对工作的自豪感、使命感和责任心,增强对食品企业的集体感、认同感和归属感,从而使全体员工凝聚成一个协调有机的整体。

（3）激励功能。在一种"人人受重视、个个被尊敬"的食品企业文化氛围中,员工的贡献会及时受到肯定、赞赏和奖励,员工就会有极大的荣誉感和责任心,自觉地向更高的目标迈进。

（4）规范功能。在食品企业文化的影响和作用下,员工自觉接受特定文化的规范和约束,依照价值观的指导进行自我管理和控制,在思想认识、思维过程、心理情感、伦理道德诸多方面发生相应变化,从而约束和规范自己的行为和价值取向。

（5）协调功能。食品企业文化能够协调食品企业和社会的关系。通过企业文化建设,企业尽可能地调整自己的经营方针和具体措施,以便更好地满足客户不断变化的需要,满足社会公众对食品企业的要求,符合政府新法规实施的步伐,使食品企业和社会和谐一致。

（6）辐射功能。食品企业文化通过其辐射作用,向社会提供食品企业的管理风格、经营状态、精神风貌、服务态度、产品竞争能力等信息,从而得到社会肯定,反过来又对社会产生影响。通过食品企业文化的协调和辐射功能,实现食品企业和社会的"双赢"。

3. 食品企业文化的构成

（1）食品企业文化的结构。目前管理学界对食品企业文化结构的划分基本趋于一致,即把食品企业文化分为四个层次,如表3-1所示。

表3-1 食品企业文化的结构

层 次	对应要素	变化情况	包含内容
表层文化	物质文化	最可变化部分	食品企业环境、食品企业器物、食品企业标识等
浅层文化	行为文化	可变化部分	食品企业经营、宣传教育、人际关系等
中层文化	制度文化	较小变化部分	食品企业领导体制、组织机构、管理制度等
深层文化	精神文化	最小变化部分	食品企业精神、经营哲学、道德、价值观等

（2）食品企业文化结构要素的简要说明。

①物质文化。食品企业从事食品企业生产经营所创造的物化成果,就是食品企业的产品,它是食品企业物质文化的首要内容。物质文化还包括食品企业环境、食品企业建筑、食品企业广告、产品包装设计等内容。食品企业物质文化也是食品企业精神文化的载体,是食品企业文化的最外层、最表层。

②行为文化。行为文化是指食品企业员工在生产经营、学习娱乐中产生的活动文化,包括食品企业经营、宣传教育、人际关系、文娱体育活动中产生的文化现象。它是食品企业经营作风、精神面貌、人际关系的体现,也是食品企业精神、食品企业价值观的动态反映,是食品企业文化的第二层次。从人员结构上,食品企业行为又可划分为食品企业家行为、食品企业模范人物行为、食品企

业员工行为等。从食品企业运作的过程看，食品企业行为又包括食品企业与食品企业之间的行为、食品企业与政府之间的行为、食品企业与社区之间的行为、食品企业在处理环境问题上的行为等。

③制度文化。制度文化是指食品企业为实现企业目标给予企业员工的行为以一定的方向、方式的具有适应性的文化，是企业文化中人与物、人与企业运营制度的中介和结合，是一种约束企业和员工行为的规范性文化。这种对员工行为给予一定限制的文化，具有共性和强有力的行为规范的要求。它能使食品企业在瞬息万变、错综复杂、异常激烈的市场竞争中处于良好状态，从而保证企业目标的实现。它包括企业领导体制、企业组织机构和企业管理制度等内容。它是食品企业精神和食品企业行为文化的基础和载体，也是食品企业物质文化的必然存在。一定的食品企业物质文化只能产生与之相适应的食品企业制度文化，它处于食品企业文化的中间层次。

④精神文化。精神文化是指食品企业在生产经营过程中，受一定的社会文化背景和意识形态的影响而长期形成的一种精神成果和文化观念，是企业员工共享的经营管理观念和价值准则。它是企业文化的深层结构，在企业文化整体构建中处于核心地位，是以人为本管理思想的内在要求，是食品企业文化的精髓部分。食品企业精神文化建设，旨在优化员工群体素质，开发人力资源，为食品企业的发展提供精神支柱和活力源泉。食品企业精神文化包括企业精神、企业经营哲学、企业伦理道德、企业价值观念、企业风貌、企业目标等意识形态的总和。它是食品企业物质文化和食品企业行为文化的升华，是食品企业制度文化的必然结果，属于食品企业的上层建筑。

思政教育

文化赋能企业高质量发展

党的二十大报告指出，"实现高质量发展"是中国式现代化的本质要求之一，报告第四部分"加快构建新发展格局，着力推动高质量发展"更以长篇幅阐述了中国式现代化将如何实现高质量发展。报告指出："高质量发展是全面建设社会主义现代化国家的首要任务。发展是党执政兴国的第一要务。没有坚实的物质技术基础，就不可能全面建成社会主义现代化强国。"这充分表明了高质量发展对于全面建成社会主义现代化强国的决定性意义。而报告第八部分"推进文化自信自强，铸就社会主义文化新辉煌"中，关于文化建设有如此描述，"全面建设社会主义现代化国家，必须坚持中国特色社会主义文化发展道路，增强文化自信，围绕举旗帜、聚民心、育新人、兴文化、展形象建设社会主义文化强国"。这对在中国特色社会主义高质量发展中文化建设所要承担的使命和任务做了明确描述，即文化要赋能国家高质量发展。同理，文化对于企业也是如此。企业家常说，经营企业的本质是经营文化，为什么人服务、怎么提供服务，既是企业的战略问题，也是企业使命问题、价值观问题。实现高质量发展是时代的要求，更是企业提升市场竞争力的本质需要，而作为潜在的、无形的生产力的企业文化，它是生生不息的，无时无刻不在影响着企业的发展，因此，企业同样必须以文化来赋能企业的高质量发展。

资料来源：微信公众号"捷盟咨询智库"，2022-11-10。

3.2.2 认知食品企业文化管理

1. 食品企业文化管理的概念

食品企业文化管理，是企业精神层面的管理，属意识形态领域，是食品企业主体在生产经营活动中逐渐形成并共同遵守的价值取向、企业理念、道德标准和行为规范。企业文化管理本质上就是企业个性管理。企业文化从本质上讲就是企业这一经济组织的经营意识及组织文化内涵，多年研究发现，企业不同的文化特性对组织绩效，特别是长期绩效有着极大的影响。

2. 食品企业文化管理的目的

持续成长是食品企业永恒不变的追求。企业要实现持续成长，就必须考虑如何更好地为社会创造价值。食品企业要更好地为社会创造价值，既要提高价值创造的效率，又要提供价值创造的动力，回归管理的基本面。一是要聚焦客户，打造以客户为中心的战略和运营管理系统，通过科学管理不断提升各业务环节的运转效率；二是要聚焦人与组织，持续激发个体活力，凝聚组织合力，为企业价值创造提供不竭动力。如何才能打造源源不竭的动力呢？不是靠薪酬、奖金、分红等外在激励，也不是靠机会、荣誉、成就等内在激励，唯一的途径就是企业文化管理。因为无论是外在激励还是内在激励，都难以做到连续、稳定。一旦激励延迟、中断或者分配不公，员工的动力就会同步消退。而且，两种激励都存在边际效应递减的规律，随着对员工激励次数的增加，在员工对应的需求得到满足后，企业就难以再激发其内在的动力。要想让员工具备长期动力，就要让其形成牢固信念，因为唯有信念才是一个人心中牢不可破的行为逻辑。一旦信念形成，就可以代代相传、生生不息，影响长远。正如任正非先生说，"物质资源终会枯竭，唯有文化生生不息"。所以，食品企业文化管理的核心目的是，把组织的理念转变成员工的信念，通过牢固的信念激发员工的动力，使其持续、稳定地创造价值，进而支撑食品企业的长期发展。

3. 食品企业文化管理与文化建设的区别

（1）调研方法差异。

食品企业文化管理：

1）围绕定位"我们的组织是什么，为什么，怎么办"的课题展开。

2）直接从管理入手，由表及里，层层剥茧，寻找企业的根本和核心。

3）更重视各种文化倡导在企业的具体落实情况。

4）强调文化与战略、组织流程、人力资源、品牌信仰等方面的匹配，并充分考察企业及其内部各群体的团队氛围，以及领导胜任能力。

5）直面企业问题并探究问题背后的问题。

6）充分掌握对企业员工的深层次期望，并分析期望与现实的差异和意味。

7）全面掌握组织变革或者提升的动向、趋势和关键点，为以后的战略转型、文化定位和系统变革提供强有力的支撑。

食品企业文化建设：

1）一般围绕"企业文化的文字表现应该是什么"的课题展开。

2）不涉及企业深层次的管理问题。

3）调研一般主要针对企业高层的喜好，关注文字和语言表现的认同。

4）不对整体文化与亚文化之间的文化差异进行对比分析。

5）不涉及管理与文化的相互匹配问题，不涉及组织气氛和员工敬业度问题。

（2）范围差异。

食品企业文化管理：企业文化管理牵系管理的所有层面，不仅关联到战略、组织、人力、流程、营销等职能序列面，也关联到企业上至最高决策层、下至普通员工的管理的等级序列面，还涉及企业各地分支机构的地域序列面和产业序列面等，不仅要看整体的同一性和统一性，还要考察每个序列面的复杂性和差异性，并通过有效的指导协助各个序列面提升各自的价值，从而实现整体价值的协同提升。

食品企业文化建设：主要涉及文化传统、文化实态（企业识别用语）、文化策划设计、文化体系、文化理念、企业精神、行为规范、文化发展纲要、文化灌输、文化传播、文化认同、文化落地。无论是初始的企业文艺、企业文字和企业文学，还是更高级的文化策划、文化征集、文化提炼、文化研讨、文化体系化、文化宣贯、文化落地等，企业文化建设基本有着自己的运作套路，这些套路延续了企业识别系统策划基本思路，并借鉴和采用了思想政治建设的一些模式。所以一般企业文化建设的语言都比较空泛，管理的语言少而又少。

（3）深度差异。

食品企业文化管理：其本身就是管理，是更高层次的核心管理和系统管理，所以其管理的深度体现在：

1）深究本源。探求企业的发展基因，探求企业发展的现有动力，探求企业发展的未来发展动因，最后全面探究企业的本源。

2）更强调直接入行。提升管理者的变革适应性和管理胜任能力，提升企业解决关键问题的能力和效率。

3）不仅关注企业的管理问题，而且关注管理问题背后的问题并致力解决。

食品企业文化建设：企业文化建设对于企业管理的探究较浅，由于很难与管理相融合，员工的实际工作行为变化并不大，尤其是管理者。

（4）强度差异。

食品企业文化管理：清晰确立企业运行的价值核心，强烈传达新的文化信号，直接从企业最关键的问题着手，展开架构、人力、流程等各个关键环节的调整，强化动力，消除阻力，从而有效引动企业的系统变革。

食品企业文化建设：一般会关注认知度和认同度的考评，如上级组织发文"强化企业文化的重要性"、组织到位和经费到位检查、纳入精神文明单位评比指标、申报上级文化奖项等，但由于不能涉及整个企业的系统调整，不会由所有管理者共同鲜明提倡并高调力行，因此无法引领企业的系统变革，与企业管理提升无关。

自我测试：食品企业文化管理与文化建设的区别有哪些？

3.2.3　食品企业文化管理的内容

食品企业文化管理通过宣讲、传播、考核、激励等方式把企业的假设系统变成组织成员的牢固信念，进而为企业发展提供长期动力。

> **中国式管理**
>
> **华为的企业文化管理**
>
> 华为总裁任正非曾有一句名言："物质资源总会枯竭，只有精神与文化生生不息。"华为文化的主要来源有：一是国内外著名企业的先进管理经验；二是中国传统文化的精华；三是现有华为企业家创造性思维所产生的管理思想。
>
> 华为的企业文化管理的内容包括：家一般的团队文化；回报合理的奉献文化；最有效率的军队文化；永不停歇的创新文化；踏踏实实的学习型文化；落地生金的文化建设。
>
> 文化是永不枯竭的资源，正如任正非所说："不要说我们一无所有，我们有几千名可爱的员工，用文化黏接起来的血肉之情，它的源泉是无穷的。我们今天是利益共同体，明天是命运共同体，当我们建成内耗小、活力大的群体的时候，当我们跨过这个世纪（20世纪）形成团结如一人的数万人的群体的时候，我们抗御风雨的能力就增强了，可以在国际市场的大风暴中去搏击。我们是不会消亡的，因为我们拥有我们自己可以不断自我优化的文化。"
>
> 资料来源：微信公众号"职业化管理"，2023-04-08。

1. 管好理念

任正非说："思想权和文化权是一个企业最大的权力，华为继续往前进，需要推行各种假设系统，并用实践不断去丰富完善它们。"管好理念就是要管好企业的思想权和假设系统，因为一个人的假设系统决定了一个人的价值观念和行为导向，而一个企业的假设系统往往决定着整个组织的主流观念与行为导向，包括战略方向。

管好理念，需要领导者搞清楚自己内心深处的假设系统，以及企业业务发展所需的假设系统，在适当的时候确立适合企业发展的文化理念。企业领导者所做的真正重要的事情是创建和管理文化。

2. 管好阶段

企业与人一样，有一定的成长规律和生命周期，在不同的发展阶段面临的主要矛盾和任务也有所不同，企业文化是服务于企业成长的，因此文化管理必须了解企业发展的规律，明确不同阶段的目标和管理重心，根据发展需要适时调整管理举措。

对企业发展阶段的把握可以参考美国组织行为专家奎因提出的"竞争性文化价值模型"。奎因认为，企业通常会遵循"创新导向—目标导向—规则导向—支持导向—高层次的创新导向"的路径螺旋式上升发展，即首先基于某种创意开发一种新产品或服务，从而走上创业之路，此阶段的目标是充分发挥每个人的创造力，快速迭代产品或服务，跑通商业模式；当商业模式走通之后进入第二阶段——目标导向阶段，这一阶段的主要目标是抓市场，求生存，扩大规模，增加营收；经历野蛮生长后，企业的业务和人员都达到了一定规模，过去无边界、人管人的方式显得有心无力，这时企业将迈入第三阶段——规则导向阶段，这一阶段的主要目标是建立完善的规则和流程，明确职责，用制度和流程管理规模化组织；这时企业将步入第四阶段——支持导向阶段，这一阶段的主要目标是在坚持规范管理的基础上，加强对员工的培养和授权，牵引员工主动负责和团队协作，以应对多元的业务关系和快速变化的内外部环境；支持导向会支撑企业走过很长一段时间，直至其传统业务受到挑战，则企业将再次进入更高层级的创新导向阶段，开启一个新的循环。

3. 管好需求

需求是动力的根源。管好需求，第一，要了解组织成员有哪些需求，包括生理、安全、社会、尊重、自我实现等。第二，要了解不同人员的需求特点，针对不同人员设计不同的激励方案，对于基层员工，侧重物质激励，对于高层员工，侧重用事业、成就、荣誉进行激励。第三，要使组织成员的需求与企业的追求协调一致，一方面要考虑企业的业务特点招聘对应层次的人；另一方面，企业要根据不同阶段的发展目标，有意去强调某些需求。例如，当业务需要创新时，要在企业中反复强调创造力的价值和意义，唤起人们对创造力的追求。

4. 管好人性

管好人性，要求管理者既要对人性特点有较为细致和准确的了解，又要善于设计合理的机制。在人心管理方面应用得比较好的就是华为，典型的例子就是华为三权分立的干部任用机制，即业务部门有干部提名权/建议权，人力资源部门有干部评议权/审核权，党委有干部否决权/弹劾权，以防止权力寻租和拉帮结派。所以说，优秀的管理一定是深谙人性的，而基于人性设计的组织模式和管理机制往往是最"节能"、风险最低的。

5. 管好资源

管好资源主要是指管好利益资源，包括职位晋升、奖金分配、荣誉激励等。文化管理不能一味地说教，要善于通过奖惩激励和利益分配，明确文化导向，使实践与理念保持一致。这就要求，企业在分配组织权力时要重点考察候选人的态度和观念，把权力交给符合文化且能够传承文化的人，同时领导者和文化管理部门要善于观察，对践行文化要求的行为及时奖励，对违反文化要求的行为及时惩罚。通过这些做法，组织成员就会逐步加深对假设系统的信任，进而做出符合文化导向的行为。

6. 管好典型

典型要根据文化管理的导向来界定。凡是能够彰显文化导向或者损害文化导向的事件，哪怕再小，都可以视为典型事件。而且很多时候，善于管理文化的领导者往往都善于"小题大做"，他们能够从一些小事中发现背后的文化问题或者文化价值，并且及时把其放大，"借题发挥"，阐明导向。华为内部流传着这样一个故事。有一次，任正非去新疆办事处视察。当时，华为新疆办主任是一位刚从一线提拔上来的新官，对任正非不是很了解。为了表达对任正非的重视，他租了一辆加长林肯去机场迎接。任正非刚下飞机，一看轿车，人就炸了。他指着新疆办主任的鼻子就开骂："浪费，浪费，纯属浪费！为什么你还要亲自来迎接？你应该待的地方是客户办公室，而不是陪我坐在车里。客户才是你的衣食父母，你应该把时间放在客户身上。"类似案例还有很多。例如，阿里巴巴的抢月饼事件，顺丰的快递小哥事件等。这些事件虽小，但企业家借此澄清了企业的文化导向，用少数人的事例影响了大多数人。

7. 管好仪式

仪式是文化的重要载体。有人说："仪式就像一场令人心旷神怡的游戏，在仪式里面，世界是想象的，同时世界又是活生生的。"领导者的一个非常突出的能力就是他能将自己认为很重要的某种行为仪式化。各地法院的门前都有一段又高又长的台阶，这些台阶的设计其实就是一种仪式，目的是让每个进入法院的人走过台阶后都产生一种对法的敬畏感。

8. 管好节奏

仪式虽好，但如果不懂得把握节奏，效果也会大打折扣。文化管理的节奏，就是在适当的时候完成适当的动作。管好节奏最重要的是，要考虑受众的感受。例如，不能觉得活动效果好，就隔三差五搞活动，更不能反复开展同一个活动。领导者也不能频繁地训话，否则说得多了大家就习以为常了。发现一个典型事件后，要第一时间做出奖惩，时过境迁再去处理，效果已大大降低了。

9. 管好士气

士气反映着一个组织的信心、勇气和战斗力，高度的自信可以唤起人的激情和潜能，使精神力量增加数十倍。管理者要善于感知和管理团队的士气，当团队士气低落时，要多传递正向信息，给予正向激励，同时当组织中出现骄气和浮躁氛围时，要牵引干部员工更多地发现问题和不足，传递压力，提升张力。最好的状态就是宽严相济，营造一个"团结、紧张、严肃、活泼"的组织氛围。

10. 管好期望

经济学有一个公式：幸福=效用/期望值。也就是说，同样事物的效用大致是相当的，但是期望值越高，则幸福感越少。例如，有家企业面对金融危机和企业效益的不景气，先传出企业即将"裁员"的小道消息，导致员工人人自危，担心自己被裁回家。过了一段时间后，高管召开会议，决议"要与员工共渡难关，决不裁员"。但是，好消息是有条件的，今年的年终奖、调薪计划取消。此消息一出，员工松了一口气，不用担心失业了，至于年终奖没有就没有吧。眼看到了年底，老板又突然宣布"鉴于员工的优秀表现，企业在困难之际仍然拿出一部分资金，给大家发一点过节费"。虽然过节费不多，但对于员工而言却是"意外之得"，因而个个都很高兴，感念企业的付出。

做好期望管理，需要企业从一开始就明确激励导向和原则。例如，《华为基本法》第七十条规定："公司在经济不景气时期，以及事业成长暂时受挫阶段，或根据事业发展需要，启用自动降薪制度，避免过度裁员与人才流失，确保公司渡过难关。"另外，公司要根据自身发展水平和竞争策略制定适当的激励政策，不能为吸引和留住人才许以过高的承诺。而且公司在实施各种奖励时，要把握奖励的幅度和频次，不能一次给予过高的奖励，之后很长时间都不给奖励，也不能频繁地奖励，让员工觉得奖励很"廉价"。

管理者素养

中层管理者如何思考自身的定位

从两个字出发——价值。第一，为企业带来价值。第二，为企业培养员工。做好这两点，中层管理者才能体现出自己的价值，对上有交代，让高层放心，对下有责任，让下属跟着他觉得有奔头，这样的中层才是优秀的中层。

资料来源：微信公众号"项目管理技术"，2021-11-18。

项目案例分析

臭鳜鱼走出和美乡村"香"路子

徽菜复兴，从一条臭鳜鱼开始。以"徽三臭鳜鱼"融合皖南绿色民生产业为发展脉络，依托丰富的仓储和供应链配套资源积聚品牌势能，着力将黄山皖新徽三打造成为皖南地区功能最完善、配套最齐全、辐射范围最广阔的绿色、安全、生态的特色农产品产业园。

黄山皖新徽三食品供应链有限公司坐落于风光秀丽、人杰地灵的全国状元县——休宁县（万安镇齐云大道皖新物流园内），占地面积约57.7亩，建筑面积41406.3平方米，是一家专业从事以臭鳜鱼为主的水产品研发、生产和销售为一体的国有控股公司。公司创立于2021年6月，由皖新传媒全资子公司合肥皖新供应链管理有限公司与黄山市休宁县徽三农产品加工有限公司通过优势互补共同组建。公司秉承从一条臭鳜鱼开始的初心，致力于打造臭鳜鱼行业头部品牌。

公司核心产品"徽三臭鳜鱼"，以鲜活鳜鱼作为原料，创新古法传统工艺精制而成，产品以"色如白雪、形如蒜瓣、肉质劲道、口感滑嫩"的鲜明徽州地域特色，广受赞誉。首创的"活鱼腌制技术""恒温发酵技术""吴氏施盐手法"，最大程度地保持了食材加工制作过程中的新鲜和营养，被业内广为效仿。

公司自成立以来，重视发酵技术人才培养和培训，专注于臭鳜鱼发酵工程技术集成和应用推广，拥有一支专业精深的技术研发团队。长期以来，公司以优质的产品、技术支持与健全的售后服务体系为核心竞争力，产品畅销北京、上海、广州等全国32个省市区，深受广大消费者青睐。

公司以雄厚的技术和研发实力，在同行业内率先通过了ISO 22000食品安全管理体系认证，并于2018年主持制定了DB34T 3222—2018《臭鳜鱼加工技术规程》安徽省地方标准，2020年参与制定T/CAPPMA 01—2020《冷冻臭鳜鱼》中国水产流通与加工协会团体标准。

多年来，公司发展得到了各级政府及社会各界的高度关注与大力支持，先后荣获了"安徽省高新技术企业""安徽省专精特新中小企业""安徽省商标品牌示范企业""黄山市名牌产品""黄山市农业产业化龙头企业""中国鳜鱼产业最具创新力企业""徽州臭鳜鱼腌制工艺非物质文化遗产""华东区域旅游产品伴手礼金奖"等荣誉称号，获得了不俗的美誉度。

公司使命——"徽菜复兴，从一条臭鳜鱼开始"。公司秉承从一条臭鳜鱼开始的初心，致力于打造臭鳜鱼行业头部品牌，以更优质的品质服务于众。

公司愿景——公司围绕"以新思维提升品牌体验""创新内容传递品牌价值""打造臭鳜鱼新消费品牌"的三维模式，以"高起点、高立意、高标准"，建设黄山臭鳜鱼文旅体验标杆基地。

公司价值观——黄山皖新徽三食品供应链有限公司秉承"以客户为中心、以奋斗者为本"的立企宗旨，深耕农产品研发、加工、销售，将全面质量管理的理念融入公司的产品链中，以更优质的品质服务于众。

公司要壮大，必须以市场为导向，以客户需求为根本。为此在公司中健全产品质量反馈机制，以保障客户投诉的快速响应。运用质量功能展开工具，将收集到的客户与市场需求信息与公司内部的产品研发、生产、质量控制等有效结合，并不断完善跟踪回访机制，提升提前预测分析和全过程跟踪服务的能力。

资料来源：微信公众号"黄山市场监管"，2023-01-26。

➲ 辩证性思考：
1. 结合本案例，谈谈黄山皖新徽三食品供应链有限公司的企业文化特色。
2. 你从该公司的成功实践中得到了什么启示？

项目检测

管理知识培养规格检测
1. 简述食品企业战略管理的概念。
2. 简述食品企业战略管理的过程。
3. 简述食品企业文化的概念和功能。
4. 食品企业文化管理与文化建设的区别都有哪些？
5. 转型时代如何做好食品企业文化管理？

管理能力培养规格与管理者素养培育规格检测

实践项目3　制订××食品企业战略（文化）方案

项目实践目的：运用食品企业战略（文化）管理的理论和方法，通过对××食品企业战略（文化）管理现状的分析，培养学生运用食品企业战略（文化）管理理论和方法对食品企业战略（文化）管理现状进行分析和解决战略（文化）管理问题的能力。同时培养学生的团队合作精神、语言表达能力、应变能力、应用写作能力，以及学生管理者素养的培育。

项目检测考核：通过对食品企业战略（文化）管理现状的分析，每个团队撰写食品企业战略（文化）管理方案，在"××食品企业战略（文化）管理方案研讨会"上进行宣讲、讨论、答辩，指导教师进行评价。由各团队队长和指导教师负责评判打分，考核成绩分为优秀、良好、及格。

飞翔队由2号队员负责本实践项目的讨论、汇总、撰写方案、宣讲和答辩。经过讨论、答辩，指导教师提出三点修改意见，综合评判该方案为良好。

第 2 模块

食品企业专项管理

学习情境导入

结束第 1 模块的学习与实践项目后,张磊同学带领团队全员对照第 1 模块的学习目标,进行总结。在总结的过程中,大家不仅交流了学习的收获,同时查找了学习中的不足,经过沟通交流,相互学习,增强了学习的信心和团队的凝聚力,为学习第 2 模块打好了基础。

"民以食为天,食以安为先。"食品企业由于与消费者的健康、安全息息相关,因此对食品企业的生产加工流程、产业链管理、全流程质量管理、食品卫生与食品安全等环节需要严格控制。这时,张磊同学提出一个新问题:如何进行控制和管理呢?

教师指导

张磊同学提出的这个问题具有针对性,说明张磊同学非常重视食品企业管理的学习。第 1 模块的学习与实践项目,解决了食品企业的基础管理。接下来,进入食品企业专项管理的学习与实践,这是食品企业管理的重点环节。因此,同学们要特别重视第 2 模块的学习与实践,掌握食品企业数字化专项管理的理论与方法,完成专项管理九个项目的工学结合团队实践任务,提高分析、解决、撰写管理方案的能力,同时认真进行管理者职业道德、职业精神、职业心态、团队合作精神、自信心的培育,把自我培养成政治立场坚定、管理素养高、管理实践能力强的中基层管理者。

思维导图

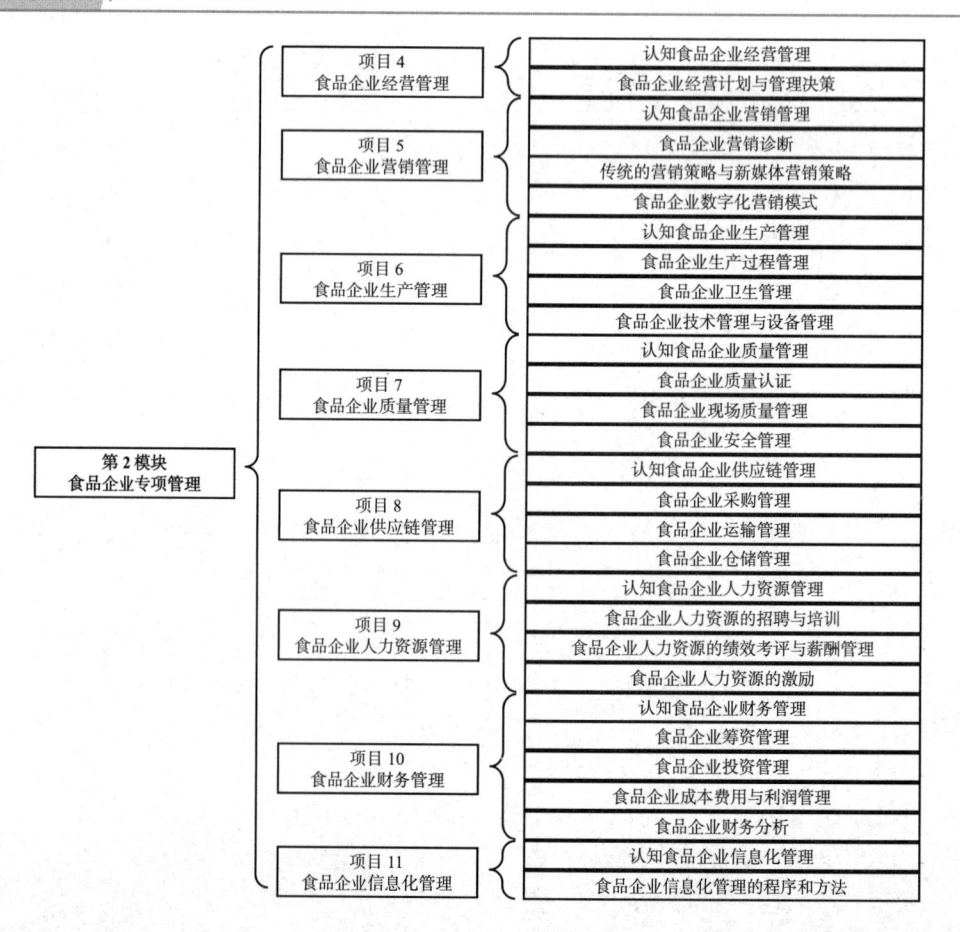

第 2 模块 食品企业专项管理

- 项目 4 食品企业经营管理
  - 认知食品企业经营管理
  - 食品企业经营计划与管理决策
- 项目 5 食品企业营销管理
  - 认知食品企业营销管理
  - 食品企业营销诊断
  - 传统的营销策略与新媒体营销策略
  - 食品企业数字化营销模式
- 项目 6 食品企业生产管理
  - 认知食品企业生产管理
  - 食品企业生产过程管理
  - 食品企业卫生管理
  - 食品企业技术管理与设备管理
- 项目 7 食品企业质量管理
  - 认知食品企业质量管理
  - 食品企业质量认证
  - 食品企业现场质量管理
  - 食品企业安全管理
- 项目 8 食品企业供应链管理
  - 认知食品企业供应链管理
  - 食品企业采购管理
  - 食品企业运输管理
  - 食品企业仓储管理
- 项目 9 食品企业人力资源管理
  - 认知食品企业人力资源管理
  - 食品企业人力资源的招聘与培训
  - 食品企业人力资源的绩效考评与薪酬管理
  - 食品企业人力资源的激励
- 项目 10 食品企业财务管理
  - 认知食品企业财务管理
  - 食品企业筹资管理
  - 食品企业投资管理
  - 食品企业成本费用与利润管理
  - 食品企业财务分析
- 项目 11 食品企业信息化管理
  - 认知食品企业信息化管理
  - 食品企业信息化管理的程序和方法

项目 4

食品企业经营管理

项目培养规格

管理素养培育规格

强化食品企业管理者的责任意识,培育管理者的责任素养。

管理知识培养规格

明确食品企业经营管理的概念、职能,明确食品企业的经营理念;熟悉食品企业经营计划的概念、特征、任务和类型,熟悉食品企业经营计划的编制、执行和控制;熟悉食品企业经营管理决策的构成要素、作用、类型和原则;掌握食品企业经营管理决策的科学化及其途径。

管理能力培养规格

具备运用食品企业经营管理的能力。

思维导图

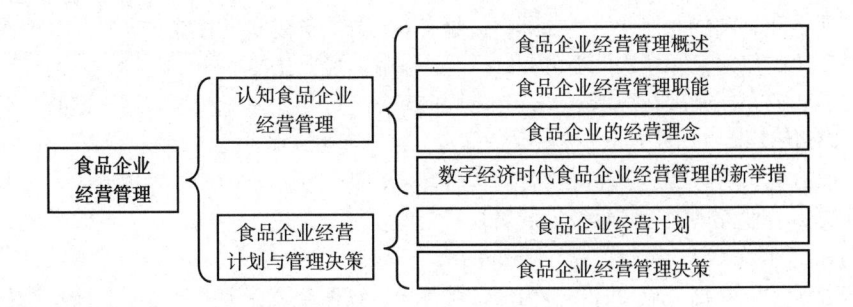

```
                    ┌─ 认知食品企业    ┌─ 食品企业经营管理概述
                    │   经营管理      ├─ 食品企业经营管理职能
                    │                ├─ 食品企业的经营理念
食品企业            │                └─ 数字经济时代食品企业经营管理的新举措
经营管理  ─────────┤
                    │  食品企业经营    ┌─ 食品企业经营计划
                    └─ 计划与管理决策 └─ 食品企业经营管理决策
```

项目导入案例

合规和公关,哪个更重要

2023年国庆期间,海天酱油食品添加剂事件引发关注,在网友、海天、行业协会等多方阵容的拉扯中,舆论不断升级,讨论热度居高不下。

事件的起源要追溯到以"科技与狠活"和"海克斯科技"走红的某网红博主 2023 年 9

月发布的一个视频,其在视频中展示了用多种食品添加剂自制酱油的过程,随后,海天酱油被网友质疑是"海克斯科技食品"。对此,海天发表声明称,海天所有产品严格按照《中华人民共和国食品安全法》生产,所有产品中食品添加剂的使用及其标识均符合我国相关标准法规要求。又有网友爆料称,海天酱油在国外的产品配料表上只有水、大豆、小麦、食盐等天然原料,没有食品添加剂,而在国内售卖的产品有多种食品添加剂成分,被质疑国内外"双标"。针对网友质疑食品添加剂"双标"的问题,海天再次发布声明称,食品添加剂广泛应用于世界各国的食品制造中,世界各国的正规食品企业都会依据法规标准和产品特性,合法合规使用食品添加剂,并且按规定标识清楚。简单认为国外产品的食品添加剂少,或者认为有添加剂的产品不好,都是误解。

资料来源:食品伙伴网。

● 辩证性思考:
海天如何走出舆论困境?

任务1 认知食品企业经营管理

4.1.1 食品企业经营管理概述

1. 食品企业经营管理的概念

食品企业经营管理是指食品企业为了满足自身生存发展,对整个生产经营活动进行决策、计划、组织、控制、协调,并对企业员工进行激励,以实现其目标和任务的一系列工作的总称。其主要任务包括:合理地组织生产力,使供、产、销各个环节相互衔接、密切配合,人、财、物各种要素合理结合、充分利用,以尽量少的劳动消耗和物质消耗,生产出更多的符合社会需要的产品。食品企业经营管理的主要目的是,企业在面向市场和客户时,可以充分利用企业自身的优势和资源,最大限度地满足客户需求,并以此创造良好的经济效益。

2. 食品企业经营与管理的关系

企业活动主要包括两件大事,一是经营,二是管理,它们互为因果,又互相影响。

(1)经营对外,管理对内。经营更多表现为拿项目、找业务、搭资本、搞关系、处政商。管理主要是发挥企业正常功能,使几大职能部门健康有序运作,并通过各种管理手段及方法提升组织绩效,激发员工工作热情,并寻求员工个人目标与企业目标最大化的一致。

(2)经营讲开拓,管理在维持。经营必须面向未来,一定是基于长远布局考虑的。管理主要是面对现在,以组织稳定,团队安全,管理系统正常运转,企业流程、机制、制度健康运作为头等大事。

(3)经营在先,管理在后。企业经营弱,管理强,那就是本末倒置,管理也成了无本之木。经营强,管理弱,企业发展缺乏延续及发展后劲,企业业绩只是昙花一现。所以人们常说,企业"成在经营,败在管理"。

(4)经营为主,管理为辅。管理是为经营服务的,任何企业管理的高度不应该超越它的经营高度。同时,经营和管理就如同我们的左脚和右脚,当左脚经营迈出时,右脚管理就要跟上;当左脚经营再次迈出时,右脚管理也要快速跟上。它们是相辅相成的关系。经营是核心,管理是保障,管理又会为经营提供基础。两者不可或缺,互相影响,互相作用,并驾齐驱。

(5)经营面向客户,管理面向人才。经营的本质就是开发并留住客户,不断拓展企业的生存及发展空间,并寻求与外部资源的有效对接。管理的首要目的是吸引并留住人才,达成组织目标,实现绩效成果,不断提升组织效率,并加强团队的领导力、执行力、战斗力与凝聚力。

（6）经营寻求灵活，管理寻求稳健。企业面对的是多变的外部环境，所以经营就要灵活、要创新、要变化，从而适应外在的这种变化。经营要与时俱进，不能闭门造车、故步自封。管理要跟上经营的节奏，组织结构、战略、管理模式、职能结构等要根据经营的改变做相应调整及相应升级，不然，管理无法跟随经营，更无法跟经营配套，会导致经营、管理脱节，最后导致管理、经营"两张皮"。

总之，经营和管理是企业发展的两个核心，不能偏颇，亦不能孰重孰轻，它们对企业发展都至关重要。尤其是很多民营企业，普遍重视经营，轻视管理，容易导致企业发展后劲不足。如果没有强有力的管理做支撑，经营也是杯水车薪。

3. 食品企业经营管理的内容

食品企业经营管理的内容主要包括：合理确定企业的经营形式和管理体制，设置管理机构，配备管理人员；搞好市场调查，掌握经济信息，进行经营预测和经营决策，确定经营方针、经营目标和生产结构；编制经营计划，签订经济合同；建立、健全经济责任制和各种管理制度；搞好劳动力资源的利用和管理，做好思想政治工作；加强土地与其他自然资源的开发、利用和管理；搞好机器设备管理、物资管理、生产管理、技术管理和质量管理；合理组织产品销售，搞好销售管理；加强财务管理和成本管理，处理好收益和利润的分配；全面分析评价企业生产经营的经济效益，开展企业经营诊断。

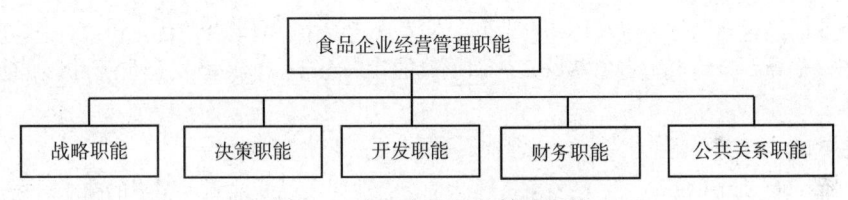

4.1.2 食品企业经营管理职能

食品企业经营管理职能包括战略职能、决策职能、开发职能、财务职能和公共关系职能五个方面，如图 4-1 所示。

图 4-1 食品企业经营管理职能

1. 战略职能

战略职能是企业经营管理的首要职能。企业所面对的经营环境是非常复杂的，而影响这个环境的因素很多，变化很快，而且竞争激烈。在这样一个环境里，企业欲求长期稳定的生存与发展，就必须高瞻远瞩，审时度势，随机应变。战略职能包括经营环境分析、制定战略目标、选择战略重点、制定战略方针和对策、制定战略实施规划五项内容。

2. 决策职能

经营管理职能的中心内容是决策。企业经营的优劣与成败，完全取决于决策职能。决策正确，企业的优势就能够得到充分发挥，在经营环境中以独特的经营方式取得压倒性的优势，而决策失误，将使企业陷于困境之中。

3. 开发职能

开发不仅限于人、财、物，经营管理的开发职能的重点在于：产品开发，市场开发，技术开发，能力开发。企业要在激烈的市场竞争中稳操胜券，就必须拥有一流的人才、一流的技术，制造一流的产品，创造一流的市场竞争力。只有在人才、技术、产品、服务、市场适应性方面都出类拔萃，企业才能在瞬息万变的市场竞争中得心应手，应对自如。

> **思政教育**
>
> **全面推进乡村振兴**
>
> 巩固和完善农村基本经营制度，发展新型农村集体经济，发展新型农业经营主体和社会化服务，发展农业适度规模经营。深化农村土地制度改革，赋予农民更加充分的财产权益。保障进城落户农民合法土地权益，鼓励依法自愿有偿转让。完善农业支持保护制度，健全农村金融服务体系。
>
> 资料来源：新华网，2022-10-25。

4. 财务职能

财务职能，是指资金的筹措、运用与增值的过程。财务职能集中表现为资金筹措职能、资金运用职能、增值价值分配职能和经营分析职能。企业经营管理的战略职能、决策职能、开发职能，都必须以财务职能为基础，并通过财务职能做出最终评价。

5. 公共关系职能

企业同它赖以存在的社会经济系统的诸环节保持协调，这种同外部环境保持协调的职能，被称为社会关系职能或公共关系职能。公共关系的内容包括：企业与投资者的关系、与往来厂商的关系、与竞争者的关系、与客户的关系、与职工的关系、与地区社会居民的关系、与公共团体的关系、与政府机关的关系。

二维码链接 4-1 阿米巴经营管理模式

4.1.3 食品企业的经营理念

食品企业的经营理念是企业在持续经营和长期发展过程中，继承企业优良传统，适应时代要求，由企业家积极倡导，全体员工自觉实践，从而形成的代表企业信念、激发企业活力、推动企业生产经营的团体精神和行为规范。

1. CS 理念

CS（Customer Satisfaction，客户满意）理念是指企业为了不断地满足客户的要求，通过客观地、系统地测量客户满意度，了解客户的需求和期望，并针对测量结果采取措施，一体化地改进产品和服务质量，从而获得持续改进的业绩的一种企业经营理念。CS 理念关注的焦点是客户，核心是客户满意。目标是赢得客户，从而赢得市场，赢得利润。客户需要什么，企业生产什么。在 CS 理念中，客户满意具有某种特定的意义：在横向层面上，包括企业的理念满意、行为满意、视听满意、产品满意和服务满意；在纵向层次上，包括物质满意层次、精神满意层次和社会满意层次。

2. CL 理念

CL（Customer Loyalty，客户忠诚）理念是指企业以满足客户的需求和期望为目标，有效地消除和预防客户的抱怨和投诉，不断提高客户满意度，在企业与客户之间建立一种相互信任、相互依赖的"质量价值链"。企业的首要目标是，以客户忠诚为标志的市场份额的质量取代了市场份额的规模。

客户忠诚的衡量标准主要有客户重复购买的次数、客户购买挑选的时间、客户对价格的敏感程度、客户对竞争产品的态度、购买周期、客户对产品质量问题的承受能力等。

自我测试：食品企业如何践行 CL 理念？

3. ES 理念

随着"服务利润链"理论研究的深入，企业的经营理念又开始向更深层次演变——ES（Employee Satisfaction，员工满意）理念。员工满意是和客户满意相对而言的，员工满意是指一个员工通过对企业所感知的效果与他的期望值相比较后所形成的感觉状态，是员工对其需要已被满足程度的感受。员工满意是员工的一种

二维码链接 4-2 食品经营者应当履行的进货查验等义务是指什么

主观的价值判断,是员工的一种心理感知活动,是员工期望与员工实际感知相比较的结果。

> **中国式管理**
>
> **延伸产业链,鸭子呱呱叫——菏泽众客金润食品公司产业化经营之道**
>
> "鸭子全身都是宝,肉可食用,羽毛可以做成羽绒制品,就连羽毛上的梗,都可以打碎做成羽粉,用来养鱼,实现了鸭子全身综合利用,极大地提高了产品附加值。"菏泽众客金润食品有限公司总经理李淑国介绍说。鸭宰杀及制绒均采取全自动生产线工艺,各个厂区之间装有传送带,每个环节都是智能一体化操作,高效便捷。据了解,该公司由江苏益客集团投资兴建,主要从事农鸭分割、熟食加工、羽绒及羽绒制品加工、医药、饲料、孵化育苗等,可带动鄄城养殖业的迅猛发展,并形成从种鸭繁育到养殖、服务、肉食加工和羽绒及羽绒制品加工完整的生产加工链,成为农民增收的主要来源和贫困群众脱贫致富的新渠道,实现税收1000余万元。该公司以消费者为导向,从产业链源头做起,贯穿养殖屠宰、食品加工、分销及物流、品牌推广、食品销售等每一个环节。传统的养殖方式不环保,为了从原材料上把控,该公司在大埝镇建设了占地185亩的养殖示范园,采用现代化立体环保型规模养殖场及配套种鸭孵化育苗厂房,可定时喂食、喂水,就连排泄物也可以定时清理、烘干、装袋,制成农家肥进行销售,环保型的养殖方式已成为趋势。
>
> 资料来源:百度百家号"鄄城快报",2018-11-06。

4.1.4 数字经济时代食品企业经营管理的新举措

1. 改善企业经营管理理念

(1)重视数字化转型。数字化转型可以提高食品企业未来竞争力,关系到企业的可持续发展。数字化转型具有"同群效应"。企业通过深入调研同行或者同地区已经实施数字化转型的企业,可以模仿并创新其他企业的转型经验,降低企业试错成本,提高企业数字化转型的成功率,减少为数字化转型负担的成本。在向其他企业学习时,企业应当注意到差异性,从自身的特点出发,寻找适合自身发展的数字化转型方案。

(2)创新食品企业内部控制方式。在数字化转型的背景下,为了改善经营管理模式,提高内部控制效率,创新内部控制方式,企业需要注重对线上信息管理的规范,同时兼顾线下工作内容的需要。企业需要优化流程跟踪处理,针对内部控制的前中后期工作设计一整套流程,实现一体化管理,注重内部控制的整体性与协调性。

2. 完善食品企业经营管理体系

(1)创建智能化管理系统。随着互联网技术的成熟,食品企业应积极探寻数字化转型的出口,在生产经营活动中建立智能化系统,为食品企业未来发展注入更多的活力。例如,企业建立专门的客户数据分析系统,通过大数据为客户画像,基于此判断未来的市场趋势,更好地实现企业战略部署。企业对内部管理进行数字化改革,如生产管理系统、内部控制系统以及管理系统及时迈向智能化,从而有利于企业建立完整、全面的内部管理制度,节省运营管理时间,提高内部管理透明度。此外,通过对内部管理系统的优化,企业可以提高人力资源配置效率,达到降低运营管理成本的目的。

(2)提高数字化运用的安全性。为了确保整个内部管理系统的安全可靠,减少内部管理收集信息的无序性,提高处理相关信息的效率,企业在引入专门的数字化信息系统时,第一,根据职能分模块划分内部管理系统,从而确保每一位员工的职能,同时提高信息传输的速度,针对信息缺失可以及时落实责任,进一步提高数字化运行的安全性。同时,可以针对员工的职能进行相应的绩效考核，从而实现规范化工作。第二，注重信息系统硬件和软件的配套，做好维护工作。在数字化背景下，信息系统之间的兼容性大大提高，为了保证企业内部管理系统可靠，有些软件对系统性能提出了更高的要求。因此，企业为了确保信息完整，应注重软硬件性能的提高。

3. 加强数字化经营管理人才建设

为了保障在数字化背景下内部管理系统对食品企业经营管理的作用，食品企业应当培养复合型人才，除了保证其具备一定的专业知识，还要具有一定的计算机素养。第一，食品企业可以与专业的培训机构展开合作，对相关员工进行培训，定期讲解数字化背景下的内部管理工作的重点与具体操作方法，让员工切实掌握到相关技能，从而提高员工的数字素养和综合能力。第二，建立良好的人才考核制度，吸引数字化人才加入，从而完善企业内部管理人才队伍，为食品企业全面实现数字化提供关键人才保障和支撑。

> **管理者素养**
>
> **管理者必须承担的三大责任**
>
> （1）实现组织的特定目的和使命。一个组织的存在，是为了实现其特定的目的、使命，以及特定的社会功能。在企业中，这指的是经济绩效。企业与非营利机构是不同的，只有企业才有经济绩效这项特殊任务。因此，企业管理必须始终将经济绩效放在首位。
>
> （2）使工作富有成效，员工具有成就感。只有使人力资源具有生产力，企业才能运作。企业通过工作达到其绩效，因此，使工作具有生产力就成了管理的重要功能。使员工有成就感，不仅越来越重要，也是一种衡量组织绩效的尺度。这些已逐渐成为管理的任务。企业能否运作，归根结底，取决于它促使人们尽职尽力、完成工作的能力。因此，对员工和工作的管理是管理者的一项基本职能。
>
> （3）处理对社会的影响与承担社会责任。企业对社会所要承担的责任，一个领域是机构对社会的影响，另一个领域是社会本身的问题。现代企业之所以存在，就是为了向社会提供某种特定的服务，所以它必须存在于社会之中，与其他机构为邻，在一定的社会环境中工作。它还必须雇用人员为其工作。因此，不可避免地，它会对社会产生一些影响。无论是有意造成的还是无意造成的，管理者无疑要对他们的组织所造成的社会影响负责。这是管理者的一项责任——并不是因为它是一项社会责任，而是因为它是一项企业责任。这属于管理者的分内事务。
>
> 资料来源：微信公众号"华章管理"，2021-10-11。

任务 2　食品企业经营计划与管理决策

4.2.1　食品企业经营计划

1. 食品企业经营计划的概念

食品企业经营计划是按照食品企业经营管理决策所确定的方案对企业生产经营活动和所需要的各项资源，从时间和空间上进行具体的统筹安排的工作。食品企业经营计划是一项综合性计划，是根据食品企业外部环境与内部条件的具体情况，结合食品企业未来发展的需要，为食品企业经营活动预先拟定的具体内容和步骤。

2. 食品企业经营计划的特征

（1）食品企业经营计划以提高经济效益为中心。食品企业作为独立的社会经济组织，肩负义不容辞的社会经济责任，包括对国家的责任、对投资者的责任、对客户的责任、对社会的责任、对员工的责任及对企业自身的责任。在这一系列责任中，最基本的是食品企业自负盈亏的责任。如果食品企业连年亏损，则一切责任都无从谈起，所以食品企业的经营计划必须以提高经济效益为中心。

（2）食品企业经营计划以中长期计划为重点。经营计划以食品企业的经营目标和经营决策为出发点，要求从经营战略的高度考虑问题，从长远的观点出发，着眼于未来市场的变化，重视经营战略分析和战略决策，突出强调中长期计划的作用。

（3）食品企业经营计划应有一定弹性。食品企业经营计划应具有一定的应变能力，计划安排不仅要符合目前市场需求的状况，而且要有应对市场变化的策略，能够及时对外部环境和内部条件的变化做出反应。

3. 食品企业经营计划的任务

食品企业经营计划的任务是根据社会的需要以及食品企业的自身能力，确定食品企业经营在一定时期内的奋斗目标，通过计划的编制、执行和检查，协调和合理安排组织中各方面的经营和管理活动，有效地利用组织的人力、物力和财力等资源，取得最佳的经济效益和社会效益。

食品企业经营计划的任务是通过计划工作的内容来实现的。计划工作的内容主要包括：

（1）做什么。要明确计划工作的具体任务和要求，明确每个时期的中心任务和工作重点。例如，食品企业生产计划的任务主要是确定生产哪些产品，生产多少，合理安排产品投入和产出的数量以及生产进度，在保证按期、按质和按量完成订货合同的前提下，使得生产能力得到尽可能充分的利用。

（2）为何做。要明确计划的原因和目的，或者宗旨、目标、战略，并论证可行性。实践表明，计划工作人员对企业的宗旨、目标和战略了解得越清楚，认识得越深刻，就越有助于他们在计划工作中发挥主动性和创造性。

（3）何时做。规定计划中各项工作的起始和完成的进度，以便进行有效的控制和对能力及资源进行平衡。

（4）何地做。规定计划的实施地点或场所，了解计划实施的环境条件和限制条件，以便合理安排计划实施的空间组织和布局。

（5）谁去做。计划不仅要明确规定目标、任务、地点和进度，还要规定实施计划的部门或人员，即由哪个主管部门负责。例如，开发一种新产品，要经过产品设计、样机试制、小批试制和正式投产几个阶段。在计划中要明确规定每个阶段由哪个部门负主要责任，哪些部门协助，各阶段交接时，由哪些部门组织哪些人员参加鉴定和审核等。

（6）如何做。制定实现计划的措施，以及相应的政策和规则，对组织资源进行合理分配和集中使用，对人力、生产能力进行平衡，对各种派生计划进行综合平衡等。

（7）需要多少成本。本项计划需要多少成本，关系到成本和效益的平衡，要做好计划执行的预算。

思政教育

构建高水平社会主义市场经济体制

优化民营企业发展环境，依法保护民营企业产权和企业家权益，促进民营经济发展壮大。完善中国特色现代企业制度，弘扬企业家精神，加快建设世界一流企业。支持中小微企业发展。深化简政放权、放管结合、优化服务改革。构建全国统一大市场，深化要素市场化改革，建设高标准市场体系。

资料来源：新华网，2022-10-25。

4. 食品企业经营计划的类型

（1）按计划的期限分类。按计划的期限，食品企业经营计划可分为三种类型。

1）长期计划。长期计划，又称企业长远发展规划，一般指 3 年以上的计划。它是食品企业的战略计划，规定了食品企业的长期目标以及为实现目标所采取的措施和步骤。

2）中期计划。中期计划的年限一般为 1~3 年，它是食品企业近期的发展计划。

3）短期计划。通常是指年度计划、季度计划或月度计划。它是食品企业的业务活动计划或作业计划，是日常生产经营活动的依据。

食品企业的长期计划、中期计划和短期计划相互衔接，反映了事物在时间上的连续性。食品企业长期计划的具体期限取决于本企业所在行业、产品和市场生命周期以及技术发展周期等因素。食品企业一般同时编制中长期计划和短期计划。长期计划是中期计划编制的依据；中期计划是长期计划的具体化，又是短期计划编制的依据；短期计划是中期计划的具体化和补充。

（2）按计划的性质分类。按计划的性质，食品企业经营计划可分为三种类型。

1）战略计划。战略计划是关于食品企业未来发展的规划，是对食品企业发展起关键作用的计划，其中包括食品企业的经营战略、经营目标、产品开发战略和市场开拓等内容。食品企业的中长期计划属于战略计划。

2）战术计划。战术计划是保证战略计划实现的计划，也是解决局部问题或短期问题的计划，如食品企业的季、月销售计划，工程的施工计划和生产作业计划等。食品企业的短期计划一般属于战术计划。

3）作业计划。作业计划是为部门或个人制订的具体行动计划，通常具有个体性、可重复性和较大的刚性。

（3）按计划的内容分类。按计划的内容，食品企业经营计划可分为两种类型。

1）综合计划。综合计划是对组织活动所做的整体安排，是指导食品企业生产经营活动的纲领。综合计划的指标主要包括销售收入、利润、产品品种、劳动生产率等综合反映食品企业整体生产经营活动预期目标的经济指标。

2）专项计划。专项计划是指为完成某一特定任务而制订的计划，如生产计划、销售计划、新产品开发计划、成本计划、人力资源开发计划等。食品企业职能部门的计划多是专项计划。

综合计划与专项计划之间是整体与局部的关系。专项计划必须以综合计划为指导，避免与综合计划相脱节。

5. 食品企业经营计划的编制、执行和控制

经营计划是一个连续工作的过程，包括食品企业经营计划的制订、执行和控制的全过程。

（1）食品企业经营计划的编制。

1）编制要求。编制食品企业经营计划的要求主要包括：明确食品企业目标和计划性质，例如，明确该计划是为促进销售还是为营造企业文化氛围；预测环境的变化，例如，研究该项销售活动在这段时间内，环境对其有利和不利的影响，保持食品企业对环境的适应性；制订计划及协调企业活动；合理分配资源，保证计划落实；强调制订计划的参与性；为了保证计划工作的科学性，需要集中广大员工的智慧；要动员和依靠组织内全体成员参与计划管理，保证计划的完成。

二维码链接 4-3
以后黄瓜该怎样拍

2）编制步骤。①调查研究。调查研究是编制计划的前提条件。通过调查研究，根据食品企业外部环境的状态及变化和食品企业的内部条件，寻找市场所提供的机会和存在的威胁，特别是要掌握计划的限制条件，如资源、环境、法规及地理位置等。对它们进行认真研究，将有助于提高所编制的计划的可行性。②确定具体目标。确定具体目标是编制计划的关键。没有目标或目标不明确，就没有决策；如果目标不恰当，决策就可能失误，就必然影响到计划的质量。因此，编制经营计划应全面考虑各个目标、各种条件之间的相互影响，考虑各种条件的限制情况，处理好当前与长远的关系。食品企业往往有许多目标，如经济方面的，社会、环境、政治方面的。凡是经营成功的企业，都会在市场、生产力、发明创造、物力和财力资源、人力资源、利润、管理人员的行为表现及培养发展、员工的行为表现及社会责任等方面，有自己明确的目标。③拟订方案，比较选择。为实现同一目标，可以有多种可行性方案。一般来说，每种方案既有优势，也有劣势，对各种条件的利用或限制来说，也都各有侧重。通过反复比较、逐步淘汰，将最接近目标又最适应关键的限制性条件、利多弊少的方案选择出来。④综合平衡，确定正式草案。这是计划编制工作的最后步骤，其重点在于综合平衡、具体落实。首先，侧重食品企业的外部环境与目标之间的相互平衡。然后，进一步综合平衡，侧重目标与食品企业内部条件的平衡，主要包括：产、供、销三方面的平衡，生产与组织之间的平衡，资金需要与资金筹措之间的平衡以及各生产环节生产能力的平衡等。

自我测试：编制经营计划的主要步骤有哪些？

（2）食品企业经营计划的执行。经营计划的执行，主要是以方针落实及目标管理的方式进行的。方针落实是指按照经营目标和经营方针的要求，对一切与执行有关的部门和单位提出进一步具体的要求，使之形成一个系统，确保方针和目标的实现。

目标管理是指企业管理者和广大员工都来参加经营目标的制定，在实施过程中，通过分解目标、落实措施，达到自我控制的一种管理方法。推行目标管理是落实企业经营计划的一种行之有效的方法。贯彻执行企业经营计划，体现为全面完成各项计划指标，维持正常的生产经营管理秩序。

（3）食品企业经营计划的控制。食品企业经营计划的控制是指食品企业在动态变化的环境中，为了确保实现既定的目标而进行的检查、监督和纠正偏差等管理活动。控制是实现当前阶段食品企业目标和计划的有力保证，也是食品企业修正发展目标和制订下一轮计划的前提和基础。

1) 经营计划的控制程序。①确定控制点。明确哪些环节需要进行控制，哪些环节是控制的重点。②确定控制标准。各种控制标准包括计划指标、各类定额及有关的技术标准和工作标准，如劳动定额、产量定额、物资消耗定额、费用限额、产品质量标准、工艺标准等。③检查和测定。对食品企业的生产经营过程进行检查和测定，将测定结果与计划指标相比较，及时发现计划实施与计划标准的偏差。④采取相应措施及时纠正偏差。分析偏差产生的原因，采取措施纠正偏差是计划控制的最终目的。在允许范围内的偏差可以不必反馈和处理。确实需要采取措施时对症下药，具体问题具体分析。

2) 经营计划的控制方法。①事先控制。事先控制，又称预先控制，是指通过观察和收集信息，掌握规律，预测趋势，提前采取措施，将可能发生的问题（事故、偏差）消除在萌芽状态。这是一种"防患于未然"的控制，是控制的最高境界。②事中控制。事中控制，又称现场控制或即时控制，是指在某项活动或者生产经营过程中，管理者采用纠正措施，以保证目标或计划的顺利实现。它主要通过管理人员深入现场进行有效的控制。③事后控制。事后控制主要是分析工作的执行结果，与控制标准相比较，发现差异并找出原因，拟定纠正措施以防止问题继续发生。例如，财务分析报告、产品销售状况分析报告及销售人员业绩评定报告等。

4.2.2 食品企业经营管理决策

任何食品企业都需要一系列的决策活动。从某种意义上说，提高食品企业经营管理水平，关键是提高决策水平。美国著名的经营管理学家 H.A. 西蒙教授说"管理就是决策"，足以说明经营管理决策的重要地位。

1. 食品企业经营管理决策的构成要素

从系统的观点看，经营管理决策是由决策主体、决策客体、决策理论与方法、决策信息和决策结果等要素构成的一个有机整体。

（1）决策主体。决策主体是指参与决策的领导者、参谋者及决策的执行者。决策主体可以是个人，也可以是集团——决策机构。决策主体是决策系统的灵魂和核心。决策能否成功，取决于决策主体的素质。

（2）决策客体。决策客体是指决策对象和决策环境。决策对象是指决策主体能持续影响和控制的客体事物。例如，一个企业的某项业务的经营目标、经营规划，某项产品的研究开发等。决策环境是指制约决策对象按照一定规律发展变化的条件。决策对象和决策环境的特点、性质决定着决策活动的内容及其复杂程度。

（3）决策理论与方法。决策离不开决策的理论与方法。决策理论与方法的功能在于，将现代科学技术成果运用于决策过程，从整体上提高经营管理决策活动的科学性，减少和避免决策结果的偏差与失误。例如，遵循科学的决策程序，采用适宜的决策方法，把定性和定量分析相结合。

（4）决策信息。信息是经营管理决策的前提和基础。要保证经营管理决策的正确性，拥有大量、丰富的市场信息是必不可少的条件。决策主体只有掌握充分的准确的市场信息，才有可能做出正确决策。

（5）决策结果。决策的目的是得到正确的决策结果。没有决策结果的决策不算是决策。任何决策都要得到决策结果，所以，决策结果是决策的构成要素。

二维码链接 4-4
南昌市食品经营者如何获取"免罚金牌"

2. 食品企业经营管理决策的重要作用

在市场经济条件下，任何企业都要参与激烈的市场竞争。企业为了自身生存和发展，就必须对企业的经营活动和市场行为做出正确决策。因此，对于任何一个企业而言，经营管理决策都有十分重要的作用。

（1）经营管理决策是企业经营管理活动的核心。企业的经营管理活动是企业最重要的活动。经营管理活动包括经营和管理。人们认为，管理的重心是经营，经营的重心在决策。这说明决策是经营管理活动的关键。事实上，无论是经营还是管理都离不开决策，企业怎样经营、如何管理都需要做出一系列决策。这是因为，从经营角度看，企业要根据企业面临的内外条件，确定生产、经营商品的范围和目标，决定生产什么、销售什么、销售多少、销售给谁，用何种办法和手段进入市场，以最少的耗费求得最快的发展，何种促销最有效等，这些都需要进行经营决策。从管理角度看，管理工作有计划、组织、控制三大职能，每项职能的执行，都要以决策为前提，如企业生产销售计划如何制订得科学、合理，这就有一个决策问题。企业内部机构如何设置，职责如何划分，人员如何配备，这些都涉及组织职能的决策。

经营与管理是企业经济活动过程中一个事物的两个侧面，两者都离不开决策。实践中，在同样的条件下，决策水平不同会得到不同的结果；在有利条件下，决策错误会造成失败；在不利条件下，决策正确会变不利为有利，从而得到成功。由此可见，决策贯穿于企业经营管理的整个过程，决策是企业经营管理的核心，没有正确的决策，企业就不可能有正确的经营行为和管理活动。

（2）经营管理决策正确与否，决定着企业的生存和发展。随着企业市场主体地位的确立，企业将全面摆脱行政依附从属地位，具有独立行使生产经营的自主决策权力，与此同时，也要承担决策后果的全部责任，承担市场风险。正确的经营管理决策，使企业采取正确的营销行动，获得成功；错误的经营管理决策，使企业实施错误的营销行动，导致企业经营失败。

（3）正确的经营管理决策有助于企业提高市场竞争力，获得良好经营效果。市场经济是竞争经济，优胜劣汰是市场经济的基本规则。每个企业都在努力争夺市场机会，扩大市场销售，提高市场占有率。企业能否在竞争中取胜，关键在于是否善于抓住有利时机，发挥竞争优势，做出准确判断和果断决策。决策及时、正确，往往可以在竞争中出奇制胜，迅速扭转不利地位，变被动为主动；反之，则可能坐失良机，或一着不慎，全盘皆输。正确的经营管理决策促使企业灵活地、连续不断地针对市场竞争环境的变化做出反应，提高企业的应变能力，增强企业的竞争力。企业有竞争力，突出表现在企业产品能占领市场，产品能受到广大消费者的欢迎。由此，企业就能获得良好的经济效益。

总之，经营管理决策对每个企业来说都是至关重要的，要从企业发展的战略高度，充分认识经营管理决策的重要意义。

3. 食品企业经营管理决策的类型

现代企业经营管理活动的复杂性、多样性，决定了食品企业经营管理决策有多种不同的类型。

（1）按决策的影响范围和重要程度不同，分为战略决策和战术决策。战略决策是指对企业发展方向和发展远景做出的决策，是关系到企业发展的全局性、长远性、方向性的重大决策。例如，对企业的经营方向、经营方针、新产品开发等决策。战略决策由企业高层领导做出，具有影响时间长、涉及范围广、作用程度深的特点，是战术决策的依据和中心目标。它的正确与否，直接决定企业的兴衰成败，决定企业的发展前景。战术决策是指企业为保证战略决策的实现而对局部的经营管理业务工作做出的决策。例如，企业原材料和机器设备的采购，生产、销售的计划，商品的进货来源，人员的调配等属此类决策。战术决策一般由企业中层管理人员做出，战术决策要为战略决策服务。

（2）按决策的主体不同，分为个人决策和集体决策。个人决策是由企业领导者凭借个人的智慧、经验及所掌握的信息做出的决策。决策速度快、效率高是其特点，适用于常规事务及紧迫性问题的决策。个人决策的最大缺点是带有主观性和片面性，因此，对全局性重大问题不宜采用。集体决策是指由会议机构和上下相结合的决策。会议机构决策是通过董事会、经理扩大会、职工代表大会等权力机构集体成员共同做出的决策。上下相结合决策则是领导机构与下属相关机构结合、领导与群众相结合形成的决策。集体决策的优点是能充分发挥集团智慧，集思广益，决策慎重，从而保证决策的正确性、有效性；缺点是决策过程较复杂，耗费时间较多，它适用于制定长远规划、全局性的决策。

（3）按决策是否重复，分为程序化决策和非程序化决策。程序化决策是指决策的问题是经常出现的问题，已经有了处理的经验、程序、规则，可以按常规办法来解决，故程序化决策也称"常规决策"。例如，企业生产的产品质量不合格如何处理、商店销售过期的食品如何解决就属于程序化决策。非程序化决策是指决策的问题是不常出现的，没有固定的模式、经验去解决，要靠决策者做出新的判断来解决。非程序化决策也叫非常规决策，如企业开辟新的销售市场、商品流通渠道调整、选择新的促销方式等属于非程序化决策。

（4）按决策问题所处条件不同，分为确定型决策、风险型决策和未确定型决策。确定型决策是指决策过程中提出各备选方案，在确定的客观条件下，每个方案只有一种结果，比较其结果优劣，做出最优选择的决策。确定型决策是一种肯定状态下的决策，决策者对被决策问题的条件、性质、后果都有充分了解，各个备选方案只能有一种结果。这类决策的关键在于选择肯定状态下的最佳方案。风险型决策是指在决策过程中提出各个备选方案，每个方案都有几种不同结果可以知道，其发生的概率也可测算，在这种条件下的决策就是风险型决策。例如，某企业为了增加利润，提出两个备选方案：一个方案是扩大老产品的销售；另一个方案是开发新产品。不论哪个方案都会遇到市场需求高、市场需求一般和市场需求低等几种可能性。它们发生的概率都可测算，若遇到市场需求低，企业就要亏损。因此，在上述条件下做决策，带有一定的风险性，故称风险型决策。风险型决策之所以存在，是因为影响预测目标的各种市场因素是复杂多变的，因此每个方案的执行结果都带有很大的随机性。决策中，不论选择哪个方案，都存在一定的风险性。未确定型决策是指在决策过程中提出各个备选方案，每个方案有几种不同的结果可以知道，但每种结果发生的概率无法知道。在这种条件下，决策就是未确定的决策。它与风险型决策的区别在于，风险型决策中，每个方案产生的几种可能结果及其发生的概率都知道；未确定型决策中，只知道每个方案产生的几种可能结果，但发生的概率并不知道。这类决策是由于人们对市场需求的几种可能客观状态出现的随机性规律认识不足，增大了决策的不确定性程度。

> **中国式管理**
>
> 元点发力，底层突破，走向成功
>
> 2023年4月18日至20日，由畜牧饲料科技与经济高层论坛组委会、牧原食品股份有限公司、国家生猪技术创新中心联合主办的第十九届畜牧饲料科技与经济（全球）高层论坛在河南南阳成功举办。牧原集团董事长秦英林做了主旨报告。报告中，秦英林董事长以大树生长为例，把经营活动当作一棵大树，分为表、中、底三层。显性的表层是大树的枝干叶，对于企业来说包括环境变化、经营成果、运营模式等；隐性的中层是大树的根，对于企业来说是现场管理、系统建设、技术路径的构建；而看不见的底层才是元点，是大树生长所需的水、营养，对于企业来说是创新成果、科学发现、底层知识。企业家将"精力、人力、物力"更多地投入底层建设上来，实现底层——中层——表层三层打通。牧原集团围绕种、料、康、养、舍等20大技术，从技术元点发力，实现业务底层突破；坚持自主育种，突破种猪限制；深磋健康管理技术，加大猪病研究力度，加快推进疫病净化，打造高健康猪群；加大合成生物技术研发应用，向无豆日粮进发；加强科技创新，推进智能化养猪；培养跨界人才，支撑企业可持续发展。
>
> 资料来源：微信公众号"牧原集团"，2023-04-23。

4. 食品企业经营管理决策的原则

经营管理决策是一个复杂又带创造性的认识和实践活动，因此，要使经营管理决策正确，必须遵循决策的原则。

（1）可行性原则。经营管理决策是为了实现企业的奋斗目标而采取的行动。任何一项经营管理决策必须是可行的，对于企业才是有意义的。否则，即使这项决策很诱人，也是毫无意义的。可行性原则是指决策目标和决策方案要有实现的可能性。具体来说，决策目标要合理、符合实际，不能好高骛远。决策方案要能够实施。因此，在确定决策目标、选择决策行动方案时，要充分进行可行性研究，要仔细考虑主客观条件是否成熟，要考虑是否具备实现决策目标的人力、物力、财力。

（2）优化原则。优化原则是指决策的行动方案，必须是最优方案或者满意方案。决策是要从两个以上不同的备选方案中经过分析对比，选出最佳方案。如果只有一个方案，就不存在决策了；如果没有对比，也就无法辨别优劣。因此，对比选优是决策的主要环节，是从比较到决断的过程。对比不仅是把各个不同的方案进行比较，更重要的是，把各个方案同客观实际再做一次认真的比较。要比较各个方案带来的影响和后果，考虑各个方案所需的人力、物力、财力等各种必要条件。通过比较，择出最优方案。

（3）系统原则。系统原则是指把决策对象视为一个系统，从系统整体出发，全面对问题比较分析，在此基础上做出决策，防止决策的片面性。贯彻系统原则，要认真考虑决策所涉及的整个系统及相关因素，企业内外条件等。对局部利益和整体利益、眼前利益和长远利益要统筹兼顾，不能顾此失彼。

（4）民主原则。经营管理决策问题涉及范围广泛，具有高度复杂性，单凭决策者个人知识和能力很难做出有效决策。民主原则是指决策者必须充分发扬民主，善于集中和依靠集体的智慧和力量进行决策，据以弥补决策者个人知识、能力方面的不足，避免主观武断、独断专行可能造成的决策失误，保证决策的正确性和有效性。贯彻决策的民主化原则：①要合理划分企业各管理层次的决策权限和决策范围，调动各级决策者和各类人员参与的积极性和主动性；②要悉心听取广大群众的意见和建议，在群众的参与或监督下完成决策工作；③要重视发挥智囊参谋人员的作用，借助他们做好调查研究、咨询论证，尤其是重大问题决策，要吸收各有关方面专家的参加。

（5）效益原则。效益原则是指经营管理决策要以追求企业最大经济利益和社会利益为目的。企业一切经济活动都必须有经济效益和社会效益，企业的市场决策就是为了提高经济活动的经济效益，促进生产力的发展，并且使经济效益和社会效益很好地结合。说到底，如果决策结果不能使企业实现利润目标（包括长期和短期目标），决策就没有意义。为了提高经济效益，企业必须考虑决策本身的经济效果和效益。事实上，决策本身就是在各种自然状态下选择经济利益最大的方案。

5. 食品企业经营管理决策的科学化

食品企业经营管理决策对企业生存、发展有十分重要的作用。要提高决策水平，就必须使经营管理决策科学化。

（1）经营管理决策科学化的基本要求。衡量一项经营管理决策是否科学化，要看它是否符合以下要求：

1）决策要有明确和正确的目标。任何决策都是为了解决问题而做出的，所以，任何决策都有目标。决策目标是决策的前提。任何决策都不能无的放矢，都是针对经营活动中的某个存在的问题。解决问题都有期望实现的目标，即决策目标。能否正确地决定决策目标，关键在于对所要解决的问题能否做出正确的诊断与分析。在弄清问题的性质、范围及产生的原因，找出问题症结的同时，指明解决问题的要点，这样就能正确确定决策目标。同时，决策目标应当明确具体。如果决策者自己都说不清决策目标是什么，就无法做出有效的决策。

2）决策方案实施的结果能实现确定的决策目标。有了明确和正确的决策目标之后，就要拟定实现该目标的办法、措施，这就是决策方案。决策方案是否有效，应看其能否实现所确定的决策目标。决策方案就其实际效果来看，有三种情况：一种是"南辕北辙"方案，方案的执行不但达不到决策目标，反而离目标越来越远；另一种是既不能解决问题也不会使问题恶化的无效方案；再一种是能解决问题，是实现决策目标的有效方案。显然，最后一种决策方案才是可行的决策方案。

3）实现决策目标的代价要小。实施决策方案，实现决策目标，是要耗费人力、物力、财力的，这就是代价。决策的代价要小，这是因为，一是企业经营管理中需要决策解决的问题很多，而企业人力、物力、财力等资源总是有限的，某个问题决策可行方案花费过多势必会减少其他问题决策时可利用的资源，所以，每项决策都应要求付出的人力、物力、财力要小。二是针对某一具体决策而言，在决策过程中不仅注意方案可行性，还要从多种可行方案中选择资源代价最小的方案，视为最佳方案。也就是说，实现决策目标的可行方案会有优劣之差别，必须从中选择最优的。从一定意义上说，没有选取代价最小的方案，就不能算是科学的决策。

4）决策执行后产生的副作用要尽量小。事物是一分为二的，一般而言，决策方案实施后，除了实现期望的决策目标，还可能产生其他负面影响，这种负面影响就是副作用。副作用有时是难以避免的，应努力使它尽可能小，至少不应出现严重的副作用。如果某项决策尽管实现了决策目标，但副作用很大，也不能认为该项决策就是科学决策。

如果做出的经营管理决策符合上述要求，就可以认为是科学化的决策了。

（2）食品企业实施经营管理决策科学化的途径。

1）努力提高决策主体的素质。在世界一切事物中，人是最关键的因素，能否保证经营管理决策科学化，决策主体是关键。企业决策主体是指企业内部拥有不同经营管理权力、参与决策过程的管理人员。其中，那些担任不同职务的管理人员，尤其是企业高层领导者，他们的素质的高低直接影响决策科学水平的高低。决策者素质的提高，既反映在其知识结构、知识水平上，也反映在他们分析判断问题的能力上，还反映在他们的心理状态上。决策者心理状态在决策过程中的影响主要体现在其对问题的认识、潜意识、进取精神、对风险的态度等，由此形成不同的决策风格。决策者只有不断提高自身素质，成为熟悉市场经营活动规律和经营管理规律的内行人，才能有效提高经营管理决策的科学性。

2）掌握决策所需的充足信息。信息是决策的前提和基础，不依据市场信息做出的经营管理决策必定是盲目的、错误的。例如，企业要做出产品方面决策，那么至少应掌握目前市场对该产品的需求量有多大，消费者喜欢什么品牌、款式、规格、价格等产品，同行竞争状况怎样等方面信息。只有掌握这些市场信息，企业才有可能做出正确的经营管理决策。因此，企业要加强市场信息的日常收集、加工处理、存储、传递、输出等信息服务工作，满足各类人员决策的信息需求。要建立企业决策信息系统，与企业外各种信息机构联网，运用现代技术手段广泛收集国内外经济的、技术的、市场的、社会环境的等方面信息，以定期或不定期、无偿或有偿、全面或专项等多种形式向决策机构或人员提供信息服务，保证他们获得及时、准确、可靠、适用的决策依据。

3）遵循科学的决策程序。科学的决策程序是决策的科学性的一个重要保证。各种经营管理决策的具体内容要求尽管不同，但在决策一般程序上的要求是相同的。

①确定决策目标，而确定决策目标又应以对经营问题的分析诊断为依据。

②在一般情况下，应围绕决策目标，拟定多个备选方案，再从中择优作为决策方案。因此，拟订方案—论证评价—方案选择，这样的步骤顺序既不可或缺，也不能颠倒。如果没有两个以上方案供选用，就不符合选优原则。

③决策方案应付诸实施，决而不行等于无用。任何经营管理决策都不能少了"执行决策"这一步骤。而且，在决策方案实施中要建立检查、监控制度，注意信息反馈，不断修正、完善决策方案。

科学地进行决策，就要按照上述程序一步一步去做。

4）运用科学的决策方法。科学的决策方法是科学决策的有效辅助手段。运用科学的决策方法，首先要善于运用信息论、系统论、控制论等学科知识。这些学科是带有方法论性质的学科，经常应用在决策中。其次，要善于运用各种具有实用价值的决策技术，如盈亏平衡分析、线性规划、库存模型、决策树分析等。这些实用决策技术，一方面可以比较精确地描述决策问题涉及的决策变量和状态变量、决策后果之间的关系，帮助决策者分析问题；另一方面可以提供择优选择方法，有助于达到优化决策目的。同时，采用这些技术，可以使决策过程充分利用计算机的功能，提高决策的精确性与时效性。

管理者素养

食品企业的责任是什么

食品企业的责任是主体责任。食品生产经营者必须对其生产经营食品的安全负责，必须依照法律、法规和食品安全标准从事生产经营活动，严格执行食品安全国家标准、行业标准和地方标准，建立健全食品安全管理责任制和有关操作规程。食品生产经营企业的法定职责包括：食品生产经营者应当依照法律、法规和食品安全标准从事生产经营活动，对社会和公众负责，诚信自律，保证食品安全，接受社会监督，承担社会责任；建立行业协会自律机制，行业协会有责任、也有必要建立自律机制，加强自我监督，维护本行业的持续健康发展，形成行业内部自我约束机制，提高食品生产经营者的自律意识；提高从业人员职业素质，从从业者源头上把好食品质量关口；建立完善可追溯制度，食品经营企业要做到进货有台账、登记全、信息准、可追溯，实现来源可查、质量可查、去向可查。

资料来源：百度律临，2023-02-07。

项目 4　食品企业经营管理

项目案例分析

蒙牛李鹏程：加强中荷合作，推动中国乳业数字化转型

2022 年 9 月 5 日，"第十三届中国奶业大会"在山东济南召开。中国奶业协会副会长、蒙牛集团党委副书记、执行总裁李鹏程受邀出席中荷奶业论坛并为会议致辞。他表示，未来中荷两国乳业要进一步加强合作，推动国内奶业数字化转型和全产业链建设。

李鹏程表示，中国奶业养殖、加工企业的设施装备和技术水平，正在达到或接近世界先进水平，养殖"小散低"的局面得到彻底扭转。为了促进奶牛标准化规模养殖、发展奶农家庭牧场，中国已经初步构建起涵盖全产业链的政策体系，为奶业全面振兴提供了坚实保障。李鹏程指出，在今天中国智慧农业和数字化转型发展的大背景下，中国奶业需要不断学习国外的先进经验。世界范围内，荷兰一直被公认为乳制品行业的佼佼者，是乳制品净出口强国，而且其人均奶酪消费量高于欧洲平均水平。"多年来，中国与荷兰已经创造了良好的合作环境，中国已经成为荷兰在欧盟以外的最大出口目的国。"李鹏程表示，荷兰在奶牛养殖中高度融入高科技和数字化技术，探索出一套合理的利益分配机制，并拥有强大的第三方检测机构和完善的金融支持制度，使得其奶业飞速发展。

李鹏程表示，如今荷兰仍有许多奶业发展经验与中国分享，中荷两国可以进一步加强和拓宽奶业合作，推动中国奶业全产业链建设。

资料来源：食品咨讯中心，2022-09-07。

➥ **辩证性思考：**
谈谈你对中国乳业数字化转型的看法。

项目检测

管理知识培养规格检测

1. 简述食品企业经营管理的概念。
2. 简述食品企业经营管理的内容。
3. 简述食品企业的经营理念。
4. 简述食品企业经营计划的概念、特征、任务和类型。
5. 简述食品企业经营计划的编制、执行和控制。
6. 简述食品企业经营管理决策的原则。
7. 简述食品企业经营管理决策的科学化及其途径。

管理能力培养规格与管理者素养培育规格检测

实践项目 4　制订××食品企业经营管理方案

项目实践目的： 运用食品企业经营管理的理论和方法，通过对××食品企业经营管理现状的分析，培养学生运用食品企业经营管理理论和方法对食品企业经营管理现状进行分析和解决经营管理问题的能力。同时培养学生团队合作精神、语言表达能力、应变能力、应用写作能力，以及学生管理者素养的培育。

项目检测考核： 通过对食品企业经营管理现状的分析，每个团队撰写食品企业经营管理方案，在"××食品企业经营管理方案研讨会"上进行宣讲、讨论、答辩，指导教师进行评价。由各团队队长和指导教师负责评判打分，考核成绩分为优秀、良好、及格。

飞翔队由 3 号队员负责本实践项目的讨论、汇总、撰写方案、宣讲和答辩。经过讨论、答辩，指导教师提出两点修改意见，综合评判该方案为良好。

项目 5

食品企业营销管理

项目培养规格

管理素养培育规格

强化管理者敬业意识,培育管理者爱岗敬业的职业精神。

管理知识培养规格

明确食品企业营销管理的概念和任务;熟悉食品企业营销管理的内容;熟练掌握食品企业营销诊断的概念;明确食品企业营销诊断的步骤;掌握食品企业营销诊断的方法;明确食品企业新媒体营销的各种策略;了解食品企业数字化营销的发展模式;掌握食品企业数字化营销转型的模型。

管理能力培养规格

具备运用食品企业营销管理的能力。

思维导图

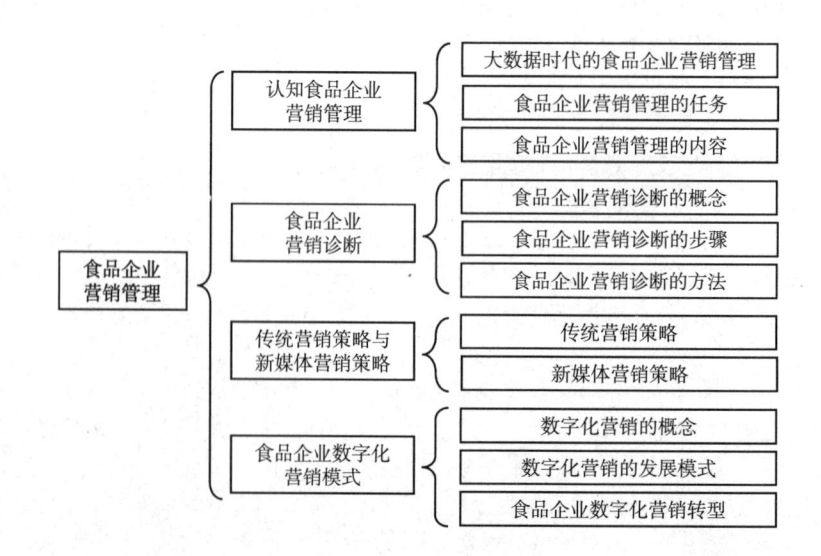

食品企业营销管理
- 认知食品企业营销管理
  - 大数据时代的食品企业营销管理
  - 食品企业营销管理的任务
  - 食品企业营销管理的内容
- 食品企业营销诊断
  - 食品企业营销诊断的概念
  - 食品企业营销诊断的步骤
  - 食品企业营销诊断的方法
- 传统营销策略与新媒体营销策略
  - 传统营销策略
  - 新媒体营销策略
- 食品企业数字化营销模式
  - 数字化营销的概念
  - 数字化营销的发展模式
  - 食品企业数字化营销转型

项目 5　食品企业营销管理

> **项目导入案例**
>
> **数智赋能　推动蒙牛全产业提质增效**
>
> 　　2022 年蒙牛品牌价值同比增长 15%，增速位居中国乳业第一，并成为中国消费者十大首选品牌之一。在荷兰合作银行公布的"2022 年全球乳业 20 强"榜单中，蒙牛连升两名，位列第七，创下全球乳业排名的历史新高。
>
> 　　2022 年是蒙牛实现数智化转型的关键之年，围绕消费者、渠道、供应链、管理"四个在线"推动数智化战略：在消费者端，蒙牛建立了以消费者为中心的数字化运营体系，推出"营养生活家""每日鲜语"等 23 款前端应用，带动全年消费者互动超 20 亿次；在渠道数字化方面，持续完善从订单管理到履约送达的闭环数智化能力提升，全面助力渠道 RTM（发布到制造）转型升级；在供应链侧，加快推动旗下五大事业部数字化工厂升级，尤其是常温宁夏工厂正在打造的"灯塔工厂"，为行业树立了智能制造新标杆；在管理上，以数字化技术赋能进一步提升人力、法务、财务及内部管理效率。
>
> 资料来源：快消品网，2023-03-30。

　　➲ **辩证性思考：**
　　你对蒙牛"四个在线"的数智化战略做何评价。

任务 1　认知食品企业营销管理

　　社会经济的增速发展与国家经济政策的优化调整密切相关，经济发展程度越高，市场竞争越激烈，食品企业要想占据市场的主体地位，就需要保证市场营销的适应性及可行性。在大数据时代，营销决策的制定需要依托可靠的市场动态数据，使食品企业的市场营销策略契合客户需求，以增强企业品牌优势，提高企业核心竞争力。

5.1.1　大数据时代的食品企业营销管理

1. 市场营销的概念

　　市场营销是食品企业发现（创造）食品消费需求、满足食品消费需求和管理食品消费需求的活动过程，是食品企业从无到有、由小到大、由弱到强的经营之道和生财之道。

2. 大数据技术应用下的食品企业营销管理

　　食品企业营销管理是指食品企业为实现其目标，创造、建立并保持与目标市场之间的互利交换关系而进行的分析、计划、执行与控制的过程。

　　食品企业在当前的竞争环境下，要想提高自身的发展能力，需要运用大数据技术保持市场营销的新鲜度，促使营销模式得到优化和完善，将信息渠道和营销渠道进行拓展。而大数据技术与云计算技术的高效衔接，也可以带动食品企业数据库的升级换代，增强营销策略设计的针对性，对策略成效做出评估，以便在未来的营销策略中进行调整和改善。

5.1.2　食品企业营销管理的任务

　　营销管理的实质是需求管理。任何市场均可能存在不同的需求状况，根据需求水平、时间和性质的不同，可归纳出八种不同的需求状况。在不同的需求状况下，营销管理的任务有所不同，要通过不同的营销策略来解决，如表 5-1 所示。

表 5-1　营销管理的需求状况及对应的任务和策略

需求状况	营销任务	营销策略
负需求	扭转需求	改变营销
无需求	激发需求	刺激营销
潜在需求	实现需求	开展营销
下降需求	创造需求	创造营销
不规则需求	调节需求	同步营销
充分需求	维持需求	维持营销
过度需求	减缓需求	减缓营销
有害需求	抑制需求	抵制营销

1．负需求

负需求是指市场上众多消费者不喜欢某种产品或服务，即绝大多数人对某种产品或服务感到厌恶，甚至愿意出钱回避它的一种需求状况。例如，近年来许多老年人为预防各种老年疾病不敢吃甜点；又如，有些消费者害怕冒险而不敢乘飞机；等等。营销管理的任务是，分析人们为什么不喜欢这些产品，并针对目标消费者的需求重新设计产品、定价，做更积极的促销，或者改变消费者对某些产品或服务的信念。例如，宣传老年人适当吃甜食可促进脑血液循环，乘坐飞机出事的概率比较小等。把负需求变为正需求，称为扭转需求。

2．无需求

无需求是指目标市场消费者对某种产品不感兴趣或漠不关心的一种需求状况。市场对下列产品无需求：人们一般认为无价值的废旧物资；人们一般认为有价值，但在特定市场无价值的东西；新产品或消费者不熟悉的物品；等等。在无需求情况下，营销管理的任务是刺激需求，即通过大力促销及其他营销措施，努力将产品的利益与人的需要和兴趣联系起来。

3．潜在需求

潜在需求是指消费者有强烈需求，而现有产品或服务又无法满足其需求的一种需求状况。例如，艾滋病患者对彻底治疗艾滋病的药物的需求。在潜在需求情况下，营销管理的任务是实现需求，准确地衡量潜在市场需求，开发有效的产品和服务，将潜在需求变为现实需求。

4．下降需求

下降需求是指目标消费者对某些产品或服务的需求出现下降趋势的一种需求状况。例如，近年来城市居民对电风扇的需求相对减少。营销人员要了解需求下降的原因，通过改变产品特色，采用更有效的沟通方式来刺激需求，即创造需求，或者通过寻求新的目标市场扭转需求下降的格局。

思政教育

扩大供给适应需求变化

供给侧结构性改革，重点是解放和发展社会生产力，用改革的办法推进结构调整，减少无效和低端供给，扩大有效和中高端供给，增强供给结构对需求变化的适应性和灵活性，提高安全要素生产率。

资料来源：中国政府网，2021-08-16。

5．不规则需求

许多企业常常面临因季节、月份、周、日、时对产品或服务需求的变化，而造成生产能力和产品的闲置或过度使用。例如，在公用交通工具方面，在运输高峰时不够用，在非高峰时则闲置不用；

又如，在旅游旺季时旅馆紧张和短缺，在旅游淡季时旅馆空闲。在不规则需求情况下，营销管理的任务是通过灵活的定价、促销及其他激励因素改变需求时间模式，使产品或服务的市场供给与需求在时间上协调一致，这称为调节需求。

6. 充分需求

充分需求是指某种产品或服务目前的需求水平和时间等于期望的需求，这是企业最理想的一种需求状况。但在动态市场上，消费者需求会不断变化，竞争会日益加剧。因此，在充分需求情况下，营销管理的任务是改进产品质量并不断估计消费者的满足程度，通过降低成本保持合理价格，千方百计维持目前需求水平，维持现时需求，这称为维持需求。

7. 过度需求

过度需求是指消费者对某些产品的需求超过了企业的供应能力，产品供不应求的一种需求状况。例如，由于人口过多或物资短缺，引起交通、能源及住房等产品供不应求。在过度需求情况下，营销管理的任务是减缓需求，可以通过提高价格、减少促销和服务等方式暂时或永久地降低市场需求水平。企业最好选择那些利润少、要求提供服务不多的消费者作为减缓营销的对象。

8. 有害需求

有害需求是指市场对某些有害产品或服务的需求，如对烟酒、毒品、情色视频的需求等。对于有害需求，营销管理的任务是抵制需求，即劝说喜欢有害产品或服务的消费者放弃这种爱好和需求，大力宣传有害产品或服务的严重危害性，大幅度提高价格，停止生产供应等。降低需求与抵制需求的区别在于：前者是采取措施减少需求，后者是采取措施消灭需求。

自我测试：分组讨论营销管理中的八种需求并选择其中一种进行分析说明。

5.1.3 食品企业营销管理的内容

食品企业营销管理的内容主要有客户管理、全渠道营销管理和促销管理，如图 5-1 所示。

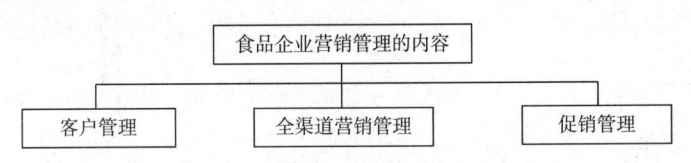

图 5-1 食品企业营销管理的内容

1. 客户管理

客户是企业利润的源泉。在现代市场经济条件下，客户及其需要是食品企业建立和发展的基础。客户管理是食品企业营销管理的一项重要内容。

（1）客户管理的概念。客户管理，是指对与组织或个人有业务往来的食品企业客户进行系统的辅导与激励，从而创造新的业绩。客户管理系统是整个客户生命周期中分析和管理客户交互和数据的技术，用于有效管理企业与客户和潜在客户的关系，旨在建立更好的客户体验，改善客户服务，提高业务关系，同时增加企业收入。

自我测试：如何理解客户管理？

（2）客户管理的内容。客户本身是复杂多样的，客户管理的内容也应该尽量完整，归纳起来有以下几项：

1）客户基本资料的管理。客户基本资料的管理涉及客户最基本的原始资料的管理，主要包括客户的名称、地址、电话、经营管理者、法人代表及其性格、兴趣、爱好、家庭、学历、年龄、能力、经历背景，与本企业交易的时间、企业组织形式、规模、资产等。在档案中还要反映客户的基本特征，如服务区域、销售能力、发展潜力、经营观念、经营方向、经营特点等。

2）交易状况的管理。交易状况的管理包括：销售业绩、经营管理者和业务人员的素质、与其他竞争争者的关系、贷款回收情况、交易条件、与本企业的业务关系及合作态度等；客户的销售活动现状、存在的问题、保持的优势、未来的对策、企业形象、声誉、信用状况、交易条件以及出现的信用问题、交易记录等。

3）客户关系管理。客户关系管理是指要追求客户满意，培养客户的忠诚，最终建立起比较稳定、相互受益的伙伴关系。在提供满意的服务中，最终赢得客户，实现盈利目标，增加销售额，降低物流费用，建立稳定的客户关系网络。

4）客户风险管理。客户风险管理是指控制货款的回收，防止因客户倒闭和有意逃债而引发的销售风险。在市场经济条件下，企业对中间商的销售大多是先货后款，赊销和信用销售占有相当比例，在货物发出后，货款的回收存在着风险。因此，客户管理的内容之一就是要控制风险。因此，企业要制定相应的风险管理制度，将经营风险降到最低。

二维码链接 5-1 巴比馒头：客户关系管理系统让面点行业精细化增长充满想象

自我测试：如何避免客户管理风险？

（3）客户管理的方法。客户管理的方法主要有发现客户的价值、确立客户管理的目标和树立以客户为中心的服务意识，如图5-2所示。

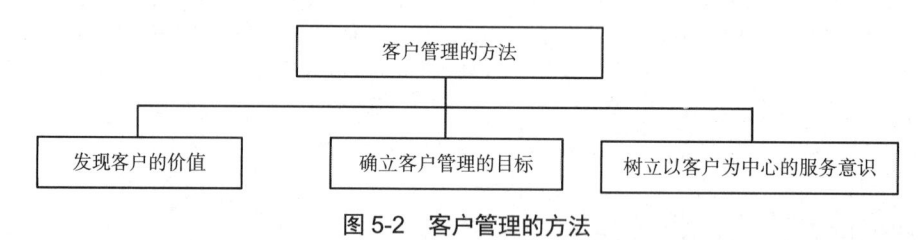

```
           客户管理的方法
    ┌──────────┼──────────┐
发现客户的价值  确立客户管理的目标  树立以客户为中心的服务意识
```

图 5-2　客户管理的方法

1）发现客户的价值。首先需要明白重复购买、给企业带来持续利润的才是真正的客户。企业需要建立客户信息档案，通过需求、价值等特征进行精细化分层，针对不同价值的客户采取不同的营销手段。

2）确立客户管理的目标。客户管理的目标是通过有效的管理达到缩短销售周期、降低销售成本、增加企业收入、拓展客户资源和渠道，进一步提升客户的价值以及客户满意度。企业需要将整个目标进行合理化的分级拆解，制定每个人每个阶段的指标，做到更精准的执行。

3）树立以客户为中心的服务意识。在如今的数字化时代，以客户为中心的服务意识成为主流，企业必须贯彻落实。客户是企业最重要的资产，企业必须给客户真心的关怀和贴心的服务，从客户的角度出发，真正考虑到客户的处境和需求，进而为客户提供能解决问题的产品和满意的服务。

中国式管理

百果园企业微信+CRM 营销实践方法

百果园是位于深圳的一家水果连锁专卖店，其会员体系设置了普卡、银卡、金卡、钻卡四个等级，只要会员觉得在门店消费体验不佳，就可以申请无实物、无小票、无理由的"三无"退货。百果园目前还在尝试有温度的社群用心服务，为客户提供愉悦的消费体验。另外，通过抖音、快手等平台制作用户喜欢、关注的内容，把直播定位为高转移化的工具和强互动的营销渠道，进行流量转化，通过企业微信获取更多用户的资料以便提供更精准的服务。

百果园目前在 CRM（客户关系管理）基础上，通过数万个群覆盖数百万个核心用户，又将核心用户分为1%的 KOC（关键意见消费者）和 KOS（关键意见传播者）分别做传播和服务，以及99%的核心会员（心享会员）。百果园的KOC和KOS会经常主动回答社群里的客户问题，很多试验也都是从他们开始的，例如，卖鸡蛋、粮油等的尝试。这批消费者对于百果园有足够的了解和信任，所以能很好地帮助企业做产品测试和推广。

资料来源：搜狐网，2022-02-18。

2. 全渠道营销管理

（1）渠道的概念。渠道是一系列相互依赖的组织，致力于使一项产品或服务能够被使用或消费。对于食品行业而言，建立渠道的直接目的就是将产品顺畅地送到消费者面前，使消费者尽可能方便地购买。渠道是企业能否顺利实现产品从厂商抵达消费者的关键环节。

（2）全渠道营销。全渠道营销是和传统渠道营销相对应的一种说法，是指利用新兴的网络、手机等各种媒介进行营销的方式，只要能够进行营销的方式，都应当纳入全渠道营销的范围内。全渠道营销和消费者的接触是通过不同的渠道进行的。如果客户想要和品牌进行更深入的互动，那么销售人员应当洞察客户的需求，根据客户的需求选择合适的营销方式。

二维码链接5-2 周黑鸭"脱胎换骨"背后的全渠道供应链管理平台

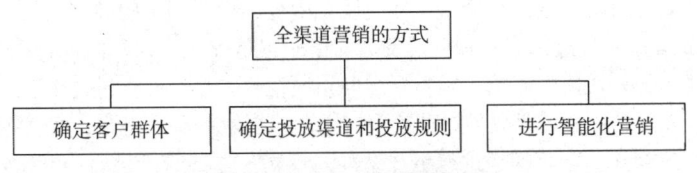

（3）全渠道营销的方式。全渠道营销的方式主要有确定客户群体、确定投放渠道和投放规则、进行智能化营销，如图5-3所示。

图5-3 全渠道营销的方式

1）确定客户群体。包括客户群体的基本信息以及客户群体经常使用的渠道。只有确定了客户群体，才能够确定广告的投放渠道。

2）确定投放渠道和投放规则。投放渠道和投放规则都应当根据客户群体来实现。在确定投放渠道的时候，应当选择性价比较高的几个投放渠道，不必面面俱到，否则可能使得营销成本进一步增加。

3）进行智能化营销。可以采用自动化营销工具，帮助企业进行智能化营销。

对于销售型企业而言，营销是非常必要的，但是有时如果不采用正确的营销方式，反而无法取得相应的营销效果。所以在进行全渠道营销之前，企业应当确定好企业的客户群体，确定相应的投放渠道。

中国式管理

双汇全渠道布局，保障产品销路

双汇线上销售由子公司双汇电子商务有限公司运作，包括天猫、京东等传统电商、抖音等社交电商和多多买菜等社区团购，主要进行"双汇""Smithfield"等系列产品的销售。线下渠道以经销商代理为主进行销售，终端会给予指导价。双汇拥有一百多万个销售网点，近一万八千家经销商，并通过双汇生鲜品"智店系统"和肉制品"云商系统"覆盖终端网点，帮助公司掌控终端，帮助业务人员更有效地开拓市场、管理市场、服务终端。与经销商的货款结算方式以先款后货为主，双汇具有极强的渠道议价能力。

公司生鲜品主要通过特约店、商超、酒店餐饮、加工厂和农贸批发等渠道销售，包装

> 肉制品主要通过 AB 商超、CD 终端、农贸批发、学校、车站机场、餐饮等渠道销售。肉制品的线下销售渠道以 AB 类和 CD 类终端商超为主。此外，2021 年初公司成立餐饮事业部，组建了专业的团队，专业化运作餐饮渠道，专注推广预制切割、腌制调理、火锅食材、酱卤熟食等餐饮食材产品。
>
> 资料来源：肉类食品网，2022-08-29。

3. 促销管理

（1）促销管理的概念。促销管理是以提高销售额为目的，吸引、刺激消费者消费的一系列计划、组织、领导、控制和协调管理的工作。一方面，促销活动能够对企业获取、保持乃至扩大市场份额起到帮助；另一方面，通过加强促销管理，企业可以有效降低促销活动成本。

（2）强化促销管理的步骤。

1）深化与关键合作伙伴的合作。在全球供应链广泛深度联系的环境中，企业能靠"单打独斗"完成的事情越来越少。为了加强促销管理，企业应当通过建立明确的 IBP（集成业务计划）流程，深化与关键合作伙伴之间的合作关系，达成双赢乃至多赢的局面。

依托销售网点、预测、库存、消费者行为等数据的共享，制造商能够更精准地选定促销产品，提高需求响应及时性，以降低因缺货等因素带来的风险。此外，通过在合作伙伴间共享历史数据，企业可以明确何种促销活动收益水平最高，从而优化后续促销活动中的商业支出。

2）用技术塑造需求、促进需求。预测消费者需求永远是促销活动中的核心重点。想要真正强化促销管理，企业就不能只是预测需求，还需要借助先进技术去塑造、促进需求。

配合人工智能算法，企业可以凭借对理论上无限影响因素的综合考量，对"何时促销""与谁合作""促销什么""怎么促销"等问题进行更加精准的预测。在持续优化消费者体验的同时，引导、塑造并促进需求，形成有效性与准确性稳定上升的"再预测"循环。

3）控制好收入和支出。促销前，企业可以通过对相关财务数据（或预期）的分析，建立一个直观简明的收入和成本模型，进而优化促销活动预算，减少不必要的支出。促销中，利用大数据及人工智能工具，企业即可实现对财务数据变化的实时感知，及时调整促销方案至相对最优形态。

4）评估每一次促销的表现。为了加强促销管理，促销结束后，企业要对促销活动进行全面的评估与衡量；凭借对销售数据和财务表现的衡量分析，预先为之后的促销活动"趋利避害"；以历次促销的积累数据为基础，分析消费者的长期购买行为；考量促销期间的供应链指标，寻找缺货、库存浪费等较常见风险点的更佳应对手段。

这种评估与复盘，同样应该在企业与合作伙伴之间进行，通过全面了解不同角色在促销活动中的优劣得失，为优化后续促销活动的计划、策略提供帮助。

自我测试：如何才能实现强化食品企业的促销管理能力？

管理者素养

敬业从管理者开始

敬业是对企业管理者工作态度的基本要求。敬业精神简单地说就是个人对待职业的态度，是职业精神的具体表现，是个体在从事自己所主导的活动中表现出的个人品质和涵养。

敬业是一切成功的前提；任何成功没有捷径，只有敬业这一条路。敬业精神要求用认真、恭谨的态度去对待本职工作，努力将这份职业做到极致和尽善尽美。敬业是不断的重复和提高，没有敬业精神，专业不会有很大的发展。真正的敬业精神是对事业的热爱。热爱自己的工作和所投身的事业，是敬业精神的最高表现形式。一个真正敬业的人，对待所从事的事业一定不是做给别人看的，而是在为自己的内心而做，那里有他对产品标准的理解和对事业的追求与热爱！

资料来源：微信公众号"经韬纬略智库"，2022-06-22。

任务 2　食品企业营销诊断

5.2.1　食品企业营销诊断的概念

食品企业营销诊断是指在食品企业目前的营销状态下，通过全面的营销检查，发现目前所存在的营销问题，并找到解决方案的过程。

营销诊断借用了一个医疗学说的名词，非常形象地诠释了这一企业的营销活动。这是因为企业也是人，可称之为"法人"。同自然人一样，法人也有自己的生命周期，也有生老病死。营销诊断就好像给企业看病一样，要找出症结所在，对症下药，才能使企业病体恢复健康和正常。

思政教育

撸起袖子加油干

改革开放和社会主义现代化建设取得巨大成就，同时一系列长期积累及新出现的突出矛盾和问题也亟待解决。经济结构性体制性矛盾突出，发展不平衡、不协调、不可持续，一些深层次体制机制问题和利益固化藩篱日益显现。面对这些影响人民幸福安康的突出矛盾和问题，党中央审时度势、攻坚克难，团结带领全党全军全国各族人民撸起袖子加油干、风雨无阻向前行，义无反顾地进行具有许多新的历史特点的伟大斗争。

资料来源：中国政府网，2022-10-16。

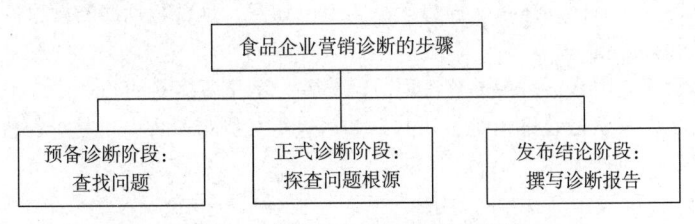

5.2.2　食品企业营销诊断的步骤

食品企业营销诊断的步骤如图 5-4 所示。

图 5-4　食品企业营销诊断的步骤

1. 预备诊断阶段：查找问题

在这个阶段需要安排两至三天的时间来了解食品企业的各种情况。注意：不要太相信企业人员提出的诊断课题，应跳出企业操作的圈子，站到一个更高的高度去了解企业各方面的问题，理出真实的纲和目。通常情况下，在预备诊断阶段与各级员工访谈时运用以下四个问题来进行诊断的开启，看清企业营销的大小环境，厘清自己的营销思路：

- 您觉得企业的优势有哪些？
- 您觉得企业的劣势有哪些？
- 您觉得企业的机会点有哪些？

- 您觉得企业的问题点有哪些?

2．正式诊断阶段：探查问题根源

通过预备诊断阶段的工作和企业 SWOT 分析，客户企业的大致情况或者表面问题基本上都已浮出水面。这些问题是如何造成的，根源又在哪里?

正式诊断阶段是整个营销诊断中最重要的环节，不仅因为这个阶段的工作范围广、工作量大，更主要的是因为这个阶段在努力寻找和挖掘最根源的东西，诊断者必须具有敏锐的思维和善于发现问题的眼光，随时发现和抓住一些关键问题，进行深度访谈。深度访谈需要事先拟好访谈提纲，针对不同的访谈对象（企业决策层、营销各级主管、一二级批发商、终端销售员），提出不同的问题。

（1）营销战略诊断。
- 项目选择方面访谈或行业市场分析：决策层如何看待企业在行业中所处地位、企业核心价值方面访谈（对普通员工不一定提具体问题）。
- 营销战略规划访谈：各级主管是否了解企业营销总体目标、步骤以及相关决策。
- 营销目标访谈：目标是否明确、实际，是否以合理的营销组合目标为手段来规范。
- 目标市场访谈：是否了解地域及目标消费者的定位、认知、把握。
- 品牌形象访谈：如何看待本企业的品牌形象定位、品牌形象规划、品牌形象推广。

（2）内部营销环境诊断。
- 营销组织架构访谈：目前是否站在客户的立场上考虑过，是否了解直接上级和直线下级的职责和权力范围。
- 效果评估系统访谈：对现有评估制度是否了解或认可。
- 流程管控系统访谈：员工是否了解，主管是否定期检查销售队伍的效率与效果。
- 专业销售队伍访谈：是否了解销售队伍情况，是否对销售队伍进行培训。
- 市场信息系统访谈：做决策参考哪些依据，信息如何收集，信息反馈后处理效率如何。

（3）营销组合与管理诊断。管理诊断是对营销组合的诊断，主要针对以下七个方面进行访谈。

1）产品（包括生产主管）。

产品品质：如何看待产品品质与包装在同行中的水平，消费者是如何评价的（要拜访客户）。

产品定位：如何进行产品定位，是否有独特概念，给客户带来什么利益。

产品线及其延伸：什么样的体系，强势产品的地位如何，是否有延伸的设想。

2）价格（包括财务主管）。

定价：定价基于什么因素，是否了解各环节价格差，消费者接受的心理价位预计是多少。

管理与控制：是否有价格政策，是否认同，如何进行控制与管理，价格异议程度有多大，是否有抬价与压价现象，如何处理。

3）渠道。

渠道建设与控制：是否有渠道政策，效果如何（要拜访经销商），渠道是怎样设定的，是经验、习惯还是战略考虑，经销商对下级经销商有哪些具体支持。

渠道促销：让采访对象以案例说明渠道促销政策，效果如何（要拜访经销商），未来 1~2 年的渠道促销计划是如何制订的。

4）广告。广告策略是如何制定的，是否有投放（含资金）计划和媒体组合，是否有效果测定与跟踪。

5）促销。如何制订年度促销计划，对不同的消费者和渠道的不同层面，采用了何种促销方法，效果如何测定，是否有专门的促销活动督导人员，促销活动的预算是如何计算的。

二维码链接 5-3
食品企业的营销诊断

6）公关。是否有公关活动计划，如何提升和把握知名度与美誉度的关系。

7）日常管理。各级销售目标是如何进行制定与落实的，如何进行预算和控制（要拜访财务主管），对销售员如何进行日常管理，销售员是否认为他在上级监控之下（要拜访本人）。

3. 发布结论阶段：撰写诊断报告

诊断报告是整个诊断过程中的核心部分，其质量好坏，直接决定了销售诊断的水平。诊断报告需要以书面形式、以别人能接受的方式将资料信息呈现出来。诊断报告定稿后，需要与客户沟通，尽早安排时间进行阐述。然后，需要召开一系列座谈会，广泛听取意见，以便后续工作的进一步开展。

二维码链接 5-4
农夫山泉的营销诊断报告

5.2.3 食品企业营销诊断的方法

食品企业营销诊断可以套用中医的诊断手法，也就是望、闻、问、切，再加上一个思，如图 5-5 所示。

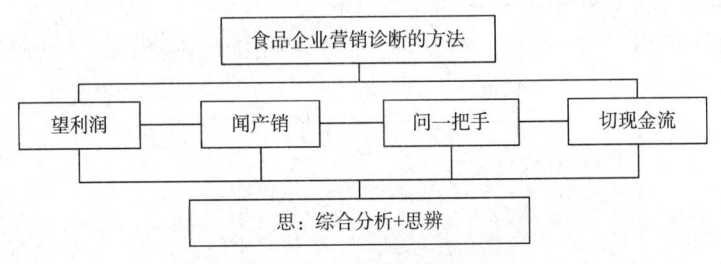

图 5-5 食品企业营销诊断的方法

1. 望利润

（1）看利润规模和利润率。如果利润低，就说明产品的可替代性高，附加值低，企业很难盈利；如果净利率不高或者销售费用和市场费用巨大，就说明商业模式有问题。

（2）看收入。对照过去 36 个月收入曲线图，如果收入规模大、收入来源稳定且利润高速增长，则说明企业优质。

（3）看用户。好的产品一定是用户增速快的，如果用户不是几何级数增长，则说明产品不够"劲爆"；如果用户黏性低，则说明产品不是用户的刚需。

2. 闻产销

"望"，是对食品企业的一个整体评估。如果企业利润情况良好，或者没有利润但收入情况良好，或者既没有利润也没有收入但用户情况良好，则说明企业"健康"，剩下的"闻问切"就是"常规体检"，寻找"隐患"；如果企业的利润、收入和用户情况都不理想，则说明企业"病了"，剩下的"闻问切"就是寻找"病根儿"。闻产销即调动嗅觉功能，帮助观察企业与市场的异象与异动。

（1）闻产品，成交难度和用户体验。好的产品一定抓住了用户的刚需，具体表现是，产品成交难度低、用户体验好。

成交难度：抓住了刚需的产品，用户一定是愿意付费的。好的产品，一定是成交难度低的产品，目标用户一旦看到该产品，就有购买的冲动。而那些需要反复推销，甚至讨价还价才能成交的产品，则说明产品有需要完善之处。

用户体验：用户体验是产品的一票否决权，产品的用户体验不好，轻则相当于漏盆舀水，所有的投入和努力都会大打折扣，事倍功半，重则直接导致企业失败。好的用户体验应该是小白用户不假思索就能流畅使用。

（2）闻销售，持续销售、销售加速度、可复制的销售方法。

如果产品没有问题但收入和利润不理想，一定是销售出了问题，就要分析销售环节。现实中，往往最畅销的产品并不是最好的产品，而是最会销售的产品。

持续销售：正确的销售方法，一定是可以让用户"应买尽买"的，不依赖某个具体的销售人员，形成常态化的持续的销售。对管理者而言，如果对未来的销售不可预测，或者高度依赖于某个销售人员，都说明销售存在问题。

销售加速度：正确的销售方法，一定是有销售加速度的，因为老用户会带来新用户，用户规模的扩大也会影响潜在用户产生购买欲望。如果没有销售加速度，要么是产品有问题，要么是销售方法有可优化之处。

可复制的销售方法：这是企业成功的关键，对于企业而言，首先是设计一个有人愿意购买的产品，然后找到一个可复制的销售方法。没有可复制的方法，企业就像无头苍蝇一样。实际上，市场营销的本质，就是设计一种可复制的销售方法。

3. 问一把手

诊断企业，最关键的是审视一把手是否堪当大任。

只有具备"成功范儿"的一把手，才能打造一家成功企业。如果没有一个能胜任的领军人物，不管企业资源如何独特，都不可能成功。

一把手必须是德才兼备的"三好人才"和"三有人才"，"三好"即好品德、好才华和好心态，"三有"即有态度、有能力和有素质。

4. 切现金流

现金流是企业的生命线，现金流紧张甚至面临断裂的企业是重症病人。企业的经营者必须时刻关注企业的现金流，根据企业每个月要消耗的成本和费用，测算现有现金能够支撑的时间。在测算时，对于收入要按照最低可能预测，对于成本和费用要按照最大可能预测。原则上，如果在没有一分钱收入的情况下企业的现金不足以支撑18个月的最低成本和费用，则企业的危险系数比较高。

以上是企业诊断四步法，层层递进，由表及里，抽丝剥茧，分析企业就如同中医的望闻问切一样，诊断清楚才能对症下药。

最后是思，对望、闻、问、切得来的信息进行综合分析与思辨，得出结论，并给出方向性的建议。

自我测试： 分组讨论某一食品企业，举例说明如何为该食品企业进行营销诊断。

管理者素养

敬业从管理者开始

华为的创始人任正非认为，华为员工有的在"尽力"做事，有的则是在"尽心"做事，而"尽力"与"尽心"的两种工作态度是不一样的。"尽力"是指尽力而为做事，看起来还不错，实际上是自我设限的行为，它的潜台词是"我的能力只有这么多，所以我只能做这么多"。而"尽心"的潜台词是"我一定会完成任务，而且还能做得更多、更好"。从专注度、积极性、耐心、克服困难的决心、完成工作的欲望以及责任感上说，两者都不一样，也就是敬业的程度不一样，因此最终工作的结果也不一样。

资料来源：微信公众号"经韬纬略智库"，2022-06-22。

任务 3　传统营销策略与新媒体营销策略

5.3.1　传统营销策略

1. 市场营销组合的概念

1964 年，美国营销专家鲍敦提出了市场营销组合的概念，即 4P（Product，产品；Price，价格；Place，渠道；Promotion，促销），是企业按目标市场的需要对自己可控制的各种市场营销因素（或称市场营销手段）进行的优化组合。

4P 理论是营销学最基本、最经典的理论，是最早将复杂的市场营销活动简单化和体系化的总结和提炼。该理论认为，一次成功和完整的市场营销活动意味着以适当的产品、适当的价格、适当的渠道和适当的促销手段，将适当的产品和服务投放到特定市场的行为。

2. 数字经济对 4P 理论的影响

市场营销组合的四个可变策略在动态的营销环境中互相依存。重要的意义在于，它们因势而异的配套组合，形成以某个策略为主的市场营销组合模式。数字经济下，4P 理论的整体框架仍然适用，但在实践中面临着较大的冲击和挑战。

（1）产品策略。在传统营销时代，产品设计从大众的基本需求出发，重视产品的功能性和实用性，主要营销理念是把工厂生产的产品卖给有支付能力的人，企业的目标就是大规模标准化生产，不断降低生产成本，以低价吸引客户。典型代表就是，福特汽车的广告语："不管你们想要什么车，我们只有黑色的。"在物资稀缺的年代，消费者需求层次较低，这种大规模的同质化产品一定程度上也可以满足消费者"从无到有"的需求。

在数字经济时代，"80 后"、"90 后"和 Z 世代逐渐成为消费主力，消费需求层次不断升级，开始追求商品的附加值。他们不再满足于标准化的产品，需求变得更加多元化，更在意个性化的满足程度，消费导向逐渐从"功能导向"向"价值导向"转变。数字营销重视不同消费群体的不同需求，为消费者设计出与其个性相匹配、高度差异化的产品。

中国式管理

蒙牛"甜小嗨"

蒙牛"甜小嗨"是一款依托于大数据研究、专门为年轻消费者群体设计的"互联网牛奶"，主张"喝点甜的，小嗨一下"的理念。"甜小嗨"将目标客户定位于 10~29 岁的年轻人。由于这类群体有着特定的偏好，追求精神自由、自我独立，喜好新鲜事物，在包装上，"甜小嗨"特意采用马卡龙甜蜜配色萌系包装，包装盒上的笑脸暗示喝了甜牛奶后小嗨的样子。这样的包装迎合了年轻人对于"萌"的偏爱，个性化较强，符合目标人群的需求，受到了他们的认可和喜爱。

资料来源：商城众网，2016-10-26。

（2）价格策略。传统营销下的价格是由卖方主导，依据企业内部的定价政策单方面制定的。定价的依据包括产品成本、标准利润率、同类产品的市场价格等。传统定价差异化程度相对较低，很难做到针对每一个客户的需求单独制定价格。同时，由于信息难以快速获取，对市场供需变化无法做到迅速调整，价格调整速度也相对较慢。

在数字经济时代，同样的产品向不同消费提供不同价格并实时调整价格的现象变得越来越普遍。个性化定价和动态定价的新定价模式应运而生。企业制定价格时考虑不同消费群体，甚至是每一位消费者的需求、支付意愿和购买能力等，科学合理地制定价格；综合各个可能影响价格变动的因素，在不同市场情况、不同场景、不同时间下更灵活、快速地调整价格，将差别定价做到极致。

顺应大数据和数字科技而来的定价方式，是让厂商可以提供针对个人定制的价格：假设甲特别想拥有一款产品，就卖他更高的价格；乙还在犹豫，就用较低的价格吸引他。不过，这不仅指"看人"定价，还包括促销折扣，也就是厂商在"对的时间"，推出折价券、优惠码、积点优惠或定制化的套装组合给潜在消费者。例如，咖啡店研究发现，某类消费者通常在出了客运站后才开始寻找附近的咖啡店，就要根据这类消费者的手机定位，在客运站出口向他们推送优惠信息，提高来店机会。

（3）渠道策略。企业的渠道策略经历了单渠道、多渠道、跨渠道、全渠道四个阶段。在传统营销模式中，单一线下渠道完成整个销售，对线下渠道较为依赖。传统渠道就意味着开更多的门店，进驻更多的卖场。线上渠道的出现给渠道策略带来了深刻的变革，传统实体渠道不断被改进，甚至被取代。市场营销的渠道被不断拓宽，变得更加多元化，除了网站、App、微博、微信，还有近些年兴起的短视频、直播平台等。任何可以让消费者接触到品牌的触点都可以成为销售渠道，真正实现了"场景即渠道、触点即渠道"。

思政教育

贯彻新理念，发展新形态，全面推进中华民族伟大复兴

我们提出并贯彻新发展理念，着力推进高质量发展，制定一系列具有全局性意义的区域重大战略，我国经济实力实现历史性跃升。提出实现中华民族伟大复兴的中国梦，以中国式现代化全面推进中华民族伟大复兴，统揽伟大斗争、伟大工程、伟大事业、伟大梦想，明确"五位一体"总体布局和"四个全面"战略布局，明确我国社会主要矛盾是人民日益增长的美好生活需要和不平衡不充分的发展之间的矛盾，并紧紧围绕这个社会主要矛盾推进各项工作，不断丰富和发展人类文明新形态。

资料来源：中国政府网，2022-10-16。

在数字化时代，渠道呈现"去中心化"趋势，直销模式更加普遍，渠道长度越来越短。厂家、品牌商可以跨过经销商、代理商，建立自己的线上平台销售产品，与客户直接建立联系，或者通过微商、微博大 V、明星网红直播带货等减少中间分销环节。同时，随着数字技术的不断发展，物理渠道和虚拟渠道的界限消失，更多企业开始注重线上与线下渠道的互动和融合，多渠道交互完成销售流程。每条渠道仅完成销售的部分功能，形成完整的销售链条。用户可以在线下店了解、体验产品，到线上网店下单，再到线下店铺自提。全渠道整合则是对线上和线下渠道实现全过程的信息和功能整合，线上线下共同发力，为用户提供全方位、一体化的购物体验。

中国式管理

良品铺子的全渠道发展

良品铺子经历了三个阶段的发展，打通了线上线下渠道，实现全渠道整合。发展初期，良品铺子采用直营模式扩充线下门店网络。在数字经济的冲击下，良品铺子向线上转型，开始建立线上渠道，开展电商业务，在京东、天猫等电商平台成立购物商城。这一阶段，虽然线上线下同时销售，但彼此仍然独立。随着线上渠道的不断扩张，良品铺子开始寻求线上线下的融合。在线上，基于在多个平台的用户基础，打造基于"平台电商+社交电商+自营 App"三位一体的全方位运营网络。同时，对线下门店进行升级改造，致力于打造具有沉浸式消费体验的智慧门店。对门店数字化，将自营 App、小程序及外卖纳入门店管理，打通线上平台和线下门店订单和配送，真正实现了线上线下渠道的融合发展。

资料来源：中国财经网，2023-08-30。

（4）促销策略。传统促销方式主要是在电视、广播、报纸等传统媒体上投放广告，传递的是一种硬性信息。随着信息泛滥、消费者注意力碎片化、智能移动终端的广泛使用，消费者已经难以被这种传统促销方式所吸引和打动。

在数字化时代，以"讲故事"为特征的内容营销得到了广泛应用，其核心思维是从消费者角度出发，利用消费者感兴趣的内容吸引其注意力并进行有效沟通。内容营销将时事热点与品牌信息相结合，主要在微博、微信、小红书、抖音等新媒体上进行宣传推广，形式上也更加丰富，降低了受众对广告的抵触感，使其更有效地接受品牌信息。

自我测试：分组讨论分析数字经济对 4P 策略的影响。

5.3.2 新媒体营销策略

新媒体营销是指利用新媒体平台进行营销推广的模式。在计算机与网络技术带来巨大革新的年代，营销思维也带来了巨大改变，如体验性、沟通性、差异性、创造性、关联性。主流的新媒体平台有微信、微博、抖音、快手等各大网络视频平台、网络直播平台、知识问答平台及自媒体平台等。新媒体融合了信息技术（5G/6G）、互联网时代、人工智能、云算力、大数据、区块链以及虚拟现实、增强现实、混合现实、游戏引擎在内的虚拟现实技术的成果；未来将引发基础数学（算法）、信息学（编程、信息熵）、生命科学（脑机接入）、区块链（加密金融）、量子计算（算力）等学科的深入研究和交叉互动；还会推动未来学、哲学、逻辑学、伦理学、科幻等人文科学体系的全新突破。

新媒体营销是基于特定产品的概念诉求与问题分析，对消费者进行针对性心理引导的一种营销模式。从本质上来说，它是食品企业软性渗透的商业策略在新媒体形式上的实现，通常借助媒体表达与舆论传播使消费者认同某种概念、观点和分析思路，从而达到企业品牌宣传、产品销售的目的。市场营销中比较经典的营销策略有饥饿营销、事件营销、知识营销、跨界营销等，食品企业将这些营销策略在新媒体平台上实施，根据品牌和产品的特点进行新媒体营销通常能取得较好的效果，如图 5-6 所示。

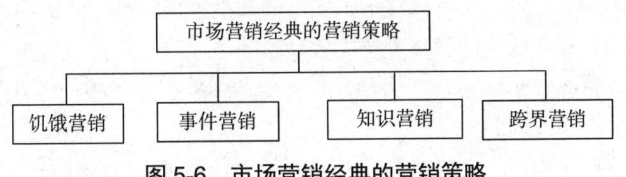

图 5-6　市场营销经典的营销策略

1．饥饿营销

饥饿营销是指产品提供者有意降低产量，以达到调控供求关系、制造供不应求的"假象"，让产品维持较高利润率和品牌附加值的一种营销策略。饥饿营销的最终目的不仅是为了提高价格，更是为了使产品产生附加值，从而为品牌树立高价值的形象。饥饿营销的核心是制造供不应求的现象，使消费者产生紧迫感，增强购买欲望并快速做出购买决定。采用这种营销策略时，企业需要注意以下几点。

（1）心理共鸣。成功的基础是产品能够满足用户的需要，用户认可该产品。

（2）量力而行。饥饿营销可以在一定程度上提高品牌的价值并增强其影响力，但企业要把握好度，不能过度消磨用户的耐心，否则可能适得其反，对品牌形象造成负面影响。

（3）宣传造势。企业实施饥饿营销的前提是成功激发了消费者的购买欲望，吸引更多消费者的注意并使之产生危机感。每个消费者对产品的需求程度和欲望强弱不同，企业或品牌商在制定宣传节点、策划宣传内容、选择宣传平台时要全面、认真、谨慎地考虑相关事宜。

（4）审时度势。在激烈的市场竞争中，市场环境多变，消费者的心理和购买行为可能会受到诸多因素的影响，因此企业要多关注竞争对手的营销策略。

成功运用饥饿营销有三个前提：第一，产品要有不可替代性；第二，消费者心智不成熟，愿意甚至喜欢追逐新奇和稀缺；第三，市场竞争不激烈。

中国式管理

喜茶的"饥饿营销"

2023年5月，喜茶与意大利奢侈品牌FENDI推出联名产品。这款茶饮名为"喜悦黄"，单杯定价19元，含联名周边的限定款定价38元，包括2杯茶饮，可2选1获得杯垫或者徽章，以及附带印有FENDI英文Logo的手提袋。茶饮企业的联名合作并不少见，但是与奢侈品的合作还是让人们倍感惊喜。因此，喜茶和FENDI的联名周边限定款一上线，就迅速在各大社交平台刷屏，上线次日在各地的大部分门店都售罄。

资料来源：知乎，2023-05-18。

2. 事件营销

事件营销是企业通过策划、组织和利用具有新闻价值、社会影响以及名人效应的人物或事件，引起媒体、社会团体和消费者的兴趣和关注，以求提高产品或服务的知名度、美誉度，树立良好的品牌形象，并最终促成产品或服务成交的一种营销策略。

二维码链接5-5 胖东来的八页调查报告上热搜

通常来说，在事件营销中，为了快速引发热度和关注，借助名人或热门事件是非常有效的途径。对于企业来说，容易吸引消费者关注，同时有利于提升品牌形象的事件主要包括公益活动、热点事件、危机公关等。

在事件营销中，企业要想与用户产生共鸣，需要将产品或服务的特性与媒体特性相结合，借事件的热点创造有亮点的话题。企业在事件营销中要掌握五个关键因素，如图5-7所示。

（1）真实性。企业必须保证事件的真实性，切忌弄虚作假。

（2）相关性。这一般是指企业需要利用在心理、利益或地理上与用户接近或相关的事件，包括经济、公众、安全、道德等。

（3）重要性。重要性是指事件的重要程度，是影响事件营销结果的重要因素。一般来说，对越多的人产生越大影响力的新闻事件，其价值也就越大。

（4）显著性。事件中的人物、地点和内容的知名度越高，该事件就越容易引起消费者的关注。

（5）趣味性。大多数消费者会对新奇、不寻常的事情感兴趣。在事件营销中，增强事件的趣味性能够满足消费者的好奇心与娱乐心理。

```
         事件营销的五个关键因素
    ┌────┬────┬────┬────┬────┐
   真实性 相关性 重要性 显著性 趣味性
```

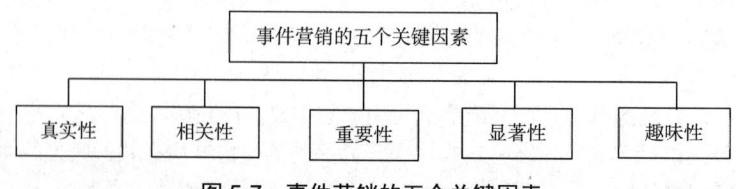

图5-7　事件营销的五个关键因素

> **中国式管理**
>
> "山东淄博在烧烤，山东潍坊在发疯。"
>
> 2023年上半年，凭借着淄博烧烤、潍坊风筝节，让人心向往之。面对意外的暴火机会，淄博政府用速度和态度交了一份优秀的答卷：开设"高铁烧烤专列"、定制公交专线、推出半价青年驿站、打造烧烤音乐节，甚至文旅局长亲自接待游客……让源源不断的人赴"淄"赶"烤"，造就了现象级的城市营销典范。
>
> 另一边，山东潍坊风筝节，尽情放飞人类想象力，动物、花卉、漫画人物甚至品牌纷纷"上天"，争夺"广告位"，为网友带来快乐源泉。
>
> 淄博烧烤、潍坊风筝节暴火，特色小城首度打败热门景区，折射出中国文旅市场的巨大消费潜力和无限可能。
>
> 资料来源：新华网，2023-04-12。

3. 知识营销

（1）知识营销的概念。知识营销是指企业通过有效的知识传播方法和途径，将自身所拥有的对消费者有价值的知识（包括产品知识、专业研究成果、经营理念、管理思想以及优秀的企业文化等）传递给潜在消费者，并使其逐渐形成对企业品牌和产品或服务的认知，最终转化为实际用户。

知识经济的到来使人们的生活观念和生活方式发生了变化，人们对信息获取的效率和质量提出了更高的要求。消费升级加速，消费者不再是被动接受信息的群体，而是不仅要"知其然"，还要"知其所以然"。知识型消费者的规模快速扩大，企业的品牌营销方式也随之变化。知识营销是一种新的营销方式，从传统的"广而告之"，发展为"广而认知"，让企业用知识影响消费者，以知识传递品牌价值。

> **中国式管理**
>
> 东方甄选走红的背后
>
> 没有随随便便的成功，也没有无缘无故的走红。东方甄选知识营销的背后有三重共识：
>
> （1）平台环境。各大平台部分头部主播遇到"灰天鹅"，释放了大量的直播深度用户的注意力，而时值"618"节点，无论是用户、品牌还是平台，都乐于见到创造增量的新头部主播出现。
>
> （2）差异化内容。人们对同质化、叫喊式直播内容的无感，急需差异化内容来填充，这并不意味着知识型主播取代全能型主播，而是相互补充。全能型主播可以规模化带货，基本没有品类限制，知识型主播能够契合品质直播内容的用户需求。
>
> （3）情怀人设价值。俞敏洪体面"离场"，捐出课桌课椅，以及助农的主方向，为东方甄选直播间带来了心智维度的优势，也是受众对"在绝望中寻找希望"的共情基础，这是人设的影响力，也是品牌的商誉度。
>
> 资料来源：搜狐网，2022-09-13。

（2）知识营销的新特征。第一，它是有认知增量的，内容对消费者来说是新鲜的、新奇的；第二，内容要让消费者有获得感，这种获得感是习得了知识的状态，具有现实意义；第三，所输出的内容，和品牌质感、产品场景是吻合的。

（3）知识营销的优势。品牌是企业最大的资产。在创建一个品牌时，我们需要一个"创意"，将新品牌植入消费者心智中，而后品牌重复、重复、再重复地，以"引发共鸣式"的广告，将品牌核心价值传递给消费者，维护住这一强有力的品牌。但是随着生产力的发展，各项产品和服务价格下降，而广告的制作和投放成本却在攀升。无论是"大创意"还是"不断重复"，建立并维护一个品牌需要巨大投入才能维持品牌形象，持续沉淀品牌资产。其中，"知识营销"是塑造品牌资产的重要路径，可以抵消人们对广告内容的天然抵触心理，使消费者在其中有"知识增量"和"获得感"，并融合公关传播和广告营销，更"润物细无声"地影响消费者的心智偏好。

自我测试：上网搜索东方甄选直播间典型的知识营销案例，分组讨论其成功之处。

4. 跨界营销

（1）跨界营销的概念。"跨界"代表一种新锐的生活态度和审美方式的融合。跨界营销是指不同品牌商之间开展跨界合作，使原本毫不相干的元素相互渗透、融合，从而给品牌建立一种立体感和纵深感，能够吸引更多用户关注。

（2）跨界营销的实质。跨界营销意味着企业要打破传统的营销思维模式，避免单独作战，寻求非业内的合作伙伴，发挥不同类别品牌的协同效应。跨界营销的实质是多个品牌从不同角度诠释同一类用户的特征。建立跨界营销关系的不同品牌，一定是互补性而非竞争性的品牌，其中，互补是指消费者体验上的互补，而非简单的功能上的互补。

跨界营销面向的是相同或类似的消费群体，因此企业在策划跨界营销活动时，需要对目标消费群体做详细、深入的市场调研，深入分析其消费习惯和品牌使用习惯，并以之作为开展营销和传播工作的依据。

（3）跨界营销的局限性。跨界营销对合作的企业在营销能力上提出了很多挑战。企业以往在实行营销策略时，只需考虑如何使用好自身的资源。而在跨界营销中，企业要考虑如何通过策略上的调整，在与合作伙伴的互动中获得资源利用上的协同效应，还要注意当品牌成为目标用户个性体现的一部分时，这一特性同样需要和目标用户的其他特性相协调，避免重新注入的元素和用户的其他特性产生冲突，造成品牌形象的混乱。

二维码链接 5-6 茅台冰淇淋一周年——不只是跨界营销，更是拓圈战略

管理者素养

敬业精神

敬业精神是一种在热爱基础上的对工作、对事业全身心投入的精神境界，其本质是奉献精神。树立主人翁责任感、事业心，追求崇高的职业理想；培养认真踏实、恪尽职守、精益求精的工作态度；力求干一行爱一行专一行，努力成为本行业的行家里手；摆脱单纯追求个人和小集团利益的狭隘眼界，具有积极向上的劳动态度和艰苦奋斗精神；保持高昂的工作热情和务实苦干精神，把对社会的奉献和付出看作无上光荣；自觉抵制腐朽思想的侵蚀，以正确的人生观和价值观指导和调控职业行为。

资料来源：百度百科，2021-06-16。

任务 4　食品企业数字化营销模式

5.4.1　数字化营销的概念

数字化营销是在数据化时代，以用户为核心，以数字化工具为手段，通过寻找、发现、留存、感动用户并促成转化，以达到协同营销效果的一种营销方式。数字化营销是基于明确的数据库对象，

通过数字化多媒体渠道，实现营销精准化，营销效果可量化、数据化。

5.4.2 数字化营销的发展模式

随着数字化转型推动消费者需求和期望的不断演变，数字化营销趋势将继续发展和加速，营销人员的工作也在如今社交技术的快速变革下日异月新。目前，比较新兴的数字化营销模式有以下几种。

1. 社交商务

社交商务将社交媒体与购物的概念相结合，让消费者无须打开浏览器或应用程序直接在社交媒体上购买商品。此外，许多社交媒体平台也都有内置功能，允许用户设置商店、上架商品和收付款，这对用户和数字营销人员来说不仅相当方便，也创造了新的机会。

2. 视频营销

视频一直在数字营销领域发挥着重要作用，越来越受欢迎的短视频成为社交媒体的主要展现形式。调查表明，有超过 80% 的企业使用视频作为营销工具。随着智能手机、相机规格的提升，编辑工具的便利性以及视频平台的高浏览量，视频变得大众化，各种规模的企业和团队都能轻松方便地制作视频。

3. 人工智能

近年来，人工智能逐渐成为解锁多数企业大量客户数据的关键。数字营销需要更多重复性工作和数据分析的支持，将发送邮件或整合新客户数据等日常任务交给人工智能完成，团队成员可以解放出来专注于其他重要的工作。

4. 机器人客服

机器人客服对于任何与客户服务相关的工作流程都十分重要，对于会收到大量信息或请求的企业更是如此。研究表明，69% 的消费者宁愿与机器人客服沟通，也不愿等待人工客服。如今每个行业的消费者都需要全时段的可用性和服务，机器人客服不仅能够在任何时间提供服务，也可以依照不同的需求进行调整。

5. 直播

直播是世界上成长最快的内容形式之一，为观众提供了一种他们最喜欢的与创作者互动的独特方式。随着更多企业参与直播，观众有众多机会通过直播平台进行购买。这种无缝体验减少了可能产生的摩擦，有助于最大限度地发挥直播的价值。

6. SEO 的演变

SEO 是搜索引擎优化，通过对网站进行站内外优化和修复（网站结构调整、网站内容建设、网站代码优化和编码等），提高网站的关键词排名以及企业产品的曝光度。通过社交媒体、搜索引擎和电子邮件等不同平台强化市场曝光，扩大潜在受众的范围。现代搜索引擎由机器学习技术提供，这些程序能够监控每秒数十亿次的搜索，并且已经具备制定聚焦于用户意向和参与度策略的能力。

7. 移动商务

过去，营销人员通过移动广告将潜在客户吸引至实体店购买，而 Apple Pay、Google Pay 和其他数字钱包让移动用户的销售变得更加容易。如今消费者更倾向于使用移动商务，尤其是在有更简单的支付选项可用的情况下。为了让客户体验到更好的移动商务，品牌首先要确保网站适合在移动设备上使用，并确保转账的流程是直观且便捷的。

8. 预测性分析

数据是大多营销趋势的关键，预测性分析形式类似于人工智能，但又不完全相同，它能延伸到查看未来可能的结果。这两种技术都使用现有的数据和分析来帮助改善未来与客户的互动。人工智能是自主的，而预测性分析依赖于互动来查询数据、识别趋势和测试假设。到2024年底，75%的企业或将转向使用人工智能来满足其运营需求。预测分析工具和应用程序的数量，如进阶的客户评分制度、客户分类和个性化，也将在未来几年持续增加。

9. 全渠道营销

现今的消费者分布在多个不同渠道上，品牌也应该如此。全渠道营销可以在每个渠道提供有凝聚力的品牌信息与客户体验。由于跨平台和内部数据的不一致，早期的全渠道营销很复杂，但现代SaaS（软件即服务）工具简化了品牌跨多个渠道设置复杂活动的方式。全渠道将来自每个渠道的客户数据和体验整合到了一个单一的客户档案中，营销和销售团队可以看到用户浏览了哪些网页，并根据消费者有兴趣的社群媒体活动为每个人选择合适的活动。

数字化营销为企业带来了巨大的机遇和挑战。只有通过深入了解消费者、灵活运用技术、持续创新和优化营销策略，企业才能在激烈的市场竞争中脱颖而出并实现可持续的业务增长。

二维码链接5-7 SN食品的数字化营销模式

5.4.3　食品企业数字化营销转型

食品企业应遵循4R模型，结合自身实际情况开展具体的数字化营销转型。4R模型是对应4P模型所提出的数字化营销模型，由四个关键因素组成，分别为识别（Recognize）、触达（Reach）、关系（Relationship）和回报（Return），如表5-2所示。

表5-2　数字化营销模型

关键因素	释　　义
识别	用数字化手段进行客户画像，识别目标客户
触达	用数字化手段接触客户
关系	用数字化渠道与客户建立良性关系
回报	通过数字化营销获得回报

1. 识别

识别是指用数字化的方法了解和识别目标客户。数字化时代，企业研究客户的方式源于客户网络购物留下的痕迹，通过追踪这些数字痕迹来获得准确的行为数据，了解客户不同的购物偏好，结合当地人口特征，进行精准的目标客户画像并开展预测分析，为营销策略的展开提供精确、个性化的数据参考。

例如，A企业希望进行数字化营销。它首先要做的就是进行识别，在确定具体的战略之前，从数据入手，通过平台数据调查A企业的竞争对手数量、销售情况、品牌核心、主要客户、市场份额等营销指标，拿到数据后开展分析，找出自己的目标客户以及主要特征，进行画像。

2. 触达

触达是指以数字化的方式接触客户。数字化时代，企业通过数字化广告投放、流量采购、虚拟现实营销、社交媒体、搜索引擎等数字化方式精准触达客户。

例如，在识别精确的客户画像的基础上，A企业开展触达环节，通过购买流量、社交媒体等方式进行广告和信息的精准投放。

3. 关系

关系是指用数字化的渠道与客户建立良性关系。数字化时代，食品企业应转变思路，以"去中介化"的方式与客户进行良好的互动，建立持续交易的基础，即建立社群，开展深度互动和联系，入手私域流量。

例如，在解决了识别和触达的问题后，A企业应开展关系环节，通过App、小程序等数字化方式将精准投放的人群集中起来，建立属于自己的品牌社群，并开展相关活动，以引爆私域流量，形成关系。

4．回报

回报是指通过数字化营销获得回报。数字化营销的回报方式是围绕产品，以社群为基础进行变现。通常采用直播、众筹、拼团、社群分销等方式进行转化，获得回报。值得特别关注的一点是，找到目前客户的"关键支付时刻"，即用户在社群中或消费过程中最容易成交的点。

例如，A企业此时应分析所建立的社群中的关键支付时刻是什么，并设计系列策略来获得利润；同时结合自身实际选取直播、拼团、众筹等方式进行营销策略的设计，将社群用户价值转换为实际经济价值，实现数字化营销的回报。

4R模型通过四个环节的闭环，从识别客户、触达客户到留存客户并建立持续交易的关系，最终将客户资源变现。数字化营销是趋势，亦是机会。数字化时代企业和营销人员应充分认识并掌握数字化营销的含义和方法，不断更新营销思维、升级营销方法，让营销策略跟上市场变化的脚步。

项目案例分析

五粮液：数字化营销将是转型升级的重要切口

从2017年到现在，五粮液在数字化转型方面取得了一系列突破性进展，包括全面启动智慧门店建设，打通与渠道商、终端门店以及消费者之间的数字连接，形成基于大数据的决策和管理机制，持续完善优化贯通产供销全链条的ERP系统，实现"产、购、包、销"有效联动，并依托5G等新兴信息技术，探索数字化新业态、新模式、新应用，提升白酒的收藏、投资属性。

值得注意的是，数字化营销将是五粮液数字化转型升级的重要切口，也是五粮液营销变革的关键推动力。

据悉，五粮液的数字化营销系统通过厂家、渠道商、消费者层层扫码，收集与商品相关的数据，如成品酒生产、仓储、物流、终端实际动销、终端产品库存、商家打款、订单生产等重要节点的实时数据，实现实时可见。

资料来源：36Kr网，2023-02-06。

➡ **辩证性思考：**
谈谈你对五粮液数字化营销的看法。

项目检测

管理知识培养规格检测

1．简述食品企业营销管理的概念和任务。
2．简述食品企业营销管理的内容。
3．简述营销诊断的概念。
4．简述营销诊断的方法。
5．给当地某知名食品企业进行一次营销诊断，并给出建议。
6．简述食品企业新媒体营销策略的内容。
7．简述食品企业数字化营销的发展模式。
8．简述食品企业数字化营销转型的模型。

管理能力培养规格与管理者素养培育规格检测
实践项目5　制订××食品企业营销管理方案

　　项目实践目的：运用食品企业营销管理的理论和方法，通过对××食品企业营销管理现状的分析，培养学生运用食品企业营销管理理论和方法对食品企业营销管理现状进行分析和解决营销管理问题的能力。同时培养学生团队合作精神、语言表达能力、应变能力、应用写作能力，以及学生管理者素养的培育。

　　项目检测考核：通过对食品企业营销管理现状的分析，每个团队撰写食品企业营销管理方案，在"××食品企业营销管理方案研讨会"上进行宣讲、讨论、答辩，指导教师进行评价。由各团队队长和指导教师负责评判打分，考核成绩分为优秀、良好、及格。

　　飞翔队由4号队员负责本实践项目的讨论、汇总、撰写方案、宣讲和答辩。经过讨论、答辩，指导教师提出两点修改意见，综合评判该方案为良好。

项目 6

食品企业生产管理

项目培养规格

管理素养培育规格

强化管理者执行的职业观念,培育管理者的执行力。

管理知识培养规格

明确食品企业生产管理的概念、内容;了解食品企业生产数字化管理;掌握食品企业生产现场管理的方式;重点掌握食品企业生产过程管理的要点;掌握食品企业卫生管理;熟悉食品企业技术管理和设备管理。

管理能力培养规格

具备运用食品企业生产管理的能力。

思维导图

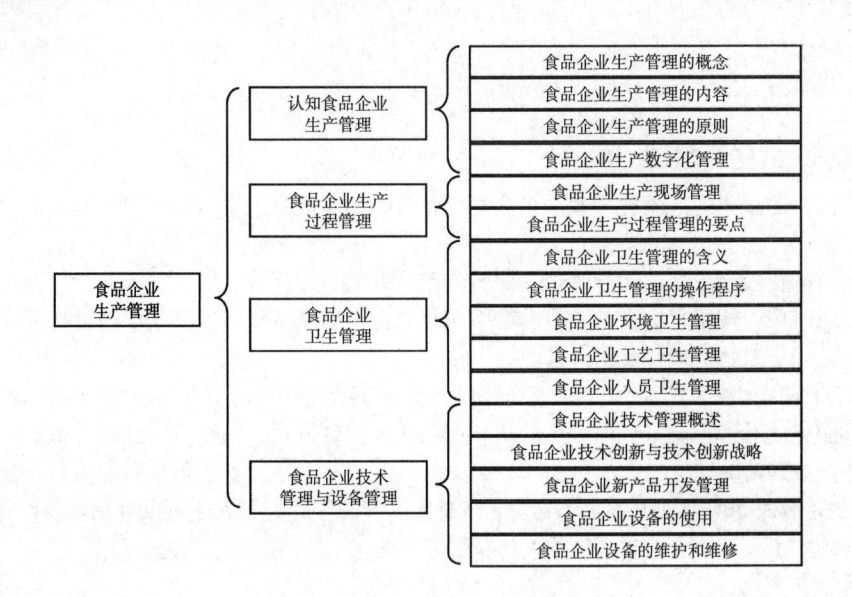

食品企业生产管理
- 认知食品企业生产管理
  - 食品企业生产管理的概念
  - 食品企业生产管理的内容
  - 食品企业生产管理的原则
  - 食品企业生产数字化管理
- 食品企业生产过程管理
  - 食品企业生产现场管理
  - 食品企业生产过程管理的要点
- 食品企业卫生管理
  - 食品企业卫生管理的含义
  - 食品企业卫生管理的操作程序
  - 食品企业环境卫生管理
  - 食品企业工艺卫生管理
  - 食品企业人员卫生管理
- 食品企业技术管理与设备管理
  - 食品企业技术管理概述
  - 食品企业技术创新与技术创新战略
  - 食品企业新产品开发管理
  - 食品企业设备的使用
  - 食品企业设备的维护和维修

项目导入案例

双汇实现智能化转型，智能制造生产线成果亮眼

近年来，双汇先后投资 30 多亿元，积极实施产业链不同环节的自动化、数字化、智能化升级改造，通过延伸产业链、提升价值链、打造供应链，提高企业竞争力，为河南肉类产业发展树标赋能。

于 2021 年底，总投资 5 亿元的漯河屠宰厂完成智能化升级改造。改造后的屠宰生产线实现全流程的信息化和智能化管理，从生猪收购、生产加工到产品发货，全产业链数据自动采集、自动上传、自动计算，产、供、销、运数据实现在线追溯和即时汇总分析。在线使用的生猪人工智能证件识别、产品智能输送/分级、分区智能温控系统等智能化手段，让生产流程更节能、高效、安全、环保。数据显示，改造完成后生猪屠宰单班产能每年 150 万头，调理制品产能每年 2.5 万吨，年销售收入达 40 亿元。

双汇的肉制品工厂也进行了升级改造，升级改造后，采用奥地利、西班牙、丹麦等国家的一流生产设备，与中国科学院沈阳自动化研究所合作设计，建成一条集约化、自动化、智能化、信息化火腿肠生产线，整条生产线引入九大智能模块，通过 MES 系统与 ERP 系统无缝衔接，实现智能排产、综合调度、信息采集、数据分析、能源管理等多方面的智能、高效生产。由每天每人 300 千克，提升至每人每天 625 千克，日产能 200 吨，生产效率翻倍。

资料来源：双汇集团官网，2023-07-07。

▶ **辩证性思考：**

结合案例，谈谈你对"食品企业进行智能化转型"的看法。

任务 1　认知食品企业生产管理

6.1.1　食品企业生产管理的概念

食品企业生产管理是对食品企业产品生产的计划、组织和控制，是食品企业有关生产活动方面一切管理工作的总称，是整个企业管理的重要组成部分。生产管理的研究对象是生产力的合理组织，也就是把生产力的各要素有效地结合起来形成有机体系，加强生产管理有利于增加产品产量，提高产品质量，缩短生产周期，加速资金周转，提高劳动生产率和降低产品成本。

二维码链接 6-1
执行力认识的误区

6.1.2　食品企业生产管理的内容

为了提高食品企业生产效益，食品企业生产管理的具体内容主要包括生产运行管理和生产系统维护两大方面。

（1）生产运行管理。生产运行管理主要指生产系统的运行管理。生产系统的运行，主要是指在运行的生产系统中，按用户的需求，生产合格产品和提供满意服务。生产系统的运行管理主要涉及生产计划、组织、控制三个方面的内容。

1）生产计划是解决生产什么、生产多少和何时出产的问题，包括预测本企业产品和服务的需求，确定产品和服务的品种与产量，设置产品交货期和服务提供方式，编制生产计划，做好人员班次安排，统计生产进展情况等。

2）组织是解决如何合理组织生产要素，使有限的资源得到充分且合理的利用。生产要素包括：
①劳动者（工人、技术人员、管理人员和服务人员）；

②劳动资料（设施、机器、装备、工具、能源）；
③劳动对象（原材料、毛坯、在制品、零部件和产品）；
④信息（技术资料、技术文件、市场信息、计划、工作指令）。

劳动者、劳动资料、劳动对象和信息的不同组合与配置，构成了不同的组织生产方式，或简称生产方式。

3）控制是解决如何保证生产计划完成任务的问题，主要包括接受订货控制、投料控制、生产进度控制、库存控制和成本控制等。

（2）生产系统维护。组成生产系统的设备和设施，随着生产系统的运行会出现老化、故障、毁损等现象，这将影响生产系统的正常运行，降低生产效率和产品质量。生产系统只有通过正确的维护和不断的改进，才能适应市场的变化，持续地为用户提供合格产品和满意服务。生产系统维护的主要内容是设备管理，其主要包括：

1）依据食品企业经营目标及生产需要制定设备规划，主要是设备的添置和更新改造计划的制订。
2）选择、购置、安装调试所需设备。
3）对投入运行的设备正确、合理地使用。
4）维护保养和及时检查设备，保证设备正常运行。
5）适时改造和更新设备。

二维码链接 6-2
什么是现场工程师？

6.1.3 食品企业生产管理的原则

1. 讲求经济效益

讲求经济效益，按传统观点和做法是把降低成本重点放在原材料节省和工时节约上，而按现在观点和做法是把降低成本重点放在提高生产能力和降低库存上。

2. 坚持以销定产

生产管理要坚持以销定产，防止盲目生产，提高市场适应能力，开发新产品。

3. 实现科学管理

生产管理要实行科学管理，建立适宜的生产指挥系统，做好基础工作，数据完整、准确，制度完善，管理工作程序化、制度化以及管理思想和方法现代化。

4. 组织均衡生产

组织均衡生产既是科学管理的要求，也是建立正常生产秩序和管理程序、保证质量、降低消耗的前提条件。

5. 实施可持续发展战略

可持续发展的本质是创造一个良好的社会环境。生产是转化为有用的产品，还是转化为污染？这是生产管理中要考虑的一个问题。1989 年联合国环境规划署工业与环境规划活动中心提出"清洁生产"的概念，并将其定义为："清洁生产是指将综合预防的环境策略持续地应用于生产过程和产品中，以便减少对人类和环境的风险性。"对生产过程而言，清洁生产包括节约原材料和能源，淘汰有毒原材料并在全部排放物和废料离开生产过程以前减少它们的数量和毒性。对产品而言，清洁生产策略旨在减少产品在整个生产周期过程中对人类和环境的影响。

自我测试：食品企业生产管理有什么原则？

思政教育

树立可持续发展观

可持续发展是一种注重长远发展的经济增长模式，最初于1972年提出，是指既满足当代人的需求，又不损害后代人满足其需求的发展，是科学发展观的基本要求之一。

可持续发展是指经济、社会、资源和环境保护协调发展，它们是一个密不可分的系统，既要达到发展经济的目的，又要保护好人类赖以生存的大气、淡水、海洋、土地和森林等自然资源，使子孙后代能够永续发展和安居乐业。

资料来源：综合百科，2020-10-21。

6.1.4 食品企业生产数字化管理

在现代食品企业管理中，食品企业要想提高工作效率，就需要在管理上进行改革和创新，实现数字化管理。数字化管理的关键是生产管理系统的应用。目前，在食品企业生产管理中应用较为广泛的是MES系统和ERP系统。

中国式管理

为什么双汇是放心肉

《中国质量万里行》记者在"大江南北看双汇"的过程中深入了解到，双汇靠着品质实现了基业长青。双汇发展副总裁李红伟介绍"双汇深化源头控制、保障购进安全制定了必须坚持的五项基本原则"，严把进厂关，采购信息及检验状态直接上传ERP系统，实现检验信息化、批批可追溯，保障了购进物资安全。实现全程追溯、系统时时跟踪，做到了过程管控、批次管理和产品全程追溯，确保食品安全。2014年双汇采取"预防为主、风险管理、全程控制、全员参与"的质量控制原则开展工作，实现了全年重大食品安全零事故，疫病漏检率为零，肉制品市场投诉连续三年同比下降20%以上，有力提升了企业的食品生产管理水平。

资料来源：微信公众号"双汇餐饮连锁"，2023-01-03。

MES系统，即制造执行系统，简单来说就是指在制造过程中利用信息技术在现场进行控制和管理的系统。在食品制造业中，MES系统可以应用于多种生产过程，如生产计划、原料采购、配料、机器控制、卫生检查、质量检测和产品追溯等。

食品企业使用MES系统具有以下几个方面的优势。一是提高制造效率。实现生产计划和生产现场的连接，通过制订生产计划和自动化控制生产线，提高生产效率。同时MES系统可以及时发现生产异常，及时处理，保证生产不中断，提高生产线的稳定性。二是优化资源管理。通过减少资源浪费和提高资源利用率，可以达到降低制造成本、提高生产效率和优化产品质量的目的。三是提高产品质量。通过MES系统对生产过程的实时监控，能够快速发现生产过程中的问题，并分析产生问题的原因，减少产品次品率，提高产品质量和安全性。四是实现追溯管理。根据一定的追溯体系，调查食品来源、生产过程、质量检测和销售流向等信息，提高食品安全管理，追踪食品质量问题，保障食品质量和安全。

ERP系统，即企业资源计划系统，包括企业的生产管理、进销存管理、财务管理、成本管理、人力资源管理、供应链管理、客户关系管理等。

ERP系统将食品生产加工企业的实际需求与在线系统完美结合，打破各部门、各区域、各工种之间沟通和协作的壁垒，打造食品企业全程一体化管理体系，建立规范、灵活、高效的生产流程管理，实现原料、产品、设备、生产计划、库存、配方、人资等所有环节全程无缝管理，确保数据信息实时同步，帮助企业快速反应、紧密协作，提高管理效率，全程监控各个环节的运转和协作。

MES 系统与 ERP 系统的界限是模糊的，有些功能有重叠。ERP 系统不能代替 MES 系统，MES 系统能够对 ERP 系统进行监控和反馈。二者的区别如表 6-1 所示。

二维码链接 6-3 十大食品企业的数字化战略

表 6-1　MES 系统与 ERP 系统的区别

区别因素	MES 系统	ERP 系统
管理范围	面向车间现场生产过程的数字化管理	针对物流、人流、财流、信息流集中一体化的管理
管理目标	重点是制造	重点是财务
管理功能	细化生产计划，收集生产数据以及批次级的生产控制和调度	在生产管理中的功能主要是编制生产计划，收集生产数据
管理方式	填写表单和表单抛转	实时管理
管理周期	短	长

管理者素养

管理者的角色认知

管理者要对自身的角色定位和岗位职责进行认知，要清楚自身所在的岗位都需要承担什么，管理者的角色本身都有哪些属性。管理者进行角色认知要明确：

（1）管理者之于组织，应该承担的组织使命是什么？
（2）管理者之于上级，应该符合的发展需要是什么？
（3）管理者之于下属，应该满足的成长需求是什么？
（4）管理者之于自己，应该体会的成就满足是什么？

管理者角色认知是责任的认知，是发展的认知，是动态的认知。不能在责任担当上有意识缺失，不能有分工错位。不能在持续发展上有力量缺失，不能有意识错位。不能在自我满足上有克制缺失，不能有期望错位。所以，管理者角色认知的本质是责任的认知，是之于组织、之于上级、之于下级、之于自身的责任的认知。责任既是当下的，也是未来的。要用动态的理念来认知责任，要用发展的视角来思考责任，要用自然的规律来诠释责任。

资料来源：微信公众号"董波浪"，2023-05-18。

任务 2　食品企业生产过程管理

生产过程是食品企业投入产出转化的主体部分，是食品企业维持生存和发展的基础。生产过程是否合理，对食品企业生产经营的效率、效益都有巨大的影响，因此，必须对食品企业生产过程进行合理的组织。生产过程组织，就是要以最理想的方式将各种生产要素结合起来，对生产的各个阶段、环节、工序进行合理的安排，使其形成一个协调的系统。这个系统的目标是使产品在生产过程中的行程最短、时间最省、耗费最小，并能按市场需要生产出适销对路的产品。生产过程是一个动态过程。生产过程所处的外部环境和内部环境都处于不断运动之中。

二维码链接 6-4 食品企业生产过程组织的要求

6.2.1　食品企业生产现场管理

生产现场是食品企业进行物质转换的场所，是食品企业经营的基础。生产现场管理的内容包括两方面：一是对生产力要素进行合理配置；二是对现场生产全过程进行有效的组织、计划与控制，包括对人的思想行为、产品质量和工作质量、设备和物料、生产中的信息、工艺流程等方面的管理。因此，生产现场管理是以生产系统的作业场所为管理范围的所有管理工作的总称，它是一项经常性、基础性的综合管理，对于充分利用企业各种资源、建立文明的生产经营秩序、树立良好的企业形象有着十分重要的意义。

> **中国式管理**
>
> 全员提案改善，优化现场管理
>
> 我们一起来看一组数据：
> - 一线员工超过 90%的参与率……
> - 总计 6800 多份故事素材提交……
> - 166 份完整的故事稿件……
> - 产出全国 36 强优秀故事……
> - 员工精彩演绎呈现 10 强故事……
>
> 这是卫龙进行的一次文化故事活动，卫龙员工的参与率达到了 90%。这一切得益于卫龙实施的全员提案改善活动。不仅如此，在生产中卫龙通过建立一系列提案评审和奖励机制，极大提升了员工参与现场改善的积极性。大量改善方案的落地执行，让生产流程得到优化，生产成本得到降低，也让现场管理水平得到全方位提升。
>
> 资料来源：微信公众号"一节文化课"，2023-05-16。

现场管理与生产控制有着密切的联系。现场管理也是一种控制行为，是生产控制的一个组成部分，是生产管理的日常工作之一。现场管理的方式如下。

1. 目视管理

目视管理，是利用形象直观又色彩适宜的各种视觉感知信息来组织现场生产活动，以达到提高劳动生产率的一种管理手段，也是一种利用视觉来进行管理的科学方法。目视管理的目的是把生产现场潜在的大多数异常显示出来，变成谁都能一眼就看明白的事实。目视管理具有以下特点：

（1）以视觉信号显示为基本手段，使大家都能够看得见。

（2）以公开化、透明化的基本原则，尽可能地将管理者的要求和意图让大家看得见，借以推动自主管理（或叫自主控制）。

（3）现场的作业人员可以通过目视的方式将自己的建议成果、感想展示出来，与领导、同事及工友们进行交流。

目视管理适用于工厂车间的全部要素（如产品、半成品、原材料、设备、模具、计量具、搬运工具、货架、通道、场所、方法、票据、标准、公告物、人等）都是其管理对象。

2. 定置管理

定置管理是以生产现场的物为主要对象，研究人、物、现场三者之间的结合关系，并对三者进行组织、设计、实施和完善的一种管理方式。定置是将生产、工作需要的物品按照一定的要求，科学合理地固定位置。定置管理是围绕定置工作所进行的一系列管理活动。

随着生产和科学技术的高速发展，设备的数量和种类不断增加，从而要求人和机器之间有一种最佳关系，使生产和工作现场的各种物品处于最佳的使用位置，才能大大地提高生产和工作效率。定置管理正是针对这一需要，实现生产现场有关的人和物的最佳结合，从而使生产现场处于有效的控制状态，创造文明的生产和工作环境，建立良好的生产和工作秩序。

在生产现场，物可分为三类：A 类，即物的放置可使人和物处于即时结合的状态，在需要时伸手可得。这是一种理想的状态。B 类，即物的放置需要经过寻找和处理才能使人和物结合。这种状态需要改善。C 类，即生产现场的无用之物或与现场生产的无关之物，多属不良状态，应予以消除。

定置管理就是通过对上述三种状态的分析、调整，将物按科学合理的要求固定并保持，使操作者用物时好用、方便顺手，减少无效劳动，实现安全、文明生产，从而不断提高生产效率和效益。

3. 6S 管理

食品企业生产现场环境 6S 活动也称"6S 管理"，6S 管理是现场管理的基础。不推行 6S 管理，现场其他基础管理如同空中楼阁。6S 管理是指对生产现场各生产要素所处的状态不断进行整理（Seiri）、整顿（Seiton）、清扫（Seiso）、清洁（Seiketsu）、素养（Shitsuke）、安全（Security）等作业。

（1）6S 管理的内容。

整理是指将工作场所的任何物品区分为有必要的和没有必要的，除了有必要的留下来，没必要的都消除掉。目的：腾出空间，空间活用，防止误用，塑造清爽的工作场所。

整顿是指把留下来的有必要的物品依规定位置摆放，并放置整齐加以标识。目的：工作场所一目了然，消除寻找物品的时间，整整齐齐的工作环境，消除过多的积压物品。

清扫是指将工作场所内看得见与看不见的地方清扫干净，保持工作场所干净、亮丽。目的：稳定品质，减少工业伤害。

清洁是指将整理、整顿、清扫进行到底，并且制度化、规范化，经常保持环境处在美观的状态。目的：创造明朗现场，维持上面 3S 成果。

素养是指每位成员养成良好的习惯，并遵守规则做事，培养积极主动的精神。目的：培养良好习惯、遵守规则的员工，营造团队精神。

安全是指重视成员安全教育，每时每刻都有安全第一的观念，防患于未然。目的：建立安全生产的环境，所有工作应建立在安全的前提下。

自我测试：食品企业 6S 管理的内容有哪些？

（2）6S 各要素之间的关系。6S 各要素之间彼此关联，整理、整顿、清扫是具体内容；清洁是指将上面的 3S 实施的做法制度化、规范化，并贯彻执行及维持结果；素养是指培养每位员工养成良好的习惯，并遵守规则做事，开展 6S 容易，但长时间的维持必须靠素养的提升；安全是基础，要尊重生命，杜绝违章。

（3）6S 管理实施的原则。打造食品行业 6S 标杆，必须满足八个原则，即洁（整洁）、高（高效）、安（安全）、心（舒心）、易（简易）、守（遵守）、标（标准）、化（文化）。

坚持"八个原则"建立一个安全、舒适、明亮的工作环境，培养和提升员工的工作技能和工作习惯，引导并确保所有员工都充满热情地发现并降低损失，从而最终构筑全员参与与持续改善的强势文化氛围。

（4）管理对象。

1）人：对员工行动品质的管理。

2）事：对员工工作方法、作业流程的管理。

3）物：对所有物品的规范管理。

（5）实现工具。6S 管理只是一种管理方式，要真正实现 6S 管理的目的，还必须借助一些工具。6S 管理的主要工具有以下两个。

1）看板管理。看板管理可以使工作现场人员看一眼就知道何处有什么东西、有多少，同时可将整体管理的内容、流程以及订货、交货日程与工作排程，制作成看板，使工作人员易于了解，以进行必要的作业。

2）Andon 系统。Andon（安灯，也称暗灯）系统，是现代企业的一种信息管理工具。Andon 系统能够收集生产线上有关设备和质量管理等与生产有关的信息，加以处理后，控制分布于车间各处的灯光和声音报警系统，从而实现生产信息的透明化。

（6）6S管理标准。根据企业管理情况，分别制定生产现场6S管理标准及办公现场6S管理标准。生产现场6S管理标准主要针对车间范围内定置区划线及通道线、物品摆放、地面墙面及门窗玻璃、设备及管线、工作台、消防器材、清扫用具、工具箱、管理看板和台账记录十项制定了五级管理标准，规定了相应的得分标准，被考核部门为生产车间。办公现场6S管理标准主要针对办公设施布局、桌面状态、资料柜状态、抽屉状态、文件架状态和办公素养六项制定了管理规范，被考核单位为各管理职能部门。

（7）6S管理被考核单位及职责。被考核单位为下属各职能部门、各生产车间。被考核单位要认真贯彻落实6S管理的有关规定，完善现场管理工作的规章制度，积极开展自主管理、自主建设，保证本单位6S管理体系的正常运转；积极配合6S管理推行委员会及推行办公室的检查、考评工作，认真整改存在的问题，使本单位现场管理工作处于良好的受控状态。

（8）6S管理工作程序。各职能部门、各生产厂、车间的6S管理采取被考核单位自检、自查、自控，6S管理推行办公室联合进行定期或不定期检查、考核、评定的管理模式。每月由6S管理推行办公室负责组织6S管理推行委员会成员对被考核单位进行现场管理联合检查和综合考评，以得分多少为依据进行考评结果的排序，并将结果公开。

二维码链接6-5
食品企业6S管理意识误区

6.2.2 食品企业生产过程管理的要点

1. 工序关键点管理

（1）投料、计算、称量要有人复核，操作人、复核人均应签名。对食药同源物质、食品添加剂等应按国家有关规定执行，如发现有异常或性质不稳定的原辅料应再次送检，合格方可使用。

（2）岗位操作需要按"生产工艺规程"所定的工艺条件和"标准操作规程"规定的操作方法进行，不准擅自变更操作内容。厂生产技术部门和车间工艺员还需要按工艺查证制度定期进行工艺查证，并详细记录，保证工艺规程准确执行。

（3）凡不同产品品种、规格的生产操作不得在同一生产操作间同时进行。同一品种同一规格不同批号的生产及包装操作在同一操作间进行时，应采取隔离或其他有效防止污染或混淆的措施。

（4）各工序要严格执行"卫生管理制度"、"清洁规程"及人净、物净程序。

（5）各工序生产操作衔接要求严格执行生产指令，严格控制规定的生产时间。如有偏差，要按偏差管理程序执行。

（6）有毒、有害、高活性、易燃、易爆等危险岗位要严格执行安全操作规程，有效地实施防范措施，厂安全员要严格检查、防范。

（7）生产过程各关键工序要严格进行物料平衡，符合规定的范围方可递交下道工序继续操作。超出规定范围，要按偏差管理工作程序进行分析调查，采取措施要经质量管理部门批准，并在有关人员严格控制下实施。

（8）生产过程、中间产品都必须在质量管理部门质管员的严格监控下，各种监控凭证要纳入批记录背面，无质管员签字发放的各种放行凭证，不得继续操作。

2. 定置管理与状态设置

（1）设备应按工艺流程合理布局，使加工物料按同一方向顺序流动，避免重复往返，且不遗漏任何工序。

（2）设备应划定足够的地面位置放置或在工作台（架）上定位，有定置图或定位划线。要求定位恰当，使平均占用地面面积或空间优化合理、不拥挤，便于加速物料流动，便于按规定用途操作，并使操作者体能消耗小，一些设备可按移动式或半固定安装，便于清洗和维修。在同一室内安装多台设备时，要考虑操作的方便和整体布局美观、合理。

（3）固定的管道可按《工业设备及管路涂色的规定》喷涂不同的颜色，与设备连接的主要管道应标明管内物料名称及流向。管道安装应整齐、有序。

管道及管道颜色：物料管道——大黄、蒸汽管道——鲜红，常水管道——绿色，冷冻水管道——咖啡色，真空管道——白色，压缩空气管道——蓝色，三废排气管道——黑色。洁净室区、内管道可不涂色，但必须注明内容物及流向，流向以箭头"→"表示。

（4）各工序、每台设备及各种物料、中间产品都应有明显的状态标志，以防止混淆或差错。

3. 包装与贴签管理

（1）对符合工艺规程要求，完成生产全过程并检验合格的产品可下达包装指令。某些产品因检验周期长，需要在检验结果前包装的产品，则允许先包装后按待检寄库的产品规定处理。

（2）包装用标签，必须由车间填写需料送料单，派人到标签库限额领取，领、发料人要签字。

（3）已印刷批号的标签，发剩的和残缺的标签或该批号取消时，或者车间贴签工序的剩余标签，应由经手人会同质量管理部门派人监督销毁，并做好记录，经手人及监销人员审查签字。

（4）产品贴签工序由专人向车间领取标签，车间根据批包装指令限额发放，并填写领用记录。

（5）贴签工序于每批产品包装完毕后填写实用数量。如果使用数+剩余数+残损数与领用数发生差额时，应查明原因，并做好记录。

（6）标签不得改作他用或涂改后再用。

4. 中间站管理

（1）中间站存放范围：包括中间产品、待重新加工产品、清洁的周转容器等。除上述范围以外的物品不得存放于中间站。

（2）中间站必须随时保持洁净，不得有散落的物料，地上散落的物料不得回收。

（3）进入中间站的物品容器外必须具有标签。

（4）中间产品在中间站要有明显标志。物品包装应加盖。

（5）各中间产品在中间站要有明显状态标记，分堆存放，各堆之间有一定距离。

（6）出入中间站必须有递交单，并且填写中间产品进出站台账。

（7）中间站要挂牌标识中间站存放的中间产品一览表，并在每日下班前清点站内所有中间产品，要求账、卡、物相符。

（8）中间站的不合格品、待处理品必须标识明显并限期处理期限（由企业自定）。

（9）中间站要上锁管理。管理人员因故离开时，中间站必须上锁后方可离开。

5. 备料管理流程

备料管理流程如图 6-1 所示。

6. 待包装中间产品管理

（1）车间生产的待包装中间产品，放置于中间站或规定区域，贴上待验证或竖立黄色待验牌，写明品名、规格、批号、生产日期、数量。

（2）车间及时填写待包装产品清检单，交质量管理部门取样检验。

（3）质量管理部门检验合格后填写检验报告单送交车间，待包装产品可进入包装工序。

二维码链接 6-6
车间主管应具备的职责

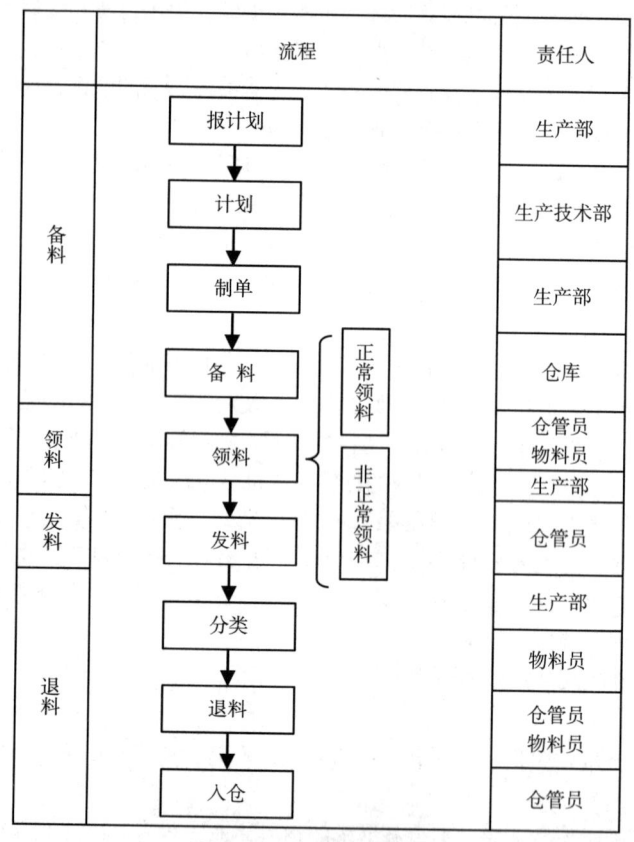

流程		责任人
备料	报计划	生产部
	计划	生产技术部
	制单	生产部
	备料	仓库
领料	领料 — 正常领料	仓管员 物料员
	— 非正常领料	生产部
发料	发料	仓管员
	分类	生产部 物料员
退料	退料	仓管员 物料员
	入仓	仓管员

图 6-1　备料管理流程

> **管理者素养**
>
> **管理者应具备战略思维**
>
> 　　战略旨在确立企业的根本长期目标并为相应的资源配置和行动计划提供指引。食品企业管理者的核心职责之一是制定好的战略并确保其有效执行，进而引领企业获取持续竞争优势。这要求高层管理者具备战略素养，掌握一系列看待世界和自身、有助于产生独特洞见、在不同情境下做出正确决策的框架。
>
> 　　　　　　　　　　　　资料来源：微信公众号"战略说"，2022-12-27。

任务 3　食品企业卫生管理

　　按照《中华人民共和国食品卫生法》的规定，食品应该无毒无害，具有一定的营养价值，即要从营养与卫生两方面来保证食品安全。"卫生"在《良好操作规范》中是指环境卫生、工艺卫生和人员卫生。

6.3.1　食品企业卫生管理的含义

　　食品企业卫生管理是一项系统工程，包括：
- 生产过程中的环境卫生、工艺卫生和人员卫生各个环节卫生标准的建立。

- 各项卫生措施的实施。
- 卫生结果的监督。
- 必要的卫生措施的验证。
- 卫生职责与工作程序。
- 卫生培训。
- 健康检查及健康档案管理。
- 其他。

6.3.2 食品企业卫生管理的操作程序

食品企业卫生管理的操纵程序如图 6-2 所示。

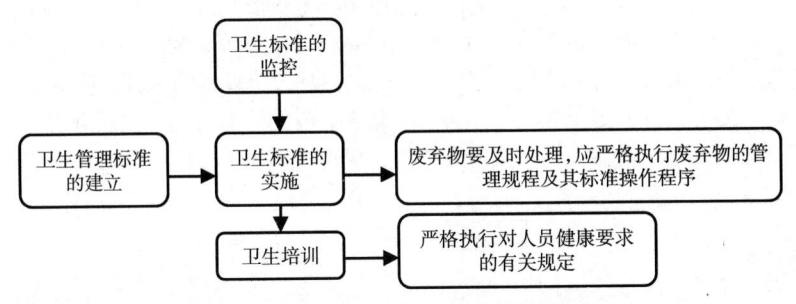

图 6-2 食品企业卫生管理的操作程序

自我测试：简述卫生管理的操作程序。

6.3.3 食品企业环境卫生管理

食品企业环境卫生管理包括厂区环境卫生、厂房环境卫生和仓储区环境卫生等。

1. 厂区环境卫生

（1）厂区物品的存放：厂区内的车辆及其他产品必须放在定置图规定的区域内；定置，定量，按要求放置。

（2）废弃物垃圾处理：废弃物及垃圾必须放在密闭的容器或袋内，及时送到规定的堆放地点。厂区邻近的废弃物垃圾站必须与厂区之间采用有效的隔离措施和消毒措施，专人定时、及时清洁，处理干净容器并消毒。

（3）厂区内施工：厂区内施工时必须采取有效的隔离措施，将施工现场与厂区周围环境隔离，有明显的施工标志，不得对厂区、物料运输和产品的生产产生污染。

2. 厂房环境卫生

（1）厂房内表面窗明几净，无浮尘，无霉斑，无渗漏，无不清洁死角；灯与管线无积尘。

（2）地面光滑、平整、清洁，无积水，无杂物；地漏干净，无积垢。

（3）厂房严密，设置有防止昆虫和其他动物进入的措施；生产区内无动物及昆虫。

（4）物料、中间产品定置放置，码放整齐，有遮盖防尘措施、明显状态标志。

（5）一切非生产物品及个人物品不得带入和存放于生产区，不得在生产区内从事与生产无关的活动。

（6）楼道、走廊、电梯间清洁、畅通，不得堆放任何东西。

（7）人流、物流分开，有明显标记，人、物分别在规定通道出入，不得穿行。

（8）同一操作间内或相邻操作间的操作安排要合理，避免产生交叉污染。

（9）生产中的废弃物装在密闭容器内，每天及时清理到规定的废弃物堆放处，并立即清洗干净容器、车辆、工具并消毒。

（10）生产区内应设置洁具清洗间，清洁工具齐全，洗涤剂、消毒措施完备；清洗间通风良好、清洁；清洁卫生完成后，应及时清洗及消毒清洁工具，并于清洗间内整齐放置。

（11）物料定置码放整齐，标志明显；操作台、地面无洒落物，无污物。

（12）工作台表面应平整，不易产生脱落物。

3. 仓储区环境卫生

（1）仓储区周围环境整洁，无粉尘、有害气体、垃圾及污水等严重污染源，地面平坦、整洁，无积水，沟渠畅通，地势干燥。

（2）库房内表面光洁、平整，无积尘，无霉斑，无渗漏，无不清洁死角，做到窗明几净。

（3）库房内地面光滑，清洁干净，无缝隙，无积水，无杂物。

（4）库房内门窗结构严密，设置有效防止昆虫、鸟类、鼠类等动物进入的设施。例如，房门口设置防昆虫的灯，库房的通风窗上安装纱网，设置防鼠器具，防蚊蝇的风幕、风帘等。

（5）仓储区应划分为办公区及库房。办公区应整齐、清洁。库房实行定置管理，库房内所有物品，包括物资、运输工具、衡器等，均按定置要求，定位定量码放整齐。库房内所有物品应清洁，无积尘，无油污。

> **中国式管理**
>
> **全自动智能生产，10万级洁净标准**
>
> 卫龙拥有五大生产基地，各生产车间按照洁净厂房10万级标准要求设计，具备独立空气过滤循环系统，保证车间内空气的洁净度等符合标准要求。同时产线设备采用全自动智能设备，实现互联互通自动智能监控一体平台。
>
> 资料来源：卫龙食品有限公司官方网站。

6.3.4 食品企业工艺卫生管理

1. 物料卫生

（1）投入生产的物料必须符合质量标准并有发放证、合格证，包装要求完好，无受潮、混杂变质发霉、虫蛀、鼠咬等。

（2）物料进入生产区前，应在外包装清洁处理间（准备室）脱去外包装，若不能脱去外包装的应对外包装进行抹擦、吸尘等净洁处理，保证清洁、无尘，进入无菌室的物料需要灭菌。物料在生产区内应整齐码放于规定位置。

（3）工作结束后应及时结料、退料。生产区内不能存放多余的物料。

（4）与产品直接接触的干燥用空气、压缩空气和惰性气体应经净化处理，符合生产要求。

2. 生产过程卫生

（1）各车间、工序、岗位、容器、工具、地漏、更衣室、缓冲室、设备等均应按生产和空气洁净度级别的要求制定相应的清洁操作规程。主要包括：清洁的范围、工具、方法、程序、间隔时间，清洁剂名称、浓度、配制方法、消毒方法、间隔时间，消毒剂的名称、浓度、配制方法，清洁工具的清洁方法、存放地点，清洁与消毒效果评价等。

（2）各车间、工序、岗位均应制定定置图，实行定置管理，保持在生产过程中的良好生产秩序。

（3）生产中使用的各种器具、容器应清洁，表面不得有异物、遗留物。容器、工具等使用后应立即按其标准操作程序清洗干净，必要时进行消毒，不得有遗留斑迹及清洁剂、消毒剂的残留物。

（4）生产工作间、流水线、设备、容器等均应有卫生状态标志。

（5）每批生产结束时，应按规定进行清场。

（6）洁净区的生产必须在净化空调系统运行达到自净以后才能开始。

（7）洁净区每日生产结束后或更换品种时必须对洁净区内表面（包括墙面、天栅、地面、门窗）、台椅、手池、地漏、更衣柜、更衣室、缓冲室、鞋柜等清洁干净并消毒。

（8）无菌产品生产过程中：

1）应采取措施避免物料、容器和设备最终清洗后的二次污染，措施包括照紫外线灯、遮盖等。

2）直接接触产品的包装材料、设备和其他物品的清洗、干燥、灭菌到使用时间的间隔应有规定。例如，从灭菌到使用应在 4 小时内。

3）产品从配制到灭菌或除菌过滤的时间间隔应有规定。例如，产品从配制结束到过滤结束不超过 6 小时；灌封开始到灭菌开始不超过 6 小时。

4）物料、容器、设备或其他物品需要进入无菌作业区时，应经过流水线或无菌处理。

（9）半成品生产时，物料、中间产品、半成品在厂房或厂房间流转时应有避免混淆与污染的措施。例如，明显标记，分隔放置，容器加盖等。

3．消毒与消毒剂

（1）消毒是指用物理或化学等方法杀灭物体上或介质中的病原微生物的繁殖体，但不能完全杀死芽孢。

（2）消毒剂是指用于消毒的化学产品。

（3）选择消毒剂的原则：

1）在使用条件下高效、低毒，无腐蚀性，无特殊的臭味和颜色，不对设备、物料、产品产生污染。

2）在有效抗菌浓度时，易溶或混溶于水，与其他消毒剂无配伍禁忌。

3）对大幅度温度变化显示长效稳定性，储存过程中稳定。

4）价格便宜。

（4）需要消毒的区域，应选择一种以上的消毒方式，定期轮换使用，并进行检测，以防止耐药菌株。

6.3.5 食品企业人员卫生管理

1．个人健康

（1）全体员工，必须每年体检一次，并建立员工健康档案。

（2）对不符合要求的员工，必须调离该岗位。

（3）因病暂时离开岗位的人员，康复以后必须持盖有医院印章的医生开具的合格证明，方可考虑重新上岗。

（4）如发现员工有不符合该岗位要求的情况，应马上调离该岗位。

2．工作服装

（1）工作服装包括帽子、手套、口罩、鞋和衣裤。工作服装的材质要发尘量少，不脱落纤维和颗粒性物质，不起球，不断丝，质地光滑，不易产生静电，不黏附粒子，洗涤后平整、柔软，穿着舒适；洁净室的工作服装材质还需要具有良好的过滤性，同时耐腐蚀，对洗涤和消毒处理及蒸汽加热灭菌有耐久性。

（2）式样及颜色。各区域的工作服装式样、颜色分明，易于识别，有个人编号；不同空气洁净度级别的工作服装不能混用。以线条简洁、色彩淡雅为宜。洁净服要求线条简洁，不设口袋，接缝处无外露纤维，领口、袖口、裤口等要加松紧口，不应用纽扣。无菌工作服必须包盖全部头发、胡须及脚部，并能阻留人体脱落物。生产人员与非生产人员，维修人员、质管人员与操作人员，参观人员的服装式样和颜色应有所区别。

（3）穿戴。根据各生产区域的规定穿戴工作服装，并遵守净化程序。穿戴工作服装后要对着镜子检查穿戴工作服装的情况，要求帽子要包盖全部头发，口罩要罩住口鼻，衣服要拉（扣）好，鞋子要跋好等。离开生产场地时，必须脱掉所有工作服装。工作服装应编号，专人专用。

（4）清洗周期。生产区的工作服装在冬季及空调环境下，至少每周洗两次；在夏季无空调环境下及粉尘大的工序，每天至少洗一次。更换品种时，必须洗工作服装。工种鞋每周至少洗一次。在30万级和10万级空气洁净度级别的洁净区工作，至少每天洗一次洁净衣、裤、帽和口罩；更换品种时，必须换洗工作服装；工作鞋每周至少洗两次。洁净工作服装的清洗周期，应经验证。

（5）清洗要求。不同空气洁净度级别使用的工作服装应分别清洗、整理，必要时还要消毒或灭菌。工作服装洗涤、灭菌时不应带入附加的颗粒物质。工作鞋的洗涤宜先用消毒液浸泡，然后用清水冲洗。

（6）清洗管理。工作服装应有专人负责洗涤，专人保管，专人发放并登记。更换下来的工作服装应分区域集中装入专用容器中，并标记明显。干净的工作服装应于与使用工作服装净度级别一致的保管室中保管。已清洗与待清洗的工作服装应于不同通道出入。洁净工作服装与无菌工作服装应逐套分别装于衣袋中，袋上明显标上工作服装编号。工作服装洗涤前及整理时要检查工作服装有无破损、拉链损坏、缝线脱落等。使用前检查工作服装是否符合要求，发现污染应及时报告并更换。无菌工作服装灭菌后两日内使用，否则要重新灭菌。

3. 个人卫生

（1）随时保持个人清洁卫生，做到"四勤"：勤剪指甲，勤理发剃须，勤换衣服，勤洗澡。

（2）工作前洗干净手，不涂抹化妆品，上岗时不佩戴饰物、手表。

（3）离开工作场地（包括吃饭、上厕所），必须脱掉工作服装。

（4）不携带个人物品进入生产区，不在生产区内吃东西。生产区内的饮水间要干净、整齐，对生产不造成污染。

（5）洁净室内随时保证手的清洁，注意消毒。手在消毒以后，不再接触与工作无关的物品，不裸手直接接触产品。

（6）无菌室内应特别注意手的消毒，不得裸手操作。

中国式管理

责任到人，落实执行力

海尔电冰箱厂有个材料库，五层高的大楼的玻璃很容易脏，可是让整个大楼的2945块玻璃保持清洁干净很不容易。怎么办？要坚持"三个一"，即每一人、每一天、每一件事，大到机器，小到一块玻璃都要日清日结。大楼的玻璃也不能例外。为此主管在2945块玻璃上都置有编号小条，条上有擦玻璃人和监督人的编码。发现哪一块脏，不用"找领导"，直接找这个人！即使该厂年轻女工胆小不敢上去擦，但因责任到人，于是这些小姑娘就聪明地调动恋爱中男朋友的积极性。于是所有玻璃都能保持干净。

资料来源：百度文库，关于注重细节的励志小故事。

管理者素养

劳模精神

"爱岗敬业、争创一流、艰苦奋斗、勇于创新、淡泊名利、甘于奉献"的劳模精神，生动诠释了社会主义核心价值观，是我们的宝贵精神财富和强大精神力量。

资料来源：微信公众号"党建网微平台"，2016-12-12。

任务4 食品企业技术管理与设备管理

6.4.1 食品企业技术管理概述

1. 食品企业技术管理的概念

食品企业技术管理是整个企业管理系统的一个子系统，是对食品企业的技术开发、产品开发、技术改造、技术合作以及技术转让等进行计划、组织、指挥、协调和控制等一系列管理活动的总称。食品企业技术管理的目的是，按照科学技术工作的规律性，建立科学的工作程序，有计划地、合理地利用食品企业技术力量和资源，把最新的科技成果尽快地转化为现实的生产力，以推动食品企业技术进步和经济效益的实现。

2. 食品企业技术管理的内容

（1）进行科学技术预测，制定规划并组织实施；
（2）改进产品设计，试制新产品；
（3）制定和执行技术标准，进行产品质量的监督检验；
（4）组织信息交流；
（5）建立健全技术操作规程；
（6）进行技术改造、技术引进和设备更新；
（7）做好生产技术准备和日常技术管理；
（8）做好技术经济的论证工作。

思政教育

> **努力把企业打造成为强大的创新主体**
>
> 要勇于创新，做创新发展的探索者、组织者、引领者，勇于推动生产组织创新、技术创新、市场创新，重视技术研发和人力资本投入，有效调动员工创造力，努力把企业打造成为强大的创新主体。
>
> 资料来源：央广网，2023-07-25。

---

3. 食品企业技术管理的任务

食品企业技术管理的任务主要是推动科学技术进步，不断提高食品企业的劳动生产率和经济效益。

（1）正确贯彻执行国家的技术政策。技术政策是国家根据食品企业生产的发展和客观需要，根据科学技术原理制定的，是指导食品企业各种技术工作的方针政策。食品企业许多技术问题和经济问题的解决都离不开国家的有关技术政策。我国食品企业的技术政策有很多，主要包括产品质量标准、工艺规程、技术操作规程、检验制度等，其中产品质量标准是最重要的。

（2）建立良好的生产技术秩序，保证食品企业生产的顺利进行。良好的生产技术秩序，是保证食品企业生产顺利进行的必要前提。食品企业要通过技术管理，使各种机器设备和工具经常保持良好的技术状况，为生产提供先进合理的工艺规程，并要严格执行生产技术责任制和质量检验制度，及时解决生产中的技术问题，从而保证食品企业的生产顺利进行。

（3）提高食品企业的技术水平。食品企业要通过各种方式和手段，提高工人和技术人员的技术素质，对生产设备、工艺流程、操作方法等不断进行挖潜、革新和改造，推广行之有效的生产技术经验；努力学习和采用新工艺、新技术，充分发挥技术人员和工人的作用，全面提高所有生产人员的科学文化水平和技术水平，以加速食品企业的现代化进程。

（4）保证安全生产。操作工人和机器设备的安全是食品企业生产顺利进行的基本保证，也是社会主义制度的一个基本要求。如果食品企业不能确保生产的安全，工人的人身安全和健康就不能得到保证，国家的财产就会遭受损失，食品企业的生产经营活动也会受到极大影响，所以，安全就是效益。食品企业生产的安全应靠企业上下各方面的共同努力，从技术上采取有力措施，制定和贯彻安全技术操作规程，从而保证生产安全。

（5）广泛开展科研活动，努力开发新产品。在市场经济中，食品企业必须及时生产出符合社会需求的产品，才能取得相应的经济效益。这就要求食品企业必须发动广大技术人员和工人，广泛开展科学研究活动，努力钻研技术，积极开发新产品，不断满足需求，开拓新市场。

自我测试：食品企业技术管理的任务有哪些？

6.4.2 食品企业技术创新与技术创新战略

1. 食品企业技术创新与技术创新战略的概念

食品企业技术创新是指食品企业抓住市场潜在的盈利机会，以获取经济利益为目的，重组生产条件和要素，不断研制出新产品、新工艺、新技术，以获得市场认同的一个综合性过程。技术创新是一种经济行为，也是一种高风险的活动，具有差异性、外部性、一体化与国际化的特征。

技术创新战略是食品企业在正确分析自身内部条件和外部环境的基础上，所确立的技术创新的总体目标与做出的重点部署，目的是获得竞争优势。技术创新战略就是企业为了获得竞争优势和实现创新目标而做出的与技术创新相关的重大决策，通常涉及技术的获取、提升和作用，特别是关于企业研究开发的重大安排。

2. 食品企业技术创新战略的类型

根据企业所期望的技术竞争地位的不同，食品企业技术创新战略分为技术领先战略和技术跟随战略；根据企业行为方式的不同，食品企业技术创新战略分为进攻性战略、防御型战略和切入型战略；根据技术来源的不同，食品企业技术创新战略分为自主创新战略、模仿创新战略和合作创新战略。

3. 食品企业技术创新战略的管理

（1）技术创新战略的选择。对比不同技术创新战略的技术来源、技术开发侧重点、市场开发情况、投资重点，考虑不同技术创新战略的优势能力特点、风险与收益特点以及领先的持久性，选择适合企业发展的战略类型。我国企业在大多数情况下，采用技术跟随战略，但某些领域也可能采取技术领先战略。

（2）知识产权保护。知识产权是指人们对智力劳动成果所享有的民事权利。传统的知识产权可分为工业产权和著作权（版权）两类。2020年颁布的《中华人民共和国民法典》中，列出了知识产权的八项内容，知识产权是权利人依法就下列客体享有的专有的权利：①作品；②发明、实用新型、外观设计专利；③商标；④地理标志；⑤商业秘密；⑥集成电路布图设计；⑦植物新品种；⑧法律规定的其他客体。

知识产权保护，从宏观层面上讲，国家已经在法律制度层面为企业知识产权权益的保护提供了较强的法律依据，为企业在制定知识产权保护制度及具体实施方面指明了方向，但是目前还缺乏侵权案件的单独法律法规详细文件。为保护企业商业机密，建议制定《企业商业机密保护法》《知识产权法》等文件，详细制定企业与企业之间、企业与员工之间的商业机密文件的保护和侵权条例。

6.4.3 食品企业新产品开发管理

1. 新产品开发的概念

食品企业新产品开发是指从研究选择适应市场需要的产品开始到产品设计、工艺制造设计，直到投入正常生产的一系列决策过程。从广义而言，新产品开发既包括新产品的研制，也包括原有产品的改进与换代。新产品开发是企业研究与开发的重点内容，也是食品企业生存和发展的战略核心之一。

2．新产品开发的分类

为了便于对新产品进行分析研究，可以从多个角度进行分类。

（1）按新产品创新程序分类。

1）全新产品。利用全新的技术和原理生产出来的产品。

2）改进新产品。在原有产品的技术和原理的基础上，采用相应的改进技术，使外观、性能有一定进步的新产品。

3）换代新产品。采用新技术、新结构、新方法或新材料在原有技术基础上有较大突破的新产品。

（2）按新产品所在地的特征分类。

1）地区或企业新产品。在国内其他地区或企业已经生产但本地区或本企业初次生产和销售的产品。

2）国内新产品。在国外已经试制成功但国内尚属首次生产和销售的产品。

3）国际新产品。在世界范围内首次研制成功并投入生产和销售的产品。

（3）按新产品的开发方式分类。

1）技术引进新产品。直接引进市场上已有的成熟技术制造的产品，这样可以避开自身开发能力较弱的难点。

2）独立开发新产品。从用户所需要的产品功能出发，探索能够满足功能需求的原理和结构，结合新技术、新材料的研究独立开发制造的产品。

3）混合开发的产品。在新产品的开发过程中，既有直接引进的部分，又有独立开发的部分，将两者有机结合在一起而制造的新产品。

3．新产品开发管理

新产品开发的原则是，以市场需要为出发点，符合国家技术经济政策，经济合理。

新产品开发的研究，本质上是在研究企业的一系列组织和行为如何导致卓有成效的新产品开发，这些组织和行为包括战略制定、管理制度、组织设计、策略选择和一些常用的技巧。实行科学的新产品开发管理，就是要重视科学决策，重视科学立项，重视新产品开发的内部过程管理。

（1）重视科学决策。新产品开发决策的依据是企业战略。即要依据企业战略对企业的内外环境的变化进行评估后，决定是否需要进行新产品开发。对于一个成熟的企业来说，好的新产品决策来自最高管理组织的共识，而不是企业家。新产品开发作为一种策略，是服从于企业战略的多种策略的一种，并不是企业的唯一策略。

（2）重视科学立项。新产品开发意味着打破市场细分的壁垒，强化产品的针对性。因为消费者的特征是各式各样的，所以要避开消费者需求的误区。

（3）重视新产品开发的内部过程管理。实验室是企业新产品开发的摇篮，是创新的源头和成功的先导。"中试"是必不可少的环节。在实验室可以做出"艺术品"，搬到生产线上就有可能成为废品，这是国内许多企业新产品开发的深刻教训。必须做生产线试验。

自我测试：食品企业如何进行新产品开发管理？

6.4.4 食品企业设备的使用

目前，食品企业设备的智能化自动化水平在逐年提高。随着食品企业设备拥有量的增加以及设备的日趋先进，食品企业对设备的依赖性也越来越大。所以食品企业设备的管理工作显得日趋重要，必须把食品企业设备的管理工作摆在较高的位置上。

> **中国式管理**
>
> **设备升级迭代，加速迈进数智化时代**
>
> 　　卫龙不断升级设备，加速迈进数智化时代。在硬件设施方面，卫龙引进自动化设备，全自动机械化替代手工作业，彻底解决了食品卫生安全问题。目前卫龙的生产车间采用了五大类设备和机器，包括调粉设备、熟化设备、调味设备、杀菌设备和包装设备，以及自动上料、自动包装等自动化生产设备，实现了自动化生产。通过对设备进行智能化升级，使生产能力大幅提高，同时减少了手工操作过程中可能产生的交叉污染。未来，卫龙还将持续引进智能仪器和硬件设备，实现生产数据的在线采集、分析，提效降本，让卫龙能够保持调味面制品细分品类中的领先地位。
>
> 资料来源：微信公众号"于见"，2022-06-19。

1. 设备使用前的准备工作

食品企业设备使用前的准备工作包括设备操作维护规程、设备润滑卡片、设备日常检查和定期检查卡片等。对操作者的培训包括技术教育、安全教育和业务管理教育三方面内容。操作者经教育、培训后要经过理论和实际的考试，合格后方能独立操作使用设备。

2. 设备使用守则

（1）定人、定机和凭证操作制度。为了保证设备的正常运转，提高工人的操作技术水平，防止设备的非正常损坏，必须实行定人、定机和凭证操作制度。

1）定人、定机的规定。严格实行定人、定机和凭证使用设备，不允许无证人员单独使用设备。定机的机种型号应根据工人的技术水平和工作责任心，并经考试合格后确定。原则上既要管好、用好设备，又要不束缚生产力。

2）操作证的签发。学徒工（或实习生）必须经过技术理论学习和一定时期的师傅在现场指导下的操作实习后，师傅认为该学徒工（或实习生）已懂得正确使用设备和维护保养设备时，可进行考核，合格后方能单独操作设备。

公用设备的使用者，应熟悉设备结构、性能，车间必须明确使用小组或指定专人保管，并将名单报送设备动力科备案。

（2）交接班制。连续生产的设备或不允许中途停机者，可在运行中交班。交班人须把设备运行中发现的问题，详细记录在交接班记录簿上，并主动向接班人介绍设备运行情况。双方当面检查，交接完毕后在交接班记录簿上签字。如果不能当面交接，交班人可做好日常维护工作，使设备处于安全状态，填好交接班记录簿并交有关负责人签字代接。如果接班人发现设备异常现象，如记录不清、情况不明和设备未按规定维护时可拒绝接班。如果因交接不清设备在接班后发生问题，则由接班人负责。

食品企业在用的每台设备均须有交接班记录簿，不准撕毁、涂改。区域维修站应及时收集交接班记录簿，从中分析设备现状，采取措施改进维修工作。设备管理部门和车间负责人应注意抽查交接班制度的执行情况。

（3）"三好""四会""五项纪律"。

1）"三好"要求。

①管好设备。发扬工人阶级的责任感，自觉遵守定人、定机和凭证使用设备，管好工具、附件，不损坏，不丢失，放置整齐。

②用好设备。设备不带病运转，不超负荷使用，不大机小用、精机粗用。遵守操作规程和维护保养规程，细心爱护设备，防止事故发生。

③修好设备。按计划检修时间停机修理。参加设备的二级保养和大修完工后的验收试车工作。

2)"四会"要求。

①会使用。熟悉设备结构、技术性能和操作方法,懂得加工工艺。会合理选择切削用量,正确使用设备。

②会保养。会按润滑图表的规定加油、换油,保持油路畅通无阻。会按规定进行一级保养,保持设备内外清洁,做到无油垢、无脏物,漆见本色、铁见光。

③会检查。会检查与加工工艺有关的精度检验项目,并会进行适当调整。会检查安全防护和保险装置。

④会排除故障。会通过不正常的声音、温度和运转情况,发现设备的异常状态,并会判定异常状态的部位和原因,及时采取措施排除故障。

3)使用设备的"五项纪律"。

①凭证使用设备,遵守安全使用规程。

②保持设备清洁,并按规定加油。

③遵守设备的交接班制度。

④管好工具、附件,不得遗失。

⑤发现异常,立即停车。

6.4.5 食品企业设备的维护和维修

目前,食品企业的智能化自动化水平不断提高,生产设备逐渐展现出多样性、复杂性的特点。鉴于设备的特点,在生产中对设备的维护和维修较为适用分类分级管理法。

1. 设备分类管理

设备分类管理的主要思路是,按设备的重要程度和设备维修的经济性原则,确定和划分不同设备的管理模式和主要维修方式,并明确分级管理责任。

一般从设备与生产的关系、设备与产品质量稳定性的关系、设备的价值、设备运行的安全性及环保危害性、设备的维修性(修理复杂程度、故障频次、备件供应状况)等方面,将设备进行管理分类。一般常采用 ABC 分类法,将设备划分为三类。

(1) A 类设备。主要生产设备、对生产有重要影响的辅助生产设备,包括关键设备、重点设备、精大稀设备、主要动力设备、主要生产控制设备、具有安全和环境危害性的设备等。

(2) B 类设备。辅助生产线和主要生产线的辅助设备。

(3) C 类设备。一般设备或简单设备。

在实际管理中,应根据以上分类方法对设备逐一进行评价,确定其所属的分类,编列设备管理分类清单,并按分类分级管理原则确定各类设备的管理责任人。

2. 以设备分类作为维修管理分类的依据,不同类设备的维修方式不同

通常按照设备管理分类确定各类设备的维修管理分类,以维修管理分类作为设备管理模式的划分准则,对不同分类的设备建立相应的管理模式,如图 6-3 所示。

(1) A 类设备维修方式。采取预防维修和点检定修相结合并辅以可靠性维修的管理模式,其中预防维修、点检定修、可靠性维修的策略如下。

①预防维修。根据检修的技术条件和目标要求,主要以时间为依据,预先设定检修工作内容与检修周期。

②点检定修。在点检制、预防维修的条件下,将检修负荷压到最低限、强化减少维修停机时间、实现可预测的均衡修理负荷的一种维修方式。

③可靠性维修。以各类故障模型为基础、以故障分析和状态监测为手段、以提高设备可靠性为目标的一种设备管理方式。

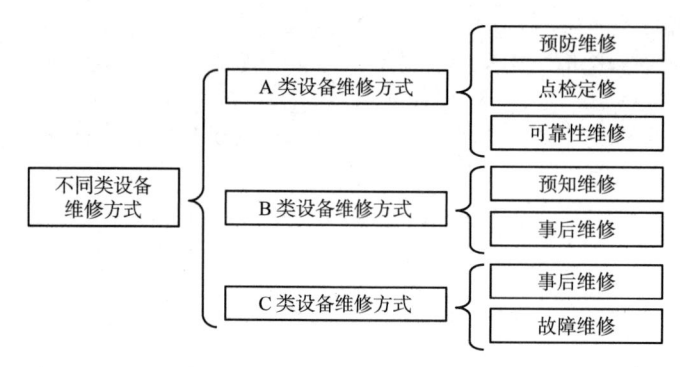

图 6-3　不同类设备维修方式分类

（2）B 类设备维修方式。采取以预防维修为主、辅以预知维修和事后维修的管理模式，其中，预知维修和事后维修的策略如下。

①预知维修。以设备当前的工作状况为依据，通过对设备技术状态和使用状态的监测和分析，判断设备的健康状况，从而确定设备是否需要维修或最佳维修时机。

②事后维修。当故障发生时进行修理的维修方式。

（3）C 类设备维修方式。采取事后维修或故障维修的管理模式。

3．设备分级管理

在设备分类基础上，明确不同类设备的管理责任级别，形成责任明确的设备管理部、设备科、作业区三级管理体系。

（1）设备管理部。负责 A 类设备的管理，对 A 类设备进行企业级监管，包括管理标准、技术标准、作业标准的制定与修订。掌握 A 类设备的技术状态和使用状况，负责 A 类设备的点检、监测、故障（隐患）、检修的管理及任务计划审批、作业质量监控等。指导、监督二级厂矿设备科对 B 类设备的管理。

（2）设备科。负责 B 类设备的管理，对 B 类设备进行工厂级监管，包括 B 类设备管理标准、技术标准、作业标准的制定与修订，掌握 A、B 类设备的技术状态和使用状况，负责 A、B 类设备点检、监测、故障（隐患）、检修的管理实施，按管理规定负责 B 类设备的任务计划审批、作业质量监控等。指导、监督作业区对 C 类设备的管理。

（3）作业区。负责 A、B、C 类设备的点检、维护及小修理作业，采集和提供设备的技术状态和使用状态数据信息及掌握设备的运行状况，按管理规定履行设备管理责任。

每台设备的管理分类和管理模式的确定，是便于明确管理策略和管理责任的一种相对合理的方法。实际工作中，往往还需要根据设备的技术状态（如故障频率）、维修的经济性原则和各种具体情况，对已经确定的设备管理模式及其责任人进行优化和调整，设备的管理分类调整后，其维修方式和管理责任层级应相应进行调整。

管理者素养

行动才是最根本的能力

企业在选择人的时候，都会先考虑一些问题，之后才会决定是否录用。这些问题是：
- 他愿不愿意做？
- 他会不会坚持到底把事情做完？
- 他能不能独当一面，自己设法解决困难？
- 他是不是只会说不会做的人？

所以，行动才是最根本的能力。人之所以有优秀与一般之不同，在于优秀者更有实现构想的能力，而不是更有思想，人之优秀正是源于他的行动。一个优秀的人能够持续地完善自己的行为，以比别人更高的标准来行动。

资料来源：微信公众号"春暖花开"，2021-09-15。

基层管理人员一定要有执行力

基层管理人员直接带兵作战，如果执行力不到位，就会直接导致企业战略目标的实施不力。从以下六个方面提高执行力。

1. 明确目标——目标是执行力的方向

个人目标与团队目标相一致；员工与基层管理人员对目标进行有效沟通并达成共识。

2. 组建有战斗力、能够成功的团队——团队是执行力的基础

寻找和培养有执行力的人；有效授权和构建决策力，明确什么事情必须自己处理，什么事情交由团队其他成员处理，而不是事无巨细都要亲自去做，要有效授权。

3. 制订周密计划——计划是执行力的前提

计划的任务主要来自目标明确分解成的工作任务、技术方案、产品检视、质量改进等；计划需要探寻完成目标的各种途径，选定最佳的关键路径，如通过网络图对活动排序，找出工期最长的路径；一些重大任务或项目还需要考虑制订沟通计划、风险计划。有了这些计划，不仅可以解决"拖"的问题，还可以审视项目进展是否满足期望，以及降低项目的风险。

4. 分清工作的轻重缓急——专注是执行力的手段

要专注，抓住重点。为了解决重要任务未及时完成的问题，应将所有计划任务按照"重要程度"和"紧急程度"两个维度，设置轻重缓急。第一象限，即A类任务（重要且紧急），要优先完成。第二象限，即B类任务（重要而不紧急），如规划、问题改进措施等。原则是优先做A类任务，其次做B类任务，少做C类任务，不做D类任务。

5. 贯彻执行——贯彻是执行力的关键

在执行过程中，一定要以身作则，成为带动全局的发动机。基层管理人员要不断地认真分析任务的执行情况、团队的问题、员工的状态，找出差距，并进行正确深入的引导。

6. 定期检查、汇报与循环修正——检查是执行力的保障

每个计划都应设立监控人，并有效授权给团队核心骨干和其他成员，同时定期反馈和汇报。一旦发现与目标有偏差，就要找到问题根因，并提出改进措施。基层管理人员，要紧盯A类任务，不定期地寻求反馈和汇报。

基层管理人员的领导力就是他的执行力，唯有不断提高执行力，才能实现团队目标，支撑企业长远发展，迈向成功。执行力就是竞争力。

资料来源：微信公众号"董波浪"，2023-07-12。

项目案例分析

"辣条一哥"卫龙的发家史：从小作坊到年营收超49亿元

卫龙创办于1999年，2014年漯河市卫龙商贸有限公司成立，2022年12月上市。卫龙主要产品是大面筋、小面筋等辣条，同时推出豆制品类、素食类、卤蛋类辣味休闲食品。

辣条行业本身门槛不高，在发展初期，很多小作坊无视产品质量，导致辣条被大众视为垃圾食品，而卫龙管理者刘卫龙开始就十分看重产品的品质，重视生产环境的卫生情况，

看重食品安全。卫龙工作人员透露，卫龙每个月的月中和月末都会安排3~4天的时间停产，对设备进行清洗、维护等保养工作。正是由于对厂房、工艺、设备、原料等方方面面的细节都有着很高的要求，卫龙辣条才得以脱颖而出，成为辣条界的老大。

卫龙能够成为行业第一，很大程度上得益于卫龙管理者率先改良设备。早在2019年，卫龙就提出要引进智能机器人1000台，以实现产品的智能化、批量化生产。

辣条等商品常被斥为"不健康的""垃圾"，这也是卫龙未来发展的痛点和需要克服的雷区。但卫龙一直在以各种形式对外证明其产品的安全卫生且健康的特点。目前，卫龙已经进行多元化布局，现在卫龙有5个系列产品，种类超过40种，除了大众熟知的调味面制品类、豆制品类，还新增了魔芋制品类、素食类和肉制品类。

资料来源：搜狐网，2020-12-14。

➡ **辩证性思考：**

谈谈卫龙为何可以成为"辣条一哥"。

项目检测

管理知识培养规格检测

1. 简述食品企业生产管理的概念。
2. 简述食品企业生产管理的内容。
3. 简述MES系统与ERP系统的区别。
4. 简述食品企业生产现场管理的方式。
5. 简述食品企业生产过程管理的要点。
6. 简述如何进行食品企业卫生管理。
7. 食品企业技术管理有哪些内容？
8. 简述如何做好设备使用前的准备工作。

管理能力培养规格与管理者素养培育规格检测

　　实践项目6　制订××食品企业生产管理方案

　　项目实践目的： 运用食品企业生产管理的理论和方法，通过对××食品企业生产管理现状的分析，培养学生运用食品企业生产管理理论和方法对食品企业生产管理现状进行分析和解决生产管理问题的能力。同时培养学生团队合作精神、语言表达能力、应变能力、应用写作能力，以及学生管理者素养的培育。

　　项目检测考核： 通过对食品企业生产管理现状的分析，每个团队撰写食品企业生产管理方案，在"××食品企业生产管理方案研讨会"上进行宣讲、讨论、答辩，指导教师进行评价。由各团队队长和指导教师负责评判打分，考核成绩分为优秀、良好、及格。

　　飞翔队由5号队员负责本实践项目的讨论、汇总、撰写方案、宣讲和答辩。经过讨论、答辩，指导教师提出四点修改意见，综合评判该方案为及格。

项目 7

食品企业质量管理

项目培养规格

管理素养培育规格

强化管理者的质量意识，培育管理者积极的职业心态。

管理知识培养规格

明确食品企业质量管理的概念和原则；明确食品企业全面质量管理的概念和工作方法；掌握 ISO 9001、ISO 22000、ISO 14000、绿色食品、有机食品等质量管理体系认证的内容；熟悉食品企业现场质量管理的目标、任务和内容；明确食品安全管理的法律法规及主要内容。

管理能力培养规格

具备运用食品企业质量管理的能力。

思维导图

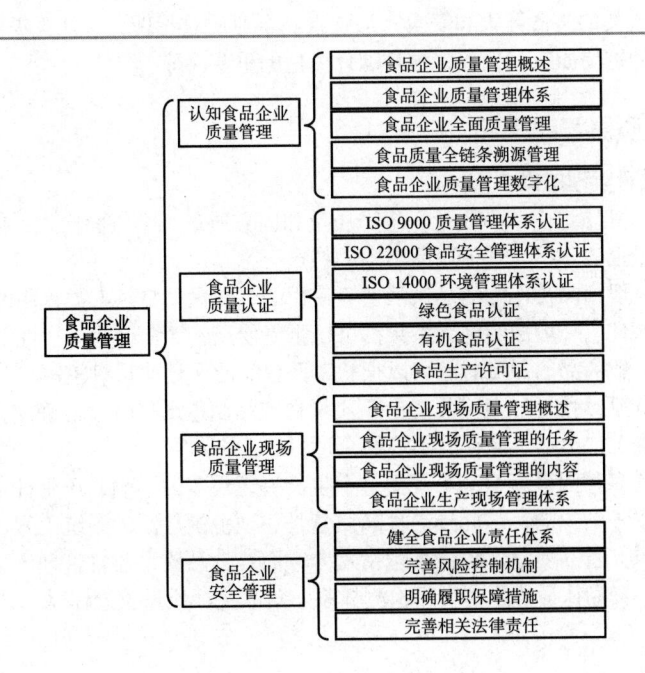

```
                                    ┌─ 食品企业质量管理概述
                    ┌─ 认知食品企业 ─┤─ 食品企业质量管理体系
                    │    质量管理    │─ 食品企业全面质量管理
                    │                │─ 食品质量全链条溯源管理
                    │                └─ 食品企业质量管理数字化
                    │
                    │                ┌─ ISO 9000 质量管理体系认证
                    │                │─ ISO 22000 食品安全管理体系认证
                    │  食品企业     │─ ISO 14000 环境管理体系认证
                    ├─ 质量认证  ───┤─ 绿色食品认证
   食品企业         │                │─ 有机食品认证
   质量管理   ──────┤                └─ 食品生产许可证
                    │
                    │                ┌─ 食品企业现场质量管理概述
                    │  食品企业现场 │─ 食品企业现场质量管理的任务
                    ├─ 质量管理   ──┤─ 食品企业现场质量管理的内容
                    │                └─ 食品企业生产现场管理体系
                    │
                    │                ┌─ 健全食品企业责任体系
                    │  食品企业     │─ 完善风险控制机制
                    └─ 安全管理  ───┤─ 明确履职保障措施
                                     └─ 完善相关法律责任
```

> **项目导入案例**

> **漯河双汇集团：加大产品质量管理力度 确保百姓餐桌安全**
> 　　双汇集团作为中国最大的肉类加工企业，始终坚持"产品质量无小事，食品安全大如天"的质量管理理念，构建了"预防为主、风险管理、全员参与、全程控制"的食品安全内控体系，切实履行大型企业社会主体责任，保障消费者的食品安全；始终坚持"消费者的安全与健康高于一切，双汇品牌形象和信誉高于一切"的质量方针，形成了"底线思维、红线意识"的理念，铸就产品质量安全灵魂。
> 　　双汇集团建立了集团、事业部、项目公司三级质量安全管控模式，设有专职负责质量安全的部门——品质管理中心，分布在企业供、产、运、销等各环节，负责质量安全日常监督管理工作；建立了科学的质量安全管理体系，率先导入 ISO 9001、HACCP、ISO 22000 等管理体系，建立了覆盖产、供、销各环节的十大标准化内控体系，其中涉及产品质量安全管理的文件有 200 多份；培养了 150 多名内审员，每年对企业开展内部审核，同时聘请中检集团审核专家，每年对企业质量安全管理体系全面审核，持续改进企业内控体系运作质量。
> 　　双汇集团建立了"自检、专检、飞检"的全产业链质量安全管理制度，用八大信息化系统做控制，实现产品有效追溯；建立了大信息化系统，对产业链全过程实施信息化管控，确保顺向可追踪、逆向可溯源、过程可控制、责任可追究。
> 　　通过 30 多年严格系统的控制，双汇集团不断筑牢食品安全防火墙，使双汇产品的质量和信誉获得了消费者一致认可，真正做到了让消费者放心安心，确保了老百姓餐桌安全。
> 　　　　　　　　　　　　　　　　　　　　　　　　　　　资料来源：搜狐财经，2022-11-05。

> ➔ **辨证性思考：**
> 谈谈双汇集团在进行食品质量管理的做法有哪些。

任务 1　认知食品企业质量管理

质量是企业生存和发展的生命线，是企业提高市场竞争力的重要武器。食品企业有其特殊性和重要性。食品关乎人类的生命健康和安全，加强食品企业质量管理，为社会提供安全、优质、营养的食品是食品企业的重要职责和任务，也是国计民生的重要保障。

7.1.1　食品企业质量管理概述

1. 食品企业质量管理的概念

食品作为商品，其质量由产品质量、生产质量和服务质量三个方面构成，但食品作为一类特殊商品，在使用和质量上表现出与其他商品不同的特点。

（1）食用性。一般商品是作为物品供消费者使用的，而食品是供人类食用的。

（2）消费的一次性。一般商品绝大多数都可以重复使用，而食品为一次性消耗商品。

（3）及时性。一般商品的保藏时间可以很长，而食品的保藏期相对较短。

（4）产品质量的延续性。一般商品的产品质量在产品制造出来时就已确定，而食品的产品质量体现在食品生产、加工、运输、储存、销售的全过程。

食品质量水平受多种因素制约，不仅受整个生产流通环节的影响，还受社会经济发展、科学技术进步和人们生活水平的影响，因此提高食品质量是一项范围广泛的系统工程，需要建立一个完整的食品质量保障体系。食品质量保障体系包括六个方面：食品质量监督管理体系、食品法律法规体系、食品标准体系、食品认证体系、食品检测体系、食品生产质量管理体系。

食品企业质量管理就是以保证或提高食品的质量（安全）为目标的管理。食品企业质量管理是一个系统工程，包含确定食品企业质量方针、目标，确定岗位职责和权限，建立食品企业质量管理体系并通过质量管理体系中的质量策划、质量控制、质量保证和质量改进来实现所有管理职能的全部活动。

2. 食品企业质量管理的原则

（1）以客户为关注焦点。组织依存于其客户，组织应理解客户当前的和未来的需求，满足客户要求并争取超越客户期望。

（2）领导作用。领导者确立组织统一的宗旨和方向，创造并保持使员工充分参与实现组织目标的内部环境。

（3）全员积极参与。各级人员是组织之本，只有人员充分参与，才能使他们的才干为组织带来最大的收益。

（4）过程方法。将活动和相关的资源作为过程进行管理，可以更高效地得到期望的结果。

（5）改进。持续改进总体业绩应当是组织的一个永恒目标。

（6）循证决策。有效决策建立在数据和信息的分析基础上。

（7）关系管理。组织与其供方是相互依存的。

思政教育

提升对产品的质量意识

我国现在正处于制造业的大发展时期，产品种类繁多，规模庞大，但是产品的质量却参差不齐。一些企业为了牟取更大的利益，不顾产品质量的高低，以次充好，让民众对国产商品失去信心，使得国民花费更多的时间和金钱去国外购买产品，这导致了我国的消费倾向外流。提升学生对产品的质量意识，最终在企业乃至全社会形成追求质量的价值导向和社会风气。

资料来源：人民论坛网，2020-06-12。

7.1.2 食品企业质量管理体系

1. 食品企业质量管理体系的概念

食品企业质量管理体系是指食品企业内部建立的、为保证食品的质量或质量目标所必需的、系统的质量活动。它根据食品企业特点选用若干体系要素加以组合，加强从设计研发、生产加工、检验检测、贮存运输、销售、食用全过程的质量管理活动，并予以制度化、标准化，成为食品企业内部质量工作的要求和活动程序。

2. 食品企业质量管理体系的特点

（1）食品企业质量管理体系代表了食品企业如何真正发挥质量的作用和如何最优地做出质量决策的一种观点。

（2）食品企业质量管理体系是深入细致的质量文件的基础。

（3）食品企业质量管理体系是使企业内更为广泛的质量活动能够得以切实管理的基础。

（4）食品企业质量管理体系是有计划、有步骤地把整个企业主要质量活动按重要性顺序进行改善的基础。

3. 食品企业质量管理体系的要素

一个完整而有效的食品企业质量管理体系包含六个产品质量实现要素：人（人员）、机（机器设备）、物（物料、原料、食品添加剂）、法（法规或方法）、环（环境）、测（检验检测）。所有活动均以文件作为食品企业质量管理体系运行的依据，以记录作为食品企业质量管理体系是否有效运行的证据。

7.1.3 食品企业全面质量管理

1. 食品企业全面质量管理的概念

食品企业全面质量管理是指食品企业全体员工及有关部门同心协力,把专业技术、经营管理、数理统计和思想教育结合起来,建立食品的研发、生产(加工)、服务全过程的质量体系,有效地利用人力、物力、财力、信息等资源,提供符合规定要求和用户期望的产品或服务。食品企业全面质量管理的基本核心是提高人的素质,调动人的积极性,人人做好本职工作,通过抓好工作质量保证和提高产品质量或服务质量。

2. 食品企业全面质量管理的特点

(1)把以事后检验和把关为主转变为以预防和改进为主。

(2)把以就事论事、分散管理转变为以系统的观点进行全面的综合治理。

(3)从管结果转变为管因素,把影响质量的诸因素查出来,抓住主要方面,发动全员、全企业各部门参加的全过程的质量管理,依靠科学的管理理论、程序和方法,使生产(作业)的全过程都处于受控状态,以达到保证和提高产品质量或服务质量的目的。

3. 食品企业全面质量管理的基本要求

(1)要求全员参加。

(2)其管理范围是产品或服务质量的产生、形成和实现的全过程。

(3)要求的是全企业的质量管理。

(4)要采取多种多样的管理方法。

以上四个方面的要求可归纳为"三全一多样",围绕着"有效地利用人力、物力、财力、信息等资源,生产符合规定要求和用户期望的产品或优质的服务"这一企业目标。这是推行全面质量管理的出发点和落脚点,也是全面质量管理的基本要求。

4. 食品企业全面质量管理的基本工作方法(程序)

PDCA管理法是食品企业全面质量管理的基本工作方法(程序)。食品企业全面质量管理的过程可划分为计划(Plan)、执行(Do)、检查(Check)、处理(Act)四个阶段,即PDCA循环。

(1)计划阶段分为四个步骤:①分析现状,找出存在的主要质量问题;②分析产生质量问题的各种影响因素;③找出影响质量的主要因素;④针对影响质量的主要因素制定措施,提出改进计划,定出质量目标。

(2)执行阶段,按照既定计划目标加以执行。

(3)检查阶段,检查实际执行的结果,看是否达到计划的预期效果。

(4)处理阶段,根据检查结果总结成熟的经验,纳入标准、制度和规定,以巩固成绩,防止失误,并把这一轮PDCA循环尚未解决的遗留问题,纳入下一轮PDCA循环中去解决。

如图7-1所示,四个阶段的工作完整统一,缺一不可;大环套小环,小环促大环,阶梯式上升,循环前进。

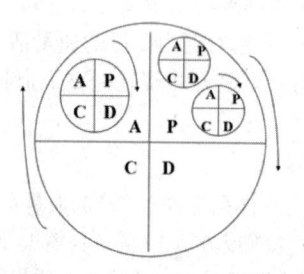

图7-1 PDCA循环工作图

自我测试：使用 PDCA 管理法为自己量身打造快速提升学习质量的方案。

7.1.4 食品质量全链条溯源管理

1. 食品安全溯源概述

食品安全溯源是指食品生产经营者建立的为保证食品信息可追溯，通过纸质或者其他信息化手段收集、留存食品生产经营信息，实现食品相关信息可确定，有利于明示确定信息和责任的工具与手段。

所谓食品安全溯源体系，是指在食品产供销的全程环节中，食品质量与安全的相关信息能够被双向追踪（生产源头⇌消费终端）。一方面是从生产者、经营者角度进行追溯食品安全的责任相关方，以此确定食品安全出现问题的原因及环节，同时确定彼此的责任划分；另一方面是从消费者层面来考虑，是指从消费者追溯到食品供应链的发生地，进而降低损失，便于食品下架与召回。

自 2001 年以来，我国逐步开始实施食品安全溯源体系的建设，建立了食品安全全程追溯体系的要求并明确规定在《中华人民共和国食品安全法》（2015 年修订、2018 年修订）中，明确食品生产经营者建立食品安全追溯体系的义务和要求，同时规定国家建立食品安全全程追溯协作机制的责任。

2. 食品安全溯源存在的问题

目前我国的食品溯源存在四个方面问题：

（1）食品质量溯源局面复杂。

（2）追溯出来的信息过于片面，很难发挥实际作用。

（3）追溯系统重复建设，未能实现数据的互联互通。

（4）追溯检测信息需要进一步校准，现有的追溯系统提供的信息在和行业结合方面还需要加以完善。

3. 食品安全溯源体系建设方向

食品安全溯源体系建设应从五个方面进行：

（1）计划针对性。追溯体系要针对行业、企业的追溯特点而建立。

（2）产品真实性。追溯体系要验证产品本身的真伪，达到去伪存真的目的。

（3）技术先进性。追溯体系要采用先进的信息技术或者其他先进技术进行建设。

（4）信息可信度。追溯体系要从源头上确保追溯的信息是真实的。

（5）记录可证性。追溯体系的追溯信息要可以验证。

7.1.5 食品企业质量管理数字化

1. 食品企业质量管理数字化的意义

高质量发展、提升质量管理水平不仅是国家相关部门对食品企业的要求，更是食品企业经营的目标。在数字化转型的浪潮下，质量管理可以从主流的信息技术中获得一些新的启示。通过构建数字化质量管理的框架，食品企业可以重构质量管理体系，实现质量管理的全生命周期覆盖，进一步优化管理。

近年来，中国食品行业市场发展迅速且灵活多变。在消费升级与新经济的冲击下，食品行业利润正在逐步走低，日益激烈的竞争导致利润空间进一步被压缩。传统食品企业要抵御风险，最有力的工具就是完成数字化升级。

2. 食品企业质量管理数字化的步骤

在数字化进程中，食品企业需要确定质量管理体系的优化建设需求，通过信息系统的选型与规划，能够通过数据的收集分析及时发现和预防质量问题。

（1）技术研发。食品企业可以搭建包括集成虚拟现实平台、试验验证平台和工艺仿真平台在内的数字化研发平台，通过对技术数据源的统一和研发数据的一体化管理，实现产品研发和工艺设计的全流程管控。

（2）物料管理。食品企业可以建立与数字化制造相适应的仓储物流系统，在采购、生产、仓储、物流、交付和售后服务全过程提高物料数字化追溯管理水平，同时与重要供应商建立协同的数字化管理系统，共享采购产品质量、批次、交期等信息。

（3）检验检测。食品企业可以推动在线检测、计量等仪器仪表的升级，促进制造装备与检测设备互联互通，提高质量检测效率，同时可以利用机器视觉、人工智能等技术，提升质量检测的全面性。

（4）通过优化质量管理体系重构质量管理思路，通过体系、项目、产品三个层面搭建质量管理层级架构，用以规范不同业务类型和管理层级的质量管理活动。

中国式管理

中粮集团：强化责任管理，护航生产安全

中粮集团坚决贯彻习近平总书记关于安全生产重要指示精神，统筹发展和安全，严格落实安全生产主体责任，一以贯之抓严抓实安全生产各项工作，建立健全安全生产风险防控体系，深入开展安全生产专项整治三年行动，扎实推进安全生产"四化并进"建设，切实筑牢"五道责任防线"，确保安全生产形势稳定，为集团高质量发展创造良好的安全环境。2022年首次实现"零死亡"，集团实现安全运行623天。加强全过程食品安全风险排查与管理，国家抽检集团产品合格率连续三年保持100%。

资料来源：中粮官网-企业责任，2023-09-12。

管理者素养

中层管理者必备的心态

1. 积极进取，乐观向上

积极的人像太阳，照在哪里哪里亮；消极的人像月亮，初一十五不一样。因此，中层管理者要保持积极进取、乐观向上的心态，积极心态可以影响一个人的人生。

2. 坚定自信，勇于成功

中层管理者作为企业的脊梁，一定保持坚定自信、勇于成功的心态，鼓励自己成功，为下属做好榜样。每个人都有自己的长处，在竞争中要保持信心，相信自己。

3. 树立归属感，全力以赴

中层管理者要树立归属感，是指在思想、心理、感情上，对企业产生一种认同感、公平感、安全感、价值感、使命感和成就感，简单说来就是家的感觉。有了归属感，在工作中才能够保证全力以赴的状态。

4. 豁达大度，归因于内

一个人如果没有豁达大度之心，是很难成大事的。豁达大度就是中层管理者需要学习的心态，放下失去的东西，豁达地面对世界。

5. 解压解脱，光明思维

思维主要包括三个等级：第一，任何事物都有正反两方面；第二，正反两方面可以相互转换；第三，无论遇到的事情是好是坏，都能推动人们向前成长。中层管理者要有第三级思维方式，能够从好事中获得快乐，从坏事中主动解脱，相信事情无论好坏都能推动人们向前成长。

6. 永不自满，持续学习

现在是一个发展多变的时代，每个人都需要持续学习，给自己充电。中层管理者作为"企业的腰"，处于中间水平，要想在企业里站稳脚，就要每时每刻提醒自己要有永不自满、持续学习的心态。这也是从业者必备的心态之一。

7. 爱与奉献，没有恨意

一个人只有爱自己，才能够更自信；只有爱他人，才能够舍己为人。一个中层管理者，只有爱客户，才能够奉献自己；只有爱国家，才能够鞠躬尽瘁；只有爱民族，才能够不顾生死。

8. 珍惜当下，知足感恩

生命的意义在于珍惜当下，人生的真谛在于知足感恩。要心怀感恩，不仅是指感谢帮助过自己的人，也包括感谢伤害过自己的人。作为中层管理者，要常怀感恩之心，在企业里感谢上级，感谢同事，感谢下属。

资料来源：微信公众号"闫伟商战境界"，2022-06-09。

任务 2　食品企业质量认证

7.2.1　ISO 9000 质量管理体系认证

1. ISO 9000 质量管理体系概述

ISO 标准是指由国际标准化组织（International Organization for Standardization）制定的。其宗旨是，在世界范围内促进标准化工作的发展，以利于国际物资交流和互助，并扩大知识、科学、技术和经济方面的合作。其主要任务是，制定国际标准，协调世界范围内的标准化工作，与其他国际性组织合作研究有关标准化问题。

ISO 9000 族标准是指"由国际标准化组织质量管理和质量保证技术委员会（ISO/TC176）制定的所有国际标准"。ISO 9000 族标准包括四个核心标准：ISO 9000 质量管理体系——基础和术语；ISO 9001 质量管理体系——要求；ISO 9004 质量管理体系——业绩改进指南；ISO 19011 质量和环境管理体系审核指南。该族标准可帮助组织实施并有效运行质量管理体系，是质量管理体系通用的要求或指南。它不受具体的行业或经济部门限制，可广泛适用于各种类型和规模的组织，在国内和国际贸易中促进相互理解。

ISO 9001 是 ISO 9000 族标准的四个核心标准之一，是要求认证 ISO 9000 族标准体系的企业必须执行的标准。ISO 9001 规定了质量管理体系要求，在组织需要证实其提供满足用户和适用法规要求的产品的能力时使用。ISO 9001 经历了以下几个版本：ISO 9001：1994→ISO 9001：2000→ISO 9001：2008→ISO 9001：2015。主要分为五大模块的要求：质量管理体系、管理职责、资源管理、产品实现、测量分析和改进。其中，每个模块又有许多分条款。国际标准化组织鼓励各行各业的组织采用 ISO 9001：2015 规范组织的质量管理，并通过外部认证达到增强用户信心和减少贸易壁垒的作用。

2. ISO 9001 质量管理体系申请认证的条件

企业申请认证须具备以下基本条件：

（1）具备独立的法人资格或经独立的法人授权。

（2）按照 ISO 9001：2015 的要求建立文件化的质量管理体系。

（3）已经按照文件化的体系运行三个月以上，并在进行认证审核前按照文件的要求进行了至少一次管理评审和内部质量体系审核。

具备以上条件的企业方可向经过国家认可的认证机构申请认证。

3. ISO 9001 质量管理体系认证的程序

目前所有企业都可以进行 ISO 9001 质量管理体系认证，它是企业发展壮大的基础、根基。ISO 9001 质量管理体系认证的程序如图 7-2 所示。

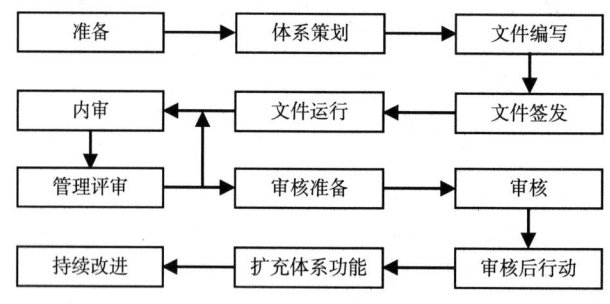

准备 → 体系策划 → 文件编写 → 文件签发 → 文件运行 → 内审 → 管理评审 → 审核准备 → 审核 → 审核后行动 → 扩充体系功能 → 持续改进

图 7-2　ISO 9001 质量管理体系认证的程序

7.2.2　ISO 22000 食品安全管理体系认证

1. ISO 22000 食品安全管理体系概述

2005 年 9 月 1 日，为保证全球食品安全，国际标准化组织正式发布了 ISO 22000：2005《食品安全管理体系——对食品链中任何组织的要求》，2006 年 3 月 1 日，我国等同转换国际版标准 GB/T 22000—2006 正式发布，2006 年 7 月 1 日正式实施。

ISO 22000 食品安全管理体系基于 ISO 9000 质量管理体系架构，运用 HACCP（食品安全与关键控制点）原理于整个体系，以食品安全危害分析为核心，实施 HACCP 计划和前提方案，监控整个食品供应链，预防食品安全危害，保证食品安全。

ISO 22000 食品安全管理体系服务于全食品产业链，适用于农产品生产者、饲料生产者、食品生产者、食品批发和零售商，亦适用于与食品相关的设备制造商、包装材料制造商、农化品和食品添加剂制造商、物流以及餐饮服务商。推行食品安全管理体系认证，可以提高食品企业管理水平，安全保障能力及产品质量，减少资源浪费，增强消费者对食品安全卫生的信心，提高食品企业在国内市场的知名度和信誉度。

通过 ISO 22000 食品安全管理体系认证，企业可以向政府和消费者证明自身的质量保证能力，证明自己有能力提供满足消费者需求和相关法规要求的安全食品和服务，有利于开拓市场，获取更大利润。

2. ISO 22000 食品安全管理体系申请认证的条件

（1）食品企业应为有明确法人地位的实体，产品有注册商标，质量稳定且批量生产。

（2）食品企业应按《良好操作规范》和 ISO 22000 食品安全管理体系的要求建立和实施食品安全管理体系，并有效运行。

（3）企业在申请认证前，ISO 22000 食品安全管理体系应至少有效运行三个月，至少做过一次内审，并对内审中发现的不合格实施了确认、整改和跟踪验证。

3. 实施 ISO 22000 食品安全管理体系认证的程序

企业调研、贯标→体系策划→培训（包括标准培训和人员培训）→体系文件的建立（包括程序文件和质量手册）→体系运行→内审→管理评审→认证前的准备工作→现场审核→对不合格项的整改→颁发证书→食品安全管理体系的实施运行。

自我测试：总结 ISO 9001 与 ISO 22000 的异同。

> **思政教育**
>
> **与国际接轨的认证推进高水平对外开放**
>
> 推进高水平对外开放。依托我国超大规模市场优势,以国内大循环吸引全球资源要素,增强国内国际两个市场两种资源联动效应,提升贸易投资合作质量和水平。稳步扩大规则、规制、管理、标准等制度型开放。推动货物贸易优化升级,创新服务贸易发展机制,发展数字贸易,加快建设贸易强国。合理缩减外资准入负面清单,依法保护外商投资权益,营造市场化、法治化、国际化一流营商环境。推动共建"一带一路"高质量发展。优化区域开放布局,巩固东部沿海地区开放先导地位,提高中西部和东北地区开放水平。加快建设西部陆海新通道。加快建设海南自由贸易港,实施自由贸易试验区提升战略,扩大面向全球的高标准自由贸易区网络。有序推进人民币国际化。深度参与全球产业分工和合作,维护多元稳定的国际经济格局和经贸关系。
>
> 资料来源:中国政府网,2022-10-25。

7.2.3 ISO 14000 环境管理体系认证

1. ISO 14000 环境管理体系概述

环境管理体系是一个组织内全面管理体系的组成部分。它包括为制定、实施、实现、评审和保持环境方针所需的组织机构、规划活动、机构职责、惯例、程序、过程和资源,还包括组织的环境方针、目标和指标等管理方面的内容。

环境管理体系是一项内部管理工具,旨在帮助组织实现自身设定的环境表现水平,不断改进环境行为,不断达到更新更佳的环境绩效。组织在建立了环境管理体系之后,通过管理活动程序、建立规范化文件和记录等措施可以协调不同职能部门之间的关系,并可以达到下列目的:建立一个良好的环境方针和环境管理基础;有利于找出并控制重大的环境因素和影响;有利于识别有关的环境法规要求与现行状况的差距;减少由于污染事故或违反法律法规所造成的环境影响;建立组织内污染防治优先序列,并为实现污染预防目标而努力;提高监测环境的能力和评价该体系的效率,包括促进体系的改进和调整,以适应新的和不断变化的情况的要求;由于改善环境从而带来许多重要的商业、环境机会。

环境管理体系有助于组织系统化地处理环境问题,并将环境保护和企业经营结合起来,使之成为企业日常运行和经营策略的一部分。

ISO 14000 是环境管理体系标准的总称,是国际标准化组织继 ISO 9000 之后发布的又一国际性管理系列标准。ISO 14000 环境管理体系标准包括环境管理体系、环境审核、环境行为评价、产品生命周期等几个方面。它是一套自愿性的标准,通过第三方认证的方式实施。

2. ISO 14000 环境管理体系申请认证的条件

企业建立的环境管理体系要申请认证,必须满足两个基本条件:
(1)遵守我国的环境法律、法规、标准和总量控制的要求;
(2)体系试运行满三个月。

3. ISO 14000 环境管理体系认证的程序

首先,企业向认证机构提交申请材料,审查是否符合两个基本条件。申请受理后,认证机构进入第一阶段审核,这一阶段主要审核体系文件和体系的策划设计、内审和管理评审,结合现场审核,确认审核范围,提出整改意见。企业整改合格后,进入第二阶段审核,这一阶段主要是现场审核,审核结束后,认证机构根据审核结果,进行认证技术评定,并报环认委进行复审、备案和统一编号。

最后，合格者予以颁发证书，证书有效期三年。

7.2.4 绿色食品认证

绿色食品是指遵循可持续发展原则，按照绿色食品标准生产，经专门机构认定，许可使用绿色食品商标标志的，无污染的安全优质、营养类的食品。绿色食品分为 A 级和 AA 级两个等级。A 级绿色食品，是指在生态环境质量符合规定标准的产地，生产过程中允许限量使用限定的化学合成物质。AA 级绿色食品（等同有机食品），是指在生态环境质量符合规定标准的产地，生产过程中不使用任何有害化学合成物质。

绿色食品标志图形由太阳、叶片和蓓蕾三部分组成，象征自然生态。标志图形为正圆形，意为保护、安全；颜色为绿色，象征生命、农业、环保。AA 级绿色食品标志与字体为绿色，底色为白色；A 级绿色食品标志与字体为白色，底色为绿色。具体标志样式如图 7-3 所示。

图 7-3　绿色食品标志（左图为 AA 级，右图为 A 级）

绿色食品认证程序如图 7-4 所示。绿色食品的颁证有效期为三年。

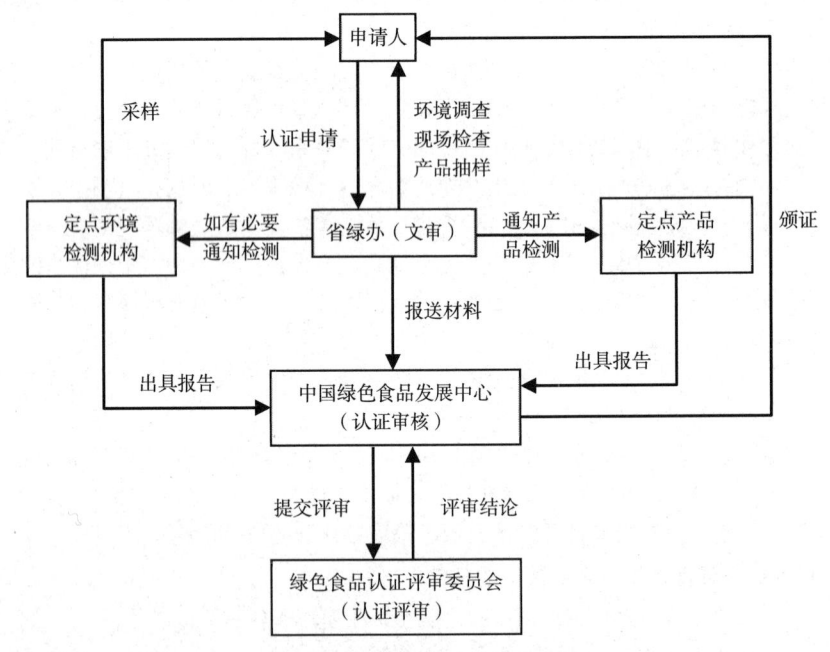

图 7-4　绿色食品认证程序

7.2.5 有机食品认证

有机食品是指根据有机农业原则和有机农产品生产、加工标准生产出来的，经过有机农产品颁证组织颁发证书的一切农产品。

有机食品认证是国际组织认可并大力推广的一种农产品认证形式，也是我国国家认证认可监督管理委员会统一管理的认证形式之一。推行有机食品认证的目的是，推动和加快有机产业的发展，保证有机食品生产和加工的质量，满足消费者对有机食品日益增长的需求，减少和防止农药、化肥等农用化学物质和农业废弃物对环境的污染，促进社会、经济和环境的持续发展。有机食品的颁证有效期为一年。一年期满后可申请"保持认证"，通过检查、审核合格后方可继续使用有机食品标志。目前我国的有机食品标志主要有两种，如图 7-5 所示。

图 7-5　有机食品标志

有机食品认证申报程序：申请；认证中心核定费用预算并制订初步的检查计划；签订认证检查合同；初审，实地检查评估；编写检查报告；综合审查评估意见；认证委员会决议；发证书；有机食品标志的使用。

7.2.6　食品生产许可证

《中华人民共和国食品安全法》第三十五条规定，国家对食品生产经营实行许可制度。从事食品生产、食品销售、餐饮服务，应当依法取得许可。但是，销售食用农产品，不需要取得许可。食品生产许可证由县级以上地方人民政府食品药品监督管理部门向食品生产经营许可的机构依法发放。

县级以上地方人民政府食品药品监督管理部门应依照《中华人民共和国行政许可法》的规定，审核申请人提交的本法第三十三条第一款第一项至第四项规定要求的相关资料，必要时对申请人的生产经营场所进行现场核查，对符合规定条件的，准予许可，对不符合规定条件的，不予许可并书面说明理由。

《中华人民共和国食品安全法》第一百二十二条规定，违反本法规定，未取得食品生产经营许可从事食品生产经营活动，或者未取得食品添加剂生产许可从事食品添加剂生产活动的，由县级以上人民政府食品药品监督管理部门没收违法所得和违法生产经营的食品、食品添加剂以及用于违法生产经营的工具、设备、原料等物品；违法生产经营的食品、食品添加剂货值金额不足一万元的，并处五万元以上十万元以下罚款；货值金额一万元以上的，并处货值金额十倍以上二十倍以下罚款。

食品生产许可证分为正本、副本。正本、副本具有同等法律效力。食品生产许可证应当载明：生产者名称、社会信用代码（个体生产者为身份证号码）、法定代表人（负责人）、住所、生产地址、食品类别、许可证编号、有效期、日常监督管理机构、日常监督管理人员、投诉举报电话、发证机关、签发人、发证日期和二维码。

食品生产许可证编号由 SC（"生产"的汉语拼音字母缩写）和 14 位阿拉伯数字组成。数字从左至右依次为：3 位食品类别编码、2 位省（自治区、直辖市）代码、2 位市（地）代码、2 位县（区）代码、4 位顺序码、1 位校验码。食品生产者应当妥善保管食品生产许可证，不得伪造、涂改、倒卖、出租、出借、转让。

二维码链接 7-1　ISO 标准认证的十大作用

中国式管理

双汇实施全方位质量管理　实现产品质量全程控制

双汇始终把食品安全放在企业管理的第一位，围绕产品抓质量，围绕品牌树形象，先后通过了 ISO 14000、ISO 9001、HACCP、ISO 22000 等体系认证，确保了双汇产品的质量安全。

根据企业实际情况，双汇制定产品质量和食品安全管理制度，形成了《产品质量和食品安全管理标准化》，并根据国家法律法规、标准的变化实施动态管理。

率先把国际上先进的 ISO 9001、HACCP、ISO 22000、GAP 等管理体系引入企业生产经营管理，用 ISO 9001 规范质量管理，用 HACCP、ISO 22000 进行危害分析及关键点控制，用 GAP 规范基地生猪养殖，用信息化和标准化规范生产流程和供应链管理，确保产品的质量与安全。

资料来源：搜狐财经，2022-09-26。

> **管理者素养**
>
> 积极的心态
>
> 积极的心态包括积极进取与乐观心态。管理者要勇攀高峰，不断挑战自己的职业目标，具备积极进取的精神。同样，管理者会遇到各种各样的问题与逆境，保持积极乐观的心态就显得尤为重要。对生活事业充满渴望，积极向上，不断进。能够认识自己的弱点，以及可以改进之处。目标不是位置，而是怎样让自己做得更好；登山不是为了登顶，而是体验过程中带来的自我超越。心态积极者承认和对待不愉快的现实，以乐观的心态来对待它们，并提出充满希望的结果。无论什么事儿都要向好的方面来考虑，认识到挫折与困难的"常态性"，然后保持一种乐观的心态。
>
> 资料来源：微信公众号"赋能管理者"，2020-06-04。

任务 3　食品企业现场质量管理

7.3.1　食品企业现场质量管理概述

1. 食品企业现场质量管理的概念

食品企业现场质量管理是指由现场管理人员在一定的场所将工作合理、高效完成的过程。这里的现场指的是利用人、机、料、法、环将食品原材料加工制作成成品的过程。食品企业现场管理人员是指在食品企业中，拥有相应的权利，对生产要素直接指挥和监督的人。

2. 食品企业现场质量管理的目标

食品企业现场质量管理的目标是提升食品质量，降低成本，确保交货期，确保人身安全，提高士气。

7.3.2　食品企业现场质量管理的任务

食品企业现场质量管理的任务主要是，合理地组织现场的各种要素，使之有效结合起来形成一个有机的生产系统，并处于良好的运行状态；按整体优化的思想，积极推行精益生产等现代管理方法和手段，以工作性质定岗，以工作量定员，实现优质、准时、高效、节约生产；坚持不懈地改进作业环境和现场秩序，实行定制管理，形成科学先进的生产工艺流程和操作规程，严格劳动纪律和工艺纪律，做到环境整洁、设备完好、信息准确、物流有序、安全生产，降低成本、提高效益。

1. 工序管理

工序是指一个工人（或一组工人）在一个工作地，对一个（或同时几个）产品进行加工所连续完成的工作内容。工序是产品生产的基本单位。工序管理的内容主要包括工序要素管理和产品要素管理。它是按照工序专门技术的要求，合理地配备和有效地利用生产要素，并把它们有效地结合起来发挥工序的整体效率，通过品种、质量、数量、日程、成本的控制，满足市场对产品要素的需求。

2．物流管理

通过加强物流管理，使其能保证生产的连续性、比例性、均衡性。搞好物流管理要注意研究以下问题：选择合适的生产组织形式；合理进行工厂总平面布置和车间布置；搞好生产过程分析；提高搬运效率；搞好各个生产环节和各工序之间的能力的平衡；合理确定在制品定额等。

3．现场环境管理

安全、文明、秩序井然、优美舒适的工作环境，对工人的工作效率有重要影响。加强现场环境管理是充分体现以人为本的具体工作。要把环境管理与其他管理结合起来，提高到新的高度来认识它。

7.3.3 食品企业现场质量管理的内容

食品企业现场质量管理的主要工作内容包括人员（操作者、作业人员）的管理、设备（设施）的管理、物料的管理（包括原材料、半成品、成品）、作业方法与工艺纪律的管理、工作环境的管理、检测设备或器具的管理。食品企业现场质量管理也可以从管理对象和管理目标两方面来进行，如图7-6 所示。

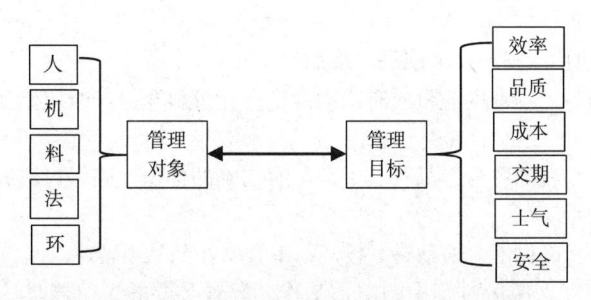

图 7-6 食品企业现场质量管理的内容

1．人员（操作者、作业人员）的管理

（1）明确不同岗位人员的能力需求，确保其能力是胜任的。从教育、培训、技能和经验四个方面确定任职或上岗资格，并实施资格评定，尤其对参与关键过程、特殊过程以及特殊工种工作的人员应按规定要求或技艺评定准则进行资格认可，保证其具有胜任工作的能力。

（2）提供必要的培训或采取其他措施，以满足并提高岗位人员任职能力。培训包括质量意识、操作技能、检测方法、统计技术和质量控制手段等。

（3）鼓励员工积极参与，以加强对过程的控制和改进，主要包括：

①明确每个员工的职责和权限。

②确保岗位人员了解相应层次的质量目标，以及本职工作与实现目标的关系，意识到所承担工作和所执行任务的重要性。

③进行必要的授权，如员工有权获得必要的文件和信息，有权报告不合格并采取纠正措施等。

④鼓励开展小组活动或其他形式的团队活动，促进员工自我管理、自我提高和自我改进的能力。

（4）建立食品生产从业人员健康管理制度。

①从事经营活动的每一位员工每年必须在区以上医院体检一次，取得健康证明后方可参加工作；应建立员工健康档案，档案至少保存两年。

②凡患有痢疾、伤寒、病毒性肝炎（包括病原携带者）、活动性肺结核、化脓性或渗出性皮肤病以及其他有碍食品安全疾病的，不得参与直接接触食品的工作。

③员工患上述疾病的，应立即调离原岗位。病愈要求上岗者，必须在指定的医院体检，合格后

才可重新上岗。

④企业发现有患传染病的员工后,相关接触人员必须立即进行体检,确认未受传染的,方可继续留岗工作。

⑤每位员工均有义务向部门领导报告自己及家人身体情况,特别是本制度中不允许有的疾病发生时,必须立即报告,以确保食品不受污染。

⑥在岗员工应着装整洁,佩戴工号牌,勤洗澡、勤理发,注意个人卫生。

2. 设备（设施）的管理

（1）制定设备维护保养制度,包括对设备关键部位的日点检制度,确保设备处于完好状态。食品生产设备、设施、工具和容器等应加强维护保养,及时进行清洗、消毒。在食品生产加工过程中应有效地防止食品污染、损坏或变质。

（2）按规定做好设备的维护保养,定期检测设备的关键精度和性能项目。食品生产企业生产设备的性能和精度应能满足食品生产加工的要求。

（3）规定设备和设施的操作规程,确保正确使用设备（设施）,并做好设备故障记录。

（4）直接接触食品及原料的设备、工具和容器必须用无毒、无害、无异味的材料制成。与食品的接触面应边角圆滑、无焊疤和裂缝。

3. 物料的管理（包括原材料、半成品、成品）

（1）对现场使用的各种物料的质量应有明确规定,在进料及投产时应验证物料的规范和质量,确保其符合要求。

（2）应对易混淆的物料的牌号、品种、规范等有明确的标识,确保可追溯性,并在加工流转中做好标识的移植。

（3）检验状态清楚,确保不合格物料不投产,不合格在制品不转序。

（4）做好物料在储存、搬运过程中的防护工作,配置必要的工位器具、运输工具,防止磕碰损伤。

（5）在食品原料、半成品及成品运输过程中应有效地防止食品污染、损坏或变质。有冷藏、冷冻运输要求的,企业必须满足冷链运输要求。

（6）加工后的废弃物存放设施应密闭或带盖,存放应远离生产车间,且位于生产车间的下风向。

（7）物料堆放整齐,并坚持"先进先出"的原则。食品入库前要进行验收登记,食品储存应做到分类存放,离地离墙先入先出,定期检验,及时清理。食品仓库内应防鼠、防潮。严禁存放亚硝酸盐及杀虫剂等有害有毒物质。

4. 作业方法与工艺纪律的管理

（1）确定适宜的加工方法、工艺流程、服务规范,选用合理的工艺参数和工艺装备,编制必要的作业文件,包括操作规程、作业指导书、工艺卡、服务提供规范等。

（2）确保岗位人员持有必要的作业指导文件,并通过培训或技术交流等活动,确保岗位人员理解和掌握工艺规定和操作要求。

（3）提供工艺规定所必需的资源,如设备、工装、工位器具、运输工具、检测器具、记录表等。

（4）严格工艺纪律,坚持"三按"（按图样、按标准或规程、按工艺）生产,并落实"三自"（自我检验、自己区分合格与不合格、自做标识）、"一控"（控制自检正确率）要求。

5. 工作环境的管理

（1）工作环境主要包括厂区、加工车间以及周围环境。卫生环境是食品生产工作环境必不可少的,应确保现场人员的健康和安全的工作环境。

（2）开展"5S"管理,建立适宜的工作环境,提高作业人员的能动性,包括环境清洁安全,作业场地布局合理，设备工装保养完好，物流畅通，工艺纪律严明，操作习惯良好。

6．检测设备或器具的管理

（1）配合管理部门确定测量任务及所要求的准确度，选择适用的、具有所需准确度和精密度能力的检测设备。

（2）使用经校准并在有效期内的测量器具，检定或校准的标识清晰。

（3）明确检测点，包括检测的项目、频次、使用的器具、控制的范围和记录的需求等。

（4）在使用和搬运中确保检测器具的准确性。

7.3.4 食品企业生产现场管理体系

食品企业生产现场管理体系由思想体系、组织体系、有机转换体系三部分组成，如图 7-7 所示。

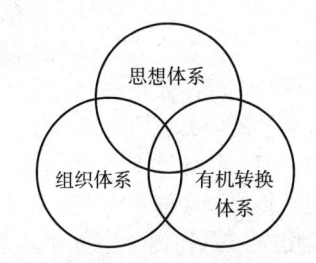

图 7-7 生产现场管理体系示意图

1．思想体系

思想体系是生产现场管理的首要问题，即要树立正确的思想观点，善于处理好一系列关系。

（1）树立正确的观点。

①市场观点。生产现场管理要始终围绕市场转，市场是生产现场的生命所在，离开了市场的生产现场是站不住脚的。

②质量第一的观点。质量好坏是企业生命力的体现，生产现场又是决定质量的重要环节，所以必须把质量放在第一位。

③讲究效益的观点。把生产现场的效益问题解决好，对全企业效益的提高有很大的促进作用，在生产现场时时处处要体现讲效益的思想。

④树立全局观念的观点。要树立每个岗位、每个环节都服从于整体优化和整个生产过程顺利进行的指导思想，局部要服从整体。

⑤坚持通力协作的观点。要在统一目标的指导下，相互配合、相互协调、通力合作，心往一处想，劲往一处使。

（2）处理好关系。

①正确处理好上下级的关系。下级服从上级，令行禁止，但同时做到上级虚心听取下级意见，集思广益，使每项决策都有广泛的群众基础，政令畅通。

②正确处理好服务与被服务的关系。生产第一线工人是生产主体，其他人员要为他们服务好，生产第一线工人也要及时地将有关要求、信息传递给各方，以求得他们的配合。

③正确处理好集体与个人的关系。集体利益重于个人利益，个人必须服从于集体，集体又要为个人提供便利，以发挥个人创造力。

④正确处理好民主和集中的关系。既要有民主，更要有集中，广泛听取意见、建议，群体意识强，但又要集中，统一政令。

2. 组织体系

组织体系是生产现场管理的有力保证。企业要特别注意发挥好组织体系中五个部分的作用。

（1）生产组织。要建立以生产第一线工人为中心的生产组织。要做到以生产第一线工人为中心，除了思想观念要真正转过来，在组织方式上也要做一些工作。要建立设备在生产时间不停机的保证体系，包括生产工人和维修工人既明确分工又相互协作的体制。要实施点检、维护、预修制度。专职人员要现场巡回服务、监督、指导操作规范。要使故障快速处理程序化、规范化。要制定修理工期限额并加以实施。备件要及时供应。要充分利用生产间歇时间，检修保养设备。要实行工具直送生产岗位，及时、定期、快速更换工具等。质量检验、把关、服务、指导到现场，把质量问题解决在现场。要花力量把生产线布置得合理，为第一线工人的方便生产考虑。做好以上工作才能体现出以生产第一线工人为中心的生产组织的建立。

（2）劳动组织。劳动组织的建立要体现出省人、省力、省时。应做好以下几方面工作：努力消除无效劳动和浪费，如消除过量制造、窝工、多余劳动动作、不合理搬运等；实行多工序管理或一人多能、多设备看管等；实行标准作业，规范化行为。

（3）物流组织。物流组织是保证生产的前提性的环节。所以，必须认真研究物料流向、运输方式、运量、时间要求、运距等，做到合理、顺畅、及时、保量、安全、节省。

（4）信息组织。科学地组织信息的传递、处理和反馈，是使生产正常进行的必备条件。一条错误的信息可能给生产现场带来巨大的损失。现场信息包括手工信息（各种原始记录）、目视管理信息、计算机信息等。

（5）指挥组织。车间主任是生产现场最全面、最具体的指挥者、组织者。这种指挥组织，体系要清晰，以现在行政组织为依托，做到上下沟通，上情及时下达，下情迅速上达。要深入第一线了解情况，掌握情况及时，处理快。要指挥有力、果断。

3. 有机转换体系

有机转换体系是现场管理的基地、基础。现场管理的有机转换体系要讲究三个效应，即时间效应、资金效应、物料效应。

对生产现场管理三个体系的认识和理解越深入，越能从观念到具体做法上都使管理上一个台阶。

自我测试：从管理者的角度如何进行食品企业生产现场不合格品的管理？

中国式管理

从成为全球首家金标认证食品企业，透视伊利世界一流品质管理实力

伊利的高品质管理水平并非一日"炼"成。外界能够看到的是，伊利作为一家有自驱力的乳企，始终坚守"伊利即品质"的企业信条，视品质如生命，不断探索行业高质量发展的未来。在管理体系方面，伊利建立了"全员、全过程、全方位"质量管理体系，以及"集团—事业部—工厂"三级食品安全风险监测防控体系，覆盖80多个检验单元，检验项目总数达1000多项。在品控方面，从上游饲草种植牧场饲养，到中游生产加工，再到下游市场销售，伊利将严格的质量标准贯穿于全产业链中，确保每个环节稳定安全。此外，伊利还率先实现从源头到终端每一个食品安全和质量控制关键点的监测、分析、把控、预防，这在业内处于领先地位。品质成就口碑，伊利多次荣获诸如"全国质量管理奖"等权威认可，在消费端也积累无数拥趸，平均每天有1亿多份伊利产品抵达消费者手中。

资料来源：新浪财经，2020-07-23。

> **管理者素养**
>
> **一个合格的管理者必须摒弃的心态**
>
> 高高在上的心态、利欲熏心的心态、被动等待结果的心态、自尊心过重的心态、个人英雄主义的心态、关系至上的心态、不正视问题的心态、顾上不顾下的心态。
>
> 资料来源：微信公众号"让管理简单有效标准化"，2022-07-03。

任务 4 食品企业安全管理

食品生产经营企业是食品安全第一责任人，应当对其生产经营食品的安全负责，承担食品安全主体责任。为了督促企业落实食品安全主体责任，强化企业主要负责人食品安全责任，规范食品安全管理人员行为，根据《中华人民共和国食品安全法》及其实施条例等法律法规，国家市场监督管理总局出台了《企业落实食品安全主体责任监督管理规定》。食品企业安全管理按照国家相关法律法规的要求应从健全食品企业责任体系、完善风险控制机制、明确履职保障措施、完善相关法律责任等方面进行建设。

7.4.1 健全食品企业责任体系

食品生产经营企业应当建立健全食品安全管理制度，落实食品安全责任制，依法配备与企业规模、食品类别、风险等级、管理水平、安全状况等相适应的食品安全总监、食品安全员等食品安全管理人员，明确企业主要负责人、食品安全总监、食品安全员等的岗位职责。

1. 企业主要负责人

企业主要负责人是指在本企业生产经营中承担全面领导责任的法定代表人、实际控制人等主要决策人。对本企业食品安全工作全面负责，建立并落实食品安全主体责任的长效机制。食品安全总监、食品安全员应当按照岗位职责协助企业主要负责人做好食品安全管理工作。

食品生产经营企业主要负责人应当支持和保障食品安全总监、食品安全员依法开展食品安全管理工作，在做出涉及食品安全的重大决策前，应当充分听取食品安全总监和食品安全员的意见和建议。

2. 食品安全总监与食品安全员设置

这些食品生产经营企业、集中用餐单位的食堂应当配备食品安全总监：特殊食品生产企业；大中型食品生产企业；大中型餐饮服务企业、连锁餐饮企业总部；大中型食品销售企业、连锁销售企业总部；用餐人数 300 人以上的托幼机构食堂、用餐人数 500 人以上的学校食堂，以及用餐人数或者供餐人数超过 1000 人的单位。

县级以上地方市场监督管理部门应当结合本地区实际，指导本辖区具备条件的企业配备食品安全总监。

食品安全总监、食品安全员应当具备下列食品安全管理能力：掌握相应的食品安全法律法规、食品安全标准；具备识别和防控相应食品安全风险的专业知识；熟悉本企业食品安全相关设施设备、工艺流程、操作规程等生产经营过程控制要求；参加企业组织的食品安全管理人员培训并通过考核；其他应当具备的食品安全管理能力。

食品生产经营企业可以将符合前款规定的企业负责人、食品安全管理人员明确为食品安全总监、食品安全员。

3. 食品安全总监职责

（1）组织拟定食品安全管理制度，督促落实食品安全责任制，明确从业人员健康管理、供货者管理、进货查验、生产经营过程控制、出厂检验、追溯体系建设、投诉举报处理等食品安全方面的责任要求。

（2）组织拟定并督促落实食品安全风险防控措施，定期组织食品安全自查，评估食品安全状况，及时向企业主要负责人报告食品安全工作情况并提出改进措施，阻止、纠正食品安全违法行为，按照规定组织实施食品召回。

（3）组织拟定食品安全事故处置方案，组织开展应急演练，落实食品安全事故报告义务，采取措施防止事故扩大。

（4）负责管理、督促、指导食品安全员按照职责做好相关工作，组织开展职工食品安全教育、培训、考核。

（5）接受和配合监督管理部门开展食品安全监督检查等工作，如实提供有关情况。

（6）其他食品安全管理责任。

4．食品安全员职责

（1）督促落实食品生产经营过程控制要求。

（2）检查食品安全管理制度执行情况，管理维护食品安全生产经营过程记录材料，按照要求保存相关资料。

（3）对不符合食品安全标准的食品或者有证据证明可能危害人体健康的食品以及发现的食品安全风险隐患，及时采取有效措施整改并报告。

（4）记录和管理从业人员健康状况、卫生状况。

（5）配合有关部门调查处理食品安全事故。

（6）其他食品安全管理责任。

食品生产经营企业应当按照上述规定，结合企业实际，细化制定《食品安全员守则》。

7.4.2 完善风险控制机制

食品生产经营企业应当建立基于食品安全风险防控的动态管理机制，结合企业实际，落实自查要求，制定食品安全风险管控清单，建立健全日管控、周排查、月调度工作制度和机制。具体分工如图7-8所示。

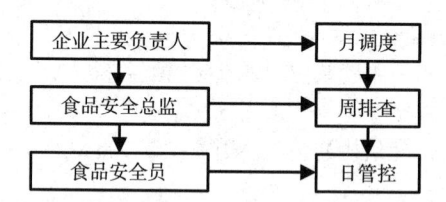

图7-8 食品生产经营企业食品安全风险防控动态管理机制的具体分工

1．日管控

企业应当建立食品安全日管控制度。食品安全员每日根据风险管控清单进行检查，形成《每日食品安全检查记录》，对发现的食品安全风险隐患，应当立即采取防范措施，按照程序及时上报食品安全总监或者企业主要负责人。未发现问题的，也应当予以记录，实行零风险报告。

2．周排查

企业应当建立食品安全周排查制度。食品安全总监或者食品安全员每周至少组织一次风险隐患排查，分析研判食品安全管理情况，研究解决日管控中发现的问题，形成《每周食品安全排查治理报告》。

3. 月调度

企业应当建立食品安全月调度制度。企业主要负责人每月至少听取一次食品安全总监管理工作情况汇报，对当月食品安全日常管理、风险隐患排查治理等情况进行工作总结，对下个月重点工作做出调度安排，形成《每月食品安全调度会议纪要》。

7.4.3 明确履职保障措施

食品生产经营企业应当将企业主要负责人、食品安全总监、食品安全员等人员的设立、调整情况，《食品安全总监职责》、《食品安全员守则》以及食品安全总监、食品安全员提出的意见建议和报告等履职情况予以记录并存档备查。

市场监督管理部门应当将企业建立并落实食品安全责任制等管理制度，企业在日管控、周排查、月调度中发现的食品安全风险隐患以及整改情况，作为监督检查的重要内容。食品生产经营企业应当组织对本企业员工进行食品安全知识培训，对食品安全总监、食品安全员进行法律、法规、标准和专业知识培训、考核，并对培训、考核情况予以记录，存档备查。

县级以上地方市场监督管理部门按照国家市场监督管理总局制定的食品安全管理人员考核指南，组织对本辖区食品生产经营企业的食品安全总监、食品安全员随机进行监督抽查考核并公布考核结果。监督抽查考核不得收取费用。

抽查考核不合格，不再符合食品生产经营要求的，食品生产经营企业应当立即采取整改措施。

食品生产经营企业应当为食品安全总监、食品安全员提供必要的工作条件、教育培训和岗位待遇，充分保障其依法履行职责。

鼓励企业建立对食品安全总监、食品安全员的激励机制，对工作成效显著的给予表彰和奖励。

7.4.4 完善相关法律责任

食品生产经营企业未按规定建立食品安全管理制度，或者未按规定配备、培训、考核食品安全总监、食品安全员等食品安全管理人员，或者未按责任制要求落实食品安全责任的，由县级以上地方市场监督管理部门依照《中华人民共和国食品安全法》第一百二十六条第一款的规定责令改正，给予警告；拒不改正的，处 5000 元以上 5 万元以下罚款；情节严重的，责令停产停业，直至吊销许可证。法律、行政法规有规定的，依照其规定。食品生产经营企业等单位有食品安全法规定的违法情形，除依照食品安全法的规定给予处罚外，有下列情形之一的，对单位的法定代表人、主要负责人、直接负责的主管人员和其他直接责任人员处以其上一年度从本单位取得收入的 1 倍以上 10 倍以下罚款：

（1）故意实施违法行为；
（2）违法行为性质恶劣；
（3）违法行为造成严重后果。

食品生产经营企业及其主要负责人无正当理由未采纳食品安全总监、食品安全员依照《企业落实食品安全主体责任监督管理规定》第四条第二款提出的否决建议的，属于上述规定的故意实施违法行为的情形。食品安全总监、食品安全员已经依法履职尽责的，不予处罚。

二维码链接 7-2
卫龙食品安全管理有哪些说道？

思政教育

强化食品药品安全监管，提高公共安全治理水平

坚持安全第一、预防为主，建立大安全大应急框架，完善公共安全体系，推动公共安全治理模式向事前预防转型。推进安全生产风险专项整治，加强重点行业、重点领域安全监管。提高防灾减灾救灾和重大突发公共事件处置保障能力，加强国家区域应急力量建设。强化食品药品安全监管，健全生物安全监管预警防控体系。加强个人信息保护。

资料来源：中国政府网，2022-10-25。

项目案例分析

益海嘉里把质量放在首位：严把质量安全大关，坚守品质做放心油

近年来，关于食品安全危机的案例在国内外层出不穷，使消费者人心惶惶，促使消费者更加重视食品安全。而为把"胡姬花花生油"打造成中国一流食用油品牌，益海嘉里始终把产品质量放在首位，提出了质量、环境、食品安全的三目标：出厂产品内控合格率100%，客户服务满意度≥90%，出厂食品100%安全。

走进胡姬花工厂可以看到，胡姬花花生油从原料采购、生产加工到销售流通共设置了12道质量控制工序，在生产环节设置了18个关键控制点，制定了56个关键限值，并配备先进的监视和检测仪器以及技术检验人员进行监控，确保花生油整个生命周期的品质。在这样的严苛要求下，胡姬花的产品先后通过了ISO 9001、ISO 14001国际质量和环境管理体系认证，并在同行业率先通过了HACCP食品安全管理体系认证。正因如此，胡姬花花生油的品质在市场获得高度好评，广受消费者青睐。

资料来源：凤凰网，2023-03-20。

➡ **辩证性思考：**
总结益海嘉里食品质量管理的措施有哪些。

项目检测

管理知识培养规格检测

1．简述食品企业质量管理的原则。
2．食品企业全面质量管理的工作方法是如何进行的？
3．食品企业如何进行ISO 22000食品安全管理体系的认证？
4．食品企业现场管理的内容应包括哪些方面？
5．食品企业安全管理如何健全企业责任体系？

管理能力培养规格与管理者素养培育规格检测

实践项目7　制订××食品企业质量管理方案

项目实践目的： 运用食品企业质量管理的理论和方法，通过对××食品企业质量管理现状的分析，培养学生运用食品企业质量管理理论和方法对食品企业质量管理现状进行分析和解决质量管理问题的能力。同时培养学生团队合作精神、语言表达能力、应变能力、应用写作能力，以及学生管理者素养的培育。

项目检测考核： 通过对食品企业质量管理现状的分析，每个团队撰写食品企业质量管理方案，在"××食品企业质量管理方案研讨会"上进行宣讲、讨论、答辩，指导教师进行评价。由各团队队长和指导教师负责评判打分，考核成绩分为优秀、良好、及格。

飞翔队由队长张磊负责本实践项目的讨论、汇总、撰写方案、宣讲和答辩。经过讨论、答辩，指导教师提出两点修改意见，综合评判该方案为良好。

项目 8

食品企业供应链管理

项目培养规格

管理素养培育规格

强化管理者团队合作的意识,培育管理者奉献、合作、团结的团队素养。

管理知识培养规格

明确食品企业供应链管理的概念与作用;掌握食品企业供应链管理的内容和发展趋势;掌握食品企业采购管理的目标和内容;掌握食品企业运输管理的方式和流程;掌握食品企业仓储管理的流程。

管理能力培养规格

具备运用食品企业供应链管理的能力。

思维导图

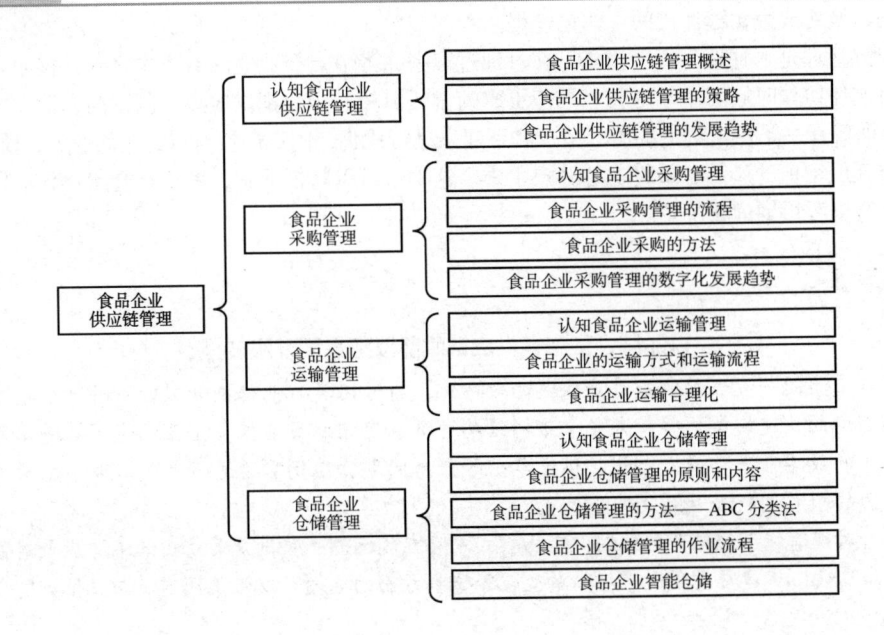

食品企业供应链管理
- 认知食品企业供应链管理
  - 食品企业供应链管理概述
  - 食品企业供应链管理的策略
  - 食品企业供应链管理的发展趋势
- 食品企业采购管理
  - 认知食品企业采购管理
  - 食品企业采购管理的流程
  - 食品企业采购的方法
  - 食品企业采购管理的数字化发展趋势
- 食品企业运输管理
  - 认知食品企业运输管理
  - 食品企业的运输方式和运输流程
  - 食品企业运输合理化
- 食品企业仓储管理
  - 认知食品企业仓储管理
  - 食品企业仓储管理的原则和内容
  - 食品企业仓储管理的方法——ABC分类法
  - 食品企业仓储管理的作业流程
  - 食品企业智能仓储

> **项目导入案例**

良品铺子高品质的背后，良性循环供应链的合作共赢

良品铺子坐拥 17 大品类 1600 余个 SKU（存货单位），是致力于推动优质产能和消费升级正向循环的阶段性成果，未来将逐渐构建"品质越高—消费者越满意—工厂收益越高—工厂生产不断提档升级—提供更多高品质产品"的良性供应链循环。

2023 年 3 月，良品铺子与供应商的合作纵深再度加大，对遴选出的战略供应商提供研发支持、原料基地扩建、生产自动化提升、缩短物流周期等方面的战略支持，以"良品"标准助力战略供应商高质量发展。良品铺子已经开始从一般供应链阶段转向战略供应链阶段，进一步发力品质把控与产业链标准化。深入全产业链引领多方参与产业链提质增效，持续迈向优质高效的价值型供应链阶段，逐渐打通全产业链的良性循环，真正实现了多方合作共赢。

资料来源：百度百家号"证券市场周刊市场号"，2023-07-07。

➡ **辩证性思考：**

良品铺子供应链管理的意义是什么？

任务 1　认知食品企业供应链管理

8.1.1　食品企业供应链管理概述

1. 食品企业供应链管理的概念

食品企业供应链是指将原材料、中间产品以及最终产品从供应商转移到最终客户的一系列活动和流程。这些活动包括采购、生产、运输、仓储和销售等环节，它们之间相互关联、相互作用，形成一个统一的、协调的系统，以满足客户的需求和期望。

食品企业供应链管理是指通过有效的规划、协调和控制，管理供应链中的各个环节，以实现食品企业的运营效率、成本控制和客户满意度等多方面的目标。供应链管理的经营理念是从消费者的角度，通过企业间的协作，谋求供应链整体最佳化。成功的供应链管理能够协调并整合供应链中所有的活动，最终成为无缝连接的一体化过程。

供应链管理是一种新型管理模式。在管理过程中，各节点企业之间有主次之分，核心企业在与其他渠道伙伴协作时居于主动地位，承担更多的责任。核心企业把供应商、制造商、批发商、零售商、物流商等在一条供应链上的所有节点联系起来进行优化，使生产资料以最快的速度，通过生产、分销环节变成增值的产品，最终送达客户手中。这不仅可以降低成本，减少社会库存和浪费，而且可以使社会资源得到优化配置。

> **中国式管理**

以品牌、生态、供应链赋能双汇集团升级转型

双汇集团一直在加快推进产业链的数字化，打造肉类行业转型升级的新时代。数字化市场环境的快速发展，将带来整个市场结构的深刻变化。目前很多企业的线下渠道体系存在突出的效率低下、模式老化、渠道单一等严重问题，迫切需要进行新的以数字化为主要推动力的模式创新和升级改造。

针对现有线下经销商传统的做市场模式中存在的问题，特别是暴露出的不适应当前数字化环境变化、不适应全渠道市场结构变化等诸多方面的问题，双汇集团通过与农信数智合作开始推进渠道业务数字化，并通过改造传统的经销商营销模式，优化升级传统的做市场手段，实现了企业销售和营销数字化转型。双汇站在战略的高度，从品牌、生态、供应链方面搭建基于平台端、客户管理端、订货管理平台的从 B2B 到平台电商的场景一体化应用系统。

资料来源：知乎"农信数字供应链"，2023-02-20。

2．食品企业供应链管理的作用

食品企业供应链管理的作用主要表现在以下四个方面：

（1）供应链管理能有效降低成本。通过实施供应链管理，企业可以有效地减少供应链节点企业之间的重复工作，剔除流程中的多余步骤，从而使供应链流程简单化、高效化、低成本；同时，通过建立共享的数据交换系统，企业可以有效地减少因信息不充分所带来的重复与浪费。此外，供应链节点企业之间实现了全流程的无缝作业，大大提高了接口工作效率，减少了失误与浪费。从成本方面看，供应链管理是通过注重产品最终成本来优化供应链的。

（2）供应链管理能增加时间效用。企业通过在全球范围内优化选择供应链节点企业，既可以实现企业相互间的优势互补，又可以实现对客户需求的快速有效反应，大幅度缩短从订货到完成交货的周期。此外，供应链管理以互联网、内联网作为技术支撑，使节点企业能够实时获取并处理外部信息及供应链上的信息，从而提升整个供应链对客户需求快速有效反应的能力，实现供应链各环节及时出售、及时制造、及时供应。

（3）供应链管理更新了物流理念。供应链管理加速了物流一体化发展。物流一体化是指不同职能部门之间或不同企业之间通过物流合作，达到提高物流效率、降低物流成本的目的。供应链管理通过实现物流一体化，改变供应链节点企业之间利益对立的传统理念，在整个供应链范围内建立起利益共享的协作伙伴关系。

（4）供应链管理能发挥整体优势。当今的国际市场竞争是全方位的竞争，很多企业已经感到仅靠自己的努力在日益激烈的市场竞争中力不从心，认识到有必要集合多个企业组成有机整体，共同参与竞争，而联盟的对象首先是与本企业业务内容相关的上下游企业。供应链管理使原来客观存在的供应链有机连接起来，使供应链上的各个企业都受益。"资源外购"或"业务外包"，即除了自己的核心业务，其他所需要的产品或服务一律从其他企业采购，成为当今企业发挥自己专业优势的策略。

3．食品企业供应链管理的内容

食品企业供应链管理的内容如表 8-1 所示。

表 8-1　食品企业供应链管理的内容

内容名称	内容要点
客户服务管理	客户是供应链管理的核心和基本出发点。供应链管理的第一步是要寻求对企业经营至关重要的关键客户，并与他们开展合作管理
信息管理	信息管理是供应链管理的关键内容之一。要真正实现供应链管理潜能的最大化，信息交流必须是双向的
合作关系管理	供应链伙伴之间的合作管理是供应链管理的又一个重要内容，即将供应链管理看作一个组织来运营，企业间协作是高效供应链必须具备的条件
流程管理	供应链管理以流程为导向，其目的是以有效率的方法协调订单履行过程中涉及的所有活动。开始时要对现有供应链、各成员所承担的任务进行分析
库存管理	原材料、半成品以及产品的库存水平管理是供应链管理的重点，其管理好坏是评价供应链管理成功与否的主要指标。对于库存管理，一方面能客观合理地满足客户需求，另一方面能尽力降低供应链成本

续表

内容名称	内容要点
成本管理	高效率和低成本是供应链管理的重要目标。在当今经营环境下,全球供应链之间展开了竞争,节点企业不得不运用信息共享、合资等方案来配合其供应链活动以完成成本目标,这必须以一定的系统理论和成本分析为基础。在涉及多个企业时,实现这种目标远比涉及一个企业时困难得多

8.1.2 食品企业供应链管理的策略

食品企业供应链管理的策略如表 8-2 所示。

表 8-2 食品企业供应链管理的策略

策略	内容
传统供应链管理策略	外包策略
	延迟策略
	快速反应策略
	有效客户反应策略
智慧供应链管理策略	供应链协同管理
	柔性供应链策略

1. 传统供应链管理策略

随着经济的快速发展,客户的需求越来越多样化,并且这种趋势已经越来越明显。为了应对这种情况,企业需要实现产品多样化,同时快速获取市场信息并及时做出反应。这就要求企业根据客户需求和企业自身情况做出相应的改变。企业在运营中逐渐形成优化供应链管理的外包策略、延迟策略、快速反应策略和有效客户反应策略。

(1)外包策略。企业基于契约,将一些非核心的、辅助性的功能或业务外包给外部的专业化服务机构,利用其专长和优势来提高企业的整体效率和提升竞争力,而自身仅专注于企业具有核心竞争力的功能和业务的策略。

(2)延迟策略。为了适应大规模客户定制生产要求而采取的策略,具体是指将产品的最后制造和配送延迟至收到客户订单后再进行,以减小预测风险。

(3)快速反应策略。在物流管理中对客户需求做出快速反应的供应链管理策略。为实现共同目标,零售商和制造商建立战略伙伴关系,利用电子数据交换等信息技术进行销售时点信息、订货信息等交换,用高频率、小数量的配送方式连续补充产品,以缩短交货周期,减少库存,提高服务水平,对客户需求做出快速反应,从而最大限度地提高供应链管理运作效率。

(4)有效客户反应策略。物流企业当面对多品种、小批量的客户需求时,不是储存产品,而是储存各种生产要素,当客户提出需求时,及时提取生产要素进行组装,从而提供所需产品或服务的策略。有效客户反应是企业满足客户需求的解决方案和核心技术,目标是高效地满足客户不断增长、多样化的需求。只有更好地满足客户需求,零售商、分销商和制造商才能生存和发展,才更具竞争力。

二维码链接 8-1 食品供应链风险分析和控制

2. 智慧供应链管理策略

随着企业规模的不断扩大、信息技术的不断发展、社会分工协作的更加细化,物流与供应链管理的物品种类在不断增加,出入库频率剧增,供应链管理及相应作业也已十分复杂和多样化。传统供应链作业模式和数据采集方式已难以满足企业与客户的快速、准确、协同、弹性的要求,严重影响了供应链的运行效率。因此,基于智慧供应链的供应链协同管理、柔性供应链策略应运而生。

（1）供应链协同管理。供应链协同管理是一种供应链上下游企业间为了提升供应链的价值创造能力而统一制订并执行相关计划，共担风险，使各方协同配合，释放合体势能的方式。

（2）柔性供应链策略。柔性供应链策略是指供应链系统对各环节需求变化的敏捷性或适应力。需求变化是供应链管理面临的不确定性或风险因素，存在于供应链系统中的每一个环节，这一因素的增多会提高供应链管理的难度和成本。柔性供应链策略在内外部变化、满足客户多样化需求等方面发挥着至关重要的作用。

自我测试：智慧供应链与传统供应链相比有哪些优势？

8.1.3 食品企业供应链管理的发展趋势

1. 敏捷供应链管理

敏捷供应链是指在不确定、持续变化的环境下，为了在特定的某一市场机会中获得价值最大化而形成的基于一体化的动态联盟和协同运作的供应链。它以核心企业为中心，通过对资金流、物流、信息流的控制，将供应商、制造商、分销商、零售商及最终客户整合到一个统一的、无缝化程度较高的功能网络链条中，以形成一个极具竞争力的战略联盟。

在新的竞争环境下，面对市场需求，企业必须做出敏捷化响应。敏捷化是一种战略竞争能力，是在难以预测的、多变化的竞争环境中生存、发展、使竞争优势不断提升的能力。

2. 基于大数据的食品企业供应链管理

随着云计算和大数据技术的发展，供应链成员可以在信息交互和信息共享的基础上进行快速的数据分析处理。大数据分析平台是构建这种供应链的核心，供应链成员通过该平台提供数据存储、数据分析、软件计算等各种服务，为企业提供快速完成信息构建的能力，同时为供应链体系结构提供充分的信息基础和保证。

基于大数据的供应链体系结构，将供应链上的每个企业作为不同的网络节点，以大数据分析平台为中心，在大数据供应链框架下形成供应链网络系统的功能集成。大数据分析平台是各网络节点的中点，供应链中各节点企业与相关企业之间进行数据交换，将各企业的资源整合在一起，在大数据分析平台中实现共享。节点企业通过平台提供的各种服务获取共享资源，每个企业在供应链中都有平等的位置。

3. 基于物联网的食品企业供应链管理

物联网是一个基于互联网、传统电信网等信息承载体，让所有能够独立寻址的普通物理对象实现互联互通的网络。它具有普通对象设备化、自制终端互联化和普适服务智能化三个重要特征。物联网强调物与物的互联，被看作一种通过各种信息传感设备使现实世界中各种物体互联互通而形成的网络，能使所有物品都有数字化、网络化标志，方便人们识别、管理和共享。

管理者素养

奉献精神凝聚团队精神

个体决定整体，没有团队成员的个体奉献精神，就不会有团队整体的战斗精神。奉献精神不是团队成员牺牲个性，而是充分发挥各自的特长，才可能人尽其才、才尽其用，圆满完成团队的目标任务；奉献精神不是成员各吹各打，而是有明确的协作意愿和协作方式，才可能上下一心、步调一致，夺取最后胜利；奉献精神不是一个人一个主张，而是服从统一的管理，才可能众志成城、群策群力，在各自的岗位上彰显团队的战斗力；奉献精神不是不讲原则的一团和气，而是批评与自我批评的互相点化，才可能有错必改、取长补短，共同打好团队目标决胜仗。任何团队，离开了奉献精神，只会是一盘散沙，形在神散，毫无意义；任何团队，离开了奉献精神，只会是乌合之众，成事不足，败事有余。团队有了这种奉献精神，才会攻无不破，战无不胜！

资料来源：昭通新闻网，2019-11-20。

任务 2　食品企业采购管理

8.2.1　认知食品企业采购管理

1. 食品企业采购管理的概念

食品企业采购是指企业在一定的条件下从供应市场获取产品或服务作为食品企业资源，以保证食品企业生产及经营活动正常开展的一项企业经营活动。食品企业采购管理是指为保障组织目标的顺利实现，对采购活动进行计划、执行与控制的过程。采购管理是为了保证组织运营所需物资的供应。

2. 食品企业采购管理的内容

食品企业采购管理的内容如表 8-3 所示。

表 8-3　食品企业采购管理的内容

内　容	含　义
恰当的供应商	选择供应商是采购管理的重要任务，这会直接影响采购方的利益，主要体现在供应物品的质量是否有保证，价格是否合理，交货是否及时等方面。对供应商的选择主要应考察供应商的整体实力、生产供应能力、信誉等，目的在于建立双方相互信任和长期合作的关系，实现采购与供应的"双赢"
恰当的数量	采购数量决策的前提是需求管理，即提前合理预测未来组织的需求，科学确定采购数量，需要防止过量采购和少量采购。采购量过大，易出现积压现象；采购量过小，可能出现供应中断。采购频繁，会增加订货成本和运输成本。因此采购数量一定要恰当
恰当的质量	采购物品的质量应能够满足企业生产的质量标准。如果采购物品的质量太好，会增加采购成本，同时会造成功能过剩；采购物品的质量太差，就不能很好地满足企业生产对物品质量的要求，影响最终产品的质量，甚至会危及人民的生命财产安全
恰当的时间	采购管理对采购时间有严格的要求，即要选择恰当的采购时间，一方面要保证供应不间断，库存合理；另一方面不能因过早采购而出现积压，占用过多的仓库面积，增加库存成本
恰当的价格	采购价格是影响采购成本的主要因素，因此采购过程中应该以"恰当的价格"完成采购任务。采购价格应公平、合理。采购价格过高，会增加采购方的生产成本，导致产品失去价格竞争力；采购价格过低，供应商利润空间小或无利可图，将影响供应商供货的积极性，甚至出现以次充好、降低供应物品质量来维持供应的情况。采购价格的不合理会影响供应商与采购方的长期合作关系

自我测试：以某食品企业采购管理为例，怎样才能做到"5 个恰当"？

3. 食品企业采购管理的目标

食品企业采购管理的总体目标是保障企业运营所需要的物资供应，包括以下三个具体目标。

（1）适时适量供应。企业的生产已经由"为库存生产"转变为"为订单生产"，企业必须以市场需求为前提组织生产，原材料的供应也需要以市场需求为基础。这就要求企业必须紧盯市场需求状况，适时适量采购物品。

（2）保证供应质量。合格的原材料、零部件等的供应是生产合格产品的重要保证。如果原材料、零部件等物资不合格，入库前才被发现，再做退货处理，则造成人力、财力的浪费；制造出成品后推向市场，造成退货，会增加生产过程中各种资源的浪费，影响企业的声誉，也会损害消费者的利益，不利于企业的长远发展。企业应保证采购物品达到企业生产所需的质量标准，但也不应该过分强调采购物品的质量，否则会增加采购费用。

（3）节省采购费用。采购费用占企业总成本的比例很高，一般工业产品的比例为 30%~90%。因此，企业在采购的每个环节都应关注各项费用，做到"费用最省"。

8.2.2 食品企业采购管理的流程

食品企业采购管理的流程如图 8-1 所示。

提出采购需求 → 制订采购计划 → 选择供应商 → 签订采购合同 → 履行采购合同 → 采购绩效评价

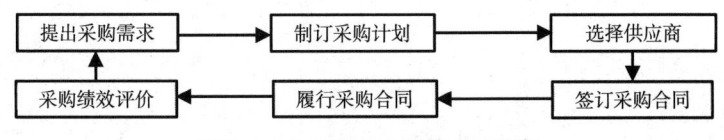

图 8-1 食品企业采购管理的流程

1. 提出采购需求

采购需求是采购工作的任务来源。企业的各个部门根据对本部门经营业务的预测和分析，确定采购物资的数量、质量、规格、型号、交货要求等信息，并提供给采购部；采购部汇总各部门提交的物资需求信息，按一定的方式分配给采购人员，下达采购任务单。

2. 制订采购计划

采购人员需要进行资源市场分析，即根据采购需求计划分析资源分布、供应商、商品品种、质量、价格、交通运输等情况，重点是供应商和商品品种分析。采购计划应包括供应商选择策略、供应品种、订货方法、实施进度计划、运输方案、支付方法等。

3. 选择供应商

采购人员一般需要对供应商进行调查，并按照供应商评估标准选择合适的供应商。选择供应商应遵循 QCDS 整体最优原则，即在质量（Quality）、成本（Cost）、交付（Delivery）、服务（Service）方面对供应商进行评估。

二维码链接 8-2 食品企业供应商的选择与管理

4. 签订采购合同

采购人员在选择好供应商后，需要与供应商谈判。谈判关乎采购计划的执行，因此采购人员应讲究谈判策略。谈判成功，即进入采购合同签订阶段。采购合同规定了双方的权利和义务，将双方达成的共识以法律文书的形式确定下来，是重要的法律文件，能为采购活动提供法律保障。

5. 履行采购合同

采购人员按照采购计划和采购合同的规定，完成采购商品的运输、验收入库、货款支付等活动。采购人员应对合同履行的各个环节进行密切跟踪。当合同履行出现问题的时候，应及时反馈给企业和供应商的相关部门，以及时解决问题，保证采购活动顺利进行。

6. 采购绩效评价

采购人员应在一次采购任务完成后或按照一定时期（月、季、年），对采购绩效进行总结和评价，主要评价采购活动的效果，总结经验教训，找出采购过程存在的问题，提出改进措施等，为以后的采购决策提供依据。

> **中国式管理**
>
> **中华传统文化——宋朝政府购买预算对当今改革的借鉴**
>
> 在我国政府财政管理史上宋朝时期"中式会计"的方法体系基本形成，其突出的标志就是预算管理制度得到进一步加强和完善，对部分财政收支项目实行定额管理。政府购买预算是宋朝财政预算管理制度的重要组成部分。政府消费需求持续增加，财政收支日趋拮

> 据的客观形势，迫使宋朝统治者高度重视政府购买的宏观控制，特别强调量需而购和购买资金的先期安排，以实现购买数量和配套经费的统一，在保证军政消费物资需求的同时，减少不必要的财政支出，避免因采购过多而加重百姓的负担。宋朝购买预算的管理对当今政府采购预算编制管理亦有借鉴意义。
>
> 资料来源：百度文库，2022-10-31。

8.2.3 食品企业采购的方法

食品企业采购的方法如表8-4所示。

表8-4 食品企业采购的方法

采购的方法	含 义
定量采购	采用定量采购的企业连续不断地检测库存水平，观察库存水平是否达到一个临界点，而这个临界点被称为订货点。当库存水平下降到或低于订货点时，企业便进行采购。企业通常会事先确定一个固定的订货量，即每次订货批量。经过一个订货提前期，货物到达，补充库存
定期采购	定期采购与库存控制理论中的定期控制法相对应，通过在固定的时间间隔内盘点库存，然后针对不充足的库存发出订单，使库存水平上升到事先确定的最高库存水平
MRP采购	基本思想是围绕物料转化组织制造资源，实现按需准时生产。基本形式是一个计算机程序，它根据总生产进度计划中规定的最终产品的交货日期，决定在指定时间内生产指定数量的各种产品所需各种物料的数量和时间，实现采购、库存、生产、销售等多种功能的集成
JIT采购	基本思想是把合适数量、合适质量的产品，在合适的时间供应到合适的地点，最大限度地满足用户的需要。JIT采购的原理是以需定供。供应方按需求方需要的品种、规格、质量、数量、时间、地点等要求，将产品配送到指定的地点，确保"一切都刚刚好"
供应链采购	主要方式：一是供应商管理库存，指供应商对下游企业的库存进行管理与控制。这样做的好处是下游企业可以省去库房建设的投资，节约库房管理的成本，同时，下游企业所需物料也有充分保证。二是连续补货计划，指供应链节点企业之间在信息共享机制的支持下，小批量、快速、连续供应物料，以满足消费者需求的供应链运作形式
电子商务采购	一是卖方模式，即供应商在互联网上发布其产品的在线目录，采购方则通过浏览目录取得所需的产品信息，做出采购决策、下订单、确定付款和做出交付选择。二是买方模式，即采购方在互联网上发布所需采购产品的信息，供应商在采购方的网站上上传自己的产品信息，供采购方评估，双方通过采购方网站进行进一步的信息沟通，完成采购业务的全过程。三是市场模式，即供应商和采购方通过第三方网站开展采购业务。供应商和采购方都需要在第三方网站上发布并描绘本企业提供或需要的产品信息，第三方网站则负责产品信息的归纳和整理，以便用户使用

自我测试： 分团队进行食品企业采购模拟训练，并相互进行评价。

8.2.4 食品企业采购管理的数字化发展趋势

互联网在全球贸易中的参与度不断提高，逐渐改变了传统贸易复杂烦琐的交易流程，大大提高了交易效率。随着人工智能、物联网、云计算等技术的发展与渗透，采购管理也进入了数字化采购时代。数字化采购通过互联网、大数据、云计算、人工智能、区块链等信息技术，连接全球企业交易，并通过私有化共享合作的供应链数据，直接接入企业的生产与经营，降低企业间的采供协同成本，实现企业间信息流、资金流、物流、商流的互通互联，同时通过大数据分析与预测技术，为企业的生产与经营提供数据支持，是采购管理未来的发展趋势。

1. 食品企业数字化采购与传统采购、电子商务采购的比较

随着采购管理从传统采购向现代采购的转型升级，自2016年以来，企业开始以采购为中心，结合互联网、数据挖掘、物联网、可视化等信息技术，建立起"电子申购+供应商招募+采购寻源+交易执行+目录管理+合同管理+供应商管理"的全生命周期的数字化采购体系，即企业数字化采购解决方案。数字化采购与传统采购、电子商务采购相比，存在诸多优势，如表8-5所示。

表8-5 数字化采购与传统采购、电子商务采购的比较

比较内容	传统采购	电子商务采购	数字化采购
采购性质	被动	被动	主动
采购透明度	不透明	半透明	完全透明
采购效率	低	中	高
采购商范围	局限	广泛	一定范围
采购周期	长	较短	合理
决策主体	采购人员	采购人员	企业决策者
信息管理方式	无记录或纸版记录管理	采购系统软件信息管理	全面采购支出管理
技术应用	Excel	ERP、传统IT技术	云计算、大数据等

2. 食品企业数字化采购的特点

云计算下的数字化采购，会根据客户的发展阶段与需求情况，提供相应的服务模式。下面从业务模式、计数模式、安全模式和服务模式四种模式来说明数字化采购的特点。

（1）业务模式。数字化采购的业务模式具备平台化、私有化和协同化的特点。

1）平台化。基于大数据、云计算的计数模式可以快速搭建适用于企业的采购业务流，即将企业采购平台化。采购方、供应商、平台中心及生态服务商（如物流、支付、保险等）是采购平台的参与者，它们在云平台进行操作，以核心企业为中心，协同管理，协同运行。

2）私有化。私有化是指企业采购数据的私有化，包括数据的私有或物理隔离。从角色角度来看，数据可分为采购方数据、供应商数据以及对应的数控库层数据；从应用部署角度来看，应用与数据私有化程度分为云端共享、云端私有、物理私有三级。

3）协同化。企业内部的协作包括采购需求审批、审计审核、财务付款复核、采购订单审核、企业对账、仓库收货等，企业外部的协作包括供应商协同报价、投标、发货、提交发票与供应商自动对账等，所有的业务都在云平台上实现协作。

中国式管理

胖东来的供应商管理

胖东来创建于1995年3月，经过20余年的发展历程，胖东来已成为河南商界具有知名度、美誉度的商业零售企业。零售商做得好，必须与供应商建立在公平、诚信的基础之上。零供关系是很多零售商的心头患，然而除了有质量问题，胖东来从未惩罚过商户，与供应商的和谐共处也让胖东来为消费者争取到最低的价格，回馈客户，增强了竞争能力。

资料来源：百度百科，2023-06-07。

（2）计数模式。云计算技术的出现，大大降低了企业的IT成本。云计算架构的应用，不仅可以实现行业资源共享，还可以降低企业转型风险，助力企业数字化采购快速转型。对采购方而言，使用云计算架构的SaaS（软件即服务）采购平台，无须软件采购支出，平台部署费用、维护费用都很低。采购方可以根据企业的个性化需求按需部署或租赁特定功能，系统部署与管理成本大大降低。

（3）安全模式。SaaS级数字化采购平台根据国家信息安全法律、法规要求，建立了多重安全机制，包括与所有采购方、供应商、客户签署安全密码协议，并定期检查相关的安全控制要求，且云

计算数据中心建设均按照银行级安全系统架构搭建，确保物理安全。SaaS级数字化采购平台会对所有文件与记录进行加密，禁止任何权限外的用户访问与篡改。在数据传输过程中，SaaS级数字化采购平台建立了多重加密机制，防止数据在传输途中泄露。在企业级应用方面，SaaS级数字化采购平台会针对大型企业专门建立相应的私有云与公有云，确保企业的整个采购交易过程顺畅与安全。

> **思政教育**
>
> **健全诚信建设长效机制**
>
> 　　党的二十大报告提出："弘扬诚信文化，健全诚信建设长效机制。"在中国传统文化中，诚信体现在做人做事、从商从政各个方面，具有丰富内涵。择其要旨而言，可以概括为：诚者，不自欺，要做到表里如一；信者，不欺人，要做到言行一致。从人和自然的关系来看，诚信要求人们在认识、改造自然的活动中，尊重客观事实，不作假；从人与人的关系来看，要求人们信守诺言、遵守契约；从人与自身的关系来看，要做到做人实在，不矫饰、不虚伪。
>
> 　　　　　　　　　　　　　　　　　　　　　　　　　　资料来源：光明网，2023-05-25。

（4）服务模式。"技术平台+解决方案"的服务模式，解决了企业数字化采购转型的制度升级与企业转型的阵痛问题，提供了全方位的服务，包括报价、询价、供应商管理、合同管理、招标、竞标、重复采购、订单跟踪等过程的计划、控制与改进等全方位的服务。

数字化采购模式的实际应用，对于企业发展的价值是综合性的。数字化采购模式通过简化采购过程与采购价值的最大化，帮助企业降低物料和服务采购成本；通过无纸化办公处理与采购程序的全自动化，帮助企业降低采购流程处理成本；通过监控和改善供应商行为与买家、卖家的商务程序，优化供应商关系，使企业"省钱、省力、省心"。

> **管理者素养**
>
> **团队精神的核心是合作**
>
> 　　团队协作精神，是指建立在团队的基础之上，发挥团队精神、互补互助以达到团队最大工作效率的能力，如果企业中每个员工都能有良好的团队协作精神，企业的发展也会进入良性循环。良好的团队协作精神包括：团队大于个人；团队合作的本质是共同奉献；团队合作和个人潜力；团队精神的核心是合作。
>
> 　　　　　　　　　　　　　　　　　　　　　　　　　资料来源：昭通新闻网，2019-11-20。

任务3　食品企业运输管理

8.3.1　认知食品企业运输管理

1. 食品企业运输管理的概念

运输是指"人"和"物"的载运及输送。这里专指"物"的载运及输送。运输是用设备和工具，将物品从一个地点向另一个地点运送的物流活动。其中包括集货、分配、搬运、中转、装入、卸下及分散等一系列操作。它是在不同的地域范围内（例如，两个国家、两个城市、两个工厂之间，或一个大企业内相距较远的两个车间之间），以改变"物"的空间位置为目的的活动，是对"物"进行的空间位移。它与搬运的区别在于，运输是较大范围的活动，而搬运是在同一地域之内的活动。

食品企业运输管理是指食品从生产者手中到中间商手中再到消费者手中的运送过程的管理，它包括运输方式的选择、时间与路线的确定及费用的节约。其实质是对各种运输方式进行有目的、有意识的控制与协调，实现运输目标的过程。

2. 食品企业运输在物流中的地位

作为食品企业"第三利润源"的物流，完成其改变"物"的空间位置功能的主要手段是运输。综合分析表明，运费的比例占全部物流费用近50%，运输成本是目前物流总成本中最大的成本项目。现实中，依然有很多人认为物流就是运输，原因就在于物流的很大一部分功能是由运输完成的。由此可见，运输在物流中占有重要地位，运输的合理化在物流管理中十分重要。

3. 食品企业物流运输的原则

食品企业物流运输的原则是及时、准确、经济、安全。

（1）及时。在用户指定的时间内把商品送到消费地或把货品及时运到销售地，尽量缩短货物的在途时间。缩短流通时间的主要手段是改善交通，实现运输现代化。另外，应注意不同运输方式之间的衔接工作，及时发送货物。同时做好委托中转工作，及时把货物转运出去。

（2）准确。在货物的运输过程中，切实防止各种差错事故，做到不错不乱，准确无误地完成任务。由于货物品种繁多，规格不一，加上运输过程中要经过多个环节，因此稍有疏忽，就容易发生差错。发运货物不仅要求数量准确，而且品种规格不能搞错。这就要求加强岗位责任制，要有周密的监察制度，精心操作。

（3）经济。以最经济的方式调运商品，降低运输成本。降低成本的方法有很多，如合理选择运输方式和运输路线，尽可能减少中间环节，缩短运输里程，力求用最少的费用把货物运送到目的地。

（4）安全。保证商品在运输过程的安全。一是注意运输、装卸过程中的震动和冲击等外力的作用，防止商品破损；二是防止商品由物理、化学或生物学变化等自然原因引起的商品耗损和变质。

二维码链接 8-3 稳定高效才是王道，高铁货运专车上线

8.3.2 食品企业的运输方式和运输程序

1. 食品企业的运输方式

按运输设备及运输工具的不同，可以将运输分为公路运输、铁路运输、水路运输、航空运输和管道运输五种运输方式。各种运输方式都有其优缺点，掌握其各自特点，有利于进行运输的管理和选择，从而实现运输的合理化，提高物流效率。

（1）公路运输。物流运输中的公路运输专指汽车货物运输。公路运输主要承担近距离、小批量的货物和铁路运输、水路运输难以到达地区的长途、大批量货及铁路运输、水路运输优势难以发挥的短途运输。由于公路运输有很强的灵活性，在有铁路运输、水路运输的地区，较长途的大批量运输也开始使用公路运输。

（2）铁路运输。铁路运输是指利用机车、车辆等技术设备在铺设的轨道上运行的运输方式。铁路运输主要承担长距离、大批量的货运，在没有水路运输条件的地区，几乎所有大批量货物都依靠铁路运输，是在干线运输中起主力运输作用的运输方式。铁路运输的优点是速度快，运输不太受自然条件的限制，载运量大，运输成本较低。主要缺点是灵活性差，只能在固定线路上实现运输，而且需要其他运输方式的配合和衔接。

（3）水路运输。水路运输是指使用船舶及其他航运工具，在江河湖泊、运河和海洋上载运货物的一种运输方式。这是最古老的一种运输方式，具有运载量大、费用低廉、节省能源和能够实现大陆间运输等特点，适合运输低价值货物。水路运输是国际货物运输的主要方式。

（4）航空运输。航空运输是指使用飞机或其他航空器进行运输的一种方式。航空运输的单位成本很高。

（5）管道运输。管道运输是指利用管道输送气体、液体和粉状固体的一种运输方式。管道运输的主要优点是，采用密封设备，在运输过程中可避免散失、丢失等损失，也不存在其他运输设备本身在运输过程中消耗动力所形成的无效运输问题。另外，运输量大，适合量大且连续不断运送的物资。

自我测试：选择一家食品企业，分团队讨论该企业的食品运输方式，并进行评价。

2. 食品企业的运输程序

食品企业的运输程序如图 8-2 所示。

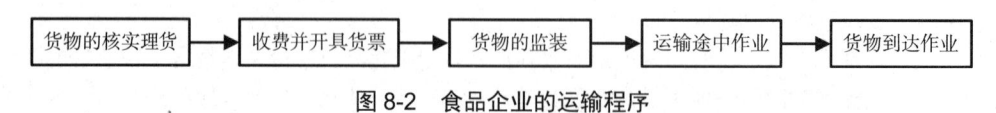

货物的核实理货 → 收费并开具货票 → 货物的监装 → 运输途中作业 → 货物到达作业

图 8-2 食品企业的运输程序

（1）货物的核实理货。货物的核实理货工作一般包括受理前的核实和起运前的验货。受理前的核实是在货主提出托运计划并填写货物托运单后，运输部门派人会同货主进行。

核实的主要内容包括：托运单所列的货物是否已处于待运状态；装运的货物数量、发运日期有无变更；连续运输的货源有无保证；货物包装是否符合运输要求，危险货物的包装是否符合《危险货物运输规则》的规定；确定货物体积、重量的换算标准及其交接方式；装卸场地的机械设备、通行能力；运输道路的桥涵、沟管、电缆、架空电线等详细情况。

起运前的验货称为理货或验货。其主要内容包括：承托双方共同验货；落实货源、货流；落实装卸、搬运设备；查清货物待运条件是否变更；确定装车时间；通知发货、收货单位做好过磅、分垛、装卸等准备工作。

（2）收费并开具货票。托运人向承运人缴纳运费和运杂费，领取承运凭证——货票。公路运输货票是专用于营业性运输的组织和个人的货物运费结算单据，有时也替代运输合同，是根据货物运单填写的，主要用于临时性和零担货物或一次性包车运输，在运输市场广泛使用。一式四联，用不同颜色区分，代表作用分别是存根、收据、报单、统计。

（3）货物的监装。车辆到达装货地点，监装人员（运输物流人员）应根据货票或运单填写的内容、数量和发货单位联系发货，并确定交货办法。货物装车前，监装人员检查货物包装有无破损、渗漏、污染等情况。装车完毕后，应清查货位，检查有无错装、漏装，并与发货人核对实际装车件数。确认无误后，办理交接签收手续。

（4）运输途中作业。运输途中作业主要包括途中货物交接、货物整理或换装等作业内容。为了方便货主，整车货物还允许途中拼装或分卸作业。考虑到车辆周转的及时性，对整车拼装或分卸应加以严密组织。

为了保证货物运输的安全与完好，便于划清企业内部的运输责任，货物在运输途中如发生装卸、换装、保管等作业，驾驶员之间、驾驶员与站务人员之间，应认真办理交接检查手续。一般情况下，交接双方可按货车现状及货物装卸状态进行，必要时可按货物件数和数量交接。如接收方发现有异状，由交出方编制记录备案。

（5）货物到达作业。货物在到达站发生的各项货运作业统称货物到达作业。货物装卸人员（运输物流人员）在接到卸货预报后，应立即了解卸货地点、货位、行车道路、卸车机械等情况。卸货时应根据运单及货票所列的项目与收货人点件或监称记码交接。如发现货损货差，则应按有关规定编制记录并申报处理。收货人可在记录或货票上签署意见但无权拒收货物。

8.3.3 食品企业运输合理化

1. 食品企业运输合理化的概念

食品企业运输合理化是按照货物流通规律，组织货物运输，力求用最少的劳动消耗，得到最高的经济效益。也就是说，在有利于生产，有利于市场供应，有利于节约流通费用、运力以及劳动力的前提下，使货物运输最短的里程，经过最少的环节，用最快的时间，以最小的损耗和最低的成本，把货物从出发地运到用户要求的地点。

2. 食品企业合理运输的要素

食品企业合理运输的要素如表 8-6 所示。

表 8-6 食品企业合理运输的要素

要素	含义
运输距离	在运输过程中，运输时间、运输货损、运输费用、车辆或船舶等运输的若干技术经济指标都与运输距离（简称运距）有一定的比例关系。运距长短是运输是否合理的一个最基本因素。缩短运距从宏观、微观上都会带来好处
运输环节	每增加一次运输，不但会增加起运的运费，而且会增加运输的附属活动，如装卸、包装等，各项技术经济指标也会因此下降。因此，减少运输环节，尤其是同类运输工具的环节，对合理运输有促进作用
运输工具	各种运输工具都有其使用的优势领域。对运输工具进行优化选择，按运输工具特点进行装卸运输作业，最大限度地发挥所用运输工具的作用，是运输合理化的重要一环
运输时间	运输时间的缩短对整个流通时间的缩短有决定性的作用。此外，运输时间短，有利于运输工具的加速周转，充分发挥运力的作用，有利于货主资金的周转，有利于运输线路通过能力的提高，对运输合理化有很大贡献
运输费用	运输费用在全部物流费用中占很大比例，运输费用的高低在很大程度上决定着整个物流系统的竞争能力。实际上，运输费用的降低，无论对货主企业来讲，还是对物流经营企业来讲，都是运输合理化的一个重要目标。运输费用的判断，也是各种合理化实施是否行之有效的最终判断依据之一

中国式管理

双汇物流管理

双汇物流作为中国双汇配套产业，一方面肩负着保障主业运输服务的任务，另一方面整合集团内外部资源和第三方客户业务资源，做大外部业务。新时期，物流业迎来高质量发展，双汇物流将围绕万隆董事长提出的"六个结合"，主动适应新形势，引领行业新发展，推进企业转型升级，促进物流提质增效。一是不断实施信息化与智能化改造升级，推广智能管车系统、车货匹配平台、安全协同服务系统等，发展智慧物流；二是加快现代化物流园区建设，计划围绕郑州、北京等建设九大区域配送中心，实现仓储、干线调拨、区域分拨、城市配送、线上 B2B 平台交易、线下产品展示、体验、交易、供应链金融服务等功能；三是大力发展外部业务，积极拓展扩大第三方业务范围，开展运作汽车贸易、汽车后市场、商贸等业务，实现由企业物流向现代化物流企业转型升级。

资料来源：中国双汇官方网站。

---

3. 食品企业运输合理化的措施

食品企业运输合理化的措施如表 8-7 所示。

表 8-7　食品企业运输合理化的措施

措　　施	释　　义
提高运输工具实载率	充分利用运输工具的额定能力，减少车船空驶和不满载行驶时间，减少浪费，从而求得运输的合理化
减少运力投入，增加运输能力	少投入、多产出，走高效益之路。运输的投入主要是能耗和基础设施的建设
发展社会化的运输体系	发挥运输的大生产优势，实行专业分工，打破一家一户自成运输体系的状况
开展中短距离铁路公路分流，"以公代铁"的运输	在公路运输经济里程范围内，或者经过论证，超出通常平均经济里程范围，也尽量利用公路
尽量发展直达运输	直达运输是追求运输合理化的重要形式，其对合理化的追求要点是通过减少中转过载换载、提高运输速度，省去装卸费用，降低中转货损
配载运输	充分利用运输工具的载重量和容积，合理安排装载的货物及载运方法，以求得合理化
"四就"直拨运输	减少中转运输环节，力求以最少的中转次数完成运输任务。"四就"直拨是由管理机构预先筹划，然后就厂或就站（码头）、就库、就车（船）将货物分送给用户，而无须再入库
发展特殊运输技术和运输工具	例如，专用散装罐车，解决了粉状、液状物运输损耗大、安全性差等问题；袋鼠式车皮、大型半挂车解决了大型设备整体运输问题；"滚装船"解决了车载货的运输问题；集装箱高速直达车船加快了运输速度，增加了运输量等。这些都是通过先进的科学技术来实现合理化的
通过流通加工，使运输合理化	有不少产品，由于产品本身形态及特性问题，很难实现运输的合理化。如果进行适当加工，就能够有效解决合理运输问题

4．食品企业冷链物流

食品企业冷链物流，一般指冷藏冷冻类食品在生产、贮藏运输、销售，到消费前的各个环节中始终处于规定的低温环境下，以保证食品质量，减少食品损耗的一项系统工程。它是随着科学技术的进步、制冷技术的发展而建立起来的，是以冷冻工艺学为基础、以制冷技术为手段的低温物流过程。

（1）食品企业冷链物流的特点。

1）建设投资大，系统庞大复杂。

2）时效性。易腐食品的时效性，要求冷链体系中的各个环节具有更高的组织协调性。

3）高成本性。冷链物流必须安装温控设备，使用冷藏车或低温仓库，采用先进的信息系统等，成本要比其他物流系统成本偏高。

中国式管理

双汇冷易通园区

河南双汇冷易通物流有限公司是漯河双汇物流投资有限公司的全资子公司，专注于高端冷库及冷链服务，注册资金 1.21 亿元。冷易通（郑州）冷链物流园区项目是双汇物流打造的集仓储配送、分拣加工包装、商贸金融、商务办公于一体的智慧冷链物流园区，库房拟采用"421"模式进行标准化配置，即 4 个 -18℃ 冷冻储存库、2 个多温层城配库、1 个商品交易中心。本项目主要服务于冷链仓储，区域分拨，电商中转仓、前置仓，分拣加工，城市配送，干线物流等，可满足多种营运模式。

公司以客户需求驱动冷链仓储运营、冷链运输资源整合，形成成本可控、安全高效的物流运营网络，满足客户多元化仓储配送服务需求。冷易通项目未来在全国布局十大物流中心，致力于打造成为"干、仓、配、贸、融"五位一体的现代产业集群，重点围绕"肉、蛋、奶、菜、粮、果"等家庭日常消费产品，提供多温区仓储分拨、分拣加工包装、区域配送、商品交易、供应链金融等一体化供应链服务，打造中国一流的食品供应链服务企业。

资料来源：双汇商城。

（2）食品企业冷链物流的模式。

1）配送型。主要服务于超市供应商、超市配送中心、连锁餐饮配送中心、生鲜电商等四类客户，即对物资进行直接的冷冻配送。这种冷链一般在同城中进行配送，或在区域范围内进行配送。

2）综合型。以从事低温仓储、干线运输以及城市配送等综合业务为主。和单一的冷链物流企业不同，其业务比较广泛，涉及仓储、运输和配送等多个方面。

3）运输型。该模式下的冷链企业主要从事货物低温运输业务，包括干线运输、区域配送以及城市配送。这种冷链一般是逐步由企业物流发展而成的，是大型企业原有物流转型升级而成的。

4）平台型。该模式是指以大数据、物联网技术，IT技术为依托，融合物流、金融、保险等增值服务，构建"互联网+冷链物流"的冷链资源交易平台。

5）供应链型。围绕核心企业，通过对信息流、物流、资金流的控制，从采购到终端整个过程提供低温运输、加工、仓储、配送服务，然后由分销网络把产品送到消费者手中。总的来说，就是将供应商、制造商、物流商和分销商连成一个整体的功能网链结构。

6）电商型。在冷链物流的商业模式中，电商型冷链物流是一种新兴模式，主要指的是那些生鲜电商企业自主建设的冷链平台，他们除了自用，还可以为电商平台上的客户提供冷链物流服务。

7）仓储型。通过制定物流信息自动化管理，建立冷链物流运送网络系统，从而扩大冷链物流的运输范围，形成完整的冷链物流体系。但是当下我国的仓储型冷链建设还存在冷库过少以及行业集中度低等方面的问题。

> **管理者素养**
>
> **团队的灵魂——团结精神**
>
> 团结，是团队奋斗中不可或缺的条件。失去团结精神的团队成员就如同从大海中捞出的一滴滴水，长时间独自奋斗后终将耗尽，最终干涸；而大海中的水滴，有浩瀚无边的大海作为依靠，彼此紧紧相拥，汇集一处，即使承受外界强烈的"狂风"和酷热的"太阳"，虽稍显脆弱，但经时间缓解后，依然澎湃。团结，是团队度过艰难困苦的动力。团结，是团队高效完成佳绩的保障。
>
> 资料来源：百度百家号"有为集团"，2022-09-21。

任务4　食品企业仓储管理

8.4.1　认知食品企业仓储管理

1. 食品企业仓储管理的概念

食品企业仓储是指通过仓库对物品进行储存和保管的物流活动。仓储既有静态的物品储存，也包括动态的物品存取、保管、控制的过程；利用仓储对商品流通还起到"蓄水池"和调节阀的作用。

食品企业仓储管理是对仓储活动和仓储物资进行计划、组织、协调和控制的过程，主要包括仓库建设、仓库管理设备配置、仓库作业管理、仓库安全工作等。

2. 食品企业仓储的性质

（1）仓储具有生产性质。仓储能够保持已创造的使用价值不受损失，从而为商品使用价值的最终实现创造了条件。因此，仓储是商品生产过程在流通领域的继续。

（2）仓储具有不均衡性和不连续性。这主要是指商品的出入库任务不像工业企业生产任务那样均衡和连续。物品一般都要经过交通运输部门的运输，这就必须是成批地、集中地进入仓库，再加上交通运输条件的限制、商品的不同供应方式等，造成商品出入库任务时松时紧，不均衡和不连续。

（3）仓储具有服务性质。仓储服务于商品流通，服务于社会生产和人民生活，具有服务性质。

二维码链接 8-4
食品企业仓库的 5S 管理法

3. 食品企业仓储的分类

（1）按仓储的经营方式和隶属关系分类。

1）自有仓库仓储。这类仓库只为企业本身使用，不对社会开放，被称为第一方物流仓库和第二方物流仓库。

2）公共仓库仓储。国家或社会团体为了公共利益而建设的仓库。

3）第三方仓储。第三方仓储或合同仓储是指企业将物流活动转包给外部专业公司，由专业公司为企业提供综合物流服务。第三方仓储不同于一般的租赁仓库仓储，它能够提供专业化的高效、经济和准确的分销服务。第三方仓储公司与传统仓储公司相比，能为货主提供特殊要求的空间、人力、设备和特殊服务。

（2）按仓储的功能分类。

1）储备仓库。储备仓库是以长期保管为主要功能的仓库。

2）流通仓库。流通仓库是指除具有保管功能外的，面对厂商、集中客户需求实行流通加工（装配、简单加工、包装、开价、理货）、配送等功能的仓库。

3）保税仓库和保税货场。保税仓库是指获得海关许可的能长期储存外国货物的场所；保税货场是指获得海关许可的能装卸搬运外国货物并暂时存放的场所。这里的外国货物是指获得出口许可的出口货物和获得进口许可的进口货物。

（3）按仓储的集中程度分类。

1）集中仓储。以一定的较大批量集中于一个场所之中的仓储活动。集中仓储是一种大规模储存的方式，可以利用"规模效益"，有利于仓储实现机械化、自动化，有利于先进科学技术的应用。集中仓储的单位仓储费用较低，经济效益较高。

2）分散仓储。分散仓储是较小规模的储存方式，往往和生产企业、消费者、流通企业相结合，不是面向社会而是面向某一企业的仓储活动，因此仓储量取决于企业生产或消费要求的经营规模。分散仓储的主要特点是容易和需求直接密切结合，仓储位置离需求地很近，但由于数量有限，保证供应的能力一般较小。

3）零库存。零库存是指某一领域不再保有库存，以无库存（或很低库存）作为生产或供应保障的一种仓储方式。

（4）按仓储对象的特点分类。

1）普通物品仓储。不需要特殊保管条件的物品仓储，如一般的生产物资、普通生活用品、普通工具等。

2）特殊物品仓储。在保管中有特殊要求和需要满足特殊保管条件的物品仓储，如危险品仓储（需用监控、调温、防爆、防毒、泄压等装置）、冷库仓储（一定温度）、粮食仓储（恒温）等。

（5）按仓储物的处理方式分类。

1）保管式仓储。以保管物原样保持不变的方式进行的仓储，即到期原物返还。

2）加工式仓储。保管人在仓储期间根据存货人的要求对保管物进行一定加工的仓储方式。

3）消费式仓储。保管人在接受保管物时，同时接受保管物的所有权，保管人在仓储期间有权对保管物行使所有权；在仓储期满，保管人将相同种类、品种和数量的替代物交还给委托人所进行的仓储，即替代物返还、所有权转移。

8.4.2 食品企业仓储管理的原则和内容

1. 食品企业仓储管理的原则

保证质量、注重效率、确保安全、讲求效益是食品企业仓储管理的基本原则。

（1）保证质量。仓储管理中的一切活动，都必须以保证在库物品的质量为中心。没有质量的数量是无效的，甚至是有害的，因为这些物品依然占用资金、产生管理费用、占用仓库空间。因此，为了完成仓储管理的基本任务，仓储活动中的各项作业必须有质量标准，并严格按标准进行作业。

（2）注重效率。仓储成本是物流成本的重要组成部分，因此仓储效率的提高关系到整个物流系统的效率和成本。在仓储管理过程中要充分发挥仓储设施设备的作用，提高仓库设施和设备的利用率；要充分调动仓库生产人员的积极性，提高劳动生产率；要加速在库物品周转，缩短物品的在库时间，提高库存周转率。

（3）确保安全。仓储活动中不安全因素有很多。有的来自库存物，如有些物品具有毒性、腐蚀性、辐射性、易燃易爆性等；有的来自装卸搬运作业过程，如每种机械的使用都有其操作规程，违反规程就要出事故；还有的来自人为破坏。因此特别要加强安全教育，提高认识，制定安全制度，贯彻执行"安全第一、预防为主"的安全生产方针。

（4）讲求效益。仓储活动中所耗费的物化劳动和活劳动的补偿是由社会必要劳动时间决定的。为了实现一定的经济效益目标，必须力争以最少的人财物消耗，及时、准确地完成最多的储存任务。因此，对仓储生产过程进行计划、控制和评价是仓储管理的主要内容。

2. 食品企业仓储管理的内容

食品企业仓储管理是对仓储活动和仓储物资进行计划、组织、协调和控制的过程，主要包括以下内容：

（1）仓库建设。包括仓库选址、仓库面积确定、库内通道、物品堆垛方式等仓库的整体布局。

（2）仓库管理设备配置。根据仓库的构造特点、面积大小及存放物资的要求选择配套的机械和电子设备，并且能够使用和维护保养。

（3）仓库作业管理。主要包括物资接运、验收、入库手续，货物保管、分类、编码、存放、维护保养以及货物出库程序等。

（4）仓库安全工作。如安全保卫、消防安全、劳动安全、质量安全等。

8.4.3 食品企业仓储管理的方法——ABC 分类法

ABC 分类法是一种基于物品重要性和数量的仓储管理方法，通过将库存中的物品按照重要性和数量的不同分为 A、B、C 三类，以便制定不同的仓储管理策略。

1. ABC 分类法的过程

对于一批库存，如果要采取 ABC 分类法进行管理，一般要经过以下三个步骤。

（1）收集库存信息。需要收集库存中所有物品的信息，包括物品的名称、数量、单价、总价值等，以便后续的分类。

（2）按价值高低排序。将所有物品按照总价值从高到低排序，计算出每种物品的总价值和占比。

（3）划分 A、B、C 类别。将物品按照总价值的占比分为 A、B、C 三类，通常采用 80/15/5 的划分方法，即将总价值排名前 80% 的物品划分为 A 类，排名 80%~95% 的物品划分为 B 类，排名

95%~100%的物品划分为 C 类。

2. A、B、C 三类库存的管理

对于 A、B、C 三类库存，我们需要采用不同的管理方式，以提高管理效率，这是 ABC 分类法的核心。

（1）A 类物品。通常是库存中数量最少但价值最高的物品，占库存价值的比例通常较高。

（2）B 类物品。通常是库存中数量和价值居于中等水平的物品。

（3）C 类物品。通常是库存中数量最多但价值最低的物品，占库存价值的比例较低。

3. ABC 分类法的优点

食品企业运用 ABC 分类法进行库存管理，其优点包括以下几点：

（1）重点关注重要物品。通过采用 ABC 分类法，食品企业可以更加重视 A 类物品的库存状况。

（2）合理配置库存资金。ABC 分类法可以帮助食品企业更加科学地分配库存资金。对于 A 类物品，需要加大资金投入，以确保其库存水平的稳定和可控；对于 B 类物品，需要适当投入资金，以保持其库存水平的稳定；对于 C 类物品，资金投入相对较少。

（3）提高库存管理效率。通过 ABC 分类法，企业可以根据不同物品的特点，制定相应的库存管理策略，避免库存管理的盲目性和不经济性，从而提高库存管理效率。例如，对于 A 类物品可以采用更加精细化的库存管理策略，如增加安全库存、优化采购计划等；对于 C 类物品可以采用较为简单的库存管理策略，如使用"先进先出"原则，设置最大库存等。

（4）优化供应链管理。ABC 分类法可以帮助食品企业优化供应链管理。通过对库存中物品的分类，企业可以更好地了解各物品的供应链状况，如关键物品的供应商情况、库存周转时间等，从而优化供应链管理，提高供应链的效率和稳定性。

8.4.4 食品企业仓储管理的作业流程

食品企业仓储管理的作业流程如图 8-3 所示。

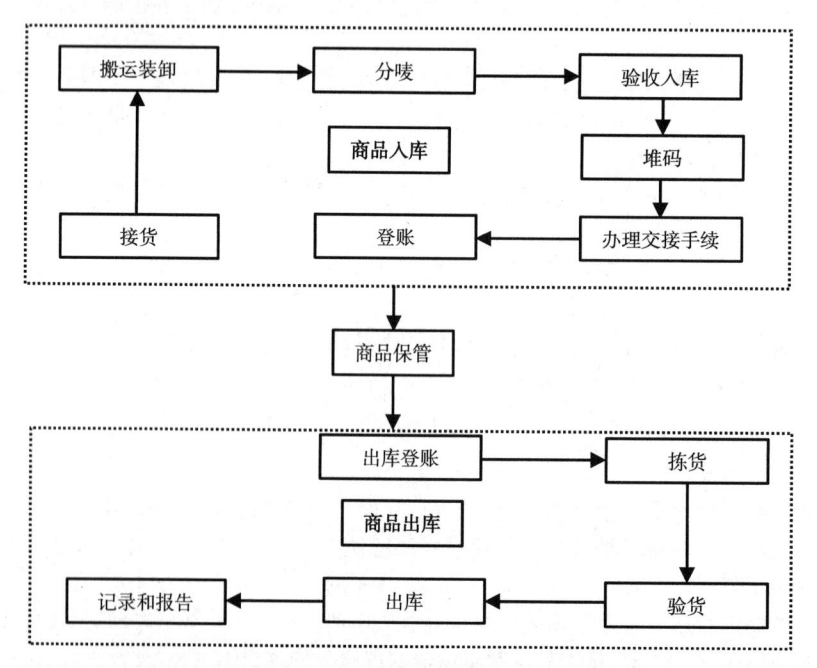

图 8-3 食品企业仓储管理的作业流程

1. 食品企业的商品入库

合理组织商品入库工作，与商品在库保管以及出库业务的改善等都有密切的关系。入库作业要在一定时间内迅速、准确完成。入库验收是仓储工作中的一个重要环节，验收的目的是保证商品及时、准确、安全地发运到目的地。商品在供应商和工厂与仓库之间相互有交接关系，所以验收的目的首先在于与送货单位分清责任；其次在商品运输过程中，因种种原因可能造成商品短缺、损失，供需双方更应当面查点交接，分清责任。

自我测试： 同学们结合周边食品企业，分小组调研，分析该食品企业的仓储管理流程，并进行评价。

2. 食品企业的商品保管

在这个阶段，仓库要进行一系列工作，确保库储商品的安全、商品质量完好和数量准确无误。商品保管是仓库的基本职能。把好在库保管关，对于商品安全度过保管期，能够加速完好地分发出库，从而完成商品储存的任务，有决定性的意义。

在储存管理中应充分利用现有仓储物资技术设备，熟悉商品性能，实行在库商品分区分类保管、货位编码、物品的检查盘点，建立健全商品养护制度等保管措施，以达到商品在库保管养护的目的。

二维码链接 8-5
食品企业仓库管理的关键点

3. 食品企业的商品出库

商品出库是商品储存阶段的结束，也是仓库作业的最后阶段。出库环节使仓库工作直接与商品使用单位发生联系，是做好服务的重要一环。同时，商品出库工作组织得合理与否，对改善仓库经营管理、降低费用等方面也起一定作用。所以，仓库必须根据商品出库的有关规定，有计划、有组织地进行。

8.4.5 食品企业智能仓储

食品企业智能仓储是指通过智能化技术手段，实现物流仓储各个环节精细化、动态化、可视化管理。它是物流过程的一个环节。智能仓储的应用，保证了货物库存管理各个环节数据输入的速度和准确性，确保企业及时准确地掌握库存的真实数据，合理保持和控制企业库存。通过科学的编码，还可方便地对库存货物的批次、保质期等进行管理。

建立一个智能仓储系统需要物联网的鼎力支持。现代仓储系统内部不仅物品复杂、形态各异、性能各异，而且作业流程复杂，既有存储，又有移动，既有分拣，又有组合。因此，以仓储为核心的智能物流中心，经常采用的智能技术有自动控制技术、智能机器人堆码垛技术、智能信息管理技术、移动计算技术、数据挖掘技术等。

食品企业智能仓储相较传统仓储，提高了空间利用率和储存量，动态储存并协调智慧物流上下游，有效节约了人力成本。智能仓储通过智能软硬件、物联网、大数据等智能化技术手段，提高了仓储系统智能化分析决策和自动化操作执行的能力，提升了仓储运作效率。

项目案例分析

锅圈食汇：创建云中心一体化渠道供应平台，打造最大家庭食材食品企业

锅圈食汇，属于锅圈供应链（上海）有限公司，是以火锅烧烤食材为主的全国连锁门店。锅圈食汇自 2017 年成立至今，已建立了以用户为核心、门店供应链双轴联动的全面数字化的云信息平台，打通人、货、场及内部管理，依托互联网销售平台+实体店面+超市全渠道配送模式，为消费者提供食材及火锅服务。

草根调研显示，近年锅圈食汇门店销售的食材平均价格，相比于传统超市售价便宜约 40%，相比于农贸市场售价便宜 10%~15%；产品的平均周转天数已从 30 天降至 10 天，实现快速到店到家。锅圈食汇低价速配的背后一方面依赖于其多年深耕供应链的先发优势，另一方面得益于其全面数字化系统建设，以及强大的数字化供应链体系。

如今锅圈食汇研发了一整套数字化管理系统，将用户、门店、物流、供应链全程打通，通过人工智能、云计算的大数据进行智能调配，不断优化整体产业供应链的运作效率，从而降低终端商品成本，形成长期的价格优势及高效的物流配送。

资料来源：搜狐网，2021-12-28。

◆ 辩证性思考：
锅圈食汇是如何打造食品供应链的？

项目检测

管理知识培养规格检测
1．食品企业供应链管理的内容有哪些？
2．食品企业采购管理的目标是什么？内容有哪些？
3．食品企业运输有哪些方式？
4．简述食品企业仓储管理的流程。

管理能力培养规格与管理者素养培育规格检测

实践项目8　制订××食品企业供应链管理方案

项目实践目的：运用食品企业供应链管理的理论和方法，通过对××食品企业供应链管理现状的分析，培养学生运用食品企业供应链管理理论和方法对食品企业供应链管理现状进行分析和解决供应链管理问题的能力。同时培养学生团队合作精神、语言表达能力、应变能力、应用写作能力，以及学生管理者素养的培育。

项目检测考核：通过对食品企业供应链管理现状的分析，每个团队撰写食品企业供应链管理方案，在"××食品企业供应链管理方案研讨会"上进行宣讲、讨论、答辩，指导教师进行评价。由各团队队长和指导教师负责评判打分，考核成绩分为优秀、良好、及格。

飞翔队由1号队员负责本实践项目的讨论、汇总、撰写方案、宣讲和答辩。经过讨论、答辩，指导教师提出三点修改意见，综合评判该方案为良好。

项目 9

食品企业人力资源管理

项目培养规格

管理素养培育规格

强化管理者的团队意识，培育团结协作、以身作则的职业精神。

管理知识培养规格

熟悉食品企业人力资源管理的概念和原则；掌握食品企业人力资源管理的内容；掌握人力资源管理规划的内容和程序；熟悉食品企业人力资源招聘的程序和渠道；掌握食品企业人力资源培训的内容；明确食品企业人力资源绩效考评的作用、流程和方法；明确食品企业薪酬管理的相关法规；掌握食品企业人力资源激励的模式。

管理能力培养规格

具备运用食品企业人力资源管理的能力。

思维导图

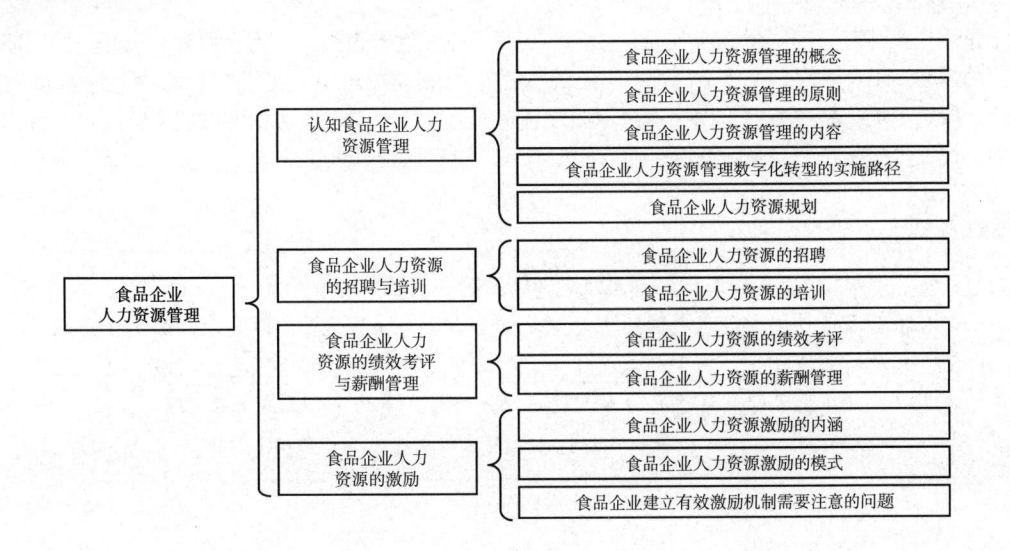

食品企业人力资源管理
- 认知食品企业人力资源管理
  - 食品企业人力资源管理的概念
  - 食品企业人力资源管理的原则
  - 食品企业人力资源管理的内容
  - 食品企业人力资源管理数字化转型的实施路径
  - 食品企业人力资源规划
- 食品企业人力资源的招聘与培训
  - 食品企业人力资源的招聘
  - 食品企业人力资源的培训
- 食品企业人力资源的绩效考评与薪酬管理
  - 食品企业人力资源的绩效考评
  - 食品企业人力资源的薪酬管理
- 食品企业人力资源的激励
  - 食品企业人力资源激励的内涵
  - 食品企业人力资源激励的模式
  - 食品企业建立有效激励机制需要注意的问题

项目导入案例

> **让员工从心里感恩企业**
>
> 为什么胖东来能受到消费者如此青睐呢?也许从下面这段于东来的话中可以找到答案:老板、客户、员工无论做什么,都是为了使自己的人生更加快乐。企业不仅销售产品,更重要的是,造福更多的人,给更多的人带来快乐。要让企业受到客户欢迎,必须让客户觉得快乐,而要让客户觉得快乐,必须要让员工也快乐。胖东来知名度较高的员工制度有:周二闭店,过年放假;高薪制度;不认学历,只看能力。
>
> 资料来源:儒思人力资源网,2019-12-27。

▶ **辩证性思考:**
胖东来人力资源管理的创新点是什么?

任务1 认知食品企业人力资源管理

9.1.1 食品企业人力资源管理的概念

食品企业人力资源管理是指企业对员工的招募、录取、培训、使用、升迁、调动直至退休的一系列管理活动的总称。人力资源管理的主要目的在于科学、合理地使用人才,充分发挥人的作用,推动社会和组织的迅速发展。

9.1.2 食品企业人力资源管理的原则

1. 系统优化原则

人力资源系统经过组织、协调、运行、控制,使其整体获得最优绩效的原则。

2. 能级对应原则

在人力资源管理中,要根据人的能力安排工作、岗位和职位,使人尽其才、物尽其用。

3. 激励强化原则

激发人的动机,调动人的主观能动性,强化期望行为,从而显著地提高劳动生产效率。

4. 弹性冗余原则

弹性一般都有一个"弹性度",超过这个"度",弹性就要丧失。人力资源管理也是一样。职工的劳动强度、工作时间、工作定额都有一定的"度",任何超过这个"度"的管理,都会使员工身心交瘁,疲惫不堪,精神萎靡。弹性冗余原则强调在充分发挥和调动人力资源的能力、动力、潜力的基础上,主张松紧合理、张弛有度,使人们更有效、更健康地开展工作。

思政教育

> **人才是创新的第一资源**
>
> 人才资源是我国在激烈的国际竞争中的重要力量和显著优势。创新驱动本质上是人才驱动,立足新发展阶段、贯彻新发展理念、构建新发展格局、推动高质量发展,必须把人才资源开发放在最优先位置,大力建设战略人才力量,着力夯实创新发展人才基础。
>
> 资料来源:习近平在中央人才工作会议上的讲话,2021-09-17。

9.1.3 食品企业人力资源管理的内容

食品企业人力资源管理的内容归纳起来就是四大项：选人、育人、用人、留人，如图9-1所示。

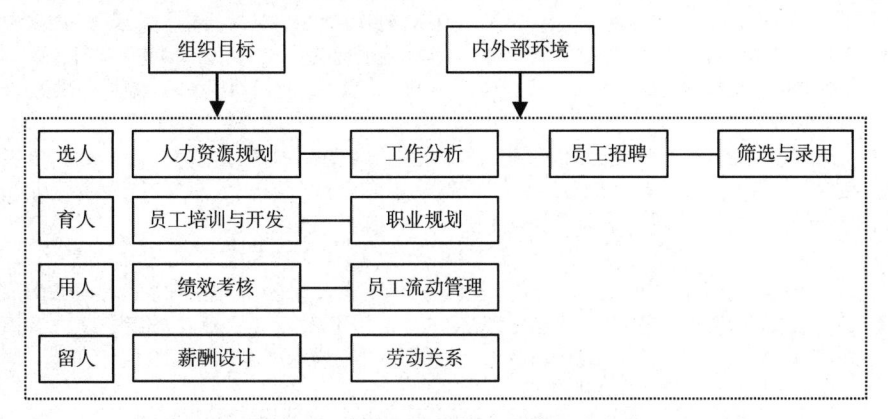

```
         组织目标              内外部环境
            ↓                     ↓
  ┌─────────────────────────────────────────────────┐
  │ 选人  │ 人力资源规划 │→│ 工作分析 │→│ 员工招聘 │→│ 筛选与录用 │
  │ 育人  │ 员工培训与开发 │→│ 职业规划 │                          │
  │ 用人  │ 绩效考核 │→│ 员工流动管理 │                            │
  │ 留人  │ 薪酬设计 │→│ 劳动关系 │                                │
  └─────────────────────────────────────────────────┘
```

图 9-1　食品企业人力资源管理的内容

自我测试：如果你负责一个食品企业的人力资源管理工作，你准备如何做呢？

1. 选人

好的开始是成功的一半，企业成功最重要的先决条件就是要找对人。一旦企业找对了人，就为今后的健康发展提供了智力保障。错误雇用是人才流失的真正原因。选人环节不到位，容易造成人才流失。所以选好人不但会促进企业目标的实现，还会大大降低人力资源的成本。

二维码链接 9-1 人力资源管理的本质

2. 育人

人力资源发展和培训是组织为了提高和改善员工在执行某项特定工作或任务时所必要的知识水平、技能及态度或培养其解决问题之能力所采取的一系列活动。每个组织都需要受过良好培训并具有丰富经验的人去运作，以维持组织生存所必需的活动。因此，加强员工的培训便成为组织维持其高效运作所必须投入的一项活动。

3. 用人

发挥员工的聪明才智是人力资源管理的重要组成部分，是通过用人机制发挥作用的。用人机制的核心是因才施用，用最合适的人做最合适的事。只有通过科学的用人机制，实现能力与岗位的最佳配置，才不至于使人力资源开发浮于形式。

4. 留人

如何合理使用员工，发挥其才能，并留住他为企业长期效力、创造效益，是人力资源管理的关键。高薪为何留不住人才？因为管理者没有真正了解人的心，人的需要不只是高薪，留之道在于留心。企业领导者应该创造足够多的沟通机会，从言谈中、从生活和工作交往的细节中充分了解个人的迥异需要，建立个人的需求库，以个人需要为基础进行激励，并利用相应的留心手法，配合高薪，才能留住人才。

9.1.4 食品企业人力资源管理数字化转型的实施路径

1. 食品企业人力资源管理数字化管理的基本要素

食品企业人力资源管理数字化管理的基本要素如表9-1所示。

表9-1　食品企业人力资源管理数字化管理的基本要素

基本要素	含　义
数字人才	企业内部具有数字化意识，熟练掌握和使用新一代信息和通信技术，能够提供数字产品或服务的员工。与普通员工相比，数字人才除了具备从事人力资源管理活动的基本能力，还能熟练应用各种数字技术和工具，能利用数字技能或基于数据平台的辅助，与企业内部的其他部门、外部合作方以及客户等进行精准的信息沟通，有效处理各种与人力资源管理活动相关的问题并提供先进的人力资源解决方案
数字工具	可以为人力资源管理的数字化和智能化提供强大的数据、技术、信息和平台等支撑，包括互联网、物联网、大数据、云计算和5G等为代表的新一代信息和通信技术。数字工具的主要功能在于，能够科学改进人力资源管理活动的操作手段、业务活动和工作流程
数字管理	搭建数字化网络平台，使高度程序化与自动化的人力资源管理模式得以初步构建，在企业内部形成人力资源闭环管理模式，并融入企业整体的数字化转型战略中。通过加快人力资源管理数字化改造，加强人力资源数据应用的精细化管理，打造数字化系统，为企业发展提供有力的保障和支撑。完成对招聘、培训、考核、薪酬以及职业发展等人力资源管理活动内容的数字化处理，同时挖掘、搜集有价值的数字信息来"建库"
数字场景	以人力资源数据（包括内部数据和外部数据）为基础，研发监测分析模型，来描绘当前和有效预测未来人力资源管理面临的问题和挑战，促进人岗精准匹配，降低劳动力资源错配

2．人力资源管理数字化转型的实施路径

（1）评估企业开展数字化转型的现实基础。在开展数字化转型之前，企业需要认真研判自身的需求、资源和能力，包括基础设施、数字化能力、运营管理能力以及员工所具备的技能等。在此基础上，进一步思考自身的数字化发展理念，判断数字化转型工作是依靠自身还是对外合作，哪些能力可以由内部构建，哪些能力通过合作伙伴或其他方式获取，以及需要在组织结构上进行何种变革，需要哪些技术创新，对业务流程和功能需要进行怎样的调整，以及建设数字化体系所需的人才、资金等。

（2）制定企业数字化转型战略。企业一旦确定进行人力资源管理数字化转型，首要任务就是明确发展愿景，制定战略规划。随后，企业需要在理念统一、目标设定、路径选择、要素投入等方面进行统筹规划、顶层设计和系统推进，确定实施团队，构建符合数字化运作特点的组织结构和激励机制，从体制和机制层面来保障数字化转型变革获得成效。

（3）加快企业数字化转型设施建设。搭建数字平台可以通过两种方式实现：一是直接采购外部成熟运作的数字平台，包括专业化服务软件等来赋能自身管理平台的数字化升级；二是完全依靠自身科技部门自建数字平台，进一步汇聚内外部资源来推动资源汇聚，以支撑数字化转型的各类变革。

（4）实施业务数字平台的管理和运作。人力资源管理数字平台管理和运作的关键是针对人力资源业务数据进行统筹规划、统一存储和统一管理，搭建算法库、模型库和工具库等，并通过业务系统数据的弹性供给和按需共享，以各类数据融通支撑数据应用创新。通过数字技术收集数据并从中提炼、存储有效信息，建立人力资源数据库，以便进行后续的数据挖掘与分析，利用专业的数字技术对涉及人力资源的相关数据进行预测与评估，以便制定高效的战略决策。

（5）创造内部人力资源管理数字场景。实施人力资源管理数字化管理能够利用可视化场景展示来实时了解企业内部人力资源管理活动的动态，及时发现潜在的风险点，并对未来一段时间的员工业绩和表现做出精准预测。根据自身组织特性、业务流程特性，围绕业务场景和任务目标，应用数字化工具和手段对人力资源管理的运行状态进行实时跟踪、过程管控和动态优化，并以此作为数据化的核心驱动对人力资源数据进行全面分析。

（6）打造人力资源管理数字生态体系。人力资源数字化管理要将涉及人力资源活动的有效数据作为创新的源泉，推动企业打造人力资源管理数字生态体系。在企业内部打造以人力资源为核心内容的数字生态圈，掌握从人力资源配置、合同签署到员工管理、技能培训，再到用工咨询的人力资源全流程服务闭环，从而提升整个服务过程的可视化程度，做到及时洞察分析，确保服务规范性，提高整体服务效率，推进企业战略的有效执行和持续发展。

（7）数字化转型效果评估和实时改进。需要对人力资源管理数字化进行动态评估来保证其按照预定的目标和方向持续实施。例如，可以从创新、经济和社会三个方面对数字化转型效果进行评估。其中，创新效益主要强调企业通过利用新一代信息技术的赋能，促使人力资源管理的业务体系和价值模式实现转变，实现价值体系优化、创新和沟通，以及在提升核心技术创新能力、促进创新成果产业化等方面取得成效。经济效益主要是强调通过数字化实现的经济收益，包括降低成本和风险，提升业务管理、人员配置的效率等。社会效益主要是强调带动社会就业等方面的社会责任和价值升级，确保不断推进各生态体系的改善和效率提升。如果未能实现上述效益，则需要具体分析在实施过程中可能存在的偏差，及时建立纠错机制。

9.1.5 食品企业人力资源规划

1. 食品企业人力资源规划的概念

食品企业人力资源规划是指根据企业的发展战略和经营目标，通过对食品企业未来人力资源需求和供给状况的分析及估计，在职务编制、人员配置、教育培训、人力资源管理政策、招聘和甄选等方面进行的人力资源管理的职能性计划。

2. 食品企业人力资源规划的内容

食品企业人力资源规划的内容如表 9-2 所示。

二维码链接 9-2
高效团队管理
的六个方法

表 9-2　食品企业人力资源规划的内容

内容	含义
总体规划	在计划期内人力资源管理的总目标、总政策、实施步骤和总预算的安排
人员需求规划	食品企业根据组织运行的情况，对组织可能产生的空缺职位加以弥补的计划，旨在促进人力资源数量、质量的改善，是组织吸收员工的依据。只有在人员的安排和使用上用发展的观点看问题，才能制订出合理的人员补充计划，使食品企业每个发展阶段都有适当的人选胜任工作要求
人员配置规划	食品企业人员在未来职位上的安排和使用，是通过食品企业内部人员有计划的流动实现的，人员配置计划能够使人力资源结构不断得到优化
人员供给规划	根据食品企业对用人的需求，通过内外部招聘等方式，采取内外部流动政策，以获取员工的计划。食品企业通过分析劳动力过去的人数、组织结构构成以及人员流动、年龄变化和录用等资料，就可以预测出未来某个特定时期的供给情况
教育培训规划	为了提升食品企业现有员工的素质，适应食品企业发展的需要，员工培训是非常重要的。培训计划包括培训政策、培训需求、培训内容、培训形式、培训考评等内容
薪酬激励规划	为了保证企业人工成本与经营状况之间的恰当比例关系，充分发挥薪酬的激励功能，要制订薪酬激励计划。首先对未来的薪酬总额进行预算，然后设计、制定、实施未来一年的激励措施，以充分调动员工的积极性
退休解聘规划	食品企业每年都会有一些人因为达到退休年龄或合同期满，食品企业不再续聘等原因而离开企业。在经济不景气、人员过剩时，有的企业还常常采取提前退休、买断工龄甚至解聘等特殊手段裁撤冗员
职业规划	食品企业为了不断增强员工的满意度，并使员工与食品企业的发展和需要统一起来而制定的协调有关员工的成长、发展与食品企业的需求发展相结合的规划。其主要内容是企业对员工个人在使用、培养等方面的特殊安排

续表

内　容	含　义
劳动关系规划	关于如何减少和预防劳动争议、改善劳动关系的规划
人力资源预算	以上各方面都或多或少地涉及费用问题，要在制定各项预算的基础上，制定人力资源的总预算

3. 食品企业人力资源规划的程序

（1）预测组织未来的人力资源供给。估计在未来某一时间构成所需劳动力队伍的人员数目和类型。在做这种预测时要细心地评估现有的人员状况以及他们的运作模式。不过，供给预测仅仅与组织内部的人力资源有关。

（2）预测组织未来的人力资源需求。预测由未来工作岗位的性质和要求所决定的人员素质、技能的类型。

（3）将人力资源需求和内部供给的预测值加以比较，以确定人员的净需求。做比较时不仅要针对整个组织，而且要针对每个工作岗位。在确定人员的净需求以后，就可以估计所选择的人力资源管理政策和措施能否减少人员的短缺或剩余。这两步实际上也是人力资源规划的管理决策过程。

（4）确定其是否对组织有用。估计规划的有效性。为了做好这种评估，规划人员有必要确定评估标准。

管理者素养

管理团队的理念、原则与步骤

理念：培养一群善于解决问题的人，而不是自己去解决所有问题！

原则：员工的方法可以解决问题，哪怕是很笨的方法，也不要干预。不为问题找责任，鼓励员工多谈哪个方法更有效。一个方法走不通，引导员工找其他方法。发现一个方法有效，就把它教给员工。员工有好的方法，一定要学习。

步骤：创建舒服的工作环境，让员工有更好的积极性、创造性去解决问题。调节员工的情绪，让员工从积极的角度看问题，找到合理的解决办法。帮助员工把目标分解成一个个动作，让目标清晰有效。调用自己的资源，帮助员工解决问题，达到目标。赞美员工的某个行为，而不是泛泛赞美。让员工对工作进度做自我评估，让员工找到完成剩余工作的办法。引导员工"向前看"，少问"为什么"，多问"怎么办"。

资料来源：搜狐网，2021-07-27。

任务 2　食品企业人力资源的招聘与培训

9.2.1　食品企业人力资源的招聘

食品企业人力资源的招聘是指通过各种信息，把具有一定技巧、能力和其他特性的，同时又有兴趣到本企业任职的申请者吸引到企业空缺岗位的过程。

1. 招聘的目的

招聘最直接的目的就是弥补企业人力资源的不足，这是招聘工作的前提。

（1）企业目前的人力资源总供给量不能满足企业或各个岗位的总任务目标（计划总业务量或计划总产量），需要补充。

（2）企业或各个岗位正常替补流动引起了职位空缺，需要补充。
（3）满足因企业或各个岗位的生产技术水平或管理方式变化所引起的对人力资源的可能需求。
（4）满足新规划事业或新开辟业务所需的人员需求。
（5）满足企业规模扩张所引起的人员需求。
（6）未来的人才储备。

2. 食品企业人力资源招聘的程序

（1）对工作岗位进行分析，确定职位空缺。
（2）做出职务分析，制定招聘计划书。
（3）组建招聘团队。
（4）发布招聘信息。
（5）对应聘人员进行甄选和评价。
（6）对应聘合格者进行试用，与试用合格者签订劳动合同。
（7）对招聘结果进行评估和审核。

3. 食品企业人力资源招聘的渠道

食品企业人力资源招聘的渠道有内部招聘和外部招聘两种。

（1）内部招聘。内部招聘是指从食品企业正在任职的员工中选拔所需要的各种人才填补空缺职位。内部招聘一般有两种方法：一是公开招聘法，就是把企业岗位空缺情况、应聘人员要求、招聘岗位的薪酬和福利待遇、应聘方法和程序等公之于众，鼓励企业内所有符合条件的人员应聘，然后由企业组成专门招聘和录用小组层层筛选，最后成绩优异者当选。二是人事档案筛选法，就是利用现有人事档案中的相关信息，筛选符合招聘要求的人选，这种方法的优点是省时省钱，缺点是不够全面。

（2）外部招聘。外部招聘是指在企业外部招聘企业所需人员。比较普遍采用的外部招聘方法包括广告招聘、校园招聘、现场招聘会、委托各种职业中介机构招聘、委托猎头企业招聘、网上招聘、通过人才租赁企业租借所需人员、应聘者直接找上门求职。

4. 食品企业人员选拔的方法

对应聘人员的选拔过程包括填写求职申请表、人员素质测评、面试等环节。人员选拔过程不仅要挑选优秀的人才，更主要的是，要找到最适合从事这份工作的人才。因此，企业在选择人员选拔的方法时，要考虑到不同方法对不同工作岗位的有效性，选择最适合的方法。

（1）填写求职申请表。企业可以通过要求应聘人员填写求职申请表获得关于应聘人员的基本信息。求职申请表不仅要求应聘人员提供诸如年龄、教育背景等资料，而且应收集与评价指标相关的信息。

（2）人员素质测评。人员素质测评是指测评者采用科学的方法，收集被测评者在主要活动领域的表征信息，针对某一素质测评目标体系做出量值或价值判断的过程，或者从表征信息中引发与推断某些素质特性的过程。人员素质测评是对个人稳定的素质特征进行测量与评价。个人稳定的素质特征主要包括三个方面：能力因素、个人风格和动力因素。

（3）面试。面试主要是通过招聘人员与应聘人员面对面的交流、观察，了解应聘人员的素质状况、能力特征、应聘动机等，是人力资源招聘过程中必不可少的一步。为提高面试的准确性和可靠性，一般采用结构化面试，即根据所制定的评价指标，运用特定的问题、评价方法和评价标准，严格遵循特定程序，对应聘人员进行评价的标准化过程。

二维码链接 9-3
人才管理的
四条准则

9.2.2 食品企业人力资源的培训

食品企业人力资源的培训是指企业通过各种方式使员工具备完成现在或将来工作所需要的知识、技能，并改变他们的工作态度和价值观，以改善员工在现在或将来职位上的工作绩效，并最终实现员工与组织同步成长的一种计划性和连续性的活动。

1. 食品企业人力资源培训的目的

食品企业人力资源培训的出发点和归宿点是"企业的生存与发展"，其目的主要有以下几点。

（1）可以使食品企业不断适应外界环境的变化。食品企业要发展，就要充分利用外部环境所给予的各种机会和条件，抓住时机，通过自身的变革去适应外部环境的变化。企业的生存和发展归根结底是人的作用，具体是指如何提高员工素质、调动员工的积极性和发挥员工的创造力。因此，食品企业必须不断地培训员工，才能适应技术及经济发展的需要。

（2）可以增强员工的满足感。员工通过学习新的知识和技能，可以接受具有挑战性的工作，可以有晋升希望。因此，培训可以增强员工的满足感。

（3）可以提高工作绩效。培训可以使员工在工作中减少失误；同时，可以提高员工的工作技能，减少不必要的损耗和浪费，提高工作质量和工作效率，提高企业的效益。

（4）可以提升食品企业文化，提高企业素质。培训的一个重要目的就是，可以使具有不同价值观念、不同工作作风以及不同生活习惯的人，能够按照食品企业经营要求，进行文化养成教育，以便形成统一、和谐的工作集体，使劳动生产率得到提高、员工的工作及生活质量得到改善。要提高食品企业的核心竞争力，就一定要重视教育培训和文化建设，充分发挥由此铸就的企业精神，提高企业的整体素质。

2. 食品企业人力资源培训的内容

食品企业人力资源培训的内容如表 9-3 所示。

表 9-3　食品企业人力资源培训的内容

层次	名称	含义
第一层次	知识培训	知识培训可以使员工具备完成本职工作所必需的知识。这些知识包括基本知识和专业知识两种类别。知识培训虽简单易行，但员工容易忘记，而且，如果企业仅仅停留在知识培训的层次上，很难产生较大的培训效益
第二层次	技能培训	技能培训可以使员工掌握完成本职工作所必备的技能，提高工作业绩，提升发展潜力。技能培训是企业组织培训的重点。主要包括：熟练掌握本工作岗位所需要的基本技能，包括工艺操作技能等；掌握和运用经营管理技术、生产技术、监控技术、工程技术、工艺技术、信息技术等为企业经济效益服务的各类技术；学会人际沟通、执行控制、时间管理、项目管理、领导力、判断能力、规划能力、调查能力、计划制订、战略管理、安全与健康、创新管理等各类管理技能
第三层次	素质培训	对员工进行素质培训，可以使员工形成正确的价值观、较高的职业素养、积极的工作态度、良好的思维习惯、较强的团队合作意识，以及相互信任、相互支持的工作氛围。素质培训是企业组织培训的难点

管理者素养

控制职能

控制是指为了确保组织内各项计划按规定去完成而进行的监督和纠偏的过程。具体地说，控制就是通过不断地接收和交换企业的内外信息，按照预定的计划指标和标准，调查监督实际经济活动的执行情况，若发现偏差，及时找出主要原因，并根据环境条件的变化，采取自我调整的措施，使企业的生产经营活动按照预定的计划进行或适当修改计划，确保企业经济目标实现的管理活动。

资料来源：百度百科"控制"。

任务 3　食品企业人力资源的绩效考评与薪酬管理

9.3.1　食品企业人力资源的绩效考评

绩效考评是针对食品企业中每个员工所承担的工作，应用各种科学的定性和定量的方法，对员工行为的实际效果及员工对食品企业的贡献或价值进行考核和评价，是食品企业的各级管理者通过某种手段对员工工作完成情况进行定量与定性的评价过程。

1. 食品企业人力资源绩效考评的作用

（1）从企业角度分析。管理者以及培训工作负责人，在进行培训需求分析时，应把人事考评的结果作为员工是否需要培训、培训什么的主要依据，根据绩效考评结果，制订绩效改进计划，对员工实行有针对性的指导，改善和提高员工的工作绩效。对考评结果优异者或突出者给予一定的奖励。在决定每年一度的奖励时，绩效考评结果是重要的依据。

（2）从管理者角度分析。合理的绩效考评可以帮助管理者建立与员工的职业工作关系，借以阐述对员工的期望，了解员工对其职责与目标任务的看法，取得员工对管理者、对企业的看法和建议，提供管理者向员工解释薪资处理等人事决策的机会，共同探讨员工培训和开发的需求及行动计划。

（3）从员工角度分析。科学而有效的绩效考评让所有员工肩上都有担子，时时有事做，事事有目标，使员工更加了解自己的职责和目标，了解自己在企业的发展前途，了解与自己有关的各项政策的执行情况，获得说明困难和解释误会的机会，获得成绩和能力得到管理者赏识的机会。

此外，奖勤罚懒、优胜劣汰、有言在先、目标明确、心往一处想劲往一处使，都是和谐企业文化的关键内容，而绩效考评的长期推进，恰恰能实现这些目标。

2. 食品企业人力资源绩效考评的流程

食品企业人力资源绩效考评的流程如图 9-2 所示。

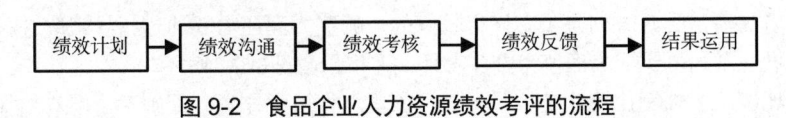

绩效计划 → 绩效沟通 → 绩效考核 → 绩效反馈 → 结果运用

图 9-2　食品企业人力资源绩效考评的流程

（1）绩效计划。绩效计划是绩效考评流程的起点，它的主要任务是依据企业的战略目标确定绩效目标。一般而言，企业首先把战略目标进行分解，落实到各个具体的岗位，然后再对各个具体的岗位进行相应的工作分析，确定员工的绩效目标。在这个阶段，管理者应该与员工充分沟通，让员工搞清楚在计划期内应该做什么、不应该做什么、做到什么程度、为什么要做、何时完成以及员工的权力大小等，最终形成一种契约。通常绩效计划都是一年期的，在年中根据需要可以进行修订。

（2）绩效沟通。绩效计划制订之后，被评估者就可以按照计划开展工作。在整个绩效工作期间，管理者要对被评估者的工作进行监督和指导，对发现的问题及时给予解决，并根据实际情况合理地调整绩效计划，以利于绩效管理的顺利进行。在此阶段，管理者与被评估者要进行持续的绩效沟通，通过沟通，管理者可以了解到员工工作的进展状况，将一些潜在的问题消除在萌芽状态，并给予员工一定的支持与帮助，以便更好地实现绩效目标。当然，绩效沟通还可以加强管理者与被评估者之间的感情，起到一定的激励作用。

（3）绩效考核。绩效考核大多在年底进行，它是对员工绩效目标实现程度的一种评估，评估的依据就是在绩效计划阶段双方达成一致意见的绩效目标及其衡量标准。绩效考核包括工作结果考核和工作行为评估两个方面。另外，在绩效沟通阶段所收集到的能够说明被评估者绩效表现的数据和事实，也可以作为判断被评估者是否达到关键绩效指标要求的依据。当然，考核的目的不是仅仅给出一个分数，更重要的是通过充分沟通，促使组织或者员工进行目的性更强的绩效改进，提升组织绩效。

（4）绩效反馈。绩效考核完成之后，管理者应该把绩效考核的结果反馈给员工。反馈最好采取面谈的形式，这样可以确保反馈的质量。通过绩效反馈，员工可以了解到组织对自己的期望，认识到自己存在的问题，明确改进的方向。当然，员工也可以提高自己在实现绩效目标过程中所遇到的各种困难，从而得到管理者的帮助和支持。

（5）结果运用。对绩效考核的结果必须进行合理运用，才算完成一个周期的绩效管理。绩效考核的结果有很多用途，如绩效改进、招聘和选择、薪酬及奖金的分配、职务调整、培训与开发、人力资源规划等。只有对绩效考核结果进行合理的运用，才能持续改善员工的个人绩效和组织绩效，最终实现企业的战略发展目标。

3．食品企业人力资源绩效考评的方法

食品企业人力资源绩效考评的方法如图9-3所示。

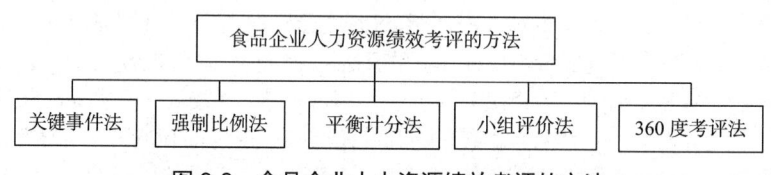

图9-3 食品企业人力资源绩效考评的方法

（1）关键事件法。关键事件法是通过分析和评价被考评者在工作中极为成功或极为失败的事件来考察被考评者工作绩效的一种方法。显然，某一工作的关键事件是在有效工作和无效工作之间造成差别的行为。由管理者将每个人做的事记录在案，这些记录为绩效考评提供了一个以行为为基础的出发点。关键事件法应用较为成功的原因有：首先，它使管理者不得不考虑员工在整年时间里所积累的关键事件，从而避免了考评中只关注最近有关绩效情况的倾向；其次，保留一系列关键事件还可以使管理者更清楚哪些方面是员工做得较好的，哪些方面还需要通过指导来改进；最后，关键事件法由于借助一系列事实记录而使得许多考评误差得以较好的控制。

（2）强制比例法。强制比例法是按预先规定的比例将被考评者分配到各个绩效类别上的方法。这种方法根据统计学正态分布原理进行，其特点是两边的最高分、最低分者很少，中间分布者居多。强制比例法的核心思想是，通过对考评结果进行修正和调整实现考评结果满足预先设定的等级分布。这种考评方法可以有效地避免由于考评者的个人因素而产生的考评误差。根据正态分布原理，优秀员工和不合格员工的比例应该基本相同，大部分员工应该属于工作表现一般的员工。所以，在考评分布中，可以强制规定优秀员工的人数和不合格员工的人数。强制比例法适合相同职务员工较多的情况。

（3）平衡计分法。平衡计分法是从财务、客户、内部业务过程、学习与成长四个方面来衡量绩效的。平衡计分法一方面考评企业的产出（上期的结果），另一方面考评企业未来成长的潜力（下期的预测）；再从客户角度和内部业务流程角度两个方面考评企业的运营状况参数，充分把企业的长期战略与企业的短期行动联系起来，把远景目标转化为一套系统的绩效考评指标。

（4）小组评价法。小组评价法是指由两名以上熟悉该员工工作的经理，组成评价小组进行绩效考评的方法。小组评价法的优点是操作简单，省时省力；缺点是容易使评价标准模糊，主观性强。

为了提高小组评价法的可靠性，在进行小组评价之前，应该向员工公布考评的内容、依据和标准。在评价结束后，要向员工讲明评价的结果。在使用小组评价法时，最好和员工个人评价相结合。当小组评价和个人评价结果差距较大时，为了防止考评偏差，小组成员应该首先了解员工的具体工作表现和工作业绩，然后做出评价。

（5）360度考评法。360度考评法又称全方位考评法，最早被英特尔提出并加以实施运用。该方法是指员工通过自己、上司、同事、下属、客户等不同主体来了解自己的工作绩效，达到提高自身能力的目的。这种考评并不是每个员工都要做的，一般针对工作时间较长的员工和骨干员工。考评的内容主要是与企业的价值观有关的各项内容。这种考评方法是背对背的，是为了避免在考评中出现人为因素的影响。

9.3.2 食品企业人力资源的薪酬管理

食品企业人力资源的薪酬管理是在经营战略和发展规划的指导下，综合考虑企业内外各种因素的影响，确定企业自己的薪酬水平、薪酬结构和薪酬形式，并进行薪酬调整和薪酬控制的整个过程。其目的在于吸引和留住符合企业需要的员工，并激发他们的工作热情和各种潜能，最终实现企业的经营目标。它解决的是"如何激励人才、留住人才"的问题。一个现代企业应当坚持"对外具有竞争力，对内具有激励和凝聚力"的原则，构建和不断完善企业的薪酬福利制度。

二维码链接9-4
食品企业薪酬
管理六大原则

> **思政教育**
>
> **完善分配制度**
>
> 坚持按劳分配为主体、多种分配方式并存，构建初次分配、再分配、第三次分配协调配套的制度体系。
>
> 努力提高居民收入在国民收入分配中的比重，提高劳动报酬在初次分配中的比重。
>
> 坚持多劳多得，鼓励勤劳致富，促进机会公平，增加低收入者收入，扩大中等收入群体。
>
> 资料来源：共产党员网，2023-03-20。

1. 食品企业薪酬的构成

食品企业薪酬含有薪水和酬劳的意思，是食品企业对员工提供劳务和所做贡献的回报。员工的贡献包括客观绩效和付出的努力、时间、精力、学识及才能。食品企业薪酬的构成如表9-4所示。

表9-4 食品企业薪酬的构成

薪酬构成	含 义
工资	主要以员工所在部门、岗位、职务以及员工个体间的劳动差异为标准，完成定额内的劳动而得到的报酬，主要包括基本工资、岗位工资、技能工资、工龄工资。工资是根据员工的工作性质支付的基本现金报酬，反映的是工作或技能的价值，不体现因员工个人素质等因素而引起的对企业贡献的差异
奖金	员工在完成定额任务的基础上，付出超额劳动的报酬。奖金是对员工过去劳动的认可，目的在于激励员工，使其继续保持良好的工作态度与势头。它是在基本工资基础上的增加，是随员工业绩的变化而调整的
福利	企业为了保留和激励员工，通过设置集体生活设施、提供劳务和建立补贴制度等方式，解决员工在物质和精神生活上的需求与困难
激励性薪酬	提前将收益分享方案告知员工，员工根据自己的业绩所达到的标准，获得收益的一种薪酬。这种薪酬与员工的业绩直接挂钩，是可变性的薪酬。衡量员工业绩的标准主要有产品质量、成本节约、投资收益、利润增加等。激励性薪酬分为短期和长期两种

2. 食品企业薪酬管理的相关法规

（1）最低工资。最低工资是指劳动者在法定工作时间或依法签订的劳动合同约定的工作时间内，提供了正常劳动的前提下，用人单位依法应支付的最低劳动报酬。最低工资率的确定实行政府、工会、企业三方代表民主协商原则，由国务院劳动行政主管部门对全国最低工资制度实行统一管理。省、自治区、直辖市人民政府劳动行政主管部门对本行政区域最低工资制度的实施实行统一管理。最低工资应以法定货币按时支付。下列各项不作为最低工资的组成部分：加班加点工资；中班、夜班、高温、低温、井下、有毒有害等特殊工作环境、条件下的津贴；国家法律、法规和政策规定的劳动者保险、福利待遇。

自我测试：你所在的地区，最低工资是多少？是什么时候发布的？哪个机构发布的？

（2）工资指导线。工资指导线是指政府宏观调控工资总量、调节工资分配关系、规划工资水平增长、指导企业工资分配所采用的一种制度。目的在于引导企业在发展生产、提高绩效的基础上适度增加工资，为企业集体协商谈判确定工资水平提供依据；使企业工资的微观决策与政府的宏观调控政策保持协调统一，进一步促进生产力的发展。

工资指导线的基本内容包括：一是经济形势分析，包括国家宏观经济形势和宏观政策分析；本地区上一年度经济增长、企业工资增长分析；本年度经济增长预测以及与周边地区的比较分析。二是工资指导线意见，包括本年度企业货币工资水平增长基准线、上线、下线。

（3）工资支付。为维护劳动者通过劳动获得劳动报酬，规范用人单位的工资支付行为，我国对工资支付制定了明确的规定。

工资应当以法定货币支付，不得以实物及有价证券代替货币支付。

用人单位应当将工资支付给劳动者本人。劳动者本人因故不能领取工资时，可由其亲属或委托他人代领。用人单位可委托银行代发工资。用人单位必须书面记录支付劳动者工资的数额、时间、领取者的姓名以及签字，并保持两年以上备查。用人单位在支付工资时应向劳动者提供一份其个人的工资清单。

工资必须在用人单位与劳动者约定的日期支付。如遇节假日或休息日，则应提前在最近的工作日支付。工资至少每月支付一次，实行周、日、时工资制的可按周、日、时支付工资。对完成一次性临时劳动或某项具体工作的劳动者，用人单位应按有关协议或合同规定，在其完成劳动任务后即支付工资。劳动关系双方依法解除或终止劳动合同时，用人单位应在解除或终止劳动合同时一次性付清劳动者工资。

劳动者在法定工作时间内依法参加社会活动期间，用人单位应视同其提供了正常劳动而支付工资。

中国式管理

胖东来的薪资待遇

首先，胖东来注重员工的薪酬待遇，为员工提供了具有竞争力的工资和奖金。具体来说，胖东来的员工可以获得基本工资、绩效奖金、年终奖金等多种形式的薪酬。这些奖金的发放非常灵活，可以激励员工在工作中发挥出更好的表现。

其次，胖东来关注员工的福利待遇，为员工提供了全面的保险和福利。除了基本的五险一金，胖东来还为员工提供了商业保险、医疗保险、意外保险等多种保险。此外，胖东来还为员工提供了节日福利、生日福利、旅游福利等多种福利。这些福利的提供让员工感受到了企业的关怀和温暖。

再次，胖东来注重员工的培训和发展。企业为员工提供了多种培训和学习机会，包括新员工培训、专业技能培训、管理培训等。这些培训可以帮助员工提升自己的专业技能和领导力，更好地为企业发展做出贡献。

最后，胖东来注重员工的工作环境和职业发展。企业为员工提供了舒适的工作环境和良好的职业发展机会。具体来说，胖东来的工作环境非常舒适，员工可以享受到舒适的办公条件和休息区域。此外，企业还为员工提供了良好的职业发展机会，包括晋升机会、转岗机会、学习机会等。这些机会可以帮助员工实现自己的职业梦想和价值。

资料来源：百度百家号"财富自由2023"，2023-07-16。

（4）最长工作时间。《中华人民共和国劳动法》明确规定，国家实行劳动者每日工作时间不超过8小时，平均每周工作时间不超过44小时的工时制度。企业单位如不能实行上述规定的统一工作时间，可根据实际情况灵活安排周休息日。同时也明确指示，一旦超过最长工作时间，用人单位应当按照下列标准支付高于劳动者正常工作时间工资的工资报酬：其一，安排劳动者延长工作时间的，支付不低于工资的150%的工资报酬；其二，休息日安排劳动者工作又不能安排补休的，支付不低于工资的200%的工资报酬；其三，法定休假日安排劳动者工作的，支付不低于工资的300%的工资报酬。

思政教育

劳动者权益保障制度

健全劳动法律法规，完善劳动关系协商协调机制，完善劳动者权益保障制度，加强灵活就业和新就业形态劳动者权益保障。

资料来源：工人日报，2023-05-15。

管理者素养

以身作则带头做

"以身作则"是指以自身的实际行动给人做出榜样。以身作则是对管理者的基本要求。作为基层管理者，应从哪些方面以身作则呢？

1. 模范作用

"身教胜于言教，榜样的力量是无穷的。"一名优秀的管理者，必须以身作则，带头遵章守纪、学习提升、正言正行正能量。在日常生产、学习、工作中，要求班组成员做到的，班组长自己先做到，才能赢得班组成员的尊重和信任。

2. 善于学习

要熟练掌握岗位应知应会知识，提高岗位技能。一个业务不精、技能很差的班组长，只会当"传话筒"，会被员工看不起，员工甚至会以此为借口，为难班组长，不听班组长的指挥，以致班组长丧失管理权威，难以带领班组成员完成各项任务。

3. 提高素质

有的基层管理者的管理方式简单粗暴，只要看到员工做错了事，就骂人或大声呵斥，以为这样做才有威信。殊不知，新生代员工最反感这样的管理者。以身作则，既要考虑企业立场，也要学会从员工的角度思考，这就要提高自身管理认知、沟通能力和综合素质水平。

4. 敢于担当

身为基层管理者，既要在工作中带头，又敢于承担责任，既要做班组的指挥员，又要做好一个普通的劳动者。一个对工作斤斤计较、见难就退的人，是当不好班组长的。在日常工作中，班组长就是员工的榜样。一位勇挑重担、迎难而上、冲锋在前的班组长，能以行动服众，从而对班组成员产生潜移默化的影响。

5. 公平公正

班组中琐事繁多，涉及员工自身利益方面的事也很多，如果班组长不能公平地处理这些事务，就会给班组带来极大的负面影响。"上梁不正下梁歪"，拉帮结派，处事不公正，不正之风就会蔓延开来。所以，班组长在处理工作时必须不存私心，在制度面前做到真正的人人平等。

总之，基层管理者想要以身作则，就要做到要求别人做到的事，自己首先做到，要求别人不能干的事，自己首先不干。在工作中，班组长必须为班组成员做出表率，真正做到关心员工、遵守制度、不断学习、保证生产等，才能带领班组更好地完成各项生产任务。

资料来源：百度百家号"学思观"，2020-08-21。

任务 4　食品企业人力资源的激励

9.4.1　食品企业人力资源激励的内涵

激励是指为了实现食品企业目标，通过满足员工的生理、兴趣、情感等需要，有效地启迪员工的心灵，达到挖掘员工潜力的管理手段。

激励的本质是双赢，让激励的主体——企业管理者和激励的对象——员工实现双赢的激励，才是最有效的激励。

思政教育

奋斗

如果梦想有打开的方式，那一定是奋斗。36 岁的桂海潮作为中国首位飞天的载荷专家，正是用他那敢于吃苦、勇于挑战的奋斗精神，驰骋于祖国大地，闪耀于星辰大海。桂海潮在少年时期便在心里埋下了一个航天梦，为了实现这个梦想，他敢于吃苦，甚至自讨苦吃，每天争分夺秒地学习，把所有的精力都用在学习和体育锻炼上。"我曾经梦想着，有一天能把自己热爱的科研工作搬到太空去。"虽然只有 36 岁，他已经是北航教授和博士生导师，获国家发明专利两项，主持科研项目十余项。

资料来源：搜狐网，2023-06-06。

食品企业人力资源激励的过程主要有四个部分，即需要、动机、行为、绩效。首先是需要的产生，在个人内心引起不平衡状态，从而产生行为的动机。通过激励，个人按照组织目标去寻求和选择满足这些需要的行为，最后达到提高绩效的目的。具体过程如图 9-4 所示。

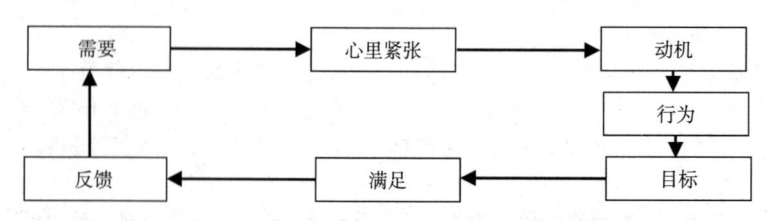

图 9-4　食品企业人力资源激励的具体过程

9.4.2 食品企业人力资源激励的模式

有关资料统计，一名职场员工在日常工作中所发挥的潜力只有他本人的30%~40%，也就是说，还有60%~70%的潜力没有被发挥出来。食品企业管理者，如何点燃员工的工作热情？如何激发员工的工作动力呢？在"以人为本"的员工管理模式基础上建立了13种人力资源激励模式，如表9-5所示。

表9-5　食品企业人力资源激励的模式

激励模式	含　义
榜样激励	为员工树立一个行为标杆。在任何一个组织里，管理者都是员工的镜子。"表不正，不可求直影。"要让员工充满激情地去工作，管理者就要做出一个样子来
目标激励	激发员工不断前进的欲望。管理者通过设置适当的目标，可以有效诱发、导向和激励员工的行为，调动员工的积极性
授权激励	有效授权是一项重要的管理技巧。通过授权，管理者可以提升自己及员工的工作能力，更可以极大地激发员工的积极性和主人翁精神
尊重激励	给人尊严远胜过给人金钱。尊重是一种最人性化、最有效的激励手段。尊重是激励员工的法宝，其成本之低、成效之卓，是其他激励手段难以企及的
沟通激励	员工的干劲是"谈"出来的。管理者与员工保持良好的关系，对于调动员工的热情，激励员工为企业积极工作有着特别的作用。沟通之于管理者，就像水之于游鱼，大气之于飞鸟
信任激励	诱导他人意志行为的良方。管理者与员工之间应该肝胆相照。管理者在哪个方面信任员工，实际上也就是在哪个方面为员工勾画了其意志行为的方向和轨迹。信任是激励诱导他人意志行为的一种重要途径
宽容激励	胸怀宽广会让人甘心效力。宽容是一种管理艺术，也是激励员工的一种有效方式。管理者的宽容品质不仅能使员工感到亲切、温暖和友好，获得安全感，更能化为启动员工积极性的钥匙，激励员工自省、自律、自强，让他们在感动之中甘心情愿地为企业效力
赞美激励	效果奇特的零成本激励法。人都有做个"重要"人物的欲望，都渴望得到别人的赞美和肯定。赞美是一种非常有效而且不可思议的推动力量，它能赋予人一种积极向上的力量，能够极大地激发人对事物的热情。用赞美的方式激励员工，管理者所能得到的将远远大于付出
情感激励	让员工在感动中奋力打拼。一个管理者能否成功，不在于有没有人为其打拼，而在于有没有人心甘情愿地为其打拼。一个关切的举动、几句动情的话语、几滴伤心的眼泪，比高官厚禄的作用还要大上千百倍
竞争激励	增强组织活力的无形按钮。人都有争强好胜的心理。在企业内部建立良性的竞争机制，是一种积极的、健康的、向上的引导和激励。管理者摆一个擂台，让员工分别上台较量，能充分调动员工的积极性、主动性、创造性和争先创优意识，全面地提高组织活力
文化激励	用企业文化熏陶出好员工。企业文化是推动企业发展的原动力。它对企业发展的目标、行为有导向功能，能有效地提高企业生产效率，对企业的个体也有强大的凝聚功能。优秀的企业文化可以改善员工的精神状态，熏陶出更多具有自豪感和荣誉感的优秀员工
惩戒激励	不得不为的反面激励方式。惩戒的作用不仅在于教育其本人，更重要的是，让其他人引以为戒，通过适度的外在压力使他们产生趋避意识。惩戒虽然是一种反面激励，但不得不为之
二元制激励	二元制激励是由相对的维度组成的激励体系，如组织与个体、整体与团队、基础性工作与创造性工作贡献、自发性和本位性工作、业绩与能力、理念贯彻与绩效结果、长期与短期、精神与物质、综合奖励和单项奖励、社会福利和企业个性套餐、当期兑现和延时兑现、标准和特殊贡献、成熟项目和新项目等两面兼顾的激励方式。缺少相对的一面，一定是不完美的激励，任何单面激励都会导致员工过激而产生不利的经营行为

9.4.3 食品企业建立有效激励机制需要注意的问题

1．物质激励要和精神激励相结合

物质激励是通过物质刺激的手段，鼓励员工工作。它的主要表现形式有正激励和负激励，如发放工资、奖金、津贴、福利等为正激励，罚款等为负激励。物质需要作为人类的第一需要，是人们从事一切社会活动的基本动因。所以，物质激励作为激励的主要形式，也是目前我国企业内部使用得非常普遍的一种激励方式。但在实践中，不少单位在使用物质激励的过程中，耗费多，预期目的却并未达到，员工的积极性不高，反倒贻误了组织发展的契机。尤其是一些企业在物质激励中为了避免矛盾实行不偏不倚的原则，这种平均主义的分配方法非常不利于培养员工的创新精神，平均等于无激励，极大地抹杀了员工的积极性。除了物质激励，人们还存在精神方面的需要。因此，企业必须把物质激励和精神激励结合起来才能真正地调动广大员工的积极性。

2．建立多跑道、多层次的激励机制

激励机制是一个开放的系统，要随着时代、环境、市场的变化而不断变化。企业要在不同时期，制定不同的激励机制。以双汇集团为例，企业成立初期注重培养员工的集体主义精神，并满足员工的物质生活需求。20世纪90年代后期，员工对物质要求更为强烈，并有很强的自我意识，因此企业制订了新的、合理的、有效的激励方案，并根据企业的发展要求制定多层次激励政策。例如，让有突出业绩的业务人员和销售人员的工资、奖金远远高于他们的直接领导，使他们能够安心现有工作，不再认为只有做官才能体现价值从而煞费苦心往领导岗位上发展，这样他们就会把所有的精力和才华都投入最适合自己的工作中，进而创造出更大的工作效益和业绩。

3．充分考虑员工的个体差异，实行差别激励的原则

激励的目的是提高员工工作的积极性。美国心理学家赫茨伯格经过对11家企业的调查认为，影响工作积极性的主要因素也就是激励因素包括工作成就、工作成绩得到认可，工作本身具有挑战性、责任感，个人得到发展、成长和提升等几个方面。这些因素对于不同企业所产生影响的排序是不同的。

企业要根据不同的类型和特点制定激励制度，在制定激励制度时一定要考虑到个体差异。例如，女性员工相对而言对报酬更为看重，而男性员工更注重企业和自身的发展；在年龄方面，一般20~30岁之间的员工自主意识比较强，对工作条件等各方面要求比较高，因此"跳槽"现象较为严重，而31~45岁之间的员工因为家庭等原因比较安于现状，相对而言比较稳定；在文化程度方面，有较高学历的人一般更注重自我价值的实现，除物质利益外，更看重精神方面的满足，如工作环境、工作兴趣、工作条件等，这是因为他们在基本需求能够得到保障的基础上进而追求精神层次的需要，而学历相对比较低的人首先注重的是基本需求的满足；在职务方面，管理者和员工之间的需求也有所不同。因此，企业在制定激励制度时一定要考虑企业的特点和员工的个体差异，这样才能发挥最大的激励效力。

管理者素养

管理团队技巧的核心要素

1．凝聚力

凝聚力是让一个团队相互信任、相互吸引、相互帮助，是团队的向心力。虽然每个人工作的目的不一样，有的想在团队中获得利益，有的想成长，有的想开拓人脉。凝聚力是每个人努力的方向往团队目标靠拢，把集体利益建立在个人利益之上，把每个人的心聚拢在一起，一起成长、发展。

2．战斗力

战斗力是一个团队的奋斗精神，是高效的工作能力。强大的工作能力需要透明公开的惩罚机制，一方面能够激励员工的积极性，激发员工的工作热情；另一方面惩罚那些不努力工作，或者给团队造成损失的人，同时提醒员工努力工作。

3. 共识

一致的价值观和思维，让每个团队成员感受到认同感和归属感。共识使团队成员有共同的目标，朝一个方向努力。精细化的团队规则是通过与团队成员协商共同制定的，这样的规则能够更好地让员工去遵守，默默守护。

资料来源：个人图书馆，2023-07-24。

项目案例分析

锦江酒店数字化人力资源管理

企业好的发展离不开优秀人才的聚集，锦江酒店秉持"发现人才、培养人才、发挥人才"并将其作为企业可持续发展的重要课题，打造了符合自身特色的"锦玉人才体系"。企业致力于打磨每名员工，将从"石"到"玉"的职业发展历程作为"锦玉"的核心。锦江酒店为此建立了基于数字化的人力全生命周期管理体系，其中包含近 3 万名员工信息、7 万个组织部门、15 多万个岗位，满足 500 多个业务场景，可生成 250 多个人力业务报表，实现人力资源行为及数据洞察，赋能企业从人员管理、薪酬福利、目标绩效、学习培训等多方面管理，助力锦江酒店向全球化进一步发展迈进。

针对员工的职业发展道路，锦江酒店设立了科学全面的晋升机制及流程，在充分考虑员工横向发展需要的基础上，制定了《人才流通管理机制》，打通了旗下各品牌人才流通渠道，鼓励员工进行集团内部的人员流通。在此基础之上，专门成立了锦江酒店（中国区）锦江酒店课堂，建立了人才体系规划，针对性培养核心人才。

据悉，锦江酒店（中国区）与 60 家高校建立了联系并与其中 30 多家高校达成了战略合作，已探索出具有中国区特色的管培生培养模式——"锦英"与"锦星"项目，通过系列配套活动形成全流程化管理。企业引进了 2021 届、2022 届优秀毕业生超过 630 人。

资料来源：百度百家号"金融界"，2023-04-17。

➡ **辩证性思考：**

锦江酒店数字化人力资源管理创新表现在哪些方面？

项目检测

管理知识培养规格检测

1. 食品企业人力资源管理的原则和内容有哪些？
2. 食品企业人力资源规划的内容和程序有哪些？
3. 食品企业人力资源培训招聘的程序是什么？
4. 食品企业人力资源培训的内容有哪些？
5. 食品企业人力资源绩效考评的流程是什么？绩效考评的方法有哪些？
6. 简述食品企业人力资源薪酬管理的相关法规。
7. 食品企业人力资源激励的模式有哪些？

管理能力培养规格检测

实践项目 9　制订××食品企业人力资源管理方案

　　项目实践目的：运用食品企业人力资源管理的理论和方法，通过对××食品企业人力资源管理现状的分析，培养学生运用食品企业人力资源管理理论和方法对食品企业人力资源管理现状进行分析和解决人力资源管理问题的能力。同时培养学生团队合作精神、语言表达能力、应变能力、应用写作能力，以及学生管理者素养的培育。

　　项目检测考核：通过对食品企业人力资源管理现状的分析，每个团队撰写食品企业人力资源管理方案，在"××食品企业人力资源管理方案研讨会"上进行宣讲、讨论、答辩，指导教师进行评价。由各团队队长和指导教师负责评判打分，考核成绩分为优秀、良好、及格。

　　飞翔队由 2 号队员负责本实践项目的讨论、汇总、撰写方案、宣讲和答辩。经过讨论、答辩，指导教师提出两点修改意见，综合评判该方案为良好。

项目 10

食品企业财务管理

项目培养规格

管理素养培育规格

强化管理者的职业意识和职业精神,培育管理者的职业自信心。

管理知识培养规格

理解食品企业财务管理的目标、内容和任务;掌握食品企业筹资的概念、渠道和方式;掌握食品企业投资管理;明确食品企业成本费用和利润管理;明确食品企业财务分析的概念和目的;掌握食品企业财务分析的内容。

管理能力培养规格

培养食品企业财务管理的能力。

思维导图

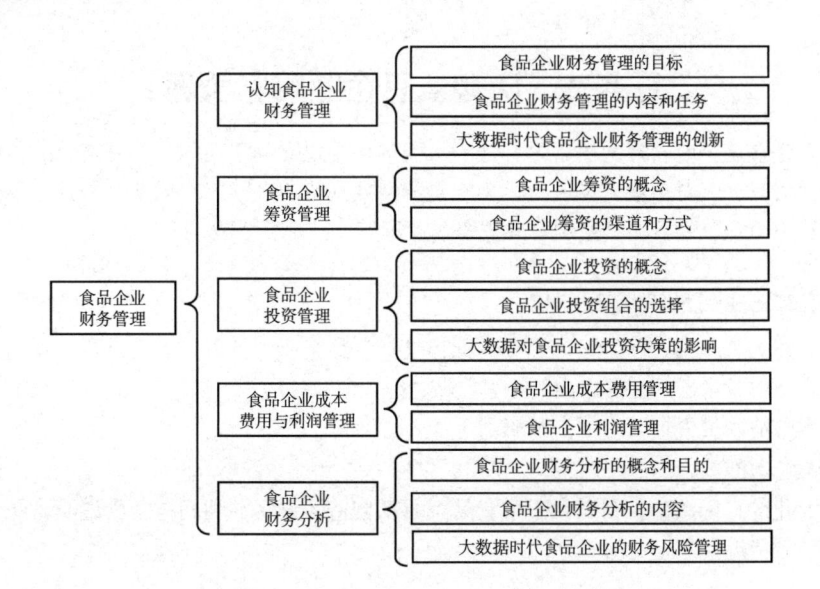

食品企业财务管理
- 认知食品企业财务管理
  - 食品企业财务管理的目标
  - 食品企业财务管理的内容和任务
  - 大数据时代食品企业财务管理的创新
- 食品企业筹资管理
  - 食品企业筹资的概念
  - 食品企业筹资的渠道和方式
- 食品企业投资管理
  - 食品企业投资的概念
  - 食品企业投资组合的选择
  - 大数据对食品企业投资决策的影响
- 食品企业成本费用与利润管理
  - 食品企业成本费用管理
  - 食品企业利润管理
- 食品企业财务分析
  - 食品企业财务分析的概念和目的
  - 食品企业财务分析的内容
  - 大数据时代食品企业的财务风险管理

> **项目导入案例**

> **生鲜配送企业怎样让财务管理更简单**
>
> 　　财务对账是生鲜配送业务的重要组成部分。传统的生鲜配送企业上下游财务对账的沟通是非常烦琐的,既要与上游供应商结算采购账目,又要与下游客户结算订单账目。每笔货款都要确定实际成交价格,保留财务凭证,反复沟通,不断核算,不能出现一丝一毫的错漏。生鲜配送企业的财务人员一天大部分的时间都浪费在检查单据上,身兼多职,身心俱疲,还常常出现错算漏算,售后问题层出不穷。
>
> 　　生鲜配送解决方案:
>
> 　　1. 核对采购的数量和价格
>
> 　　手写的采购订单总是难以辨认。采购员整天待在农批市场,每次只能通过电话或者微信沟通,经常因为和采购员核对而浪费很多时间。
>
> 　　2. 核算分拣的绩效和工资
>
> 　　在生鲜分拣环节,分拣工有临时工和正式工,而且每名分拣工的绩效难以考核,工资计算比较麻烦。经常有人问,为什么他的工资少,别人的工资多,为什么这个月没有上个月多,哪里算错了等。
>
> 　　3. 核对仓管的生鲜损耗
>
> 　　新鲜食材保质期短。除个别品种外,基本保质期只有当天或者一两天,而且每种生鲜的保质期不一样,损耗不好计算。数据每天都在变,缺失的部分会被当成损耗,但是没有办法研究原因。
>
> 　　4. 核算客户的订单和销价
>
> 　　不同客户有不同的支付方式,甚至同一种商品,不同客户购买的价格存在差异。每天不仅要核对货款和大量单据,还要搞清楚谁的款打了,打了多少,谁的账到期了,谁没付款,谁是货到付款。应收应付都要进行核算。
>
> 　　　　　　　　　　　　　　　　　　　　　　　资料来源:思调天店,2022-08-02

➲ **辩证性思考:**

从案例中能够吸取什么教训?

任务1　认知食品企业财务管理

　　财务管理是食品企业管理的核心内容之一。资本是企业财务活动的基本要素。财务管理是以资本收益最大化为目标,对企业资本进行优化配置和高效利用的一种资本运动。财务管理是指食品企业在生产过程中组织财务活动、处理财务关系而产生的一项综合性管理工作。

10.1.1　食品企业财务管理的目标

　　食品企业财务管理的目标,又称理财目标,是指食品企业进行财务活动所要达到的根本目的,决定着食品企业财务管理的基本方向。食品企业财务管理的目标是一切财务活动的出发点和落脚点,是评价企业理财活动是否合理的基本标准。

1. 利润最大化

　　利润最大化的目标认为,利润代表了食品企业新创造的财富,利润越多则说明食品企业的财富增加得越多,越接近食品企业的目标。

2．股东财富最大化

股东财富最大化是指通过财务上的合理经营，为股东创造最多的财富，实现食品企业财务管理的目标。

> **思政教育**
>
> 坚持和完善社会主义基本经济制度，毫不动摇巩固和发展公有制经济，毫不动摇鼓励、支持、引导非公有制经济发展，充分发挥市场在资源配置中的决定性作用，更好发挥政府作用。深化国资国企改革，加快国有经济布局优化和结构调整，推动国有资本和国有企业做强做优做大，提升企业核心竞争力。优化民营企业发展环境，依法保护民营企业产权和企业家权益，促进民营经济发展壮大。
>
> 资料来源：新华网，2022-10-25。

10.1.2 食品企业财务管理的内容和任务

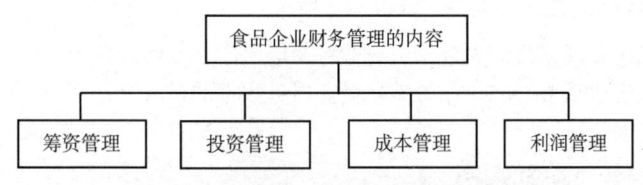

1．食品企业财务管理的内容

食品企业财务管理的内容主要包括四个方面，如图 10-1 所示。

```
        食品企业财务管理的内容
    ┌────┬────┬────┬────┐
  筹资管理 投资管理 成本管理 利润管理
```

图 10-1　食品企业财务管理的内容

（1）筹资管理。食品企业在筹资过程中，一方面，需要根据战略发展和投资计划确定各个时期的筹资规模，以保证投资所需资金；另一方面，需要通过筹资渠道、筹资方式或工具的选择确定合理的筹资结构，以达到降低筹资成本和风险、提高食品企业价值的目的。

（2）投资管理。食品企业在投资过程中通过对投资活动的管理，合理确定投资规模（为确保最佳投资效益，食品企业应投入的资金数额），同时通过投资方向和投资方式的选择确定合适的投资结构，以达到降低投资风险、提高投资效益的目的。

（3）成本管理。食品企业产品的生产过程同时也是生产的耗费过程，食品企业生产经营过程中所耗费的资金总和就是成本费用。成本管理的主要内容就是正确计算产品成本，对费用进行科学分类管理，尽可能地降低耗费，最终达到提高经济效益的目的。

（4）利润管理。食品企业的利润管理首先是根据企业一定时期内的财务状况、经营状况、预期的经济效益以及企业外部相关因素确定目标利润，进行目标利润管理；其次是对食品企业实现的经营成果在各方面之间进行合理分配，即利润分配。税后利润分配要按照规定提取盈余公积金和公益金，并确定向投资者分配利润，同时按照《公司法》等法律法规的规定进行股利分配管理。

自我测试：食品企业财务管理的内容有哪些？

2．食品企业财务管理的任务

食品企业的经营目标是生存、发展和盈利。财务管理要为实现食品企业目标服务，其具体任务可以概括以下四个方面：

（1）合理安排财务收支，使食品企业保持较强的支付能力和偿债能力。

（2）以较低的资金成本和较小的筹资风险，为食品企业发展筹集到所需要的资金。

（3）合理运用资金，选择最佳的资金投向，加速资金周转，不断提高资金的利用效果，以尽可能少的资金投入，取得尽可能大的经营成果。

（4）合理确定利润分配比例和分配形式，提高食品企业的盈利能力，提升企业的整体价值。

> **中国式管理**
>
> 财务需要跳出单一思维模式，向价值创造者转型
>
> 在新的历史背景下，企业的竞争不再是单个企业点对点的竞争，也不再是垂直产业链战略的竞争，而是趋向整个生态圈的竞争。这种竞争模式对财务转型提出了更高的要求，即财务需要跳出单一思维模式，不断往上下游整合，向全价值链、生态圈思维转型。
>
> 财务工作重心要由过去的交易、分析和风控管理者，向价值创造者转型，甚至要提前介入价值创造的前端，参与商业盈利模式的设计，通过价值创造、守护、评价，进行价值分配。
>
> 财务应根据企业战略，模拟年度经营计划、经营策略，通过全面经营预算的抓手，将资源配置到成熟业务、增量业务以及未来的种子业务中。
>
> 资料来源：中国网，2023-03-23。

10.1.3 大数据时代食品企业财务管理的创新

随着互联网的飞速发展，目前大数据正日益对全球生产、流通、分配、消费活动以及经济运行机制和社会生活方式产生重要影响。作为掌握企业财务数据的财务管理部门，在大数据背景下，需要明确财务管理如何创新。

1. 食品企业财务管理面临的调整

在大数据时代，食品企业财务管理面临的调整包括：财务数据利用率低下，缺少财务数据积累，财务数据孤岛严重，财务数据质量差，财务数据整合困难。

2. 食品企业财务管理的创新

（1）转变财务管理的思维和理念。

①食品企业经营者和财务管理人员应积极树立大数据的应用意识，将大数据理念和财务管理相结合，促进企业财务管理向精细化、智能化发展。

②充分利用大数据的优势进行信息挖掘，提升食品企业决策的科学性和及时性。

（2）创新食品企业财务管理的组织结构。食品企业可以借助大数据技术进行财务管理转型，随之，食品企业财务管理的组织结构和财务管理权限也需要进行相应的调整。

（3）加强财务管理的数字化建设。

①建立财务管理数字化制度，打造信息共享平台，打破信息孤岛。

②应用财务管理系统，将食品企业各部门的信息集中处理，降低内部协调成本，加强对财务数据的整合和分析，提高食品企业财务分析、预测以及决策支持能力。

（4）增强财务风险管控力度。包括：树立全员风险管理意识，完善财务风险管理机制，加强事前风险识别和管理。

（5）加强对财务管理的监督。食品企业应规范财务监督工作职责，事前做好调研，事中进行全面分析，事后做好报告和评价，帮助企业规避风险，为企业在大数据时代的发展提供支持。

因此，在大数据时代，食品企业应积极引入新兴技术（大数据、云计算等）来提高企业管理能力，推进数字化建设与发展。

二维码链接10-1 财务管理没有第一时间这个词

3. 食品企业财务职能的转型和创新

基于大数据发展机遇，加快推进食品企业财务职能的转型和创新尤为迫切。结合时代背景和食品企业创新发展的要求，食品企业的财务职能转型和创新应包括以下几个方面。

（1）从财务向业务发展。传统的财务工作与业务脱离，在大数据时代从传统的财务工作中释放出来的财务人员可以更多地投入业务中，以促进企业财务管理工作回归本源，推动食品企业的财务业务一体化。

（2）从财务会计向管理会计倾斜。传统的财务工作主要是经济事项的事后记录、报告和管理，大数据技术的应用有利于财务人员从事务性工作中解脱出来，更多地参与企业的管理决策，使财务会计更多地发挥管理角色的作用，更关注食品企业战略运营和绩效实现的过程管理和控制。

（3）从数据处理向价值管理转变。传统的财务工作重在花费大量的人力、时间和精力进行数据处理，在大数据技术的支持下，数据处理的时间成本大大压缩，未来的财务将更关注食品企业价值的实现和资源的消耗。

（4）从规范化向智能化转变。信息系统技术日趋成熟，食品企业将越来越多地开启数字化系统建设，同时带动财务数字化转型。一些进度发展较快的食品企业正在开始通过 RPA（机器人流程自动化）、IPA（智能流程自动化）等工具进一步提高自动化处理水平，未来的食品企业将在数字化财务的推动下同时实现智能财务的升级。

> **管理者素养**
>
> **管理者的自信从何而来？**
>
> 自信是管理者成熟的重要标志，也是管理者能力的重要表现。自信的管理者才是合格的管理者。管理者的自信从何而来？
>
> 拥有丰富的管理理论、管理知识和管理经验；拥有较强的专业能力、高效的沟通技巧、高效的执行力、团队管理能力、学习能力、发现问题能力、自我反思能力、突发事件危机处理能力；等等。
>
> 资料来源：百度文库。

任务 2　食品企业筹资管理

10.2.1　食品企业筹资的概念

筹资是指食品企业通过各种方式和法定程序，从不同的资金渠道，筹措所需资金的全过程。无论其筹资的来源和方式如何，其取得途径不外乎两种：一种是接受投资者投入的资金，即食品企业的资本金；另一种是向债权人借入的资金，即食品企业的负债。

筹资是食品企业财务活动的起点，是食品企业生存、发展的基本前提。没有资金，食品企业将难以生存，也不可能发展。所以，食品企业应科学合理地进行筹资活动。

> **思政教育**
>
> **构建高水平社会主义市场经济体制**
>
> 构建高水平社会主义市场经济体制，深入完善产权保护、市场准入、公平竞争、社会信用等市场经济基础制度，优化营商环境。健全宏观经济治理体系，发挥国家发展规划的

战略导向作用，加强财政政策和货币政策协调配合，着力扩大内需，增强消费对经济发展的基础性作用和投资对优化供给结构的关键作用。健全现代预算制度，优化税制结构，完善财政转移支付体系。

资料来源：新华网，2022-10-25。

10.2.2　食品企业筹资的渠道和方式

1. 食品企业的筹资渠道

筹资渠道是指食品企业筹集资金的来源和方向，体现了资金的源泉和流量。筹资渠道的种类如图 10-2 所示。

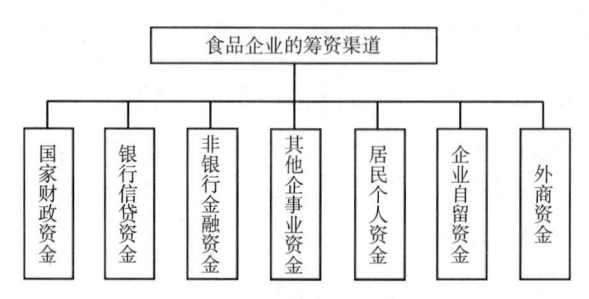

图 10-2　食品企业的筹资渠道

（1）国家财政资金。国家财政资金是国家对企业的直接投资，或者国家对企业的税前还贷、减免各种税款而形成的资金。

（2）银行信贷资金。银行信贷资金是银行对企业的各种贷款。

（3）非银行金融资金。非银行金融资金是保险公司、证券公司、信托投资公司、租赁公司等提供的各种金融服务。

（4）其他企事业资金。其他企事业资金是指企业间相互投资、商业信用形成的债权、债务资金。

（5）居民个人资金。居民个人资金形成民间资金来源渠道。

（6）企业自留资金。企业自留资金是指企业内部形成的资金，如公积金和未分配利润。

（7）外商资金。

自我测试：食品企业筹资的渠道有哪些？

2. 食品企业的筹资方式

筹资方式是指可供食品企业在筹措资金时选用的具体筹资形式，包括短期资金筹集和长期资金筹集，如表 10-1 所示。

二维码链接 10-2
会计六要素和五大科目

表 10-1　食品企业的筹资方式

筹资方式	筹资来源
短期资金筹集	民间借贷、商业信用、向金融机构借款、发行商业汇票、出售应收账款、从其他企事业单位融资、内部挖潜
长期资金筹集	发行股票、发行债券、长期贷款、租赁、项目融资、内部融资、设立财务公司

（1）短期资金筹集。短期资金常指一年以内的资金，主要用于发放工资、购买原材料等。筹资来源包括：

1）民间借贷。主要向家庭其他成员、亲戚、朋友借钱。适用于小型食品企业。

2）商业信用。食品企业间购买产品、服务能够于一定时间内延期付款（赊购）或预收货款，相当于销货方向购货方提供一笔贷款。为防止商业信用被滥用，通常于付款条件中规定促进按期付款的优惠折扣条件。

3）向金融机构借款。向商业银行或保险公司、信托投资、证券公司、信用社、基金会等其他金融机构借款。

4）发行商业汇票。商业汇票是一种无担保的短期期票。由收款人或付款人签发。由承兑人承兑且于到期日向收款人或被背书人支付款项。通常信用高的大型食品企业才能发行。国家有额度控制。

5）出售应收账款。又称为资产证券化，即将食品企业的应收账款和未来收益的权益以债券形式出售。一般这类食品企业收益必须具有长期性、稳定性，且有一定现金流量。

6）从其他企事业单位融资。以项目投资合作或合营方式吸纳资金，投资方不参与具体运营，仅获固定投资回报。

7）内部挖潜。例如，通过建立食品企业内部银行，对下属统一财务核算、结算，且调剂下属食品企业资金余缺，进行内部资金融通，提高内部资金使用效率，减少外部融资。食品企业内部银行为内部非法人机构，适用于一定规模的食品企业群体。

（2）长期资金筹集。长期资金一般指一年以上的资金，主要用于设备、固定资产投资等。筹资来源包括：

1）发行股票。通过企业或下属企业发行股票成为上市企业，直接从资本市场筹资。目前可供上市的渠道有：于国内上海、深圳证券交易所以A股、B股方式上市；于香港特别行政区、日本、美国证券交易所、店头市场直接上市；于世界新兴证券市场（如澳大利亚、新西兰、加拿大）直接上市；通过兼并、收购、换股等借壳方式实质控制上市企业而实现间接上市。鉴于上市企业受公众监管较多，透明度高，一般母公司不应上市，而将主体子公司分拆包装上市。国内发行股票有额度控制和事先审批制。

2）发行债券。通过发行企业债券或可转换债券，从资本市场筹资。国内发行债券有额度控制和事先审批制。

3）长期贷款。从金融机构取得较长期限的借款。国家主要通过产业政策导向调控贷款结构，包括：出口信贷，包括买方和卖方借贷；国内或国际银团贷款；政府贴息或优惠的政策性资金。

4）租赁。租赁分为融资租赁和实物租赁。在租用期间出租人拥有财产所有权，承租人只有使用权。租赁费用因可计入成本而享有税收优惠。为扩大资金流量，可运用杠杆租赁或出售回租办法。其中，后者是将食品企业不动产或其他长期资产出售给金融机构取得资金，然后再租回使用。

5）项目融资。食品企业设计包装项目方案，以项目吸引资金，以BOT（建设-经营-转让方式）、ABS（资产支持项目）、共同基金、科技风险投资基金参股方式获得资金支持。

6）内部融资。具体方案和渠道有：运用自有资本金；企业增资扩股吸纳新资本金；企业运营利润滚动投入；对外投资收益运用；出售劣质资产或和企业战略不符的资产；员工持股或集资；经理层收购公司（股份）。

7）设立财务公司。财务公司是独立的企业法人，一般是办理企业集团内部成员单位金融业务的非银行性金融机构，其业务范围包括集团内各成员单位的人民币存款、贷款、投资、结算、担保、代理及贴现业务，兼营集团内信托、融资租赁业务，接受主管部门委托，对集团公司或成员单位信托贷款、投资业务，以及临时性资金困难时的同业拆借和证券业务。国家对设立财务公司有较严格的管理制度，要求食品企业集团自有资产在10亿元之上，财务公司实收货币资本应不低于5000万元等条件，目前由中央银行审批。一般食品企业集团较难获得设立财务公司的资格。

筹资渠道解决的是资金来源问题，筹资方式则解决通过何种方式取得资金的问题，它们之间存在一定的对应关系。一定的筹资方式可能只适用于某一特定的筹资渠道，但是同一渠道的资金往往可采用不同的方式取得，同一筹资方式又往往适用于不同的筹资渠道。因此，食品企业在筹资时，应实现两者的合理配合。

> **管理者素养**
>
> **坚定文化自信，增强做中国人的自信心和自豪感**
>
> 文化自信，是更基础、更广泛、更深厚的自信。中国特色社会主义文化，源于中华民族5000多年文明历史所孕育的中华优秀传统文化。习近平总书记在党的二十大报告中强调，"全面建设社会主义现代化国家，必须坚持中国特色社会主义文化发展道路，增强文化自信"。
>
> 资料来源：央广网，2022-11-23。

任务3　食品企业投资管理

10.3.1　食品企业投资的概念

食品企业投资是指企业为了在未来可预见的时期内获得收益或使资金增值，在一定时期内向一定领域投放足够数额的资金或货币等价物的经济行为。

投资按不同的分类标志可分为不同的类型。

（1）按照投资内容，可分为固定资产投资、无形资产投资、流动资产投资、房地产投资、有价证券投资、期货期权投资、信托投资、其他资产投资等。

（2）按照企业对投资行为的介入程度，可以分为直接投资和间接投资。直接投资是指由企业直接介入的投资，即将货币直接投入投资项目的一种投资；间接投资即为证券投资。

（3）按照投资方向，可分为内部投资和外部投资。内部投资是把资金投向企业内部，购置生产经营所需的各项资产；外部投资是企业以现金、实物、无形资产等方式投放于其他企业或购买有价证券。

（4）按照投资期限的长短，可分为长期投资和短期投资。长期投资是指在一年以上的时间才能收回的投资。内部长期投资主要包括固定资产投资、无形资产投资；外部长期资产投资主要包括对外直接长期投资和长期有价证券投资。短期投资是指在一年内能收回的投资。

汇总后，如表10-2所示。

表10-2　食品企业投资的类型

分类标志	投资类型
按照投资内容	固定资产投资、无形资产投资、流动资产投资、房地产投资、有价证券投资、期货期权投资、信托投资、其他资产投资
按照企业对投资行为的介入程度	直接投资和间接投资
按照投资方向	内部投资和外部投资
按照投资期限的长短	长期投资和短期投资

> **思政教育**
>
> **深化金融体制改革**
>
> 深化金融体制改革，建设现代中央银行制度，加强和完善现代金融监管，强化金融稳定保障体系，依法将各类金融活动全部纳入监管，守住不发生系统性风险底线。健全资本市场功能，提高直接融资比重。加强反垄断和反不正当竞争，破除地方保护和行政性垄断，

依法规范和引导资本健康发展。

资料来源：新华网，2022-10-25。

10.3.2 食品企业投资组合的选择

1. 投资组合的影响因素

投资组合是指食品企业在进行投资时，同时进行多种证券的投资，从而分散风险。影响企业投资组合的因素随时都在不断变化中，主要包括：

（1）风险与成本。由于流动资产的变现能力强，食品企业持有这部分资产可以降低偿债风险，但是持有得太多，也会导致资金的闲置，从而减少投资收益。

（2）企业所处的行业。不同行业的企业对于流动资产中存货、应收账款等所占比例不同，食品企业应根据自身情况最终决定投资组合。

（3）经营规模。食品企业不同的经营规模对于投资组合也有不同的要求，一般大企业的流动资产占总资产的比例较小。

（4）利息率状况。市场利息率的不同也会影响食品企业的投资组合。当利息率较高时，企业会减少流动资产的占有比例，反之则增加。

2. 投资组合策略

食品企业为了降低投资风险、增加投资收益，往往会采取相应的策略。

（1）保守型策略。这种策略是指食品企业应尽量将各种投资方式包含进来，从而分散非系统风险。采用这种策略时投资报酬率一般较低，比较适合不愿意冒风险的投资者。

（2）适中型策略。这种策略是指由于股票的价格取决于企业的经营业绩，因此，这种策略比较常见，但它需要一定的专业知识。这种策略的风险不太大，投资报酬率较高，金融机构、投资基金一般都是采用这种策略。

（3）冒险型策略。这种策略是指只要选对投资组合，就可以获得远远高出平均水平的收益。这种策略的风险比较大，但投资报酬率也高，比较适合愿意冒风险的投资者。

汇总后，如表10-3所示。

表10-3 食品企业投资组合策略

类型	特点	适用范围
保守型策略	投资报酬率一般较低	比较适合不愿意冒风险的投资者
适中型策略	风险不太大，投资报酬率较高	比较适合金融机构、投资基金
冒险型策略	风险比较大，但投资报酬率也高	比较适合愿意冒风险的投资者

自我测试：食品企业的投资组合策略有哪些？

3. 不同的资产组合对企业报酬和风险的影响

食品企业的资产可分为短期资产和长期资产。其中，短期资产包括现金、应收账款、存货等；长期资产包括固定资产、无形资产、其他资产等。企业的资产组合是指在企业资产总额中短期资产和长期资产各自占有的不同比例。

食品企业的资产组合不同，对企业报酬和风险的影响也不同。例如，较多地投资于短期资产可降低企业的财务风险。短期资产可以迅速转化为现金，可以在食品企业经营不佳时及时偿还债务。但是，如果短期资产过多，也会造成现金的闲置，从而减少企业盈利。

二维码链接10-3
有效益才是资产

总之，在资产总额和筹资组合都保持不变的情况下，短期资产的增加可降低食品企业的风险,也会减少食品企业的收益;相反,如果短期资产减少则会增加食品企业的风险,但也会给食品企业带来更多的报酬。风险和报酬两者间的权衡对于现今的食品企业而言越来越重要了。

10.3.3 大数据对食品企业投资决策的影响

1. 大数据能够优化投资决策模式

在投资决策环节,大数据能够优化投资决策模式。在投资前,大数据技术能够基于统计和分析,有效建立解决传统投资决策问题的决策模型。在投资中和投资后,应用大数据可以对项目投资所产生的数据与该项目的投资前预期进行实时比较,实现投资结果的及时验证和反馈,并有助于及时修正失误和减少损失。

2. 大数据改善了投资决策的效率

大数据打破了传统食品企业信息系统下的信息孤岛,实现了跨部门的数据整合和互通,消除了部门间的边界,使决策者能够高效获取全面信息,为更加有效的投资决策提供了保障。

大数据使食品企业管理者以更高的效率、更低的成本获取更完整而有价值的信息,使食品企业能够在变化的商业环境中做出更快速、有效的决策,降低了食品企业因为信息不对称、决策缓慢而带来的财务风险。

管理者素养

自信心是对过去获得很多成功经验的结晶

自信心是一种反映个体对自己是否有能力完成某项活动的信任程度的心理特性,是一种积极、有效地表达自我价值、自我尊重、自我理解的意识特征和心理状态,也称为信心。自信心的个体差异不同程度地影响着学习、竞赛、就业、成就等多方面的个体心理和行为。

产生自信心,是指不断地超越自己,产生一种来源于内心深处的最强大力量的过程。这种强大的力量一旦产生,就会产生一种很明显的毫无畏惧的感觉、一种"战无不胜"的感觉。在拥有自信心之后,原本不能轻易解决的问题也能在不经意间迎刃而解。

资料来源:搜狐网,2018-08-27。

任务4 食品企业成本费用与利润管理

10.4.1 食品企业成本费用管理

1. 食品企业成本费用管理的意义

成本费用管理(简称成本管理),是对食品企业生产经营过程中各项费用的发生和产品成本的形成所进行的预测、计划、控制、核算和分析评价等管理工作,以节约费用、降低成本。加强成本管理具有重要意义。

(1)加强成本管理、降低生产经营耗费是发展生产的重要条件;

(2)加强成本管理,有利于促进企业改善生产经营管理,提高经济效益;

(3)加强成本管理,能为社会主义国家积累资金奠定坚实的基础。

> **思政教育**
>
> 必须坚持问题导向
>
> 问题是时代的声音，回答并指导解决问题是理论的根本任务。今天我们所面临问题的复杂程度、解决问题的艰巨程度明显加大，给理论创新提出了全新要求。我们要增强问题意识，聚焦实践遇到的新问题、改革发展稳定存在的深层次问题、人民群众急难愁盼问题、国际变局中的重大问题、党的建设面临的突出问题，不断提出真正解决问题的新理念新思路新办法。
>
> 资料来源：新华网，2022-10-25。

2. 食品企业成本费用的开支范围和分类

（1）成本费用的开支范围。成本费用的实质决定成本费用理论上的内容。成本费用实践上的内容，称为成本费用的开支范围，它的确定要以理论内容为基础，并考虑贯彻经济核算制、提高经济效益的要求。

1）产品生产经营成本。工业企业的生产成本是指工业产品的制造成本，包括直接材料、直接工资、其他直接支出、制造费用。商品流通企业的经营成本是指在商品购销过程中采购商品的进价成本。依据企业采购商品的不同，分为国内购进商品进价成本和国外购进商品进价成本。

2）期间费用。期间费用是指食品企业在生产经营过程中发生的，与产品生产活动没有直接联系，属于某一时期耗用的费用。期间费用不计入产品生产经营成本，而直接冲减当期销售收入。食品企业的期间费用包括管理费用、财务费用、销售费用。

（2）生产经营费用的分类。食品企业生产经营费用按不同的标准有不同的分类。

1）按照费用的经济内容，生产经营费用可分为若干要素，称为生产经营费用要素，一般包括外购材料、外购燃料、外购动力、工资、提取的职工福利费、折旧费、利息支出、税金、其他支出。

2）按照费用的经济用途，生产经营费用可分为若干项目，称为产品成本项目和期间费用项目。

3）按照费用计入产品成本的方法，生产经营费用可分为直接费用和间接费用。

4）按照费用与产品产量之间的关系，生产经营费用可分为变动费用和固定费用。

5）按照费用能否被某一责任单位所控制，生产经营费用可分为可控费用和不可控费用。

汇总后，如表10-4所示。

表 10-4　食品企业生产经营费用的分类

分类标志	类　　型
按照费用的经济内容	外购材料、外购燃料、外购动力、工资、提取的职工福利费、折旧费、利息支出、税金、其他支出
按照费用的经济用途	产品成本项目和期间费用项目
按照费用计入产品成本的方法	直接费用和间接费用
按照费用与产品产量之间的关系	变动费用和固定费用
按照费用能否被某一责任单位所控制	可控费用和不可控费用

按照不同的标志对生产经营费用进行分类，使它们各自具有不同的作用。但总的来说是为了正确地计算产品成本，有效地控制费用支出，分析成本升降的原因，寻求降低成本的途径。

> **中国式管理**
>
> **不要认为成本节约是财务部的事**
>
> 某企业采购部发现有些物料的最小采购批量设置不合理,例如,半个月的最小采购量是10个,但如果采购100个,价格就会下降一半;后来经过评估比较采购100个带来的额外成本及库存风险,发现还是价格下降一半更划算。于是,企业就把最小采购量改为100个,为原材料成本节约做出了直接贡献。这个案例说明,成本不掌握在老板手里,也不掌握在财务手里,成本掌握在花钱人的手里。
>
> 资料来源:搜狐网,2023-06-08。

3. 成本预测

成本预测是根据成本特性及有关数据和情况,结合发展的前景和趋势,采用科学的方法,对一定时期、一定产品或某个项目、方案的成本水平、成本目标所进行的预计和测算。

(1)成本预测的内容。

1)新建和扩建企业的成本预测;

2)确定技术措施方案的成本预测;

3)新产品的成本预测;

4)原有产品条件变化后的成本预测等。

(2)成本预测的步骤,如图10-3所示。

二维码链接10-4
企业12种最可怕的隐形成本

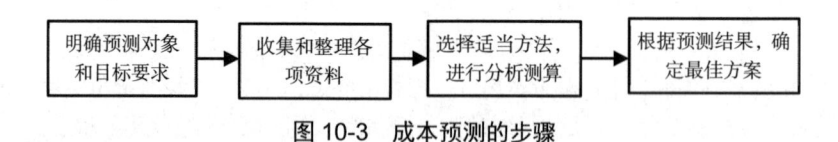

明确预测对象和目标要求 → 收集和整理各项资料 → 选择适当方法,进行分析测算 → 根据预测结果,确定最佳方案

图10-3 成本预测的步骤

10.4.2 食品企业利润管理

利润管理与成本管理有着密切的联系,它建立在成本管理之上,食品企业只有不断提高成本管理水平和效益才能实现利润管理的目标。

1. 食品企业利润预测与规划

利润预测是对食品企业未来某一时期可实现的利润的预计和测算。它是按影响食品企业利润变动的各种因素,预测食品企业将来所能达到的利润水平,或按实现目标利润的要求,预测需要达到的销售量或销售额。

目标利润是指食品企业计划期内要求达到的利润水平。它既是食品企业生产经营的一项重要目标,又是确定食品企业计划期销售收入和目标成本的主要依据。正确的目标利润预测,可促使食品企业为实现目标利润而有效地进行生产经营活动,并根据目标利润对食品企业经营效果进行考核。

食品企业的利润包括营业利润、投资净收益、营业外收支净额三部分,所以利润的预测也包括营业利润的预测、投资净收益的预测和营业外收支净额的预测。在利润总额中,通常营业利润占的比重最大,是利润预测的重点,其余两部分可以较为简便的方法进行预测。

2. 食品企业利润分配

利润分配,是将食品企业实现的净利润,按照国家财务制度规定的分配形式和分配顺序,在食品企业和投资者之间进行的分配。利润分配的过程与结果是关系到所有者的合法权益能否得到保护,食品企业能否长期、稳定发展的重要问题。因此,食品企业必须加强利润分配的管理和核算。食品企业利润分配的主体是投资者和企业，利润分配的对象是企业实现的净利润；利润分配的时间即确认利润分配的时间，是利润分配义务发生的时间和企业做出决定向内向外分配利润的时间。

3. 制定合理的股利分配政策

股利分配是指食品企业向股东分派股利，是食品企业利润分配的一部分，包括股利支付程序中各日期的确定、股利支付比率的确定、支付现金股利所需资金的筹集方式的确定等。

股利分配政策是指股份制企业确定股利以及与之有关的事项所采取的方针和策略，其核心是正确处理企业与投资者之间、当前利益与长远利益之间的关系，从实际情况出发，确定股利支付比率。一般来说，股份制企业股利分配政策有：

（1）剩余股利政策。将企业的税后可分配利润首先用作内部融资，在满足投资需要后，剩余部分用于向股东分配股利。

（2）稳定的股利政策。支付给股东的股利总是维持在一定水平上，不随盈利的变化而变化。

（3）变动的股利政策。企业支付给股东的股利随盈利的变动而变动。

（4）正常股利加额外股利的股利政策。企业一般每年按固定数额向股东支付正常股利，遇到盈利有较大幅度增长时，再加付一部分额外股利。

食品企业在制定股利分配政策时，要遵循一定的原则，并充分考虑影响股利分配政策的相关因素与市场反应，使食品企业的收益分配规范。股利分配政策不仅影响股东的利益，而且影响企业在资本市场上的形象、声誉及股票的价格，影响企业的长短期利益，因此制定合理的股利分配政策是十分重要的。

4. 食品企业股利支付的形式

根据《股份有限公司规范意见》的规定，我国股份制食品企业的股利发放主要有现金股利和股票股利两种形式。无论采用什么形式分派股利，企业董事会均应确定一些必要的日期界限，主要是股利发放宣告日、股权登记日、除息日、股利发放日。

（1）现金股利形式。现金股利是以现金方式向股东派发的股利，也是最常见的一种股利派发方式。投资者之所以投资于股票，主要是希望得到较一般投资者多的现金股利。发放现金股利，必须具备三个条件：有足够的留存收益；有足够的现金；有董事会的决定。

（2）股票股利形式。股票股利是食品企业将应分配的给股东的股利以股票的形式发放。股票股利对食品企业来说，并没有现金流出，也不会导致食品企业的财产减少，而只是将食品企业的留存收益转化为股本。但股票股利会增加流通在外的股票数量（股数），同时降低股票的每股价值。它不会改变股东权益总额，但会改变股东权益的构成结构。从表面上看，分配股票股利除了增加所持股数外好像并没有给股东带来直接收益，事实上并非如此。因为市场和投资者普遍认为，食品企业如果发放股票股利往往预示着企业会有较大的发展和成长，这样的信息传递不仅会稳定股票价格甚至可能使股票价格上升。另外，如果股东把股票股利出售，变成现金收入，还会带来资本利得在纳税上的好处。因为相对于股利收入的纳税来说，投资者对资本利得收入的纳税时间选择更具有弹性，这样，即使股利收入和资本利得收入没有税率上的差别，仅就纳税时间而言，由于投资者可以自由向后推资本利得收入纳税的时间，因此它们之间也会存在延迟纳税带来的收益差异。所以股票股利对股东来说并非像表面上看到的那样毫无意义。

自我测试：食品企业股利支付的形式有哪些？

5. 食品企业的经济效益

食品企业的经济效益从其内涵与提高途径角度看，可分为潜在经济效益、资源配置经济效益、规模经济效益、技术进步经济效益和管理经济效益。对食品企业来说，经济效益是企业一切经济活动的根本出发点。提高经济效益，有利于增强企业的市场竞争力。企业要发展，必须降低劳动消耗，以最小的投入获得最大的效益。只有这样，才能在市场竞争中不被淘汰，获得发展。

采用现代管理方法、提高经营管理水平是提高食品企业经济效益的主要方法，科学的管理也是现代企业制度的重要内容。食品企业经营中涉及产品结构调整、市场开发、人力资源配置、产品质量等一系列环节，在经济管理中能不能分清经营中的"大石块"并首先处理好，是一个食品企业管理科学与否的问题。只有这样，才能提高食品企业的经济效益。提高经济效益的另一条途径是管理和科技，二者本身就是不可分割、相互依赖、相互促进的。因为管理本身就是一种科学，提高管理水平也需要先进的科学技术和手段，而管理水平的提高也有利于先进技术的有效使用。所以，如果说提高经济效益是食品企业一切经济活动的根本出发点，是食品企业生产的最大目的，那么依靠管理和科技则是达到这一目的的两种方法和途径，它们是一致的，只是两个不同侧面而已。

> **管理者素养**
>
> 管理者的自信来源于组织赋能
>
> 　　管理者的自信与个人的自信有不同之处。"管理自信"这件事是组织赋予的，它不是一个自我赋能的结果。管理能力并非一种天授之才，而是和管理实践联系在一起的，是一种后天培养和习得的本领。绝大多数管理者的成长成熟都伴随着无数错误的发生，因此当管理者犯错时，组织的态度和做法就对管理者有着至关重要的影响了。若管理者身处的组织是个容错能力较高的企业，它鼓励管理者去管，并愿意为他成长过程中所犯的错误买单，那么可想而知这个时候管理者是有底气去管的，而这个"底气"就是我们所说的信心，它是由组织赋予的。
>
> 资料来源：经管之家，2016-10-09。

任务 5　食品企业财务分析

10.5.1　食品企业财务分析的概念和目的

1. 食品企业财务分析的概念

财务分析是以会计核算和报表资料及其他相关资料为依据，采用一系列专门的分析技术和方法，对食品企业过去和现在有关筹资活动、投资活动、经营活动的偿债能力、盈利能力和营运能力状况进行分析与评价，为食品企业的投资者、债权人、经营者及其他关心食品企业的组织或个人了解食品企业过去、评价食品企业现状、预测食品企业未来，做出正确决策提供准确的信息或依据。

> **思政教育**
>
> 着力解决好人民群众急难愁盼问题
>
> 　　我们要实现好、维护好、发展好最广大人民根本利益，紧紧抓住人民最关心最直接最现实的利益问题，坚持尽力而为、量力而行，深入群众、深入基层，采取更多惠民生、暖民心举措，着力解决好人民群众急难愁盼问题，健全基本公共服务体系，提高公共服务水平，增强均衡性和可及性，扎实推进共同富裕。
>
> 资料来源：新华网，2022-10-25。

2．食品企业财务分析的目的

（1）了解企业生产经营的规律。财务分析是要通过对有关资料的分析，了解资金运动的规律，为食品企业的生产经营和财务管理服务。

（2）展示食品企业生产经营管理的现状。通过对财务分析中各种指标数值的横向和纵向比较，可以揭示食品企业经营的现状和存在的问题，分析问题存在的原因，寻找解决问题的途径和方法，以改善经营管理，提高经济效益，为食品企业生产经营决策和管理服务。

（3）区分企业的优势和劣势。食品企业的偿债能力、盈利能力和营运能力等各项指标数值，能够反映食品企业生产经营的优势和劣势。通过食品企业财务分析，可以掌握经济活动的内在联系，找到生产经营活动中的成绩和不足，帮助食品企业提高其经济效益，从而提高其市场竞争力。

10.5.2 食品企业财务分析的内容

1．偿债能力分析

（1）短期偿债能力分析。

1）流动比率。流动比率，表示每一元流动负债有多少流动资产作为偿还的保证。它反映食品企业流动资产对流动负债的保障程度。具体公式为：

$$流动比率=流动资产÷流动负债×100\%$$

一般情况下，该指标越大，表明食品企业短期偿债能力越强，流动负债得到偿还的保障越大，企业财务风险越小；反之风险越大。通常，该指标在200%左右较好。过高的流动比率可能使食品企业滞留在流动资产上的资金过多，未能加以有效利用，从而影响食品企业的盈利能力；而过低的流动比率可能影响食品企业的偿债能力。

2）速动比率。速动比率表示每一元流动负债有多少速动资产作为偿还的保证，进一步反映流动负债的保障程度。具体公式为：

$$速动比率=速动资产÷流动负债×100\%$$

$$速动资产=流动资产-存货-预付账款-待摊费用$$

速动比率可用作流动比率的辅助指标。有时食品企业流动比率虽然较高，但流动资产中易于变现、可用于立即支付的资产很少，则食品企业的短期偿债能力仍然较差。因此，速动比率能更准确地反映食品企业的短期偿债能力。通常该指标在100%左右较好。如果速动比率过低，说明食品企业的偿债能力存在问题；如果速动比率过高，则又说明食品企业因拥有过多的货币性资产，可能失去一些有利的投资和获利机会。

3）现金比率。现金比率，表示每一元流动负债有多少现金及现金等价物作为偿还的保证，反映食品企业可用现金及变现方式清偿流动负债的能力。具体公式为：

$$现金比率=现金类资产÷流动负债×100\%$$

现金比率虽然能反映食品企业的直接支付能力，但在一般情况下，食品企业不可能、也没必要保留过多的现金类资产。如果这一比率过高，就意味着食品企业所筹集的流动负债未能得到合理运用，而经常以盈利能力低的现金类资产保持着。

（2）长期偿债能力分析。

1）资产负债率。资产负债率是食品企业负债总额对资产总额的比率。它表明食品企业资产总额中债权人提供资金所占的比重，以及食品企业资产对债权人权益的保障程度。这一比率越小，表明食品企业的长期偿债能力越强。具体公式为：

$$资产负债率=负债总额÷资产总额×100\%$$

资产负债率也表示食品企业对债权人资金的利用程度。如果这一比率较小，对食品企业所有者来说，利用较少的自有资本投资，形成较多的生产经营用资产，不仅扩大了生产经营规模，而且在经营状况良好的情况下，还可以利用财务杠杆的原理，得到较多的投资利润。但如果这一比率过大，则表明食品企业的债务负担重，食品企业的资金实力不强。遇有风吹草动，食品企业的偿债能力就缺乏保证，对债权人不利。如果资产负债率过高，则表示债权人的权益有风险。一旦资产负债率超过1，就说明食品企业资不抵债，有濒临倒闭的危险，债权人将受损失。

2）股东权益比率。股东权益比率是股东权益总额同资产总额的比率。该比率反映食品企业资产中有多少是股东投入的。具体公式为：

$$股东权益比率=股东权益总额÷资产总额×100\%$$

股东权益比率越大，资产负债率就越小，企业的财务风险也就越少。

自我测试：财务分析的内容包括哪些？

2. 盈利能力分析

（1）销售利润率。销售利润率是食品企业的利润总额与销售收入净额的比率。它反映食品企业销售收入中职工为社会劳动新创价值所占的份额。具体公式为：

$$销售利润率=利润总额÷销售收入净额×100\%$$

该比率越高，表明食品企业为社会新创价值越多，贡献越大，也反映食品企业在增产的同时，为食品企业多创造了利润，实现了增产增收。

（2）成本费用利润率。成本费用利润率是指食品企业利润总额与成本费用总额的比率。它是反映食品企业生产经营过程中发生的耗费与获得的收益之间关系的指标。具体公式为：

$$成本费用利润率=利润总额÷成本费用总额×100\%$$

该比率越高，表明食品企业耗费所取得的收益越高。这是一个能直接反映增收节支、增产节约效益的指标。食品企业生产销售的增加和费用开支的节约，都能使这一比率提高。

（3）总资产利润率。总资产利润率是食品企业利润总额与资产平均总额的比率，即过去所说的资金利润率。它是反映食品企业资产综合利用效果的指标，也是衡量食品企业利用债权人和所有者权益总额所取得盈利的重要指标。具体公式为：

$$总资产利润率=利润总额÷资产平均总额×100\%$$

资产平均总额是年初资产总额与年末资产总额的平均数。该比率越高，表明资产利用的效益越好，食品企业获利能力越强，经营管理水平越高。

（4）资本金利润率。资本金利润率是食品企业的利润总额与资本金总额的比率。它是反映投资者投入食品企业资本金的获利能力的指标。具体公式为：

$$资本金利润率=利润总额÷资本金总额×100\%$$

该比率越高，表明食品企业资本金的利用效果越好，反之，则说明资本金的利用效果不佳。

（5）每股盈余。每股盈余也称每股收益，主要是针对普通股股东而言的。每股盈余是指食品企业发行在外的普通股每股所取得的利润。它可以反映食品企业盈利能力的大小。具体公式为：

普通股每股利润=（净利润−优先股股利）÷普通股发行在外股数

（6）市盈率。市盈率又称价格盈余率或价格与收益比率，是指普通股每股市价与每股利润的比率。具体公式为：

市盈率=普通股每股市场价格÷普通股每股利润

市盈率是反映食品企业盈利情况的一个重要财务比率，无论是食品企业管理当局，还是投资者对该比率都十分关心。

> **中国式管理**
>
> **如何确认收入**
>
> 假如企业和客户签订了一份服务合同，合同整体金额为24万元，服务期为一年，合同签订后首付款为合同总额的20%。企业收款的同时给客户开具了相应的发票。那么，收入怎样确认？收入应该是将合同总金额在合同期限内平均分摊，也就是每月确认2万元，收到的首付款随着收入的确认进行结转，这样的收入确认才是合理的，也避免了各月收入的波动。
>
> 资料来源：大众理财顾问，2022-08-11。

3. 营运能力分析

（1）存货周转率。存货周转率是指食品企业在一定时期内存货占用资金可周转的次数，或存货每周转一次所需要的天数。因此，存货周转率指标有存货周转次数和存货周转天数两种形式。具体公式为：

存货周转次数=销售成本÷平均存货

其中： 平均存货=（期初存货+期末存货）÷2

存货周转天数=计算期天数÷存货周转次数

在一定时期内存货周转次数越多，表明存货管理水平越高，食品企业生产销售能力越强；反之则相反。但该比率过高或过低都说明食品企业在存货管理上或多或少都存在问题。

（2）应收账款周转率。应收账款周转率是反映应收账款周转速度的指标。应收账款周转率有应收账款周转次数和应收账款周转天数两种形式。具体公式为：

应收账款周转次数=赊销收入净额÷应收账款平均余额

赊销收入净额=销售收入−现销收入−销售退回−销售折让

应收账款平均余额=（期初应收账款+期末应收账款）÷2

应收账款周转天数=计算期天数÷应收账款周转次数

在一定时期内应收账款周转次数越多，表明应收账款回收速度越快，食品企业管理工作的效率越高。这不仅有利于食品企业及时收回货款，减少或避免发生坏账损失的可能性，而且有利于提高食品企业资产的流动性，提高食品企业短期债务的偿还能力。

食品企业财务分析的内容汇总如图10-4所示。

二维码链接10-5 利用财务分析还原企业真实利润

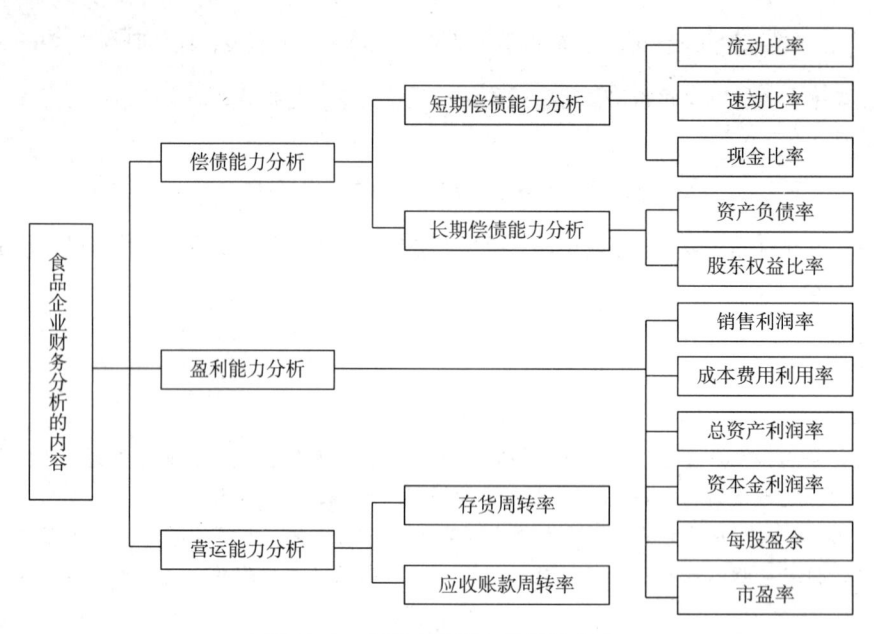

```
                                                        ┌─ 流动比率
                            ┌─ 短期偿债能力分析 ─┼─ 速动比率
              ┌─ 偿债能力分析 ─┤                    └─ 现金比率
              │             │                    ┌─ 资产负债率
              │             └─ 长期偿债能力分析 ─┴─ 股东权益比率
              │                                  ┌─ 销售利润率
食品企业财务   │                                  ├─ 成本费用利用率
分析的内容 ───┼─ 盈利能力分析 ─────────────────┼─ 总资产利润率
              │                                  ├─ 资本金利润率
              │                                  ├─ 每股盈余
              │                                  └─ 市盈率
              │                  ┌─ 存货周转率
              └─ 营运能力分析 ──┴─ 应收账款周转率
```

图 10-4　食品企业财务分析的内容

10.5.3　大数据时代食品企业的财务风险管理

1. 大数据时代食品企业财务风险管理领域的变革

大数据与财务数据系统的对接，从财务风险管理的全流程提升了食品企业财务风险管理的效率和质量。在投资决策层面，大数据为食品企业在项目投资的事前、事中、事后都提供了有价值的决策支持，以降低投资决策的相关财务风险。

（1）大数据提升了风险识别环节的效率和准确性。从风险管理的流程来看，大数据提升了风险识别环节的效率和准确性。风险识别是实施风险管理的前提。一个完整的财务风险管理体系建立在对风险的构成因素、形成原因等多个维度的风险识别基础上。基于大数据的风险识别避免了人为操作的主观性，更加准确、全面、高效。

（2）大数据完善了财务风险的评估体系。基于大数据，食品企业能够建立多层次、多维度的财务风险评估体系，通过与行业先进水平的对比，利用指标间的内在逻辑关系，构建对潜在风险的识别体系，对财务风险进行分析和评估。

（3）大数据强化了风险预警工作的实时性和规范性。大数据通过对食品企业内部大量信息和数据的共享获取，对财务风险管理相关数据进行挖掘和深度应用，实现全风险发掘和预警的迅速反馈，从而提升风险预警的时效性。

2. 大数据在财务风险管理中的作用

面临当前大数据在财务风险管理应用领域的技术难度、食品企业风险管理意识相对不足等问题，食品企业应当从如下方面着手发挥大数据在财务风险管理中的作用。

（1）把握数字化转型发展趋势，加强对于大数据的重视程度，将大数据应用意识与财务管理工作相融合。大数据是数字化转型中的关键技术领域，根据金蝶发布的《智能财务白皮书》，大数据分析是36%的食品企业管理者对信息系统的改进方向。

（2）充分利用大数据的优势，对财务管理模式进行创新，建立标准化、集中化的财务管理制度。例如，通过引入智能工具将大数据技术应用于财务管理决策过程中，利用大数据为财务管理提供指导，从而提高财务信息处理的效率。

（3）提高财务人员对于大数据的认知程度。财务人员在进行风险管理、财务分析时涉及从大量的数据资源中筛选与分析对象相关的数据和信息，需要具备较强的数据收集整合、数据分析、数据挖掘建模等能力。通过提升利用大数据的认知和能力，财务人员能够大大提升财务风险管理和支持管理决策能力。

（4）基于大数据的技术应用对财务风险管理模式进行重构。基于大数据自动收集、整理、分析数据的特性，食品企业便于建立更高效、更全面的风险识别和评估体系，将传统财务风险管理发展为更全面、多层次、多维度的管理模式。

（5）做好数据的安全性管理。大数据在为食品企业财务风险管理创造价值的同时，也带来了在数据所有权、使用权和修改权方面的风险。因此食品企业在大数据技术应用过程中，从数据管理权限、人员涉密级别、数据备份机制、访问安全等方面加强控制力度，保证数据资源的安全性。

管理者素养

积极的心态能够提高自信心

积极的心态是提高自信心的重要因素。拥有积极的心态能够让人看到生活中美好的一面，从而增强自信心。要保持积极的心态，需要学会放下过去的不快，接纳自己的不足，以及寻找解决问题的方法。拥有积极的心态，不仅能够提高自信心，还能够帮助人们更好地面对生活中的挑战。

资料来源：希律心理，2023-05-02。

项目案例分析

预算分析案例点评：少花钱就一定是节约吗？

预算主管小王正在汇报企业前三季度各部门预算执行情况："消费品事业部 1—9 月的资金实际支出 30 万元，预算金额 100 万元，节约 70 万元，表明该事业部在前三季度的资金支出控制情况良好，降本增效的成效较为显著……"老板打断小王的汇报："消费品事业部预算资金 100 万元，为什么实际仅花了 30 万元？"

经过分析，原来消费品事业部人员流动性比较快，年部门销售目标定得太高，超过了这个部门人员的能力范围。很多销售人员干了三个月后，因为业绩不达标，拿不到提成，挣得太少基本都离职了。试用期工资很低，而且这个部门提成工资很少，所以工资支出少。因此，消费品事业部前三季度资金支出比原定预算少了 70 万元，是因为他们的工作没有做好，业务开展不顺利，部门需要配备的人员没有到位，需要培养的销售人员没有做到，这是部门负责人王经理工作不为的表现，并不是预算主管小王说的那样，节约了 70 万元就是降本增效的成果。小王的预算分析结论是不合格的。

财务数据分析不能仅仅从数据本身出发，想当然地认为少花钱就是好事，就是节约成本，就是降本增效，这样的分析思路是极端狭隘的、极端片面的，也是极端错误的。少花钱不一定是好事，有可能是业务开展得比较缓慢，工作完成得比较糟糕，该花的钱没花出去，最后会延误交付的工期，浪费企业及客户的时间，反而会给企业造成更大的损失。

因此，财务分析，分析的不仅仅是数据，而是数据背后的事实。数据的背后是经营，是管理，是态度，是成败。读懂数据背后的故事，才是真正进行数据分析。

资料来源：微信公众号"小侬同学"。

➲ **辩证性思考：**

结合以上案例，谈谈财务分析的重要性。

项目检测

管理知识目标检测

1．食品企业财务管理的目标和内容是什么？
2．食品企业筹资的渠道和方式有哪些？
3．简述食品企业投资的概念和类型。
4．简述食品企业成本费用的开支范围和分类。
5．食品企业财务分析的内容有哪些？

管理能力目标检测

实践项目 10 制订××食品企业财务管理方案

项目实践目的： 运用食品企业财务管理的理论和方法，通过对××食品企业财务管理现状的分析，培养学生运用食品企业财务管理理论和方法对食品企业财务管理现状进行分析和解决财务管理问题的能力。同时培养学生团队合作精神、语言表达能力、应变能力、应用写作能力，以及学生管理者素养的培育。

项目检测考核： 通过对食品企业财务管理现状的分析，每个团队撰写食品企业财务管理方案，在"××食品企业财务管理方案研讨会"上进行宣讲、讨论、答辩，指导教师进行评价。由各团队队长和指导教师负责评判打分，考核成绩分为优秀、良好、及格。

飞翔队由 3 号队员负责本实践项目的讨论、汇总、撰写方案、宣讲和答辩。经过讨论、答辩，指导教师提出四点修改意见，综合评判该方案为良好。

项目11

食品企业信息化管理

项目培养规格

管理素养培育规格
强化管理者的沟通意识，培养管理者的沟通能力。

管理知识培养规格
明确食品企业信息化管理的概念；熟悉食品企业信息化管理的层面；掌握食品企业管理信息系统的概念和结构；掌握食品企业信息化管理的程序和方法；了解食品企业信息化的发展趋势。

管理能力培养规格
具备运用信息化管理的基本能力。

思维导图

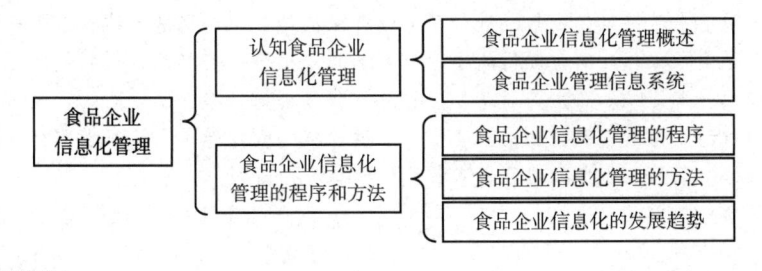

```
                    ┌── 认知食品企业 ──┬── 食品企业信息化管理概述
                    │    信息化管理     └── 食品企业管理信息系统
食品企业 ──────────┤
信息化管理          │                     ┌── 食品企业信息化管理的程序
                    └── 食品企业信息化 ──┼── 食品企业信息化管理的方法
                         管理的程序和方法  └── 食品企业信息化的发展趋势
```

项目导入案例

信息化助力九多肉多提高企业现代化管理水平

九多肉多是河南省预制菜产销一体化企业。近年来，企业不断加大科技创新投入，建设了多条现代化装备生产线，实现了生产自动化、智能化；上线了 SAP 系统和 MES 系统，打造了敏捷供应链，实现了生产精细化；搭建了全数字化运营体系，开启了产业化、规模化、品牌化发展之路；创建了食品安全与质量检验中心并通过了检验检测机构资质认定，具备了第三方检验检测资质，目前正申报中国合格评定国家认可委员会国际标准检测认证。

企业把握消费市场新需求，不断加大研发投入，实行标准化生产，提升智能化水平，通过数字化的迭代升级，提高企业现代化管理水平。力争在3~5年内实现主板上市，使九多肉多快速走向全国，实现"让中原酱卤走进千家万户"的企业愿景，为全国消费者奉献更安全、更营养、更健康的预制菜产品。

资料来源：新肉业，2023-07-08。

➲ 辨证性思考：
谈谈信息化管理在中小食品企业中的作用。

任务1　认知食品企业信息化管理

11.1.1　食品企业信息化管理概述

1. 食品企业信息化管理的概念

食品企业信息化管理是指将食品企业的生产过程、物料移动、事务处理、现金流动、客户交互等业务过程数字化，通过各种信息系统网络加工生成新的信息资源，提供给各层次的人们去掌握各类动态业务中的一切信息，以做出有利于生产要素组合优化的决策，使企业资源合理配置，从而使企业能适应瞬息万变的市场经济竞争环境，求得最大的经济效益。

食品企业信息化管理主要包括信息技术支持下的企业变革过程管理、企业运作管理以及对信息技术、信息资源、信息设备等信息化实施过程等三个方面的管理。这三个方面的管理互相支持、彼此补充，相互融合又相互制约。因此，食品企业信息化管理的实质是食品企业全面实现业务流程数字化和网络化的管理。

中国式管理

数字化赋能百利食品产业升级

百利食品位于"中国食品名镇"的广东省茶山镇，是最早一批在食品制造企业实现智能办公自动化、智能化的经营管理团队之一，近年来以数字化转型为抓手，通过引进低能耗、自动化设备，不仅对数据系统进行了全面升级改造优化，仓储系统和在生产制造方面也分别实现了无人化作业及自动化改造。百利食品走出了一条颇具特色的数字化转型发展路径，逐渐由一家传统食品生产商向食品数字化科技公司转型，从生产、管理乃至营销，数字化转型推动着这家食品企业由大变强。通过积极探索智能化生产和数字化转型，大幅提升了企业核心竞争力，并推动了业绩增长与持续发展。

资料来源：搜狐网，2023-05-26。

2. 食品企业信息化管理的层面

食品企业信息化管理的层面包括三个方面，如图11-1所示。

（1）以数据的信息化实现精确管理。对业务过程中发生的事务处理，如库存信息、销售凭证、费用凭证、采购凭证给出准确的记录，以随时查询。通过对信息的查询，可以得到同类业务在不同工作主体上的效果差异，进而能够提供业务改进的可靠依据。随着市场经济的快速发展和现代信息技术在企业管理中的广泛应用，从财务管理中资金的精确管理，到库存物料价值的准确分析，再到整个供应链的执行过程，都在进行着科学管理的信息化处理。这种投资在企业管理中既容易实现，也容易见效。因此，实现企业的精确管理，成为食品企业适应信息技术发展、提高企业管理水平的基础。

```
                食品企业信息化管理的层面
                           │
        ┌──────────────────┼──────────────────┐
   以数据的信息化        以流程的信息化        以决策的信息化
   实现精确管理          实现规范业务          改善企业经营
```

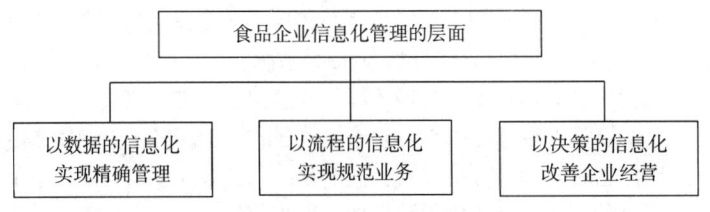

图11-1　食品企业信息化管理的层面

（2）以流程的信息化实现规范业务。把食品企业已经规范的一些流程以软件程序的方式固定下来，使流程所涉及岗位员工的工作更加规范、高效，减少人为控制和"拍脑袋"的管理行为，同时能够提升客户满意度。规范化的业务模式，提高了业务交互过程的效率，提高了事务处理的效益，消除了信息传递的不规则问题，使食品企业内部能够基于共同的业务规范而提高信息传递的效率，这就增加了单位时间内的企业效益。

（3）以决策的信息化改善企业经营。通过对已信息化的原始数据进行科学的加工处理，并运用一定的计算模型，起到对管理和决策的支持作用。首先，对于经营各环节的状况进行及时反馈和跟踪，对于关键环节（如库存、销售、资金运用等）进行预警。其次，对于关键业务的经济指标（如财务运营指标、库存周转率、销售业绩评估、生产成本分析等）进行计算分析。最后，提供企业整体运行的系统指标，从而为经营决策提供可靠的依据。

二维码链接11-1
企业信息化管理的误区

11.1.2　食品企业管理信息系统

1. 食品企业管理信息系统的概念

食品企业管理信息系统是一个在食品企业以人为主导，利用计算机硬件、软件、网络通信设备以及其他办公设备，进行信息的收集、传输、加工、储存、更新和维护，以食品企业战略竞争、提高效率和效益为目的，支持企业高层决策、中层控制、基层运作的集成化的人机系统。

2. 食品企业管理信息系统的结构

从不同的角度观察，信息系统有不同的概念结构。

（1）从信息系统的作用观点来看，信息系统由四个主要部件构成，即信息源、信息处理器、信息用户和信息管理者，如图11-2所示。

```
              信息系统的构成部件
                     │
      ┌──────────┬───┴────┬──────────┐
   信息源    信息处理器   信息用户    信息管理者
```

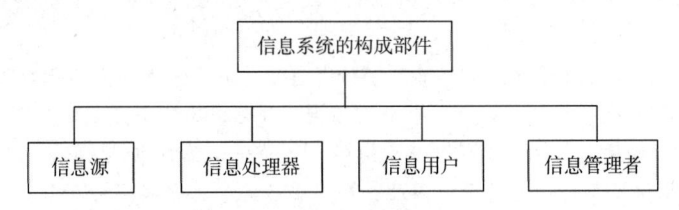

图11-2　信息系统的构成部件

1）信息源是信息系统的数据来源，是信息的产生地。信息源包括内信息源和外信息源两种。内信息源是指企业内部生产经营活动中所产生的各种数据，如生产数据、财务数据、销售数据等。外信息源是指来自企业外部环境的各种信息，如国家宏观经济信息、市场信息等。

2）信息处理器负责信息的传输、加工、存储，为各类管理人员及信息用户提供信息服务。

3）信息用户是信息的使用者，也就是企业不同部门和不同层次的管理人员。

4）信息管理者是指负责管理信息系统开发和运行的人员，他们在系统实施过程中负责信息系统各部分的组织和协调。

（2）从信息系统对信息的处理过程来看，信息系统由三个基本的行为部件构成，即输入、处理和输出。信息系统收集企业内部和外部环境相关的原始数据，经过适当处理后变成有用的信息输出，输出的信息提供给信息使用者并反馈给信息输入端。信息提供给使用者，可以用于辅助决策或解决工作中的有关问题；反馈给输入端，可以参与对输入数据的评价，修正数据输入阶段出现的问题。

（3）从信息系统对信息的处理内容及决策层次来看，信息系统可以看成一个金字塔结构。

一般的组织管理均是分层次的，分为战略计划、管理控制、运行控制三层，为它们服务的信息处理与决策支持也相应分为三层，并且有最基础的业务处理。而一般管理按职能划分为市场、生产或服务、财务、人力资源等，处于下层的系统处理量大，上层的处理量小，所以就构成了横向划分和纵向划分相结合的纵横交织的金字塔结构。

中国式管理

双汇的智能化改造实现生产效率翻倍

双汇先后投资30多亿元，积极实施产业链不同环节的自动化、数字化、智能化升级改造。生产线实现全流程的信息化和智能化管理，从生猪收购到产品发货，全产业链数据自动采集、自动上传、自动计算，产、供、销、运数据实现在线追溯和即时汇总分析；在线使用的生猪人工智能证件识别、产品智能输送/分级、分区智能温控系统等智能化手段，让生产流程更节能、高效、环保；通过MES系统与ERP系统无缝衔接，实现智能排产、综合调度、信息采集、数据分析、能源管理等多方面的智能、高效生产。改造后生猪屠宰单班产能每年150万头，调理制品产能每年2.5万吨，年销售收入达40亿元。从小小肉联厂到全球最大的猪肉跨国企业，从打响"双汇"火腿肠品牌到引进"冷鲜肉"，双汇一直走在现代化、智能化肉类工业发展的路上。通过延伸产业链、提升价值链、打造供应链，提高企业竞争力，为河南肉类产业发展树标赋能。

资料来源：大河财立方，2023-06-30。

管理者素养

企业管理"沟通"的重要性

"企业管理过去是沟通，现在是沟通，未来还是沟通。"

——松下幸之助

管理者的真正工作就是沟通。不管到了什么时候，企业管理都离不开沟通。资料表明，企业管理者70%的时间用在沟通上。开会、谈判、谈话、做报告是最常见的沟通方式。另外，企业中70%的问题是由沟通障碍而引起的，无论是工作效率低，还是执行力差、领导力不高等，归根结底都与沟通有关。因此，提高管理沟通水平显得特别重要。

资料来源：安徽云天冶金科技股份有限公司官网，2021-05-26。

任务2　食品企业信息化管理的程序和方法

11.2.1　食品企业信息化管理的程序

对于食品企业来说，实施企业信息化管理，是时代所需、企业发展所需。没有企业信息化，就没有企业现代化，也就没有企业对市场的敏捷应变能力。信息化管理的实施对食品企业来说并不是一件容易的事。首先，它本身是一项企业管理的全身运动，是一项向传统管理模式挑战的变革，需要决策层、管理层、技术层、应用层等各个层次的共同努力才能推动；其次，它要以一定的经济实力、技术水平、管理基础、人员素质为基础，要求企业具有很强的内部控制能力，能够准确地将企业决策实施到位。食品企业信息化管理的程序如图 11-3 所示。

```
┌─────────────────────────────┐
│      领导重视，统一思想       │
└─────────────┬───────────────┘
              ↓
┌─────────────────────────────┐
│      发动群众，全员参与       │
└─────────────┬───────────────┘
              ↓
┌─────────────────────────────┐
│  建章建制，完善各项基础管理工作 │
└─────────────┬───────────────┘
              ↓
┌─────────────────────────────┐
│      统一规划，分类实施       │
└─────────────┬───────────────┘
              ↓
┌─────────────────────────────┐
│ 选好信息化系统软件，找准系统实施咨询队伍 │
└─────────────┬───────────────┘
              ↓
┌─────────────────────────────┐
│        注重人才的培养         │
└─────────────────────────────┘
```

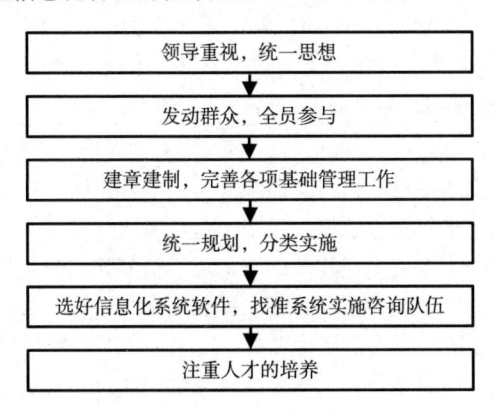

图 11-3 食品企业信息化管理的程序

1. 领导重视，统一思想

食品企业信息化管理不仅是一个技术问题，更是一项向传统管理模式挑战的变革，是对企业原有的经营方式、管理机制、组织形式、业务流程的大变革。要实施企业信息化管理，首先要解决的是企业员工的思想认识问题，特别是领导层对信息化建设的认识问题。企业领导的高度重视、直接决策，对企业信息化的成功实施起着决定性的作用。例如，企业组织形式的重组、管理方式的变革、业务流程的再造、部门职能及利益的再分配等，势必要与一些习惯势力产生摩擦。如果没有领导坚定的支持和身体力行，这些变革是很难推动的。同时，信息化在初始化阶段，要把许多基础数据录入计算机，并要随时应对运行中出现的各种问题，工作量巨大且过程枯燥，成绩却不明显，人们持观望的态度用疑惑的眼光审视着每一个关系到自己的细节，这时领导的支持和鼓励显得尤为重要。所以，选择了信息化，就是选择了变革，各级领导应做好充分准备：

（1）要从思想上认识到信息化是一场"革命"，要做好与一切旧的管理恶习做"斗争"的准备。

（2）要加强对信息化知识的了解和学习，要从心灵深处认识到信息化是时代所需，是加强企业管理、适应社会发展所需，不能盲从，同时也应看到实施信息化的困难和阻力。

（3）直接参与关键环节和重大事项的讨论和计划制订工作，只是给予人力、物力的支持还远远不够，要身体力行，亲自决策。

（4）给予技术人员和实施人员以强大的支持，在他们遇到困难和挫折时，及时给予激励。

所以，信息化的实施过程，实际上就是"一把手工程"，没有各级领导的支持，实施信息化只能是纸上谈兵。

2. 发动群众，全员参与

增强全员信息化意识，使全体员工自觉成为信息化实施的推动者而不是"绊脚石"。信息化管理是企业一项综合性的全身运动，涉及企业所有业务领域，需要企业各层次人员共同参与才能明确现有的和潜在的信息需求，从而设计出科学、实用、符合企业战略发展要求的信息化方案；况且，对信息化的应用，使用得最多的是各流程和各终端的各个用户，用户对业务流程最熟悉，系统的使用效果直接与他们的利益密切相关，他们提出的建议也最具有针对性，所以信息化建设不是一个部门或几个少数人就能完成的，需要全体员工的共同参与，员工的素质、应用水平、参与程度直接影响着信息化运行的好坏。因此，在信息化的实施过程中，必须做好员工的教育培训工作：

（1）有计划、分层次地对员工进行信息化管理理念、计算机应用、信息化管理系统等方面知识的教育培训工作，使员工逐步了解和熟悉信息化，明白信息化能给自己、给企业带来的实惠，使广大员工自觉参与信息化管理的实施。

（2）强化系统操作方法和操作技能的培训，规范操作人员的操作行为，将培训贯穿于信息化运行的全过程。

（3）有计划地组织各流程业务骨干到信息化管理优秀的企业参观学习，取他人之长，补己之短。

3. 建章建制，完善各项基础管理工作

信息化的基础是标准化和规范化。基础管理工作完备与否是信息化管理能否可靠运行的基石。基础工作没做好，将极大地影响信息化运行，而为此付出的代价也是巨大和惨重的。信息化的实施是利用计算机网络处理系统，将一张张单据、一个个信息输入计算机，用人脑来控制计算机，用计算机来控制流程，在这个过程中，要实现物流、资金流、信息流、流程控制、客户关系、供应链衔接等环节的科学管理，就必须夯实企业基础管理，做到数据标准化、流程规范化，否则，计算机将拒绝执行操作指令。因此，在决定实施信息化之时，应完善各项基础管理工作：

（1）建立、健全各项适应信息化管理要求的规章制度，实行标准的定额、计量、统计、物料及产品编码、名称的规范统一。因为一样货物的名称、一种产品的规格型号或许只是一字之差，在手工处理条件下不会产生什么问题，但一旦进入系统，要么被拒绝，要么录入后会给今后工作带来一系列麻烦。因此，标准化和规范化是信息化管理的基础。

（2）建立票据即日录入制度，做到业务日清日结，以保证数据录入的及时性。

（3）建立严密的内部审核制度，以保证初始数据录入的规范性和准确性，减少数据录入的差错率，录入错误不但不会给管理带来效益，还会误导企业的经营决策，给企业带来难以估量的损失。

（4）健全科学的分工和各流程相互牵制的内部控制制度，以保证整个系统规范透明的运行。

> **思政教育**
>
> **建设现代化产业体系**
>
> 建设现代化产业体系是把发展经济的着力点放在实体经济上，推进新型工业化，加快建设制造强国、质量强国、航天强国、交通强国、网络强国、数字中国。实施产业基础再造工程和重大技术装备攻关工程，支持专精特新企业发展，推动制造业高端化、智能化、绿色化发展。巩固优势产业领先地位，在关系安全发展的领域加快补齐短板，提升战略性资源供应保障能力。推动战略性新兴产业融合集群发展，构建新一代信息技术、人工智能、生物技术、新能源、新材料、高端装备、绿色环保等一批新的增长引擎。构建优质高效的服务业新体系，推动现代服务业同先进制造业、现代农业深度融合。加快发展物联网，建设高效顺畅的流通体系，降低物流成本。加快发展数字经济，促进数字经济和实体经济深度融合，打造具有国际竞争力的数字产业集群。优化基础设施布局、结构、功能和系统集成，构建现代化基础设施体系。
>
> 资料来源：中国政府网，2022-10-16。

4. 统一规划，分步实施

信息化管理是一项系统工程，是一个企业高层高度关注的投资项目，不能急于求成，也不可能一蹴而就，需要整体规划、分步实施，制订切实可行的信息化实施方案，并找准信息化实施的突破口，一步一步扎实地向前推进。在实施信息化之前，企业首先应清楚实施信息化管理的整体思路，把握住信息化系统的管理思想，摸清企业现有管理模式下企业管理的瓶颈和存在的问题，明确今后

企业管理转变的方向，并对预期的新的管理体系有清晰的认识。在把握企业信息化整体思路之后，就可以按照效益与实务互利、先局部后整体的原则，结合企业实际，走勤俭信息化之路。

（1）建立以财务为核心的财务信息化管理系统，把财务信息化管理作为企业信息化管理的切入点，一步一步地引导和推动其他管理环节逐步实现信息化管理。之所以把财务作为信息化的突破口，主要是因为财务是企业的数据中心，企业生产经营情况最后各部门都要归集到财务。先中心，后局部，有利于信息化建设的推进，不会因为一个分支系统的失败而影响整个系统的推进和运行。只要第一步走好了，以后各步就有经验和信心了。

（2）建立以存货管理为中心的供、销、存供应链管理系统，实现供应链的信息化管理。

（3）建立以生产控制为核心的生产、成本管理系统。

（4）建立以工艺技术为中心的科研开发系统。

（5）建立电子商务网络系统，实现企业内外部信息资源的共享，全面实现企业信息化管理。

5．选好信息化系统软件，找准系统实施咨询队伍

现行市场流行的软件有很多，关键是要找准适合企业管理发展需要的软件。软件选择适当，不但可以节约大量资金，而且可以防止以后的各种后遗症；同时软件的选择还要注意国家有关法律法规的规定以及各业务部门的专业需求。所以，软件的选择一定要慎重，要经过仔细的斟酌和考虑。软件选好后，也要重视选择软件实施的技术咨询服务队伍。因为一个具有能力的技术咨询服务队伍，哪怕是实施一个并不怎么好的软件，他们也能运用自己的知识和能力，让这个软件发挥到极致，并产生巨大的管理能量。

二维码链接 11-2
双汇集团：数字化颠覆传统快消品销售模式，从品牌、生态、供应链推进双汇飞轮式增长

6．注重人才的培养

积极开展后续教育培训工作，为管理信息化建设培养大批复合型人才。人才是企业管理信息化成功的关键，信息化方案的引进和启动只是信息化项目的开始，接下来的实施应用过程，才是信息化最难啃的"硬骨头"。外部软件咨询顾问是不可或缺的，但他们不可能长期留在一个企业，随时解决系统运行中出现的各种大大小小的问题，所以企业只有挖掘和培养自己的人才，消化并落实执行方案，这才是企业信息化系统长期有效运行的保证。因此，企业必须培养大批属于自己的复合型人才。

> **思政教育**
>
> 第二个百年奋斗目标
>
> 从现在起，中国共产党的中心任务就是带领全国各族人民，全面建成社会主义现代化强国、实现第二个百年奋斗目标，以中国式现代化全面推进中华民族伟大复兴。
>
> 资料来源：中国政府网，2022-10-16。

11.2.2 食品企业信息化管理的方法

1．业务流程再造法

在20世纪90年代初，美国学者哈默和钱皮在其著作《企业再造》中系统地提出了企业业务流程再造的思想。企业业务流程再造的中心思想是，在信息技术和网络技术迅猛发展的时代，企业必须重新审视生产经营过程，利用信息技术和网络技术，对企业的组织结构和工作方法进行"彻底的、根本性的"重新设计，以适应当今市场发展和信息社会的需求。

2．核心业务应用法

任何一个企业，要想在市场竞争的环境中生存发展，都必须有自己核心业务，否则必然会被市

场所淘汰。

3. 信息系统建设法

对于大多数企业来说，由于建设信息系统是企业信息化的重点和关键，因此，信息系统建设成为最具普遍意义的企业信息化方法。

4. 主题数据库法

主题数据库是面向企业业务主题的数据库，也是面向企业核心业务的数据库。有些大型企业的业务量庞大，流程错综复杂，建设覆盖整个企业的信息系统往往很难成功，但各个部门的局部开发和应用又有很大弊端，形成许多"信息孤岛"，造成大量的无效或低效投资。在这样的企业里，应用主题数据库法推进企业信息化无疑可以达到投入少、效益好的目标。

5. 资源管理法

资源是企业生存发展的根本保证。管理好企业的资源是企业管理的永恒主题。企业信息化的资源管理法有很多，最常见的有企业资源计划、供应链管理等。

6. 人力资本投资法

人力资本的概念是经济学理论发展的产物。人力资本与人力资源的主要区别是，人力资本理论把一部分企业的优秀员工看作一种资本，能够取得投资收益。人力资本投资法特别适用于那些依靠智力和知识而生存的企业，如各种咨询服务、软件开发等企业。

自我测试：中小企业应该如何选择适合本企业的信息化管理之路？

11.2.3 食品企业信息化的发展趋势

食品企业信息化的发展趋势如图11-4所示。

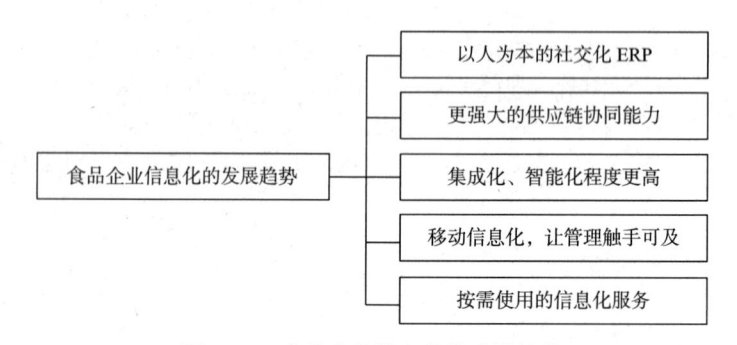

图11-4 食品企业信息化的发展趋势

食品企业信息化的发展趋势：
- 以人为本的社交化ERP
- 更强大的供应链协同能力
- 集成化、智能化程度更高
- 移动信息化，让管理触手可及
- 按需使用的信息化服务

1. 以人为本的社交化ERP

传统管理软件以业务为中心，侧重对于"财和物"的资源管理，基于"流程+信息记录"，涉及的数据具有结构化、可预测的特征。不过，这些结构化数据仅占企业数据总量的20%，更多的非结构化数据则占了80%。如果忽视庞大的非结构化数据，实际上是忽视了人在企业运营中所起的重要作用。

随着知识型经济浪潮的兴起，越来越多的企业开始向"以人为本"转变。人的知识技能、创新求变、沟通交流等活动，是知识型企业最宝贵的资源。以人为本的信息化建设，注重提高员工效率和团队效率，是网络时代向企业2.0转型升级的迫切要求。企业2.0强调以企业内人与人之间的关系为主线，充分发挥"人"的主观能动性，重视其在业务操作和价值实现过程中的关键作用，关注企业不同部门和不同组织的协同需求，增加信息分享的速度，提高企业的综合生产力。企业社交网络作为企业私密的社交平台，其信息流通实现了从"一点到多点"向"多点对多点"传播方式的转变，打破了传统的传播瓶颈，可以为企业提供信息交互的竞争优势，使需要协作的员工更方便、有效地进行交流与分享，降低企业沟通成本，提高工作效率。

> **思政教育**
>
> **以人为本**
>
> 　　党的二十大报告充分体现以人为本，对内发展经济，谋求人与自然和谐共生的生态化发展，满足人民对美好生活的需要。对外体现大国担当，立场鲜明，捍卫主权。无论对内、对外都靠党和人民团结奋斗，上下齐心，共同取得成就。不团结，就是一盘散沙，很难取得胜利。只有团结奋斗、万众一心，才能实现共同富裕，才能实现祖国美好的明天。
>
> 资料来源：搜狐网，2023-06-25。

2. 更强大的供应链协同能力

瞬息万变的市场使企业间的竞争已演变成供应链的竞争，而供应链取胜的关键是"协同"。在激烈的市场竞争中，准确把握客户需求、迅速推出新的产品、实现柔性快速交货，已经成为企业赖以生存的基础。

集成了电子商务、社交网络的供应链系统，将为企业打造更加强大的协同能力，让企业更方便地与客户、制造商、供应商、运输商及其他相关方进行无边界的沟通与协作。在这种新的趋势下，企业更好地利用社交网络和客户进行沟通，收集客户意见和售后服务，并通过电子商务和电子支付的整合及其信息的分解与共享、利用社交网络和供应链相关方的互动沟通，达到对整个供应链上的信息流、物流、资金流、业务流和价值流的有效规划和控制，从而将供应链各环节集成一个完整的网状结构。

新的供应链协同趋势，依赖信息技术，主要包括自动识别技术、电子数据交换技术、地理信息系统与全球定位系统技术、电子订货系统、电子支付等，还有一些发展起来的协同运作技术，包括虚拟电子链技术和多智能体技术，以及社交网络技术。

> **中国式管理**
>
> **紫燕食品：打造万店品牌，数智化引擎释放强劲动能**
>
> 　　紫燕食品成立30年有余，由钟氏家族创立，主营卤制品研发、生产和销售。经过长时间的深耕，紫燕品牌在长三角区域几乎家喻户晓。根据Frost & Sullivan统计数据，2023年佐餐卤制食品市场规模将达2239.60亿元，未来三年复合增长率为11.40%。目前"紫燕百味鸡"门店覆盖全国200多个城市，达到近6000家。2023年第一季度实现收入7.55亿元（同比增长13.84%），实现归母净利润0.45亿元（同比增长60.29%）。
>
> 　　多年来，紫燕食品高度注重提升信息化管理水平，引入了食品行业SAP-ERP系统、销售中台系统、办公自动化系统、运输管理系统、仓库管理系统等现代电子化信息管理系统，目前已实现核心业务的全系统化管理，并完成了不同系统之间的集成整合，实现了财务和业务信息一体化以及终端门店销售信息获取的实时化，并在此基础上不断进行数字化应用探索，进行跨区域市场预测并及时反馈至生产、研发及采购端，提升企业运营效率。
>
> 　　携手数智化办公专家蓝凌，紫燕食品打造了一体化的数智办公自动化平台。门户管理、流程管理、任务管理、资金管理等九大协同模块，覆盖"人、财、物、事"诸多领域，全线接入移动端办公，打造一体化办公提效全员随时随地沟通与协作。集成SAP固定资产模块等多系统，客户、供应商、物料、门店主数据等实时掌控。企业的协同办公平台，不仅

支撑内部协作提效与管理规范化，更与全渠道订单管理（中台）、全渠道会员管理等系统一起，构成了坚实的技术基座，支撑未来创新发展。

资料来源：上海商网，2023-06-09。

3. 集成化、智能化程度更高

射频识别、全球定位系统、电子支付等技术的广泛应用，使信息采集更方便。将这些信息有效整合在企业 ERP 系统中，使集成化程度更高。

在物流环节通过射频识别、全球定位系统等技术的应用，自动化地采集信息，使物料在各个环节更容易跟踪，实现对供应链各个环节物流的即时、动态监控，避免了过去人工扫描信息的种种弊端（效率低、易出错、即时性差等）。

各种电子支付技术的迅速发展和 ERP 系统的融合，也使企业可以更好地监控其资金流。通过企业 ERP 系统集成电子支付方案，在提高企业财务信息即时准确性的同时，也降低了企业的财务费用。

4. 移动信息化，让管理触手可及

截至 2022 年 12 月底，中国手机网民规模达到 10.65 亿人，互联网普及率为 75.6%，预计到 2026 年我国移动互联网市场规模将持续增长到 26 万亿元。在企业信息化领域，借助于移动信息化模块，实现通过手机等智能终端对诸多业务的移动管理，正成为一个显著趋势。云计算和移动信息化的结合，使管理者突破办公场所、上网条件等限制，让管理随时随地触手可及。企业移动信息化在流程审批、报表查询、销售支持、商业智能、库存查阅等领域应用最多，而且基于不同行业差异化细分的移动商务模块也越来越多。

5. 按需使用的信息化服务

对于许多中小食品企业而言，没有足够的资金，也并非都需要使用全套的 ERP 等流程复杂的管理软件，只需解决一些分散的棘手问题来提高运营效率。因此，提供碎片化又易于扩展的信息化产品，使广大中小食品企业能根据自身需要，进行弹性配置、即插即用，满足其个性化需求，是当前食品企业信息化发展的重要趋势。

云计算为企业按需使用的信息化服务提供了良好的技术基础，并进一步促进此类需求的发酵。云计算融合了协同工作、社交网络、搜索引擎等 Web 2.0 技术和虚拟化技术，依托强大的高性能计算基础结构，能够同时满足大量个人和商业需求。"云"中的资源是可以无限扩展的，随时获取，按需使用，按使用情况付费。

自我测试：简述食品企业信息化管理的发展趋势。

中国式管理

贵州茅台：把千亿茅台在数字世界再做一遍

巽风世界是茅台打响 2023 年数字化转型的第一枪。正如茅台集团的 2023 年度市场工作会上，丁雄军谈到巽风数字世界时表示，"巽风将把千亿茅台在数字世界再做一遍，从 i 茅台到巽风，我们希望茅台的合作伙伴要拥抱数字化，赶上新时代"。茅台巽风 App 于 2023 年 1 月 1 日 9 时正式上线。据统计，上线首日的注册用户已经超过 55 万个，再现"i 茅台"第一天试运营的火爆。截至 2023 年 1 月 2 日 23 时，贵州茅台宣布，巽风数字世界用户数正式突破 100 万个。茅台官方对未来的巽风的期许和重点就是，要打造社交功能，积累强大的数字资源，将数字流量价值进一步放大。

资料来源：新浪科技，2022-12-31。

管理者素养

管理者有效沟通的方法

管理者的有效沟通可以让员工更加热情,更有积极性,从而提高员工的工作效率。

1. 让员工发牢骚

管理者必须学会与员工进行沟通。不了解员工的需求,就是一个不称职的管理者。一个优秀的管理者,一定能够通过让员工发牢骚提升其管理能力。例如,让员工有抱怨的机会;尽量了解抱怨的起因;做到平等沟通;解决问题要清晰,处理问题要果断。

2. 通过良性的冲突改善管理

良性冲突,即从积极向上的角度,倡导大家提出新观念,发表新看法,并给予合适的奖励。例如,定期审视企业的文化氛围和环境的适应性,内部文化的改革是企业进步的基石;消除小富即安、不思进取的安逸状态,居安思危,不断进取才是企业长久生存之道;适度引入外部新鲜血液,刺激团队内部的竞争氛围,新的人物血液会给企业带来新的冲突与碰撞,适量引进人才,为企业创造合适的良性冲突氛围。

3. 建立有效的全方位的沟通机制

管理者要经常深入一线,不要忽略意见箱的作用,认真对待员工的意见,并进行专人统计与管理。

4. 注重非正式的沟通

沟通不一定要以会议的形式来进行,其实哪怕是电梯里、茶水间、班车上、走廊上、路上等都可能是管理者与员工沟通的场所。

5. 做好离职会谈

邀请已离职的员工进行交流,通过这些离职员工引进新的人才,将为企业带来新的血液。离职员工也是企业的一种资源。

资料来源:搜狐网,2020-04-12。

项目案例分析

伊利:多点突破,全链路转型

伊利早在2019年就将数字化转型战略视为"全球健康生态圈"建设的重要部分,甚至成立了独立的数字化转型部门——数字化中心,旨在从基因上将企业转变为面向未来的"数字化原生组织"。

"先夯实基础,再扩展应用"是伊利推进数字化进程的主节奏。"夯实基础"主要体现在伊利对于无形的数据资源与数字技术能力的高度重视。在技术方面,伊利重视技术能力自研,积极引入人工智能、数据中台、大数据、云计算、微服务等新兴技术,完全自主规划设计了既面向生态合作伙伴、也面向消费者的数据和业务数字化运营平台体系;实现了核心业务平台与多家互联网平台系统的对接;建立了兼顾公域(如电商平台)、半公域(如平台店中店、官方账号)、私域(如社群、小程序等)的全域运营体系等。通过全产业链的数智化转型,伊利端到端的产品创新周期缩短了20%,间接采购效率提升了40%,采购成本下降了10%,整体采购成本对比行业市场保持了5%~7%的优势。

目前,伊利的数字化转型从奠定基础和单点突破阶段开始向多点突破方向推进,从局部业务转型向全链路方向推进,包括产品创新、消费者运营、渠道数字化、供应链数字化和人力资源转型等诸多方面。

未来已来，在新一轮数智化科技革命、产业革命和新消费浪潮中，稳居全球乳业五强、亚洲乳业第一、连续30年增长的伊利，还将为投资者创造哪些新价值，值得期待。

资料来源：经济参考网，2023-07-15。

➲ **辩证性思考：**
分析乳业巨头伊利的数字化转型的成功经验。

项目检测

管理知识培养规格检测
1. 简述食品企业信息化管理的概念。
2. 简述食品企业信息化管理的层面。
3. 简述食品企业管理信息系统的概念和结构。
4. 简述食品企业信息化管理的程序和方法。
5. 简述食品企业信息化管理的发展趋势。

管理能力培养规格与管理者素养培育规格检测

实践项目11　制订××食品企业信息化管理方案

项目实践目的： 运用食品企业信息化管理的理论和方法，通过对××食品企业信息化管理现状的分析，培养学生运用食品企业信息化管理理论和方法对食品企业信息化管理现状进行分析和解决信息化管理问题的能力。同时培养学生团队合作精神、语言表达能力、应变能力、应用写作能力，以及学生管理者素养的培育。

项目检测考核： 通过对食品企业信息化管理现状的分析，每个团队撰写食品企业信息化管理方案，在"××食品企业信息化管理方案研讨会"上进行宣讲、讨论、答辩，指导教师进行评价。由各团队队长和指导教师负责评判打分，考核成绩分为优秀、良好、及格。

飞翔队由4号队员负责本实践项目的讨论、汇总、撰写方案、宣讲和答辩。经过讨论、答辩，指导教师提出两点修改意见，综合评判该方案为良好。

第 3 模块

食品企业管理创新

学习情境导入

张磊同学听到有些管理者这样说:"不学管理,不知道什么是管理。学了管理,不知道管理向何处发展?"张磊同学说:"这些管理者为什么有这样的困惑,这个问题如何解决呢?"

教师指导

张磊同学提出的这个问题很有深意,如何解决这个问题呢?

因为每一次科技、产业变革都深刻改变着经济发展格局,催生了企业管理新模式的诞生。当前,数字经济已成为全球经济发展的核心动力,人们的思维和行为方式发生了颠覆式的变化,传统的企业管理已经无法满足企业更快、更好发展的需求。在数字经济时代,企业想要在激烈的竞争中生存和发展,必须根据市场环境变化适时调整自身的管理模式,采用新的管理思维、运用新的管理技术和管理方法进行企业管理。管理创新是食品企业未来发展的必然规律。

通过第 3 模块食品企业管理创新的系统学习,确立管理创新的观念,掌握管理创新的理论和方法,特别是在数字经济时代,更好更快地向数字化管理转型是当前食品企业管理创新的重要任务。只有不断地管理创新,食品企业才有生命力,食品企业才能做强做大。

思维导图

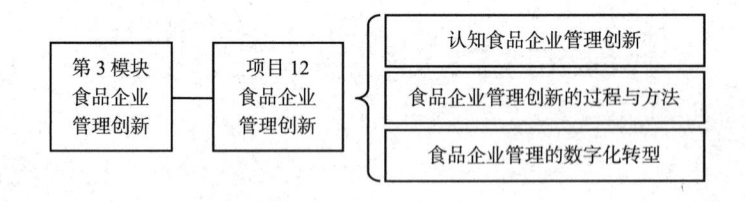

第 3 模块 食品企业管理创新 —— 项目 12 食品企业管理创新
- 认知食品企业管理创新
- 食品企业管理创新的过程与方法
- 食品企业管理的数字化转型

项目12

食品企业管理创新

项目培养规格

管理素养培育规格

强化管理者的创新意识,培育管理创新的职业精神。

管理知识培养规格

明确创新与管理创新的概念及管理创新在企业发展中的作用;明确食品企业管理创新的概念、特点和条件;掌握食品企业管理创新的内容、食品企业管理创新机制的构建、管理创新的过程与方法;掌握食品企业管理数字化转型的含义、方法及数字化背景下食品企业管理方式创新。

管理能力培养规格

具备运用食品企业管理创新的能力。

思维导图

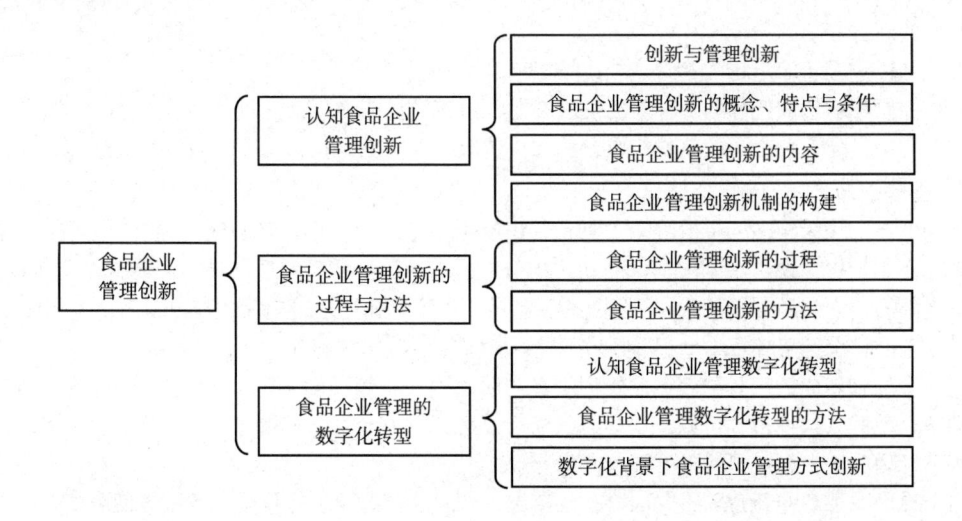

食品企业管理创新
- 认知食品企业管理创新
  - 创新与管理创新
  - 食品企业管理创新的概念、特点与条件
  - 食品企业管理创新的内容
  - 食品企业管理创新机制的构建
- 食品企业管理创新的过程与方法
  - 食品企业管理创新的过程
  - 食品企业管理创新的方法
- 食品企业管理的数字化转型
  - 认知食品企业管理数字化转型
  - 食品企业管理数字化转型的方法
  - 数字化背景下食品企业管理方式创新

> **项目导入案例**
>
> **2分钟，6万单！三剑客乳酸菌饮品为何如此畅销**
>
> 2021年9月23日，这是一个特殊的节日——中国农民丰收节。在"河南好品"直播现场，来自河南三剑客农业股份有限公司的美宜畅乳酸菌饮品，推介2分钟，售出了6万单！这个数字对于刚起步四个月的该公司直播渠道的电商人而言，是一个令人无比激动且深受鼓舞的数据。河南三剑客农业股份有限公司是一家专注乳业20多年的公司，拥有智能化生产线，日处理牛奶600吨，自建有奶牛养殖基地。该公司与中国科学院等权威机构合作，不断创新，推出0脂肪、0色素的美宜畅乳酸菌饮品，采用美拉德反应工艺自然褐变，口感酸甜可口，受到广大消费者的青睐。
>
> 资料来源：河南三剑客农业股份有限公司官方网站，2021-09-24。

➲ **辩证性思考：**

结合案例，谈谈食品企业创新的重要性。

任务1 认知食品企业管理创新

从互联网到移动互联网，从大数据到云计算，从传统化到智能化，市场在日新月异地变化着。食品企业处在一个风云变幻的世界，一个充满机会与挑战的时代。面对新变化、新形势、新发展和全新的商业竞争模式，驱动企业发展的只有创新。

12.1.1 创新与管理创新

1. 创新

美国著名政治经济学家约瑟夫·熊彼特在《经济发展理论》中首次提出了一个影响深远的创新理论。熊彼特所说的"创新"是一种从内部改变经济的循环流转过程的变革性力量，本质是"建立一种新的生产函数"，即实现生产要素和生产条件的一种新组合。创新包括以下五种情况：

（1）生产一种新的产品，或者开发一种产品的新属性。

（2）采用一种新的生产方法，新方法既可以是出现在制造环节的新工艺，也可以是出现在其他商务环节的新方式。

（3）开辟一个新的市场，不管这个市场以前是否存在。

（4）控制原材料或配件的一种新的供应来源，不管这种来源以前是否存在。

（5）实现任何一种产业的新的组织，例如，造成一种垄断地位，或者打破一种垄断地位。

2. 管理创新

管理创新的概念源于管理的概念。管理是组织为了适应内外部环境变化，对组织的资源进行有效配置和利用，以实现组织既定目标的动态创造性过程。从经济学的观点看，人类始终面临着稀缺资源与无限需要之间的尖锐矛盾，需要做出抉择来恰当配置和充分利用稀缺资源以满足人们的需要，组织在动态的社会经济环境中生存，必须不断调整系统活动的内容和目标，以适应环境变化的要求，这就是管理的创新职能。我国著名的管理学者芮明杰教授将管理创新定义为创造一种新的或更有效的资源整合范式，这种范式可以是新的有效整合资源以达到企业目标的全过程管理，也可以是某方面的细节管理，至少可以包括以下五个方面：

（1）提出一种新的经营思路并加以有效实施，如果经营思路可行就是一种管理创新。

（2）设计一个新的组织机构并使之有效运作。
（3）提出一个新的管理方式、方法，使之能提高生产效率、协调人际关系或能更好地激励员工。
（4）设计一种新的管理模式。
（5）进行一项制度创新。

3. 管理创新在企业发展中的作用

管理创新在企业发展中的作用主要表现在以下几个方面。

（1）提高经济效益。管理创新的目标是提高企业有限资源的配置效率，这种效率最终体现在企业经济效益的提高上。管理诸多方面的创新，有的是提高目前的效益，如生产组织优化创新，有的是提高未来的效益，如战略创新与安排。这些都增加了企业实力和竞争力，有助于企业下一轮的发展。

（2）降低交易成本。在一个企业内把许多营业单位活动内部化所带来的利益，要等到建立起管理层级制以后才能实现，即管理层级制的创新，使得现代企业可以将原本在企业之外的一些营业单位活动内部化，从而节约企业的交易费用，降低交易成本。

（3）稳定企业，推动企业发展。管理创新的结果是为企业提供更有效的管理方式、方法和手段，形成新的管理层级制，即管理层级制的这一创新不仅使层级制本身稳定下来，而且使企业发展的支撑架构稳定下来，这将有效地帮助企业长远的发展。

（4）提升企业竞争力。企业通过管理创新，更新管理观念，改善组织结构，创新企业制度，采取新的管理方式、方法，促使企业建立有效的竞争机制，从而增强企业的市场竞争优势。

自我测试：管理创新在企业发展中有什么作用？

12.1.2　食品企业管理创新的概念、特点与条件

1. 食品企业管理创新的概念

食品企业管理创新是指食品企业管理者根据商业环境和社会环境变化，采用新的管理思维、运用新的管理技术和管理方法、制定新的企业管理机制，并以此创造出一种更为高效的生产要素和生产条件组合。

管理就是创新，创新是管理的基本职能。企业管理创新的发展是螺旋上升式的，每一个创新周期都是以前一个周期为基础的，每一个创新周期又都为下一个创新周期的发展做了铺垫和准备。管理创新只有不断地处于这种"创新—稳定—凝滞—再创新"的周期性循环过程中，企业的管理水平才能不断地得以提高。

2. 食品企业管理创新的特点

（1）创造性。以原有的管理思想、方法和理论为基础，充分结合实际工作环境与特点，积极地吸取外界的各种思想、知识和观念，在汲取合理内涵的同时，创造出新的管理思想、方法和理论。其重点在于突破原有的思维定式和框架，创造具有新属性的、增值的东西。

（2）长期性。管理创新是一项长期的、持续的、动态的工作过程。

（3）风险性。风险是无形的，对管理进行创新具有风险性。管理创新并不总能获得成功。创新作为一种具有创造性的过程，包含着许多可变因素、不可知因素和不可控因素，这种不确定性使创新必然存在着许多风险。这就是创新的代价之所在。但是存在风险并不意味着要一味地去冒险，而要理性地看待风险，要充分认识不确定性因素，尽可能地规避风险，使成本付出最小化、成功概率最大化。

3. 食品企业管理创新的基本条件

（1）创新主体（企业家、管理者、企业员工）应具有良好的心智模式。这是实现管理创新的关

键。心智模式是指由过去的经历、习惯、知识素养、价值观等形成的基本固定的思维认识方式和行为习惯。创新主体具有的心智模式：一是远见卓识；二是具有较好的文化素质和价值观。

（2）创新主体应具有较强的能力结构。创新主体必须具备一定的能力才可能完成管理创新。创新主体应具有核心能力、必要能力和增效能力。核心能力突出地表现为创新能力；必要能力包括将创新转化为实际操作方案的能力，从事日常管理工作的各项能力；增效能力则是控制协调加快进展的各项能力。

（3）食品企业应具备较好的基础管理条件。食品企业的基础管理主要是指一般的最基本的管理工作，如基础数据、技术档案、统计记录、信息收集归档、工作规则、岗位职责标准等。管理创新往往是在基础管理较好的基础上才可能产生，因为基础管理好可提供许多必要的准确的信息、资料、规则，这本身有助于管理创新的顺利进行。

（4）食品企业应营造一个良好的管理创新氛围。创新主体能有创新意识，能有效发挥其创新能力，与拥有一个良好的创新氛围有关。在良好的工作氛围下，人们思想活跃，新点子产生得多且快，而不好的氛围可能导致人们思想僵化，思路堵塞，头脑空白。

（5）管理创新应结合本企业的特点。食品企业之所以要进行管理上的创新，是为了更有效地整合本企业的资源以完成本企业的目标和任务。因此，这样的创新就不可能脱离本企业和本国的特点。在当前的国际市场中，短期内中国大部分企业的实力比西方企业弱，如果以刚对刚则会失败，若以柔克刚，则可能是中国企业走向世界的最佳方略。中国企业应充分发挥以"情、理、法"为一体的中国式管理制度的优势和特长。

（6）管理创新应有创新目标。管理创新目标比一般目标更难确定，因为创新活动及创新目标具有更大的不确定性。尽管确定创新目标是一件困难的事情，但是如果没有一个恰当的目标则会浪费企业的资源，这本身又与管理的宗旨不符。

二维码链接 12-1
食品企业管理创新的途径

12.1.3　食品企业管理创新的内容

1. 管理观念创新

管理观念创新即管理思想创新，很多学者将之看作管理创新内容之首。观念创新是管理创新的灵魂，没有观念的创新就无法奢谈其他方面的创新。管理观念是企业从事经营管理活动的指导思想，体现为企业的思维方式，是企业进行管理创新的灵魂，企业要想在复杂多变的市场竞争中生存和发展，就必须首先在管理观念上不断创新。而要更新观念，管理者必须打破现有的心智模式的束缚，有针对性地进行系统思维、逆向思维、开放式和发散式思维的训练，并通过综合现有的知识、管理技术等，改进和突破原有的管理理论和方法。管理者只有勇于创新，敢于追求新事物，乐于解决新问题，才能使管理活动成为一种乐趣，其产生的社会效益和经济效益也是难以用价值衡量的。而这一局面的创造，其最根本的在于管理者和管理组织的观念创新。

2. 战略创新

树立战略思维是企业管理创新的灵魂和核心，战略管理关乎企业的发展方向。面对世界经济一体化进程的加快、信息技术的迅速发展和知识经济兴起所带来的外部环境深刻而巨大的变化，企业要想在激烈的市场竞争中立于不败之地，必须在战略创新方面下功夫。企业战略创新首先是指企业战略的制定和实施要着眼于全球竞争。今后企业的竞争态势将是国内竞争国际化和国际竞争国内化，因此，任何企业的战略都必须放眼全球。其次，企业战略的制定和实施要在捕捉外部环境机遇的基础上更多地立足于企业核心竞争力的形成。

中国式管理

双汇集团：创新升级满足消费新需求

从推出双汇冷鲜肉到免洗速烹的"筷乐亿家"系列、调理系列，再到只需简单加热就能让厨房小白秒变大厨的"筷乐星厨"系列，从双汇王中王、玉米热狗肠到Q趣儿、润口香甜王，再到"辣吗？辣"、火炫风及双汇筷厨、轻咔能靓系列，还有"带范青年"、啵啵袋、干拌饭等方便速食系列，双汇坚持与时俱进，围绕多元化消费场景，通过持续的产品创新，不断满足消费者对美食生活的向往与追求。

资料来源：双汇微资讯，2023-05-17。

3. 营销模式创新

食品企业的经济效益大多数都来源于其消费者，消费者需求的满足联系着食品企业利润的实现，而营销就是为了寻找和满足消费者的需求，以达到食品企业营利的目的。在"互联网+"时代，消费者的需求更加多样化，而且满足其需求的途径也更加多样化。这对食品企业来说既是机遇又是挑战。食品企业想要获得更多的盈利和发展，就需要以消费者的需求和意愿为中心；通过互联网和数据挖掘与分析技术的应用，多渠道掌握消费者的消费信息并加以分类和筛选，进行精准营销和催化营销与新型业务和服务的开发；通过对食品企业市场营销活动的优化和升级，不断提高消费者的忠诚度和满意度，培养和形成固定的消费群体，为食品企业的经济效益和发展提供保证；最大限度地占有市场，提升食品企业的市场竞争力，使食品企业在长期发展中获得竞争优势。

4. 组织结构创新

组织结构创新意味着打破原有的组织结构，并根据外部环境和内部条件的变化对组织的目标加以变革，对组织内成员的责、权、利关系加以重新构置，使组织的功能得到完善和发展，其实质是资源的重新配置。复杂的管理层级和封闭的管理组织结构，使得食品企业对外界的信息和变化反应变慢，不能对变幻莫测的市场和外部环境做出及时应对，以及对稍纵即逝的机会进行把握，因此，必须对食品企业的组织结构进行创新，进行"网状扁平化管理"。所谓的网状扁平化管理，是指将食品企业分为一个个小的单位，每个单位自主运行和管理，但是之间又建立着紧密的联系，彼此之间的影响向外扩散成网状结构。

5. 人力资源管理创新

人力资源管理创新是食品企业管理创新的重中之重，有着不可替代的作用。食品企业的人才就是企业的核心竞争力。随着市场经济、知识经济、信息知识的快速发展，管理工作应当在实行以人为本的管理过程中，逐步走向对人的知识、智力、技能和实践创新的管理。因此，在以人为本的管理过程中，正在逐步形成一种以人的知识、智力、技能和实践创新的能力为核心内容的"能本管理"。

能本管理就是建立一种"各尽其能"的运作机制。能本管理源于人本管理，又高于人本管理。能本管理的理念是以人的能力为本，其总的目标和要求是：通过采取各种行之有效的方法，最大限度地发挥每个人的能力，从而实现能力价值的最大化，并把能力这种最重要的人力资源通过优化配置，形成推动企业和社会全面进步的巨大力量。

思政教育

必须坚持守正创新

我们从事的是前无古人的伟大事业，守正才能不迷失方向、不犯颠覆性错误，创新才能把握时代、引领时代。我们要以科学的态度对待科学、以真理的精神追求真理，坚持马克思主义基本原理不动摇,坚持党的全面领导不动摇,坚持中国特色社会主义不动摇,紧跟时代步伐,顺应实践发展,以满腔热忱对待一切新生事物,不断拓展认识的广度和深度,敢于说前人没有说过的新话,敢于干前人没有干过的事情,以新的理论指导新的实践。

资料来源:新华网,2022-10-25。

6. 财务管理创新

网络技术为食品企业的财务管理,在方法和手段的创新上提供了技术支持。基于电子货币作为主要的流通方式,网上银行作为资金周转的保障,食品企业能够通过网络进行动态的和实时的财务管理。在财务管理模式的创新方面,食品企业可以进行财务管理云平台的搭建,利用这一互联网管理平台,可以对食品企业的各职能部门或者分支机构和企业整体等进行统一化管理,将财务管理的链条进行延伸和扩展,进行远程且集中的企业财务的处理和管理;也可以对所有的分支机构进行远程的(如审计、查账等)财务监管工作以及通过系统解决下属机构的常规财务问题,集中精力去解决非常规问题,大幅提高财务管理工作的效率,进一步提升食品企业自身的竞争实力。

7. 企业文化创新

现代管理发展到文化管理阶段,可以说已经到达顶峰。企业文化通过员工价值观与企业价值观的高度统一,通过企业独特的管理制度体系和行为规范的建立,使得管理效率有了较大提高。创新不仅是现代企业文化的一个重要支柱,而且是社会文化中的一个重要部分。如果文化创新已成为企业的根本特征,那么,创新价值观就能得到食品企业全体员工的认同,行为规范就会得以建立和完善,食品企业的创新动力机制就会高效运转。企业文化是企业发展的灵魂,任何企业都会倡导自己所信奉的价值理念,而且要求自己所倡导的价值理念成为员工的价值理念,得到员工的认可,并且在实践中认真实施,从而使自己所信奉的价值理念成为指导企业及其员工的灵魂。也就是说,企业文化实际上是指导企业及其员工的一种价值理念,这种价值理念体现在每个员工的意识上,当然最终就成为指导员工行为的一种思想,因而企业文化最终作为企业的灵魂存在。纵观世界成功企业的经营实践,人们往往可以看到,一个企业之所以能在激烈的市场竞争中脱颖而出、长盛不衰,归根结底是因为在其经营实践中形成和应用了优秀的、独具特色的企业文化。

思政教育

创新是第一动力

教育、科技、人才是全面建设社会主义现代化国家的基础性、战略性支撑。必须坚持科技是第一生产力、人才是第一资源、创新是第一动力,深入实施科教兴国战略、人才强国战略、创新驱动发展战略,开辟发展新领域新赛道,不断塑造发展新动能新优势。

资料来源:新华网,2022-10-25。

12.1.4 食品企业管理创新机制的构建

1. 食品企业管理创新动力机制

食品企业管理创新动力机制是食品企业管理创新的动力来源和作用方式,是能够推动食品企业创新实现优质、高效运行并为达到预定目标提供激励的一种机制。食品企业管理创新动力机制的作用,就是激发食品企业和员工创新的积极性,推动食品企业创新的有效运行。

(1)市场拉动创新动力。市场拉动创新动力是指由于市场需求和市场竞争的影响而导致的管理创新。其中,市场需求引致的创新包括生产要素稀缺导致该要素相对价格的提高而诱致能节约该要素或寻找替代要素的创新，以及企业家独具慧眼发现新的市场机会而诱发的开发新产品、占领新市场的创新；市场竞争引致的创新是指，由于市场竞争给食品企业造成实际威胁（竞争者成功地引入创新，使食品企业在产品和服务竞争上处于劣势）和潜在威胁（如竞争者投入的规模和重点，创新投入强度和结构，科技人员的数量、素质以及普通员工的素质等），而迫使食品企业进行管理创新，战胜竞争对手，获得持续生存和发展。

（2）科技推动创新动力。科技推动创新动力是指科技发展日新月异，越来越多的先进科学技术直接服务于经济领域，从而促使食品企业不断采用先进科技进行适用性创新。仅有市场需求，没有科学技术的保障，食品企业创新是无法实现的。科技发展是推动食品企业创新的另一个决定性力量。

（3）政策激励创新动力。政策激励创新动力是指食品企业通过制定各种激发员工创新积极性、鼓励员工创新的政策和措施来推进企业不断创新发展。只有市场拉动和科技推动，而没有食品企业内部正确有效的激励政策，市场再好，科技再先进，也无法促使食品企业员工主动进行创新。

2. 食品企业管理创新运行机制

食品企业管理创新运行机制在建设方面，应建立一套能够有效进行决策、指挥、控制、信息反馈的组织、制度和各种人才的合理结构，形成既能够调动创新所需的各种资源，又可以协调管理和实施创新过程中诸多环节的有机运行的组织系统，最终达到人尽其才、晋升刺激、沟通顺畅、合作有效，从而促进企业创新顺利进行。目前，一些食品企业在组织结构上存在着条块分割、各自为政等问题，严重妨碍了食品企业创新目标的实现。食品企业应在深化改革中努力地解决这个问题，建立知识、信息共享机制，使企业朝着扁平化、柔性化方向发展，从而提高食品企业的整体创新能力。

3. 食品企业管理创新发展机制

食品企业管理创新发展机制是在创新利润的驱动下，食品企业充分挖掘利用和发展内部资源并广泛吸纳外部资源，加强人才、技术、资金、信息等资源储备，不断谋求创新发展的机制。现代企业处于科学技术飞速发展和竞争十分激烈的环境中，食品企业若不能不断地更新自己并有所发展，就会在市场竞争中处于不利地位，最终有可能破产倒闭。食品企业要能够不断地创新，就要有资源的储备和积累机制，处理好近期发展和长远发展的关系。在人才方面，要牢固树立"人本观念"，积极强化企业的人才优势。在技术与信息方面，除必须建立内部学习积累机制以总结企业技术经验、提高员工技术水平，从而不断提高食品企业整体技术水平和创新能力外，食品企业还必须建立技术与信息收集机构，专门负责收集相关技术和信息资料，及时跟踪国内外的科技发展动态。对一些暂时不具备独立发展技术条件的食品企业来说，应建立利用外部资源"借鸡下蛋"的机制。对具有一定技术能力和优势但不完全具备独立开发能力的食品企业，可通过与其他企业、大学或科研机构建立战略联盟以达到优势互补、互惠互利、共同发展。在资金方面，要不断拓宽融资渠道，加大对科研创新经费的投入，为食品企业员工从事创新提供必要的资金支持。

以上三种管理创新机制，不是简单的叠加，而是相互有机联系在一起的，由内在动力、有效运行、不断发展三个方面的机制构成食品企业管理创新活动不断循环增值的新机制系统，并贯穿于食品企业管理创新的整个过程中。

二维码链接 12-2
食品企业管理创新的发展趋势

管理者素养

管理者具备的创新思维

管理者的创新思维是指管理者在管理工作中，能够跳出传统思维定式，不断寻求新的思路和解决方案，推动组织创新发展的能力。具体来说，管理者的创新思维主要包括以下几个方面：

（1）概念化思维。管理者能够把复杂的问题或想法转化为可以理解的概念，甚至为其创造新的概念。

（2）连接思维。管理者能够把不同领域或不同思路之间的联系加以发现和利用，从而形成新的思维模式和方法。

（3）批判性思维。管理者能够审视和评估现有观念和做法的优缺点，以及各种新想法的可行性和风险，从而做出理性的决策。

（4）创造性思维。管理者能够不断提供新的、有创造性的想法，带领团队和企业发展。

（5）实验性思维。管理者敢于尝试新的方法，并在实践中不断探索和改善。同时，他们也能接受失败并从失败中吸取教训。

（6）敢于挑战传统思维。管理者要敢于挑战传统思维模式，尝试不同的思路和方法，寻找创新的机会和可能性。

（7）善于发掘机会。管理者需要敏锐地发现当前环境中的机会和趋势，以创新的眼光把握市场变化，开拓新的业务领域。

（8）推崇创新文化。管理者需要营造一种创新的文化氛围，让员工积极主动地提出创新想法，支持并激励他们实施创新。

（9）贯彻执行力。创新不只是想法，更需要贯彻执行。管理者需要以实际行动贯彻执行创新战略和方案，不断迭代创新过程，达成创新目标。

总之，管理者的创新思维是管理者推动组织创新发展的重要能力，需要不断提高和发挥。

资料来源：微信公众号"董波浪"，2023-05-16。

任务2　食品企业管理创新的过程与方法

12.2.1　食品企业管理创新的过程

1. 密切关注环境变化

食品企业必须不断地审视和调查企业的内外部环境，并从中收集潜在的创新信息。这些潜在的创新信息可能来源于食品企业面临的市场的多样化需求、其他研究活动所带来的新的机会、竞争对手的行为模式变化等。食品企业必须处理这些潜在的创新信息，并对其做出快速有效的反应。

2. 筛选企业所需要的关键信息

食品企业以发展战略为基础，结合企业的现实状况，对潜在的创新信息进行评估，做出战略选择，将食品企业的资源投入具有战略意义的创新项目中。任何食品企业的资源都是有限的，食品企业不可能对所有的创新项目都进行投入，因此食品企业必须做出正确的战略抉择，选择那些真正能够带来竞争优势的最佳机会。

3. 获得资源

食品企业在做出战略抉择之后，就需要投入资源（主要是知识资源）以开发这些创新项目。食品企业可通过两种方式获取知识资源：研发和技术转移。技术转移可以使食品企业快速获得所需技术，但有时只靠这种方式不利于食品企业的长远发展，食品企业还要通过自我研发来获取资源。

4. 创新验证实施阶段

经过多个阶段的发展，通过一系列具体的操作设计，将创新思想变成切实有助于食品企业资源配置的最终创新产物——外部市场的新产品和新服务，或者食品企业内部使用的新工艺和新方法，且确实在企业的管理过程中得到了验证。

5. 总结阶段

总结前面各个阶段的成功和失败的经验教训，并对其进行合理评估，从中获取相关知识，从而找出改进管理创新的方式。

> **思政教育**
>
> **完善科技创新体系**
>
> 坚持创新在我国现代化建设全局中的核心地位。完善党中央对科技工作统一领导的体制，健全新型举国体制，强化国家战略科技力量，优化配置创新资源，优化国家科研机构、高水平研究型大学、科技领军企业定位和布局，形成国家实验室体系，统筹推进国际科技创新中心、区域科技创新中心建设，加强科技基础能力建设，强化科技战略咨询，提升国家创新体系整体效能。深化科技体制改革，深化科技评价改革，加大多元化科技投入，加强知识产权法治保障，形成支持全面创新的基础制度。培育创新文化，弘扬科学家精神，涵养优良学风，营造创新氛围。扩大国际科技交流合作，加强国际化科研环境建设，形成具有全球竞争力的开放创新生态。
>
> 资料来源：新华网，2022-10-25。

12.2.2 食品企业管理创新的方法

1. 头脑风暴法

头脑风暴法是美国创造工程学家奥斯本在1939年发明的一种创新方法。这种创新方法是通过一种别开生面的小组畅谈会，在较短的时间内充分发挥群体的创造力，从而获得较多的创新设想。当一个与会者提出一个新的设想时，这个设想就会激发小组内其他成员的联想。当人们卷入"头脑风暴"的洪流之后，各种各样的构想就像燃放鞭炮一样，点燃一个，引爆一串。这种方法的规则是：

（1）不允许对别人的意见进行批评和反驳，任何人不做判断性结论。

（2）鼓励每个人独立思考，广开思路，提出的改进设想越多越好、越新越好。

（3）集中注意力，针对目标，不私下交谈，不干扰别人的思维活动。

（4）可以补充和发表相同的意见，使某种意见更具说服力。

（5）参加会议的人员不分上下级，平等相待。

（6）不允许以集体意见来阻碍个人的创造性意见。

（7）参加会议的人数不超过10人，时间限制在20分钟到1小时。

这种方法的目的在于，创造一种自由奔放的思考环境，诱发创造性思维的共振和连锁反应，产生更多的创造性思维。讨论1小时能产生数十个乃至几百个创造性设想，适用于问题比较单纯、目标较明确的决策。这种方法在应用中又发展出"反头脑风暴法"，做法与头脑风暴法一样，对一种方案不提肯定意见，而是专门挑毛病、找矛盾。它与头脑风暴法一反一正正好可以相互补充。

自我测试：组织几名同学，围绕一个管理类话题，运用头脑风暴法召开一次小组畅谈会。

2. 综摄法

综摄法是由美国麻省理工学院教授戈登在1952年发明的一种开发潜在创造力的方法。它是以已知的东西为媒介，把毫不相关、互不相同的知识要素结合起来创造出新的设想，也就是吸取各种产品和知识精华，综合在一起创造出新产品或知识。这样可以帮助人们发挥潜在的创造力，打开未知世界的窗口。综摄法有两个基本原则。

（1）异质同化。即"变陌生为熟悉"。这实际上是综摄法的准备阶段，是指对待不熟悉的事物要用熟悉的事物、方法、原理和已有的知识去分析对待它，从而提出新设想。

（2）同质异化。即"变熟悉为陌生"。这是综摄法的核心，是对熟悉的事物、方法、原理和知识去观察分析，从而启发出新的创造性设想。

3．逆向思维法

逆向思维是顺向思维的对立面。逆向思维是一种反常规、反传统的思维。顺向思维的常规性、传统性，往往导致人们形成思维定式，是一种从众心理的反映，因此往往使人形成一种思维"框框"，阻碍人们创造力的发挥。这时如果转换一下思路，用逆向思维法来考虑，就可能突破这些"框框"，取得出乎意料的成功。逆向思维法由于是反常规、反传统的，因此它具有与一般思维不同的特点。

（1）突破性。这种方法的成果往往冲破传统观念和常规，常带有质变或部分质变的性质，因此往往能取得突破性的成就。

（2）新奇性。由于思维的逆向性，改革的幅度较大，因此必然是新奇、新颖的。

（3）普遍性。逆向思维法适用的范围很广，几乎适用于一切领域。

4．检核表法

检核表法几乎适用于任何类型与场合的创造活动，因此又被称作"创造方法之母"。它是用一张一览表对需要解决的问题逐项进行核对，从各个角度诱发多种创造性设想，以促进创造发明、革新或解决工作中的问题。实践证明，这是一种能够大量开发创造性设想的方法。检核表法是一种多渠道的思考方法，包括以下一些创造技法：迁移法、引入法、改变法、添加法、替代法、缩减法、扩大法、组合法和颠倒法。它启发人们缜密地、多渠道地思考和解决问题，并广泛运用于创造、发明、革新和企业管理上。它的要害是一个"变"字，而不把视线凝聚在某一点或某一方向上。

二维码链接 12-3 面向数字经济的企业管理创新

5．信息交合法

信息交合法通过若干类信息在一定方向上的扩展和交合，激发创造性思维，提出创新性设想。信息是思维的原材料，大脑是信息的加工厂。通过不同信息的撞击、重组、叠加、综合、扩散、转换，可以诱发创新性设想。要正确运用信息交合法，必须注意三个环节。

（1）收集信息。不少企业已设立专门机构来收集信息。网络化已成为当今食品企业收集信息的发展趋势。例如，日本三菱在全世界设置了 115 个海外办事处，约 900 名日本人和 2 000 多名当地职员从事信息收集工作。收集信息的重点放在收集新的信息，只有新的信息才能反映科技、经济活动中的最新动态、最新成果，这些往往对企业有着直接的利害关系。

（2）拣选信息。包含核对信息、整理信息、积累信息等内容。

（3）运用信息。收集、整理信息的目的都是为了运用信息。运用信息，一要快，快才能抓住时机；二要交汇，即这个信息与那个信息进行交汇，这个领域的信息与那个领域的信息进行交汇，把信息和所要实现的目标联系起来进行思考，以创造性地实现目标。

信息交合法可以通过本体交汇、功能拓展、杂交、立体动态四种方式进行。总之，信息交合法就像一个"魔方"，通过各种信息的引入和各个层次的交汇引出了许多系列的新信息组合，为创新对象提供了千万种可能性。

6．模仿创新法

人类的发明创造大多是由模仿开始的，然后进入独创。勤于思考就能通过模仿做出创造发明，当今有许多物品模仿了生物的一些特征，以致形成了仿生学。模仿不仅被用于工程技术、艺术，也被应用于管理方面。

中国式管理

产教融合先行 剑客榜上有名

2021年12月3日,河南省发展和改革委员会、河南省教育厅印发《河南省第二批产教融合型企业入库培育名单》,确定了108家企业为河南省第二批产教融合型企业入库培育单位。河南三剑客农业股份有限公司成功入选。该公司是河南省农业产业化龙头企业,主打产品有黑酸奶系列、黄桃燕麦益生菌酸奶系列、中老年无糖系列、儿童奶系列、低温奶系列等70余个品种。该公司拥有一支高效、专业的技术研发队伍,长期与中科天健(漯河)食品研究院、漯河食品职业学院等大中专院校合作,本着"优势互补、共谋发展"的原则,构建了以企业为主体,与国家级科研机构、大学院校产学研一体化的技术创新体系,充分发挥创新型企业的引领带动作用,为科研机构和大学院校科技成果转化、教育教学发展等提供平台,推动校地、校企合作深度实施。

资料来源:河南三剑客农业股份有限公司官方网站,2021-12-08。

管理者素养

创新管理者角色定位

数字经济时代,管理者需要扮演好三种全新角色,全力推动企业转型、变革与创新。

1. 转型的推动者

所谓转型,指的是从一个业务到另一个业务,或者说从A业务到B业务。管理者靠什么推动转型?如何克服变革的阻力?最重要的手段之一就是绩效管理。管理者要学会把转型的目标、要求当作战略的一部分,把其放到绩效考核里,变为关键绩效指标,变为关键行动措施,变为团队激励机制的一部分,最终推动转型的达成。

2. 创新的进取者

企业创新路线确定以后,管理者就要发挥决定性引领作用。关于创新的管理者包括:

(1)管理者态度。包括对创新的兴趣、对风险的态度、对失败的容忍度、对员工的资源支持等。管理者对待创新的态度,最终决定组织创新的成败。

(2)创新激励机制。企业对创新要有明确的认可态度和奖励机制,不仅认可和奖励创新成果,还要认可和肯定创新活动,而非只以成败论英雄。

(3)创新管理流程。创新活动和创新项目往往与企业的管理文化和管理流程分不开,包括企业是否具有清晰的创新愿景、使命与战略构想,创意如何生成,创意如何收集、管理,以及创意如何变成创新项目等,这些都是创新领导力的一部分。

3. 团队的凝聚者

创新的背后是团队,团队的背后是管理者。管理者有效地支持团队、赋能团队、激励团队,是创新成果转化的前提条件。创新项目需要构建一支多元的、跨职能的小组或团队,管理者为创新团队提供技术支持与资源保障。

资料来源:微信公众号"THINKTANK 新智囊",2022-10-16。

任务3　食品企业管理的数字化转型

12.3.1　认知食品企业管理数字化转型

1. 食品企业管理数字化转型的概念

食品企业管理数字化转型是指食品企业在应对市场变化和提升竞争力的过程中，将传统的管理方式和工作流程进行数字化重构，以达到更高效、精准和智能的经营效果，实现企业战略目标的一种转型。食品企业管理数字化转型是企业战略目标和数字技术的紧密结合。它旨在实现企业内部的工作流程、决策流程的数字化、信息化和智能化，提高企业核心竞争力和管理效率。它将让企业更好地应对市场变化，提升竞争力，从而不断创新和发展，实现持续增长。

2. 食品企业管理数字化转型的核心要素、关键技术和工具

（1）数据是食品企业数字化转型的核心要素。数字化时代，数据连接一切，数据驱动一切，数据重塑一切，数据是企业数字化转型的核心要素。数据在企业决策过程中将发挥出越来越重要的作用，尤其是在商业活动中，数据不仅能够辅助企业快速做出决策，实现降本增效，甚至可以重构企业的商业模式。

（2）食品企业管理数字化转型的关键技术和工具。食品企业管理数字化转型需要依托一系列关键技术和工具，如云计算、物联网、大数据和人工智能等。这些技术手段是数字化转型的基础和核心，它们可以帮助企业实现数字化重构。

1）云计算是通过网络将数据和应用程序存储在远程计算机上，通过互联网实现数据的共享和交换。云计算可提高企业的IT基础设施效能，降低成本，增强灵活性，同时降低IT风险。

2）物联网是指将日常生活中的物体通过互联网连接起来，形成一个具有智能的"物联共享"生态网。物联网可以实现设备及数据的互联互通，并确保实时性和高速性。

3）大数据是指数据量大、数据来源多样、数据处理速度快的数据集合，并且需要使用特殊的技术和工具进行存储、管理、处理和分析。大数据能够让企业快速获取市场需求、消费者行为等数据，从而及时做出决策，提高效率。

4）人工智能是一种可以模拟人类认知、思考能力的技术。通过机器学习、自然语言处理、计算机视觉等技术手段，企业能够更好地理解客户需求，自动化生产流程，提高效率和质量。

中国式管理

双汇集团的数字化转型

双汇集团数字化经历了从小到大、从弱到强、从无到有的发展历程。2000年，集团总部布局了网络系统架构，打造了集团私有云的平台。经过十几年的努力，打造了双汇集团供应链管理系统等十多个基于SaaS（软件即服务）云平台，将市场、工厂融为一体，形成了管控有力、管理有度、数据共享的SaaS云平台。SaaS主要包括集团协同供应链管理系统、商业连锁配送管理系统、生猪收购及宰后结算管理系统、生产管理系统、物流运输管理系统、设备管理系统、集中采购管理系统、集团财务管理系统、数据挖掘决策支持分析系统、生产数据自动采集系统、自动化立体仓库管理系统、供应商管理平台、客户自助管理平台、银企互联应用系统、税企互联应用系统、移动平台应用系统等。

资料来源：锦囊专家。

12.3.2　食品企业管理数字化转型的方法

每一次科技、产业变革都深刻改变着经济发展格局，催生着管理新模式的诞生。当前，数字经济已成为全球经济发展的核心动力，预示着企业管理也要适应数字时代的新浪潮。企业唯有及早进行战略性管理，才能在数字时代占得先机。食品企业管理数字化转型的方法如图 12-1 所示。

```
                        ┌── 在经营方式上要抓新特征
食品企业管理             ├── 在产销模式上要抓新特点
数字化转型的方法 ───────┤
                        ├── 在组织管理上要抓新生态
                        └── 在管理方式上要抓新转变
```

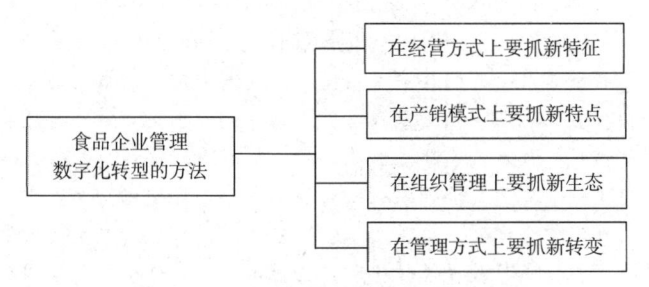

图 12-1　食品企业管理数字化转型的方法

1. 在经营方式上要抓新特征

在数字时代，企业经营不求大但求强，不求广但求专，不求全但求精，不求所有但求所用。范围经济、长尾效应、商业生态正在成为企业新的竞争优势所在，企业管理层需要紧跟趋势抓住新特征。

二维码链接 12-4 范围经济、长尾效应和商业生态

2. 在产销模式上要抓新特点

在数字时代，大众消费正在向分众消费深化，市场需求正在裂变为难以计数的碎片，按需生产将成为企业在数字经济中获得竞争优势的来源。企业要从大规模生产向大规模定制和柔性化生产发展才更具优势。

3. 在组织管理上要抓新生态

在数字时代，快捷和灵活是最大的特点，要求企业组织更具柔性，以尽快适应外部环境的变化。企业需要借助数字技术向松散的有机生态型组织结构转化，展现小型化、扁平化、外部化的特征，将管理目的由做大做强向做活转变。组织管理的范围从内部拓展到企业外部，包括对供应商、分销商、分包方、战略联盟客户等利益相关方的管理，以实现企业整体机能的永续发展。

4. 在管理方式上要抓新转变

在数字时代，随着知识员工阶层的崛起及其逐渐成为企业员工的主体，企业管理者必须改变传统的命令与控制型的管理方式，通过充分授权使知识员工具有充分的自主权，营造其内心的幸福感、归属感、自我感，以最大限度地发挥知识员工的创造力。

自我测试：食品企业管理数字化转型的方法有哪些？

12.3.3　数字化背景下食品企业管理方式创新

1. 个性化的管理方式

个性化的管理方式是指在现代企业管理中改变过去那种大一统的管理方式为更具有个人特征的小众化的管理方式。在传统企业管理中更多强调的是个人对企业的服务，即对企业管理目标有所贡献的行为。管理者常常集中精力考虑企业的问题，而忽略了企业中的个体。正视企业生存的关键影响因素，要看企业管理是否需要具有弹性能力。数字化背景下管理创新必须是个体与企业是共生关系。只有员工发展了才会有企业的发展，这是一个颠扑不破的真理。数字化背景下的企业管理更为关注人的内心，关注人性，关注人的个性化，重视人的可塑性。

（1）研究员工个性化特征。随着社会的发展，员工特别是"90后"员工，更注重个性化的要求，实现对自己个性尊重的强烈愿望，所以企业必须对员工的个性进行全面的调查和了解，梳理个性化员工的兴趣、爱好、价值取向和性格特点，并进行量化分析，找出激活个体的引爆点。

> **思政教育**
>
> **加快实施创新驱动发展战略**
>
> 坚持面向世界科技前沿、面向经济主战场、面向国家重大需求、面向人民生命健康，加快实现高水平科技自立自强。以国家战略需求为导向，集聚力量进行原创性引领性科技攻关，坚决打赢关键核心技术攻坚战。加快实施一批具有战略性全局性前瞻性的国家重大科技项目，增强自主创新能力。加强基础研究，突出原创，鼓励自由探索。提升科技投入效能，深化财政科技经费分配使用机制改革，激发创新活力。加强企业主导的产学研深度融合，强化目标导向，提高科技成果转化和产业化水平。强化企业科技创新主体地位，发挥科技型骨干企业引领支撑作用，营造有利于科技型中小微企业成长的良好环境，推动创新链产业链资金链人才链深度融合。
>
> 资料来源：新华网，2022-10-25。

（2）企业要建立个性化的管理体系。企业成功的标志不再是客户的忠诚度，而是员工的忠诚度。如果企业能满足员工的个性化需求，他们就会服务好企业的客户。员工忠诚度的实现，不仅是员工和雇主之间的经济契约，更是个性化满足后员工的感恩情怀，能让他们从内心认可自己的工作，这是一种脱开"契约"关系的深层情感。每个员工的学识、经验、能力以及性格都不尽相同，新生代的思维模式也不一样，所以企业大一统的管理方式已经不能适应现代企业管理的实际需要，企业必须建立从思维模式到管理方式形成完整的管理体系，建立与之相匹配的个性化的管理方式。这会帮助员工找到工作积极的一面，还有许多一点一滴的个性化举措能够让员工激情投入，在工作中找到自信、热情、信任、勇气和幸福感。让企业从人的个性化出发，激活员工的无穷效能。

2. 合作式的管理方式

中国有句老话："铁打的营盘，流水的兵。"对于企业来讲，如果企业和核心人才不是合作关系，那么员工只会把工作当成一份工作，而不是一项事业。合作式的管理方式最大的特点就是创造拥有感，而这种拥有感主要是参与企业经营的权利，在企业内部为人才创造创业条件，从"给别人打工"变成"给自己打工"，也就是将员工与企业管理者放在一个平台上，双方不再是雇佣关系，而是合作关系，让员工在心理上构建起真正的主人翁意识。

（1）员工是企业发展的合作者。当前社会或者企业的管理实践中，很多人对合伙制的理解就是单纯的搞股权激励，而不是把企业的发展愿景同员工的发展愿景结合起来。合作不仅体现在允许各个层级间自由包容地交流，还包括鼓励员工积极维护深厚的与客户之间的关系。现代企业管理强调的同心协力的合作文化，需要被传递在整个组织中。而这个问题可能产生更深远的影响。例如，企业制定了的战略规划，只有少数人知道。当员工无法了解到更广阔的发展前景时，不仅会让工作失去重心，而且会感到很失望，如果员工不知道事情发展到了哪一步，是很难产生自豪感与归属感的。中国的古语"上下同欲者胜"就是这个道理。

（2）员工是企业利益的合作与分享者。股权激励是指通过员工获得企业股权形式，使员工能够以股东的身份参与企业决策、分享利润、承担风险，从而勤勉尽责地为企业的长期发展服务的一种激励方法。企业的利益来自员工的创造，来自员工的积极努力，所以员工跟企业的利益是有密切关系的。他们是利益的创造者，更是利益的分享者，只有分享才能将员工和股东更好地协调起来。员工拥有一定的股权,能够真正承担风险,同时股权激励可以留住人才,使优秀的人才凭借自己的能力获得一定的收益,尽心为企业做好每一份工作。

3. 运用科技手段的管理方式

数字化的本质就是连接、高效、快捷和智能。要提高企业管理的实效性,必须提高企业的组织效率和商业效率。

(1)实现企业管理的多元化连接。所谓企业多元化连接,就是用平台化的管理,将企业管理的各个系统实现无缝、无死角连接。要做到内部管理的连接、服务与商品的连接、服务与客户的连接,就要实现管理制度标准化、工作透明化、服务敏捷化。

(2)运营现代办公设备实现快速化响应。企业管理的目的就是打造一个快捷、高效的运营模式,建立全新的办公模式。移动办公已经成为企业管理的必要工具和方法,智能移动通信设备通过下载客户端实现办公人员在任何时间、任何地点处理与业务相关的任何事情。移动办公可以摆脱时间和空间对办公人员的束缚,提高工作效率,加强远程协作,尤其是可轻松处理常规办公模式下难以解决的紧急事务。

(3)智能化整合。智能化整合是通过一系列管理动作,通过对管理大数据的分析,整合管理资源,找出管理的难点、经营的痛点,及时反馈企业各个环节中出现的问题,更好地让企业在运营过程中实时监管,做到有效处理。智能化整合还能做到多端数据同步,资料云储存形成数据积累能随时随地查看,从而提高整个企业的工作效率,做到管理更可控、决策更科学、执行更到位。

4. 社团式的管理方式

社团式的管理是将共同兴趣和爱好的员工以社团的方式进行管理。每个员工加入社团都有自己的目的,如充实业余生活、发展自己的兴趣爱好、广交朋友等。员工的业余活动优越与否,和员工所参加的社团本身是否健全发展存在密切关系。这种社团的力量更具有说服力和凝聚力,这也是企业管理的切入点。为确保企业稳定与健康发展,发挥社团在企业管理中的作用,企业在社团管理方面必须从以下几个方面着手。

(1)社团是员工的"思想场"。员工独立创造知识有一定的难度,但可通过集体"思想场",在群体激荡之下加速吸取知识。每个加入社团的员工都是有个人兴趣的,自然对本职工作有更深的理解,然而每个人的心智模式都不一样,千差万别,如果能够充分合理地进行整合,就可实现企业内部的良性循环,最终实现将百花齐放的思想转换为企业的思想。

(2)社团是企业沟通的桥梁。企业通过这种渠道的建立,加强了与员工沟通的能力,使企业信息和员工信息传达得更流畅、更准确、更及时,并及时反馈员工的各种意见和合理化建议。

(3)社团是落实任务的阵地。通过社团这种非企业组织形式,企业能够更好地达到落实各种任务,使企业的管理措施在社团中无声地得到实施。

5. 教练式的管理方式

教练式的管理是指通过对员工进行技术、知识和能力的培训,最终达到管理的目的。现在的员工需要的不仅仅是薪水,更重要的是个人的发展和技能的提高。如今教练文化已在欧、美、亚等地区广泛流行,专业的企业教练已成为备受尊敬且炙手可热的职业,微软、苹果、星巴克等全球知名企业都拥有自己的专业教练。中国已经有数百万人体验过教练技术课程,数千家中国知名企业将教练式管理植入企业管理中。中国越来越多的企业经营管理者开始意识到,企业要真正发展和保持核心竞争力,源于人的心智模式的改变,而教练式的管理就是以人为本的,塑造培养企业员工新的管理学。

(1)为员工提供一些人性化的指导和建议。不仅能解决员工的问题,提高他们的工作效率,还能增加他们对企业的信任感和幸福度,提升管理者的亲和力。

(2)培育员工更深的知识体系。员工知识体系的建立一方面能提高员工的业务能力,另一方面让员工更加认可企业的管理文化,将员工的成长与企业的成长紧密地结合起来。

(3)提高员工的技术技能。提高员工的忠诚度不再通过提供高工资,而是员工能否在企业中提高自己的技术技能。通过对员工技术技能的培训,更能增强员工的向心力和凝聚力。

(4)建立教练式的管理制度。让教练式的管理成为企业管理的重要管理内容,使各项教练式的管理渗透到每个岗位,让每个岗位像弹钢琴一样都发出最强音。

6. 员工价值管理

员工价值管理是指通过对员工个人价值的展现和弘扬,打造企业的核心竞争力。互联时代新的管理方式是"激活员工价值"。有关员工价值的创造已成为企业管理的核心。如何创造员工价值、建立共享价值的平台、让企业拥有开放的属性、为员工营造创新氛围,则成为基本命题。

(1)弘扬员工价值文化。员工价值创造的第一个层面是企业通过提供深度的学习和培养,让员工成为创造使用价值的核心载体,成为企业产品的市场调研、技术研发、售后服务等产品价值链的重要环节。第二个层面是打造员工软性的品牌力,让真正有价值的员工持续不断地注入企业的理念和情怀,通过自身努力,实现自我价值,最终沉淀为企业独有的资产。

(2)鼓励员工价值的释放。企业员工有很多技能,在企业中却得不到释放,导致很多员工的价值得不到实现,因此要善于释放员工价值,采取各种鼓励政策,让更多有价值的员工通过各种渠道去释放自己的价值。

(3)搭建员工价值的平台。创造和传递价值是员工价值体系运行的"任督二脉",把两者打通并形成闭环是员工价值制胜的不二法则。创造是让优秀的员工更优秀,让不优秀的员工通过价值创造变得优秀。同时,通过企业平台传递价值,让每个员工在价值的创造中成长,在价值的创造中给企业带来更多利润。

二维码链接 12-5 数字化背景下食品企业如何建立持续的创新机制

管理者素养

管理者的本质:责任

管理学大师德鲁克曾说,如果用一个词来描述管理的本质就是"责任",如果用两个词来描述就是"责任、责任",如果用三个词来描述就是"责任、责任、责任"。在多数人的头脑中有一种"认真=负责"的观念,认为只要做事认真就算负责,而没有进一步想清楚对什么负责。"认真负责"其实包括两个意思:认真,讲的是态度,是一种姿态;负责,是要对结果负责。管理者必须明白负责是对结果负责,而不是其他。做事的态度、行为和过程只是达成结果的条件,不能用态度、行为和过程来代表结果。责任感是评判每位管理者的重要指标,对企业、对员工、对自身,都需要强大的责任感来自我驱动,所以管理者的本质,唯"责任"二字。

资料来源:百度百家号"新易咨询",2021-07-29。

项目案例分析

双汇"智趣多"携手刘涛,共同护航中国儿童成长

2023年5月11日下午,双汇"智趣多"明星代言发布会在北京中国电影导演中心隆重举行。在消费者、销售商、媒体等各界代表的共同见证下,双汇总裁马相杰向刘涛颁发代言聘书,聘任刘涛为双汇"智趣多"鳕鱼肠产品代言人。

近年来,随着中国经济的发展,消费升级不断提速,消费结构也实现了从"有没有"向"好不好"转变。少年儿童承载着家庭的希望与国家的未来,他们的健康成长备受社会

各界关注。如何让孩子吃得好、吃得有营养、吃得健康,已经成为"健康化养育"的重要组成部分。双汇作为食品行业的领头企业,继续调整结构,整合全球资源,创新发展上规模。为满足市场对高端儿童产品的需求,双汇精心研发了含有双重DHA的"智趣多"鳕鱼肠,致力护航儿童健康成长,助益儿童大脑发育。刘涛是深受观众喜爱的人气演员,颜值与实力兼具,以其独特的个人魅力,形成了庞大的粉丝群体,在时尚宝妈圈层有着强大的号召力。双汇"智趣多"牵手刘涛,旨在向外界发出"护航儿童成长"的号召,用安全营养、美味健康的产品赋能中国儿童健康成长。本次发布会不仅是双汇进军高端儿童肉制品市场的重要战略布局,也是双汇作为肉类行业领军品牌呵护中国儿童健康成长的创新实践。

资料来源:消费日报官方平台,2023-05-16。

➲ **辩证性思考:**
双汇集团从哪些方面进行创新发展?

项目检测

管理知识培养规格检测

1. 简述食品企业管理创新的概念和特点。
2. 简述食品企业管理创新的内容。
3. 简述管理创新应具备的条件。
4. 简述食品企业管理创新机制的内容。
5. 简述食品企业管理创新的过程和方法。
6. 简述食品企业管理数字化转型的方法。

管理能力培养规格与管理者素养培育规格检测

实践项目12　制订××食品企业管理创新方案

项目实践目的: 运用食品企业管理创新的理论和方法,通过对××食品企业管理创新现状的分析,培养学生运用食品企业管理创新理论和方法对食品企业创新管理现状进行分析和解决管理创新问题的能力。同时培养学生创新意识、团队合作精神、语言表达能力、应变能力、应用写作能力,以及学生管理者素养的培育。

项目检测考核: 通过对食品企业管理创新现状的分析,每个团队撰写食品企业管理创新方案,在"××食品企业管理创新方案研讨会"上进行宣讲、讨论、答辩,指导教师进行评价。由各团队队长和指导教师负责评判打分,考核成绩分为优秀、良好、及格。

飞翔队由5号队员负责本实践项目的讨论、汇总、撰写方案、宣讲和答辩。经过讨论、答辩,指导教师提出两点修改意见,综合评判该方案为良好。

实践项目13　制订××食品企业管理方案

项目实践目的: 每个团队在完成12个实践项目后,运用食品企业管理的理论和方法,对12个单项管理方案进行综合、归纳、修订、完善,形成××食品企业综合管理方案。培养学生对食品企业进行管理分析、诊断、策划的能力,培养学生撰写企业管理方案的能力,培养学生制作PPT、宣讲答辩方案的语言表达能力,培育学生团队合作精神、爱岗敬业和忠于职守的管理者素养。

项目检测考核: 每个团队完成××食品企业管理方案实践项目后,在"××食品企业管理方案研讨会"上进行宣讲、讨论、答辩,指导教师进行评价。由各团队队长和指导教师负责评判打分,考核成绩分为优秀、良好、及格。评选优秀的"××食品企业管理方案",推荐给××食品企业参考,密切产学关系。实践考核由"个人平时成绩+团队中个人表现+团队合作成果"三个部分构成。

（1）个人平时成绩。主要考核平时的课堂纪律、学习态度、学习的积极性和主动性、个人课业完成质量、服从意识及课堂表现。

（2）团队中个人表现。主要考核团队活动参与态度、为团队贡献多少、负责实践项目的考核成绩、积极进行答辩、敢于发表自己的意见。

（3）团队合作成果。主要考核制订的企业管理方案具有一定的创新性、方案具有可行性，并能取得一定的效果，符合一份企业管理方案的内容要求和格式的要求，封面、目录等齐全，PPT 的制作美观大方。

飞翔队由队长张磊负责本实践项目的讨论、汇总、撰写方案、宣讲和答辩。经过讨论、答辩，指导教师提出三点修改意见，综合评判该方案为优秀。该方案推荐给食品企业后，企业总经理认为，同学们经过一个学期的学习与实践，制订了结合本企业实际的管理方案，具有创新性、可实施性。非常赞赏飞翔队全员对企业认真负责的工作态度，欢迎队员们到企业就业发展，纳入企业后备管理干部培养计划。有三名队员与企业签订就业协议。

附录

"制订××食品企业管理方案"校企合作工学结合团队实践项目化培养特色

1. 创立"制订××食品企业管理方案"校企合作工学结合团队实践项目化培养特色

2004年实施教学改革，初创"制订××食品企业管理方案"校企合作工学结合团队实践项目化培养方式。经过多年的教改实践完善，形成了具有鲜明职业教育特色的校企合作工学结合团队实践项目化培养特色。

选择1~2个食品企业进行校企合作工学结合"食品企业管理"的教学实践，根据"食品企业管理"课程的培养目标和培养规格，设计13个"××食品企业管理方案"校企合作工学结合团队实践项目，让学生针对选择的食品企业运用学习的企业管理理论和方法同步进行分析、诊断、解决，形成实践培养模式的特色。

（1）改变了传统的由教师依据每个项目内容主观设计实训内容和方式的做法。采取项目学习内容与项目实践同步进行，边学习、边思考、边分析、边解决，突出了工学结合的实战性。

（2）克服了管理课程过分倚重案例分析等"纸上谈兵"、实训不"实"的弊端。

（3）改变了传统实训方式"空对空"（虚）缺乏针对性、实践性的做法。学生针对客观存在的、活生生的管理上存在问题的食品企业进行诊断、解决，变"虚"为"实"。同时，在工学结合中，有利于学生体验管理者的工作流程与职业素养的培育。

（4）采用团队化运作、项目管理的方式，有利于培养学生的管理素养、团队的管理能力。

因此，"制订××食品企业管理方案"校企合作工学结合团队实践项目化培养特色体现了职业性、实践性、技能性，使学生在真实的食品企业管理环境中体验食品企业管理的实践活动，有利于学生学习力、分析力、解决力、控制力、创新力的培养，有利于学生管理能力、团队合作、语言表达能力、应变能力、应用写作能力的培养和管理者政治思想和职业素养的培育。

2. "制订××食品企业管理方案"校企合作工学结合团队实践项目化培养特色的内容

课前准备

（1）组建"制订××食品企业管理方案"校企合作工学结合实践项目团队

在教师指导学生自愿选择的基础上，学生按4~6人进行分组，组成"制订××食品企业管理方案"校企合作工学结合设计项目团队，每个团队按照项目任务进行目标管理，有分工又有合作，防止有人没事干的现象出现。每个团队民主选举队长，由队长组织队员进行企业识别系统设计，确立团队理念。根据团队理念,设计队名、队旗、队歌及团队管理制度,并将设计的队旗张贴在教室的墙上。每次上课时,每个团队由队长带领队员展示团队形象,朗诵队名、团队理念,合唱队歌,激励大家增强团队意识,培养团队意识与合作的能力。

张磊同学与5个同学合作组建团队,大家选举张磊为队长,张磊组织队员进行讨论,团队命名为飞翔队,设计团队理念是"我是飞翔之鹰,我是希望之鹰,我要搏击长空翱翔蓝天,我要飞得更高更高"。设计群鹰飞翔的图案作为队旗,队歌为《超越梦想》。制定了5项团队管理制度,对5个队员进行编号,按照校企合作工学结合13个实践项目进行分工,张磊负责3个实践项目,其余队员每人负责2个实践项目。在全员讨论的基础上,制订每个实践项目管理方案,由项目负责人执笔撰写方案,进行方案宣讲、答辩。张磊负责整体企业管理方案的汇总修改、宣讲答辩。

飞翔队校企合作工学结合实践项目任务分配表

项目1	项目2	项目3	项目4	项目5	项目6	项目7	项目8	项目9	项目10	项目11	项目12	项目13
队长	1号	2号	3号	4号	5号	队长	1号	2号	3号	4号	5号	队长

(2)食品企业调查研究。

选择1~2个中小型食品企业作为"食品企业管理"校企合作工学结合实践项目的对象,每个团队制订食品企业管理现状调研计划,带着问题到食品企业进行参观、访问、座谈,全方位了解和熟悉食品企业概况,为运用食品企业管理理论和方法解决食品企业管理问题打下基础。

调研内容:

1)了解食品企业基本概况。

2)了解食品企业管理现状,包括战略、组织、流程、文化、经营、营销、供应链、生产、技术、质量、安全、人力资源等。

3)了解食品企业管理发展的瓶颈。

4)分析食品企业管理存在的问题。

张磊同学带领飞翔队选择一个中型食品企业作为校企合作工学结合实践项目的对象,经过与企业领导沟通,获取食品企业相关资料,确定到企业调研的时间。经过学习企业相关资料,结合食品企业管理培养目标,制订了食品企业调研计划。经过两天的实地调研,基本了解了企业概况、企业管理发展的瓶颈和企业管理存在的问题。

实践项目1 制订××食品企业管理现状分析方案

项目实践目的: 通过对××食品企业管理现状的调查研究,每个团队组织全员进行分析,总结食品企业管理的特色,查找食品企业管理存在的问题,明确食品企业目前急需解决的问题。制订××食品企业管理现状分析方案,为以后边学习、边分析、边解决食品企业管理问题打好基础。

项目检测考核: 由班级学习委员组织分团队对××食品企业管理现状分析方案进行宣讲、讨论、答辩,指导教师进行评价。由各团队队长和指导教师负责评判打分,考核成绩分为优秀、良好、及格。

飞翔队由张磊组织全员对食品企业管理现状进行分析,总结食品企业管理特色,查找食品企业管理存在的问题,明确食品企业目前急需解决的问题。张磊负责制订××食品企业管理现状分析方案,并进行宣讲答辩。经过讨论、答辩,指导教师提出两点修改意见,综合评判该方案为优秀。

实践项目2 制订××食品企业计划(流程、组织)方案

项目实践目的: 运用食品企业计划(流程、组织)管理的理论和方法,通过对××食品企业计划(流程、组织)管理现状的分析,培养学生运用食品企业计划(流程、组织)管理理论和方法对

附录　"制订××食品企业管理方案"校企合作工学结合团队实践项目化培养特色

食品企业计划（流程、组织）管理现状进行分析和解决计划（流程、组织）管理问题的能力。同时培养学生的团队合作精神、语言表达能力、应变能力、应用写作能力，以及学生管理者素养的培育。

项目检测考核：通过对食品企业计划（流程、组织）管理现状的分析，每个团队撰写食品企业计划（流程、组织）管理方案，在"××食品企业计划（流程、组织）管理方案研讨会"上进行宣讲、讨论、答辩，指导教师进行评价。由各团队队长和指导教师负责评判打分，考核成绩分为优秀、良好、及格。

飞翔队由 1 号队员负责本实践项目的讨论、汇总、撰写方案、宣讲和答辩。经过讨论、答辩，指导教师提出三点修改意见，综合评判该方案为良好。

实践项目 3　制订××食品企业战略（文化）方案

项目实践目的：运用食品企业战略（文化）管理的理论和方法，通过对××食品企业战略（文化）管理现状的分析，培养学生运用食品企业战略（文化）管理理论和方法对食品企业战略（文化）管理现状进行分析和解决战略（文化）管理问题的能力。同时培养学生团队合作精神、语言表达能力、应变能力、应用写作能力，以及学生管理者素养的培育。

项目检测考核：通过对食品企业战略（文化）管理现状的分析，每个团队撰写食品企业战略（文化）管理方案，在"××食品企业战略（文化）管理方案研讨会"上进行宣讲、讨论、答辩，指导教师进行评价。由各团队队长和指导教师负责评判打分，考核成绩分为优秀、良好、及格。

飞翔队由 2 号队员负责本实践项目的讨论、汇总、撰写方案、宣讲和答辩。经过讨论、答辩，指导教师提出三点修改意见，综合评判该方案为良好。

实践项目 4　制订××食品企业经营管理方案

项目实践目的：运用食品企业经营管理的理论和方法，通过对××食品企业经营管理现状的分析，培养学生运用食品企业经营管理理论和方法对食品企业经营管理现状进行分析和解决经营管理问题的能力。同时培养学生团队合作精神、语言表达能力、应变能力、应用写作能力，以及学生管理者素养的培育。

项目检测考核：通过对食品企业经营管理现状的分析，每个团队撰写食品企业经营管理方案，在"××食品企业经营管理方案研讨会"上进行宣讲、讨论、答辩，指导教师进行评价。由各团队队长和指导教师负责评判打分，考核成绩分为优秀、良好、及格。

飞翔队由 3 号队员负责本实践项目的讨论、汇总、撰写方案、宣讲和答辩。经过讨论、答辩，指导教师提出两点修改意见，综合评判该方案为良好。

实践项目 5　制订××食品企业营销管理方案

项目实践目的：运用食品企业营销管理的理论和方法，通过对××食品企业营销管理现状的分析，培养学生运用食品企业营销管理理论和方法对食品企业营销管理现状进行分析和解决营销管理问题的能力。同时培养学生团队合作精神、语言表达能力、应变能力、应用写作能力，以及学生管理者素养的培育。

项目检测考核：通过对食品企业营销管理现状的分析，每个团队撰写食品企业营销管理方案，在"××食品企业营销管理方案研讨会"上进行宣讲、讨论、答辩，指导教师进行评价。由各团队队长和指导教师负责评判打分，考核成绩分为优秀、良好、及格。

飞翔队由 4 号队员负责本实践项目的讨论、汇总、撰写方案、宣讲和答辩。经过讨论、答辩，指导教师提出两点修改意见，综合评判该方案为良好。

实践项目 6　制订××食品企业生产管理方案

项目实践目的：运用食品企业生产管理的理论和方法，通过对××食品企业生产管理现状的分析，培养学生运用食品企业生产管理理论和方法对食品企业生产管理现状进行分析和解决生产管理问题的能力。同时培养学生团队合作精神、语言表达能力、应变能力、应用写作能力，以及学生管理者素养的培育。

项目检测考核：通过对食品企业生产管理现状的分析，每个团队撰写食品企业生产管理方案，在"××食品企业生产管理方案研讨会"上进行宣讲、讨论、答辩，指导教师进行评价。由各团队队长和指导教师负责评判打分，考核成绩分为优秀、良好、及格。

飞翔队由 5 号队员负责本实践项目的讨论、汇总、撰写方案、宣讲和答辩。经过讨论、答辩，指导教师提出四点修改意见，综合评判该方案为及格。

实践项目 7　制订××食品企业质量管理方案

项目实践目的：运用食品企业质量管理的理论和方法，通过对××食品企业质量管理现状的分析，培养学生运用食品企业质量管理理论和方法对食品企业质量管理现状进行分析和解决质量管理问题的能力。同时培养学生团队合作精神、语言表达能力、应变能力、应用写作能力，以及学生管理者素养的培育。

项目检测考核：通过对食品企业质量管理现状的分析，每个团队撰写食品企业质量管理方案，在"××食品企业质量管理方案研讨会"上进行宣讲、讨论、答辩，指导教师进行评价。由各团队队长和指导教师负责评判打分，考核成绩分为优秀、良好、及格。

飞翔队由队长张磊负责本实践项目的讨论、汇总、撰写方案、宣讲和答辩。经过讨论、答辩，指导教师提出两点修改意见，综合评判该方案为良好。

实践项目 8　制订××食品企业供应链管理方案

项目实践目的：运用食品企业供应链管理的理论和方法，通过对××食品企业供应链管理现状的分析，培养学生运用食品企业供应链管理理论和方法对食品企业供应链管理现状进行分析和解决供应链管理问题的能力。同时培养学生团队合作精神、语言表达能力、应变能力、应用写作能力，以及学生管理者素养的培育。

项目检测考核：通过对食品企业供应链管理现状的分析，每个团队撰写食品企业供应链管理方案，在"××食品企业供应链管理方案研讨会"上进行宣讲、讨论、答辩，指导教师进行评价。由各团队队长和指导教师负责评判打分，考核成绩分为优秀、良好、及格。

飞翔队由 1 号队员负责本实践项目的讨论、汇总、撰写方案、宣讲和答辩。经过讨论、答辩，指导教师提出三点修改意见，综合评判该方案为良好。

实践项目 9　制订××食品企业人力资源管理方案

项目实践目的：运用食品企业人力资源管理的理论和方法，通过对××食品企业人力资源管理现状的分析，培养学生运用食品企业人力资源管理理论和方法对食品企业人力资源管理现状进行分析和解决人力资源管理问题的能力。同时培养学生团队合作精神、语言表达能力、应变能力、应用写作能力，以及学生管理者素养的培育。

项目检测考核：通过对食品企业人力资源管理现状的分析，每个团队撰写食品企业人力资源管理方案，在"××食品企业人力资源管理方案研讨会"上进行宣讲、讨论、答辩，指导教师进行评价。由各团队队长和指导教师负责评判打分，考核成绩分为优秀、良好、及格。

飞翔队由 2 号队员负责本实践项目的讨论、汇总、撰写方案、宣讲和答辩。经过讨论、答辩，指导教师提出两点修改意见，综合评判该方案为良好。

附录 "制订××食品企业管理方案"校企合作工学结合团队实践项目化培养特色

实践项目 10　制订××食品企业财务管理方案

项目实践目的： 运用食品企业财务管理的理论和方法，通过对××食品企业财务管理现状的分析，培养学生运用食品企业财务管理理论和方法对食品企业财务管理现状进行分析和解决财务管理问题的能力。同时培养学生团队合作精神、语言表达能力、应变能力、应用写作能力，以及学生管理者素养的培育。

项目检测考核： 通过对食品企业财务管理现状的分析，每个团队撰写食品企业财务管理方案，在"××食品企业财务管理方案研讨会"上进行宣讲、讨论、答辩，指导教师进行评价。由各团队队长和指导教师负责评判打分，考核成绩分为优秀、良好、及格。

飞翔队由 3 号队员负责本实践项目的讨论、汇总、撰写方案、宣讲和答辩。经过讨论、答辩，指导教师提出四点修改意见，综合评判该方案为良好。

实践项目 11　制订××食品企业信息化管理方案

项目实践目的： 运用食品企业信息化管理的理论和方法，通过对××食品企业信息化管理现状的分析，培养学生运用食品企业信息化管理理论和方法对食品企业信息化管理现状进行分析和解决信息化管理问题的能力。同时培养学生团队合作精神、语言表达能力、应变能力、应用写作能力，以及学生管理者素养的培育。

项目检测考核： 通过对食品企业信息化管理现状的分析，每个团队撰写食品企业信息化管理方案，在"××食品企业信息化管理方案研讨会"上进行宣讲、讨论、答辩，指导教师进行评价。由各团队队长和指导教师负责评判打分，考核成绩分为优秀、良好、及格。

飞翔队由 4 号队员负责本实践项目的讨论、汇总、撰写方案、宣讲和答辩。经过讨论、答辩，指导教师提出两点修改意见，综合评判该方案为良好。

实践项目 12　制订××食品企业管理创新方案

项目实践目的： 运用食品企业管理创新的理论和方法，通过对××食品企业管理创新现状的分析，培养学生运用食品企业管理创新理论和方法对食品企业创新管理现状进行分析和解决管理创新问题的能力。同时培养学生团队合作精神、语言表达能力、应变能力、应用写作能力，以及学生管理者素养的培育。

项目检测考核： 通过对食品企业管理创新现状的分析，每个团队撰写食品企业管理创新方案，在"××食品企业管理创新方案研讨会"上进行宣讲、讨论、答辩，指导教师进行评价。由各团队队长和指导教师负责评判打分，考核成绩分为优秀、良好、及格。

飞翔队由 5 号队员负责本实践项目的讨论、汇总、撰写方案、宣讲和答辩。经过讨论、答辩，指导教师提出两点修改意见，综合评判该方案为良好。

实践项目 13　制订××食品企业管理方案

项目实践目的： 每个团队在完成 12 个实践项目后，运用食品企业管理的理论和方法，对 12 个单项管理方案进行综合、归纳、修订、完善，形成××食品企业综合管理方案。培养学生对食品企业进行管理分析、诊断、策划的能力，培养学生撰写企业管理方案的能力，培养学生制作 PPT、宣讲答辩方案的语言表达能力，培育学生团队合作精神、爱岗敬业和忠于职守的管理者素养。

项目检测考核： 每个团队完成××食品企业管理方案实践项目后，在"××食品企业管理方案研讨会"上进行宣讲、讨论、答辩，指导教师进行评价。由各团队队长和指导教师负责评判打分，考核成绩分为优秀、良好、及格。评选优秀的"××食品企业管理方案"，推荐给××食品企业参考，密切产学关系。实践成绩考核由"个人平时成绩＋团队中个人表现＋团队合作成果"3 个部分构成。

（1）个人平时成绩。主要考核平时的课堂考勤、学习态度、学习的积极性和主动性、个人课业完成质量、服从意识及课堂表现。

（2）团队中个人表现。主要考核团队活动参与态度、为团队贡献多少、负责实践项目的考核成绩、积极进行答辩、敢于发表自己的意见。

（3）团队合作成果。主要考核制订的企业管理方案具有一定的创新性、方案具有可行性，并能取得一定的效果，符合一份企业管理方案的内容要求和格式的要求，封面、目录等齐全，PPT 的制作美观大方。

飞翔队由队长张磊负责本实践项目的讨论、汇总、撰写方案、宣讲和答辩。经过讨论、答辩，指导教师提出三点修改意见，综合评判该方案为优秀。该方案推荐给食品企业后，企业总经理认为，同学们经过一个学期的学习与实践，制订了结合本企业实际的管理方案，具有创新性、可实施性。非常赞赏飞翔队全员对企业认真负责的工作态度，欢迎队员们到企业就业发展，纳入企业后备管理干部培养计划。有三名队员与企业签订就业协议。

参考文献

[1] 刘厚钧. 食品企业管理[M]. 北京：电子工业出版社，2018.
[2] 谢鹏程，赵丽英. 新媒体营销[M]. 北京：人民邮电出版社，2022.
[3] 刘厚钧，曹源，苏会侠. 市场营销实务[M]. 北京：电子工业出版社，2023.
[4] 龚卫星. 企业管理基础[M]. 上海：华东师范大学出版社，2018.
[5] 单凤儒. 管理学基础[M]. 北京：高等教育出版社，2021.
[6] 吴强. 现代人力资源管理[M]. 北京：中国人民大学出版社，2022.
[7] 蔡源. 智慧供应链管理[M]. 北京：人民邮电出版社，2022.
[8] 方振邦. 人力资源管理[M]. 北京：人民邮电出版社，2021.
[9] 吴少华. 人力资源管理[M]. 北京：人民邮电出版社，2021.

反侵权盗版声明

电子工业出版社依法对本作品享有专有出版权。任何未经权利人书面许可，复制、销售或通过信息网络传播本作品的行为；歪曲、篡改、剽窃本作品的行为，均违反《中华人民共和国著作权法》，其行为人应承担相应的民事责任和行政责任，构成犯罪的，将被依法追究刑事责任。

为了维护市场秩序，保护权利人的合法权益，我社将依法查处和打击侵权盗版的单位和个人。欢迎社会各界人士积极举报侵权盗版行为，本社将奖励举报有功人员，并保证举报人的信息不被泄露。

举报电话：（010）88254396；（010）88258888

传　　真：（010）88254397

E-mail：　　dbqq@phei.com.cn

通信地址：北京市万寿路173信箱
　　　　　电子工业出版社总编办公室

邮　　编：100036